The Southernmost People of Greenland – Dialects and Memories
Qavaat – Oqalunneri Eqqaamassaallu

This volume has kindly been supported by

Namminersornerullutik Oqartussat – Kultureqarnermut, Ilinniartitaanermut, Ilisimatusarnermut Ilageeqarnermullu Pisortaqarfik / Greenland Homerule – Directorate for Culture, Education, Research and Church (KIIIP)

The Commission for Scientific Research in Greenland, Denmark

Folketingets Grønlandsfond

Velux Fonden

Greenland Homerule Cultural Funds

Qilakitsoq Foundation

Dronning Margrethe og Prins Henriks Fond

Det Kongelige Grønlandsfond

Kulturfonden Danmark-Grønland

The Danish Research Council for the Humanities

The Southernmost People of Greenland
– Dialects and Memories
Qavaat
– Oqalunneri Eqqaamassaallu

Mâliâraq Vebæk

-edited by Birgitte Sonne and with a contribution on phonology by Birte H. Christensen

Meddelelser om Grønland · Man & Society 33

Mâliâraq Vebæk: The Southernmost People of Greenland – Dialects and Memories. Qavaat – Oqalunneri Eqqaamassaallu. Edited by Birgitte Sonne and with a contribution on phonology by Birte H. Christensen. – Meddelelser om Grønland Man & Society 33. Copenhagen, The Commission for Scientific Research in Greenland, 2006.

© 2006 by The Commission for Scientific Research in Greenland
Publishing editor Kirsten Caning
Most photos were taken by C.L. Vebæk, a few by Flemming Nymann, Ove Bak, and Louis Jensen

Maps by Mette and Eric Mourier
Printed by Special-Trykkeriet Viborg a-s
No part of this publication may be reproduced in any form without the written permission of the copyright owners.

Front cover: Two women together with the author at the settlement Niaqornaq, Narsaq, in 1948. The settlement is now abandoned. Photo O. Harder.

Scientific Editor:
Hans Christian Gulløv, The National Museum of Denmark, Ny Vestergade 10, DK-1471 Copenhagen K, Denmark. Phone (+ 45) 3313 4411, fax (+ 45) 3347 3320, email hans.christian.gulloev@natmus.dk

About the monographic series *Meddelelser om Grønland*
Meddelelser om Grønland, which is Danish for *Monographs on Greenland,* has published scientific results from all fields of research in Greenland since 1879. Since 1979 each publication is assigned to one of the three subseries: *Man & Society, Geoscience, and Bioscience.* This publication is no. 33 in the series *Man & Society*. *Man & Society* publishes papers that contribute significantly to studies in Greenland concerning human beings, in research fields such as anthropology, archaeology, arts, economics, education, ethnology, history, law, linguistics, medicine, psychology, religion, social science. Papers dealing with borderline subjects as for instance exploitation of natural resources and environmental research may be referred to one of the series Bioscience, Geoscience, or Man and Society according to what is considered appropriate from an editorial point of view.

For more information and a list of publications, please visit the web site of the Danish Polar Center *http://www.dpc.dk*

All correspondence concerning this book or the series *Meddelelser om Grønland* should be sent to:

> Danish Polar Center
> Strandgade 100 H
> DK-1401 Copenhagen
> Denmark
> tel +45 3288 0100
> fax +45 3288 0101
> email dpc@dpc.dk

Accepted June 2006
ISSN 0106-1062
ISBN 87-90369-83-1

Contents

Abstract 8

Author's preface 9

Editorial preface 11

A phonological outline of the southwestern dialects by Birte H. Christensen 15
    Nunap Isua – Qassimiut
    Narsarmijit
    Nanortalik – Qaqortoq – Qassimiut
    Aknowledgements and references

The stories / oqalualaat 23

Louise Gedionsen and Haldora Jakobsen, *Frederiksdal / Narsarmijit, 1963* **24 / 25**
    Qavappiattut oqalunneq / Qavak Language Test

Judithe Isaksen, *Narsarmijit / Frederiksdal, 1963* **28 / 29**
    Kipparnissamut piareersaatit, kipparsimaffinni ulluni siullerni pisartut / Preparations for the Journey to the Sealing Islands and something about the first days on the sealing locations

Kornelius Petrussen, *Narsarmijit / Frederiksdal, 1963* **38 / 39**
    Oqaatsinik qavattuunik misiligutit / Comparison of Qavak and standard Greenlandic
    Oqaloqatigiinneq / Conversation

Jorsias Ammosen, *Narsarmijit / Frederiksdal, 1963* **42 / 43**
    Oqaloqatigiinneq / Conversation
    Qivittut / A Qivittoq Story
    Innersuit /Innersuit (Fire People)
    Qaannanik ajunaarnersuaq (Sisamat qajaasut) / Big kayak accident (Four men died)

Cisilie Petrussen, *Narsarmijit / Frederiksdal, 1963* **58 / 59**
    Qivittulersaarut / A Qivittoq story
    Innersuit / Innersuit

Mariane Bernhartsen, *Narsarmijit / Frederiksdal, formerly Sammisoq, 1963* **64 / 65**
    Oqaloqatigiinneq / Conversation
    Nannumik pulaartinneq / A Visit from a Bear

CONTENTS

Renatus Ananiasen, *Nanortalik, formerly Illukasik and Itilleq, 1963* **76 / 77**
Oqaloqatigiinneq / Conversation

Amos Tittusen, *Narsarmijit / Frederiksdal, formerly Illukasik, 1963* **100 / 101**
Aadaaridaat
Aadaaridaap kuisikkiartornera kuisinneralu / Aadaaridaat's Journey Towards Christianity
Qivittut / Qivittoq Story

Pauline Mathæussen, *formerly Narsarmijit / Frederiksdal and Illukasik, 1963* **116 / 117**
Oqaloqatigiinneq / Conversation
Aliortugaq / Ghost
Unikkaartuaq / A story
Nappajannguaq

Esikias Davidsen, *Tasiusaq, formerly Narsarmijit / Frederiksdal, and Illukasik, 1981* **126 / 127**
Meeraanilersaarutit aamma misigisimasat eqqumiitsut / Stories from childhood and strange experiences
Ersiorneq / Creepy Experience During a Kayak Trip
Ikigaarmiut / The family from Ikigaat
Takusaq eqqumiitsoq / A strange vision
Kunngip ernere pingasit / Three King's Sons

Renethe Thomsen, *Qaqortoq / Julianehåb, 1949* **134 / 135**
Qivittulersaarneq / A Qivittoq Story

Amos Ottosen, *Qaqortoq / Julianehåb, formerly Nuuk by Cape Farewell, 1965* **142 / 143**
Angakkissaralivarlini / A wizened man
Qallunaannguaq
Sissarissimi nulijariingivasiin / The Poor Old Couple at Sissarissoq

Mathilte Sørensen, *Nanortalik, 1963* **148 / 149**
Unikkaartuaq Qimuunguujuk / The story Qimuunguujuk
Mathilte Sørensen nangippoq / Mathilte Sørensen continues

Kristen Mathiassen, *Nanortalik, 1981* **156 / 157**
Aqissiaq / Aqissiaq. A Giant Who Lived Inland
Akamalik

Therkel Petersen, *Ammassivik / Sletten, formerly Ilivermiut, 1965* **172 / 173**
Qasapi aamma Uunngortoq / Qasapi and Uunngortoq

Martin Mouritzen, *Alluitsup Paa / Sydprøven, formerly Illorpaat, 1965* **176 / 177**
Ukuamaaq

Juliane Mouritzen, *Qaqortoq / Julianehåb, formerly Illorpaat, 1965* **184 / 185**
    Qivitsoq Qilertilerraaq / Qivittoq Qilertilerraaq
    Qivittoq Alinnaataaraq / Qivittoq Alinnaataaraq
    Mangiaqqap qaamatiliarnera / Mangivaraq's Journey to the Moon
    Inorujuk

Peter Isaksen, *Qaqortoq / Julianehåb, formerly Alluitsup Paa, 1965* **196 / 197**
    Ikermijermijit, Qujaavarsi / Ikermiut people, Qujaavarsi
    Utoqqanngivasiin / The old couple
    Sassuma arnaa / Mother of the Sea

Kistat Jensen, *Qassimiut, 1965* **212 / 213**
    Qajamik pujoorisarneq / Kayak Smoking

Kistaraq Motzfeldt, *Qassimiut, 1965* **214 / 215**
    Qajaaqqat / Children's Kayaks

Abel Klemensen, *Qassimiut, 1965* **218 / 219**
    Innersuit, umiarissat allallu / Innersuit and Other Strange Creatures

Ane Klemensen, *Qassimiut, 1965* **226 / 227**
    Qanga katsorsaatit / Medicine in the old days

Appendix I
Greenlandic terms 230

Appendix II
Skinboat sketches *by Kornelius Petrussen* **231**
    Kayak I
    Kayak II
    Kayak gear
    Umiak

Abstract

Mâliâraq Vebæk: The Southernmost People of Greenland – Dialects and Memories. Qavaat – Oqalunneri Eqqaamassaallu. Edited by Birgitte Sonne and with a contribution on phonology by Birte H. Christensen. – Meddelelser om Grønland Man & Society 33. Copenhagen, The Commission for Scientific Research in Greenland, 2006. 235 pp.

During the mid-20th century, old South Greenlanders still spoke their genuine dialects when Mâliâraq Vebæk, herself a South Greenlander, born 1917, collected on tape stories and descriptions of pre-modern daily life from 23 informants. In this volume, the texts appear in dialectal transcription and translated into English, as well as in sound on the inserted CD-Rom, containing the tape recordings.

Among the South Greenlandic dialects, the southernmost from the Cape Farewell region is now extinct and attracts particular interest, because this area received emigrants from the gradually depopulated southeast coast during the 19th century. The so-called qavak-dialect of the Cape Farewell region thus became an interesting mixture of the southeast and southwest Greenlandic dialects.

This publication is targetted at linguists and is the first and only presentation of the South Greenlandic dialects. A phonological introduction is offered for the benefit of the linguists, but any reader of English (or the dialects) interested in stories, Greenland etc. can fully enjoy the texts.

Keywords: Greenland; Southgreenland; phonology; dialects; qavak.

Mâliâraq Vebæk, Daltoftevej 35, DK 2860 Søborg, Denmark

Author's preface

This publication is the first ever of the dialects formerly spoken in South Greenland. The oldest recordings were made way back in the 1950s and 1960s on the steel-tape of that time, a facility I luckily had been able to use.

It is no exaggeration to say that the collecting was a last minute piece of work. At that time people in South Greenland not much younger than my informants were beginning to mix their dialect with Standard Greenlandic. This was due to the fact that the standard language was both spoken on Radio Greenland and printed in publications, however sparse in numbers. But in 1950/60 practically all the old people still spoke pure dialect.

In our attempt at collecting and thereby saving the dialect from complete oblivion the purpose was not to use it in writing, only the beneficial cultural one of having the knowledge of spoken language of the old days preserved.

I myself was born and raised in Frederiksdal/Narsarmijit, the southernmost settlement in Greenland. My parents spoke Standard Greenlandic and preferred us to speak Standard Greenlandic in our home. And so we did. But in company with other children we spoke the dialect.

Although as an adult I spoke and wrote in Standard Greenlandic I never forgot our dialect, and I even found it better suited for oral presentation of the stories than Standard Greenlandic. But to have them published in dialect, as is now going to be realised, surpassed my wildest expectations. What is more, such a project costs money. Funds were raised by the sociologist of religion, Birgitte Sonne, who displayed an interest in a further processing of the recordings, and thus made it possible for me to get started. She further arranged a meeting with the linguist, Prof. Michael Fortescue, who immediately gave the idea his support.

At that time I had already in collaboration with the late organ-player Johan (Aavaat) Kleist published a selection of songs from my collections, Niperujûtit. We met a couple of times, and also he found listening to this wonderful dialect fascinating.

Next I approached the publishing firm, Atuakkiorfik / Det grønlandske Forlag, Nuuk, about having a book of the stories published. They immediately approved of the stories and in no time they had them out in print, one publication in Standard Greenlandic and another in Danish with the common title: Tusarn! That was back in 2001. It took a good deal of work converting the recordings into Standard Greenlandic because of the marked differences between the latter and the various dialects from the area of Cape Farewell in the south to Qassimiut farther north.

After this, Birgitte Sonne and I went on preparing for publication of the stories in their dialectal forms. Prof. Michael Fortescue was still in favour of the idea, and thanks to financial support from a great number of foundations, transscriptions and translations etc. got underway with the aim of publication.

To our good fortune my grandchild the electrotechnician Simon Gelskov took such a great interest in both the stories and the way they sound that he did the digitalization of them for the CD-Rom enclosed in the publication. This was a real boon considering the marked differences between the "melodies" of the dialects around Cape Farewell and Qassimiut.

Cordial thanks – the greatest debt of gratitude I owe – go to the many elderly people who, with pleasure and lively interest, told me their stories: old stories heard in childhood and ones

AUTHOR'S PREFACE

about their own personal experiences. None of them are alive to day. Without their pleasure in telling them it would have been impossible to collect the large source material of stories that we have thus come to possess.

I too have enjoyed the process of recording in South Greenland and have had a lot of fun doing it. Thus many of the elders' surprise at hearing their own voices would make them shake their heads saying things like: "Imagine, this could be me ..." and similar remarks. Some found it creepy. Yet they continued telling their stories, with both pleasure and interest - with pleasure more than anything else. I never met with difficulties when asking them to narrate. No refusal ever.

I received not only dialectal sounds and "melody", I got valuable historical accounts about hunting, way of life, curing, treating the skin of animals, and how they followed the customs of their parents.

Furthermore I received a great number of their beloved *qivittoq*-stories, stories about heart-broken people who have left society for a solitary life in the mountains. Stories most of them really believed in, in some cases based on personally experienced encounters. Many, maybe the majority, loved to tell creepy stories in the evenings after dark.

Encountering old story-tellers and having them recount their experiences is no longer possible, because most needs for amusement are covered by television and other modern ways of entertainment.

It makes me happy whenever somebody thanks me for having recorded these stories. And it is a pleasure to me to hear that they are read aloud, for instance in the Old People's Homes. That the elders were happy listening to them.

Other people to whom I owe thanks are: Prof. Robert Petersen and electrotechnician Simon Gelskov, and MA Birgitte Sonne in particular.

As mentioned above, my greatest thanks, if only in my thoughts, go to the elderly people who are no longer among us. They have transmitted to us a valuable historical heritage.

Mâliâraq Vebæk
Søborg, Jan. 15, 2006

Editorial preface

This bilingual publication, supplied with a CD-Rom of stories told in Qavak and a few other South Greenlandic dialects, is the outcome of a collaboration between several persons. As described in her personal preface, author Mâliâraq Vebæk, born in 1917, and from childhood completely familiar with spoken Qavak, did the collecting in periods from the 1950s and on. She did so on her own accord, supported by grants, for her own and the story-tellers' common pleasure – and just in time. In time, because the southernmost dialect, Qavak, is by now extinct. For the present publication Mâliâraq Vebæk has further transsscribed the selected stories in a readable phonology as designed by Prof. em. Robert Petersen, and she made the translations into her second language, Danish. Although translations via another language into a third one can never be recommended, the Danish translations had to be used for the translations into English, because no person mastering both English and the South Greenlandic dialects could be procured. MA Thomas Ærvold Bjerre did most of the translations into English, MA Anja Raahauge some, and MA Jørgen Sonne a lesser number. English teacher Maggie Fortescue revised the translations, and linguist Prof. Phd. Michael Fortescue checked a few texts in dialect with their English versions. The Danish renderings were not strictly word for word translations, but the meaning of their faithful renderings into English should be clear. As regards the place names of the texts some could not be identified on any map. The remainder are shown on the map at the following pages.

By a stroke of good luck Mâliâraq Vebæk's grandson, electrotechnician Simon Gelskov, came up with the idea of having the publication supplemented with the spoken words of the storytellers. He and Mâliâraq Vebæk worked together on having the taped stories transferred into files and Simon Gelskov then did the master CD-Rom. Mâliâraq Vebæk introduces the storytellers in Greenlandic corresponding to the headings of the texts, and the spoken stories match the transscribed texts word for word.

With linguists as target group, the publication is introduced by MA Birte Hedegaard Christensen's explanation of the characteristics of the South Greenlandic dialects. Photos of the storytellers were processed by the daughter of Mâliâraq Vebæk, lithographic artist Astrid Vebæk, and several people have been involved throughout in organizing texts and checking them: Programmer Tom Gelskov, MA Lisbeth Vahlgreen, South Greenlander Gertrud Petrussen, and myself. I further served as coordinator, fundraiser, and editor. Professor emeritus Dr. Robert Petersen offered valuable corrections, notes, and place names.

Birgitte Sonne
Tyvelse, January 2006

1 Aappilattoq
2 Aataartiit
3 Akuliaruseq
4 Alanngorsuaq
5 Alluitsoq / Lichtenau
6 Alluitsup Paa
7 Alluitsup Kangerlua
8 Aluk
9 Amitsoq
10 Amitsuarsuk / Amitsuaq?
11 Ammassivik
12 Anorliuitsoq
13 Arnat
14 Ella-Island / elâp qeqertâ / Elaap Qeqertaa
15 Eqalugaarsuit
16 Ikerasaarsuk (Østgrønland) / Ikerasaq?
17 Ikerasassuaq / Prins Christians Sund
18 Ikigaat / Herjolfsnæs
19 Illorpaat
20 Illorsuatsiaat / Illorsuattaat
21 Illukasik
22 Iluileq
23 Ilunngua
24 Ippik
25 Itilleq Saqqarleq
26 Itilleq
27 Itillinnguaq
28 Kakilisat
29 Kanajormiut
30 Kangerlussuatsiaat / Lindendows fjord
31 Kangerluatsiaq / Kangerluatsialik
32 Kingitsivarsik / Kingittuarsuk
33 Kitsissut
34 Kuussuaq
35 Kuussuaq / Narsap Kuua
36 Maligissat
37 Nanortalik / Ilivileq
38 Narlusoq
39 Narsarmijit / Frederiksdal / Narsaq / Narsaq Kujalleq
40 Niaqornakasik
41 Nigertuut
42 Northern Kitsissut
43 Nunarsivakkit / The Nunarsuaq Islands
44 Nunarsuaq
45 Nunattu / Nunattut / Nunatsut
46 Nuuk
47 Paamiut / Frederikshåb (see map p.14)
48 Pamialluk / Ilua
49 Papikatsik
50 Perserajik / Perserajuk
51 Puisortoq
52 Qaarusuttukkut / Qaarusuttuut
53 Qaqortoq / Julianehåb
54 Qarsorsat
55 Qassimiut
56 Qassittaat
56 Qeqertaalukkut
56 Qerertarsuattaat / Qeqertarsuatsiaat
57 Qernertoq
58 Qerrortuut
59 Qipinngajaaq
60 Saarloq
61 Salliit
62 Sammisoq
63 Saqqarmiut / Saqqarliit
64 Sioralik / Siorallit
65 Sissarissoq
66 Southern Kitsissut
67 Takisut
68 Tasermiut
69 Tasiusaq
70 Taaterraakasik
71 Timmiarmiut
72 Torsukattak
73 Ujarattarfi
74 Ulattalik
75 Uummannarsuaq / Cape Farewell / Nunap Isua
76 Uunartoq Fiord

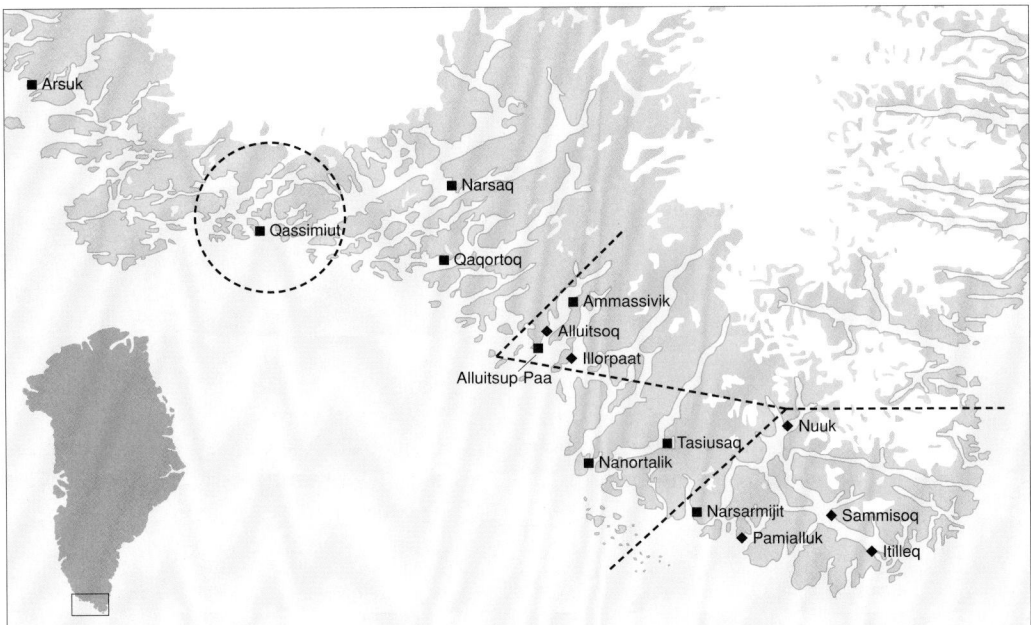

Fig. 1. Map of the area where the southwestern and Nunap Isua dialects are/were spoken, with an attempt at establishing boundaries between different variants of the dialects: Qassimiut, Alluitsoq, and Nanortalik are all part of the southwestern dialect, whereas the qavaat in the southernmost villages and settlements, most of which have now been depopulated, spoke the Nunap Isua dialect. The subdialects of the Narsaq/Qaqortoq area are not represented in this volume. Arsuk belongs to the Paamiut dialect further north.

◆ = Towns and villages.
● = Depopulated villages and settlements.

A phonological outline of the southwestern dialects

By Birte H. Christensen

Three languages or dialects are spoken in Greenland: East Greenlandic, West Greenlandic, and North Greenlandic. North Greenlandic is spoken in the Qaanaaq district close to Canada and is an intrusion due to late migration from Canada. East Greenlandic is spoken in the two towns Ittoqqortoormiit and Tasiilaq on the east coast and the areas surrounding them. West Greenlandic is spoken on the entire west coast from Nunap Isua /Cape Farewell up to and including the Upernavik district, with Melville Bay forming the boundary between West and North Greenlandic.

West Greenlandic, however, is not a homogeneous dialect. One of the most conspicuous differences between East and West Greenlandic is the tendency of East Greenlandic to substitute the phoneme /i/ for /u/[1] in a number of contexts, and that tendency has influenced some of the dialects spoken on the west coast where i-dialects are spoken both in the Upernavik district in the north and in southern West Greenland almost up to Nuuk. Other characteristics of East Greenlandic have also influenced the dialects on the west coast due to migration from east to west, giving rise to the so-called half-moon theory (term coined in Rischel 1986:137), according to which the east coast is covered by a waxing moon of East Greenlandic i-dialect that reaches into the fringe dialects of West Greenlandic (with the exception of North Greenlandic, spoken by descendants of the "newcomers" from Canada).

Both the main grouping of dialects and the subdialects of West Greenlandic are shown in fig. 2. The dialect of Central West Greenland, which in fig. 2 is marked IIc, has become Greenland's official standard language. Both the present and the previous Greenlandic orthography were based on Central West Greenlandic (CWG), and the dialects represented in this book are described by their phonological divergence from the CWG standard, as far as consonant and vowel quality and length are concerned. Stress and pitch will, however, not be discussed, and neither will possible diverging vocabulary.

Nunap Isua – Qassimiut

/i/ for /u/

The stories in this volume are all examples of the dialects spoken in the southern "fringe areas", from Narsarmijit close to Nunap Isua to Qassimiut a little north of Qaqortoq. They are all i-dialects with a strong tendency to substitute /i/ for /u/, and they share a number of regularities in the way the etymological /u/ of standard Greenlandic is protected by its immediate surround-

---

1. Phonemes are marked by slash brackets throughout the text.

ings from changing into /i/. These regularities were demonstrated by Jørgen Rischel in 1975 as far as the Nunap Isua dialect is concerned (Rischel 1975 MS:20 ff.), and they have also been shown to apply to the dialect spoken in the Narsaq area (Christensen 2001:66 ff.). It is probably safe to assume that they apply generally to the varieties of South West Greenlandic that are spoken from Nanortalik in the south up to Qassimiut.

The regularities can be summarized in the following list, of which nos. 1-3 are rules that apply without exception, also to other Greenlandic i-dialects (Christensen 2001:6-7). Greenlandic words and expressions are quoted in two versions. One version follows the Greenlandic orthography, and when the quotation exemplifies the southern dialects, its pronunciation is indicated within the framework of current orthography. The other version is a broad phonetic transcription using the International Phonetic Alphabet (IPA) and marked by square brackets.[2]

1. /u/ does not become /i/ in the first syllable of a word
   Example: *nutaaq* ("new") and *tupeq* ("tent") remain unchanged [nutɑːq] [tupeq]
2. /u/ does not become /i/ if it comes immediately after a labial consonant
   Example: *aput* ("snow") and *immuk* ("milk") remain unchanged [aput] [imːuk]
3. /u/ does not become /i/ if there is /u/ in the immediately preceding syllable
   Example: *unnuaq* ("night") and *immussuaq* ("cheese") remain unchanged [unːuaq] [imːusːuaq]
4. /u/ **usually** does not become /i/ if there is /u/ in the subsequent syllable, and the two syllables are not separated by a labial consonant. Contrary to what applies to East Greenlandic and the i-dialect spoken in the Upernavik district, an etymological /u/ is usually protected from change in the southern dialects by a subsequent /u/ even if the two syllables belong to two different morphemes. Consequently, the pronunciation of a word often changes according to which derivational or flexional morphemes are added to the word.
   Ex.: *sikumi* ("on the ice") (from *siku* = ice) > *sikimi* [sikimi], but
   sikukkut ("via the ice") remains unchanged [sikukːut]
   pingasut ("three") > *pingasit* [piŋasit], but
   pingasunngorneq ("Wednesday") remains unchanged [piŋasuŋːornːeq]
5. /u/ does not become /i/ in the allative case ending *-nut*, which would otherwise become identical with the ablative ending *-nit*.

/s/ and /ʃ/

One other feature shared by the dialects spoken in South West Greenland is neutralization of the difference between the two sibilants /s/ and /ʃ/ as compared to standard Greenlandic. However, the southern dialects share this feature with the dialects spoken north of the Central West Greenlandic area, so it would perhaps be more to the point to call the distinction between /s/ and /ʃ/ a characteristic of the CWG dialect, which has disappeared in other dialects. The distinction has become much less pronounced in modern standard Greenlandic, and consequently it is not indicated in the present Greenlandic orthography. On the other hand, the pronunciation of /s/ in Southern Greenland is more "fuzzy" than in the central area and therefore reminiscent of CWG /ʃ/ (Petersen 1986:118).

---

[2]. The phonemes /u/, /i/, and /a/ become [o], [e], and [ɑ], respectively, when preceding *q* or *r*, and the phoneme /t/ becomes [c] when preceding a front vowel.

Long consonant between vowels

Both SWG and the Nunap Isua dialect follow a prosodic rule that can be summarized VVCCV > VVCV, meaning that a long consonant is shortened when it occurs between a long vowel and another (long or short) vowel. In all of the West Greenlandic dialects there is complementarity between the short voiced fricatives [l], [v], [ɣ], and [r], and their long unvoiced counterparts, which are [ɬː], [fː], [xː], and [χː], but when a long fricative is shortened because of the VVCCV > VVCV-rule, the fricative maintains its unvoiced quality as in *sunaaffa* [sunaːfːa] > *sunaafa* [sunaːfa] (approx. = "I see"). However, when the first vowel in the sequence is short, a subsequent consonant remains unchanged. This means that when a CWG /u/ that is preceded by /i/ becomes /i/, and the two neighbouring /i/s have not merged into one long /i/, then the subsequent long consonant remains long, as in *tikiukkami* [cikiukːami] > *tikijikkami* [cikijikːami] ("when she arrived").

Future tense

The future tense is indicated in CWG by the affix –*ssa*-. In SWG and the Nunap Isua dialect, however, the affix indicating future has two variants –*ssa*- and –*ssu*-, which occur in complementary distribution.

Narsarmijit

Not surprisingly, the dialect closest to East Greenlandic is the dialect that was spoken by the *qavappiaat*[3], "the true Southerners" of Narsarmijit and the other settlements, now depopulated, close to Nunap Isua. The Nunap Isua dialect belongs to the family of southwestern dialects, but also shares some characteristics with East Greenlandic (Rischel 1986:130+136). However, three important features distinguish it from East Greenlandic:

1. The loss of intervocalic nasals and fricatives that characterizes East Greenlandic does not apply to the Nunap Isua dialect or to other West-Coast dialects. For example, West Greenlandic *inuk* ("person") becomes *iik* in East Greenlandic, and *niviarsiaq* ("young woman") becomes *niiarsiaq* (Petersen 1986:120), but not in the southern West-Coast dialects.
2. Many words in East Greenlandic have been replaced by others because of the death taboo: It was very common in pre-Christian times to give children names from the daily vocabulary. However, the name of a recently deceased person must not be mentioned until a child was named after the deceased, so in the meantime the survivors had to think up a new word for the object, animal, etc. that the deceased had been named after. The same sort of death taboo was used in West Greenland, but it did not have the same effect there. The West Coast was more densely populated than the East Coast, so whenever a word was being avoided in a particular community, it was still being used by the surrounding communities, and it would return to general use when the taboo period was over. In that respect too the Nunap Isua dialect belongs to West Greenlandic (Petersen 1975b:178-179).
3. Finally, the shortening of a double consonant between a double vowel and a vowel

---

3. "Southerner": *qavak*, pl. *qavaat*.

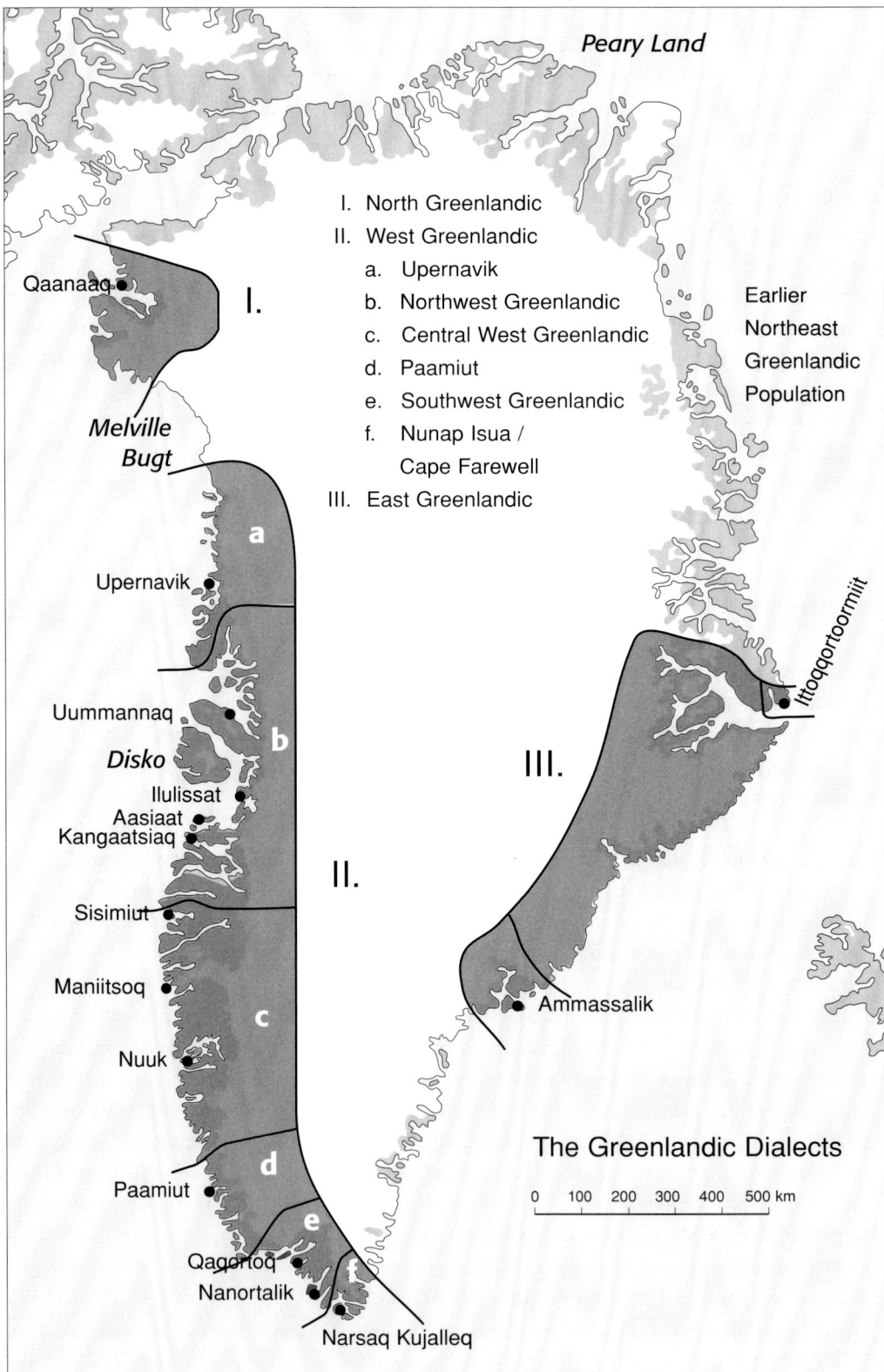

Fig. 2. Distribution of Greenlandic dialects. Narsarmijit was previously called Narsaq Kujalleq. (Based on Fortescue 1986:414).

(VVCCV>VVCV), which is so characteristic of all the southern dialects of West Greenlandic, including the Nunap Isua dialect, does not apply to East Greenlandic.

However, the Nunap Isua dialect is similar to East Greenlandic, and to the Upernavik dialect, in that unvoiced long fricatives are substituted by long stops, such as in

kaffi [kafːi] > *kakkeq* [kakːeq] ("coffee")
tiitorfik [ciːtorfːik] > *tiiteqqik* [ciːceqːik] ("teacup")
errortorfik [eχːortːorfːik] > *eqqortoqqik* [eqːortːoqːik] ("big cup"),

and in *naagga* [naːxːa] > *naaka* [naːka] ("no"), where the long fricative [xː] becomes a short stop because of the rule VVCCV > VVCV. These examples are all from Mâliâraq Vebæk's interview with Kornelius Petrussen of Narsarmijit (*Oqaatsinik qavattuunik misiligutit* p. 38).

The substitution is not the same in all cases for Nunap Isua, East Greenland, and Upernavik; in Nunap Isua the velar stop [kː] is substituted for the labiodental fricative [fː], whereas [fː] in East Greenland and Upernavik is replaced by the bilabial stop [pː]. But the principle of using stops for unvoiced fricatives is the same for all the dialects of the "waxing moon".

The Nunap Isua dialect also shares the nasalization of Central West Greenlandic intervocalic [ɣ] and [r] into [ŋ] and [ɴ], respectively, with East Greenlandic and the Upernavik dialect, and the substitution of [tː] for [cː] when followed by a back vowel, as in for example

puigorparaasiit [puiɣorpːaraːsiːt] > *puvingerparaasii* [puiŋerpːaraːsiː]
  ("Oh, I don't remember")
pitsanngoqqikkami [picːaŋːoqːikːami] > *pittanngeqqikkami* [pitːaŋːeqːikːami]
  ("it (= the weather) has cleared up again")
(From Jorsias Ammosen: *Qaannanik ajunaarnersuaq*, p. 54)

The substitution of [ŋ] for [ɣ] also characterizes the northern dialects including Kangaatsiaq.

Generally it will appear from the texts in this volume that many final consonants are also nasalized, as in *uagut* ("we") > [uaŋun]. It is not so much a dialect phenomenon as a characteristic trait of spoken Greenlandic (Petersen: pers. comm.).

Finally, the substitution of [ɖː] for [ɬː] as in *aallassalluni* [aːɬːasːaɬːuni] > *aadjassadjuni* [aːɖasːaɖːuni] ("he was about to leave") (from M. Bernhartsen: *Nannumik pulaartinneq* p. 70) is not shared by any other dialect in Greenland. It is a very noticeable feature, because the [ɬː] is such a predominant sound in the Greenlandic language. In East Greenlandic the [ɬː] sound also disappears, but is replaced by [tː], and in Upernavik the [ɬː] is used in the same way as in the rest of the country (Petersen 1986:122).

Nanortalik – Qaqortoq – Qassimiut

North of Narsarmijit the dialect becomes more similar to Central West Greenlandic, but the boundary is not a clear-cut one.

The above-mentioned substitution of [tː] for [cː] when followed by a back vowel is both characteristic of the northern dialects as far south as the municipality of Kangaatsiaq, and of the southern dialects up to the settlements of Alluitsup Paa, Ammassivik and Illorpaat (now depopulated) around Alluitsup Kangerlua / Lichtenau Fjord. In the southern dialects, however, the double consonant [cː] often becomes a single consonant [t] because of the VVCCV > VVCV-rule, as in *aatsaat* ("only then") > [aːtaːt]. It also often becomes irrelevant in the southern dialects, because the front vowel /i/ is substituted for the CWG back vowel /u/, so that the preceding alveolar affricate keeps its aspirated quality.

North of Alluitsup Kangerlua, in Qaqortoq, Narsaq, and Qassimiut, this t-rule does not apply, nor does it apply to the Nanortalik subdialect (Petersen 1975a:197). Listeners to the cd-rom that accompanies this volume may have noticed that the two narrators from Nanortalik Mathilda Sørensen and Kristen Mathiassen both pronounce [tː] or [t] for CWG [cː] when followed by a back vowel. Neither of them is, however, a native of Nanortalik, and they are not typical speakers of that particular subdialect (Vebæk & Petersen: pers. comm.).

The Qassimiut subdialect belongs to the northern border area of the dialects represented in this volume. Because of Qassimiut's geographical situation in the outer archipelago it has for generations been a natural landing place for people travelling to and from the district of Paamiut further north, and one might expect a certain influence from the dialect of the Paamiut district, but phonologically Qassimiut belongs to the i-dialect that is spoken in Southwest Greenland all the way down to Nanortalik.

The vowel harmony that is characteristic of Paamiut, where /u/ of the sequence /uv/ adapts to the subsequent vowel[4], does not apply in Qassimiut, whereas the above-mentioned rule of the shortening of a long consonant between vowels (VVCCV > VVCV) that is characteristic of the entire southwestern area does not apply north of Qassimiut.

The Qassimiut subdialect shares one of its most characteristic features with the Alluitsup Kangerlua subdialect. It is the pronunciation of *ff* (and *rf*) which both in Qassimiut and around the Alluitsup Kangerlua is pronounced as a dentolabial sound with the upper lip against the lower teeth and with a velar quality (R. Petersen, pers. comm.), which may be the last trace of the Nunap Isua way of pronouncing *ff* as [kː]. This sound is found neither in Nanortalik nor in Qaqortoq or on the Narsaq Peninsula, but it is similar to the way *ff* (and *rf*) is pronounced much further north around Kangaatsiaq. In some of the texts in this volume this sound is indicated by inserting an extra *f* as in *fff* or *rff*.

Acknowledgements

This survey has benefited from discussions with Professor Michael D. Fortescue, Dept. of General and Applied Linguistics, University of Copenhagen, with Mâliâraq Vebæk, the author of this volume, and especially with emeritus Professor Robert Petersen, former Rector of the University of Greenland, who has made constructive suggestions that greatly improved the text. However, the responsibility for any errors, distortions, or omissions is, of course, exclusively mine.

Literature

Christensen, Birte H.
2001   *Dialekten i Sydvestgrønland: en grønlandsk i-dialekt*. – Eskimologis Skrifter, nr. 16. Institute of Eskimology. University of Copenhagen.

---

4. CWG *illorsuit* > Paamiut *illorsivit*, but CWG *illorsuaq* > Paamiut *illorsavaq* (Petersen 1986:117).

Fortescue, Michael
1986   What dialect distribution can tell us of dialect formation in Greenland. – *Arctic Anthropology*, Vol. 23, Nos. 1&2, pp. 413-422.

Petersen, Robert
1975a   Folkemål. – In: P. Koch (ed.): *Grønland*. Gyldendal, Copenhagen, pp. 194-204.
1975b   On the East Greenlandic dialect in comparison with the West Greenlandic. – *Objets et mondes* XV, 2, pp.177-182.
1986   De grønlandske dialekters fordeling. – In: *Vort sprog – vor kultur*. Pilersuiffik, Nuuk, pp. 113-122.

Rischel, Jørgen
1975   *Asymmetric vowel harmony in Greenlandic fringe dialects*. – ARIPUC 9. Institute of Phonetics, University of Copenhagen.
1986   Dialektfordeling og lydforandringer i grønlandsk. – In: *Vort sprog – vor kultur.* Pilersuiffik, Nuuk, pp. 123-141.

The Stories / Oqalualaat

The enclosed CD-Rom contains Mâliâraq Vebæk's short introduction adding – to the data of this publication in print – the characteristics of the dialect spoken by each story-teller. The initials heading the CD-files are added to the story-teller's name in the text (e.g. Kornelius Petrussen (KOPE)). The order of story-tellers is geographical starting with the (then) southernmost living informants and ending up north at Qassimiut, a village in the Qaqortoq / Julianehåb municipality. The Old Peoples' Home for the South Greenlanders was situated in Qaqortoq, where consequently some of Mâliâraq Vebæk's recordings were done with informants who had led their young and adult lives farther to the South.

The frequently mentioned Narsarmijit / Frederiksdal within the Cape Farewell area, got its first mission station established by the Moravians in 1824. They welcomed and baptized Southeast Greenlanders continuously moving in right on to 1900, when the last group of immigrants arrived, the Southeast Greenland coast was left vacant, and the Moravians, according to the original deal, had to leave Greenland for good. The Royal Danish mission took over the station of which the father of Mâliâraq Vebæk, Josva Kleist, served as principal cathechist during her childhood and teens. (Readers mastering Danish are referred to Kleivan, Inge: "Mâliâraq Vebæk ...", *Grønland* 1997:93-121, for a biography). Consequently a great number of the story-tellers are of southeast Greenlandic descent, but born and raised in South Greenland.

Apart from myths and legends like Manguaraq's travel to the man in the moon and Qujaavarsik including the origin myth of the Mother of the Sea, the stories concern way of life and experiences dating back to ca 1885 and on to about 1940. The relatively late colonization of the area to the south makes itself felt in several stories as also the changes in both availability of resources, technology and social welfare during the very same period.

Louise Gedionsen
(LOGI), 56-nik uk. aamma

Haldora Jakobsen
35-nik uk. Frederiksdal/Narsarmijit, 1963

Qavappiattut oqalunneq

Arnat marluk, Louise Gedionsen aamma Haldora Jakobsen, tamarmik narsarmijermiut. Nalinginnaq oqaloqatigiittut, qavattuut.

L: Qani paarmani neridjivartingijimaarpungun.

H: Neridjivarusunnaqaaq. Uvangaasii sijorna paarmalianngikkalivardjinga, ning'jertarp qiternakasiikali paarmalijartarnermi, massakki angileqimmata isimadjiitingeqaaka.

L: Tassami taamaapun. A, ilaasii isimadjivarn'qaaq tassa. Uvanga massakkiit aama paarmalijarinnaarama, tassamassa qanga tikeqqalaartaralivardjinga. Inuusunneringadjaramami.

H: Ila, qani utoqqanngerajarima, taama aadjaamisassuunga? Sijornaninngaaniimassa kukkarnaateqarama, massakki pissangatingalinga tassali ataaserijassanngilangaliiniin.

L: Maanakki uva suu tamaasa alardjivit tassa paarmalijaanassuunga.

H: Paarmalijarusuttaralivaqaanga, ila qiternaqarnerming pissangadjunga, pissangadjunga udjorpassivasii qaangert'raaka. Ata angilaalerijarpata arpattarimaart...

L: Sijorna kipparsimavungu a, ila siki! Imarersiikatannarn... ilaa ajaasaaraa?

H: Ila massam...tassali uva apersertitsisiss. pernardjini. Sikkerijarp... qaqortuvinnavivinngordjuni. Pileralivarpungu pileralivarpungun, pujortuvaqqa aavaatungun, tassami apersertitsisissaangatta. Aama qimappaatungu sikini aadjarijarsinnaanginnatta. Ilivilermu aataa tassa tipparalivarpungun angerdjarsinnaanatali taama siki amerdjatingisi, uvangali naaqarnerm itivissinnaananga.

Tamarmik: A, ilami angerdjarserneq sunaana taama ajert...

L: Tassa sijudjermiing qassini Ilivilermi taama unnuvivungun? Sijudjermi Ilivilermu uteratta, kujammukarusunnermi oqarpunga: "Ila tassa sineqqissanngikkalivarpungu Ilivilerm". Sunaakami tassa aadjalersungun. Aadjaqqaamut tamarmik: Pujortuvaqqat tikilermata aah ila qujan..nuanneq.

H: Qujanaqi! Taamadjaat tassa kajammu qivingaaratta! Tamarmik: Puvisersijernermidji...

H: Kunniliisi natserajarami, Timu mardjinni natserajaramiisoraara. Tassa uvangu nuvannatissangatta taamakulooq.

L: Tassali silaqqissorsuvakkulu kujammukarnijaratta, tikissimalerdjitali ajilerijarterijarami qissarsilerseq unnukkuun, sila ajortunngortorng. Tass sijalivin tikidjivaqquvaatungu, taamani angerdjarsikuluunguvaseqingatta...

H: Unnussuvasing, tikidjivaqq...

L: Huum...(aap) Tassali una apersertitsisissaangami, a, ila tasamani sikkoruttorma sinnatsinganaqaaq...

H: Apersertitsissangatta, tuuvijertingalita, palasimi utaqqitsijalerijarpungu; utaqqingalivaratta utaqqingalivaratt, aat... palasikkimmi avunga ataatumiikijaartin. Aataat palasi utoqqaq tamaanga apersertitsijarterami. Aama tassa kaagilijeratta, sijudjermi nungoqqaardjiting aataa tassa tudjijaning kaagilijeratta, ilaa parn'tilersi aataa tassa tikipporng. Uvangaasii ila uumaa palasi utoqqatserinermi utoqqaaman, qassini oqarnerpunga: "ila palasi aama sila pittaas'mi kujammukassaseq."

Louise Gedionsen

(LOGI), 56 years old, and

Haldora Jakobsen

35 years old, Frederiksdal / Narsarmijit 1963

Qavak Language Test

Two Women from Frederiksdal speak genuine Qavak.

Louise: Aah, we're going to eat plenty of crowberries.

Haldora: Yes, how wonderful it'll be! You know, I didn't get to go berry picking last year… but as usual my dear little children and the Najakasik family gathered a lot of berries; and now that they have grown bigger I expect the world of them.

L: Yes, that's the way it is. As always we have to have expectations for others. Well, I don't go berry picking anymore. As opposed to in my younger days, when I was almost always out picking berries, yes, back then when I was younger, you know.

H: I wonder where I will go when I get old? You know, this year I actually have some more left of that dried blood (kukkarnaaq) in stomachs,[5] yes, I was looking forward to a berry picking trip, but maybe I won't get to go at all.

L: I want to go on a berry trip this year, I'll drop everything.

H: Yes, I really want to go on a berry trip, but, oh, I have so many children, you know… I want to, I really do… the need is there but time passes! Yes, hah, when the children have grown up, aah, how I will run!

L: Yes, last summer we were on the sealing islands, you know, oh no, the field ice! We waited and waited for the ice to disappear. We were tired of waiting. Don't you agree, dear aunt?

H: Oh, it was so hard! … in addition I was having my confirmation, my first one at that! The ice closed up everything. Everything was white! We waited and we waited. Finally a motor boat was sent to pick us up. We were having our confirmation, you know. But we didn't get to go, we could not move forward because of the ice. We made it to Ilivileq (Nanortalik), but we could not get any further because of all the ice. And I could not walk over land, I was in an advanced state of pregnancy.

L and H (simultaneously): Nothing is worse than being homesick!

L: The first time we were in Ilivileq, I wonder how many times we slept there? When we headed for Ilivileq and arrived there… I was really longing to move on, you know, so I said: I'd rather we not spend the night in Ilivileq again. I didn't know that we would soon be heading home.

H: What joy! And how grateful we were… oh, how nice, how lovely: then onwards to the South! And we were sitting there so proudly!

Both: And the men were hunting so many seals…

H: Kunnilise (her husband) caught ringed seal, Timutius caught two ringed seals, I think. Our happiness knew no bounds!

L: Yes, the weather was very, very fine when we sailed southwards, but after our return the weather changed, it turned worse, and was very bad in the evening. Yes, the rain welcomed us home at our return! Yes, after our great homesickness.

H: Oh, the rain wouldn't stop…

---

5. Good for mixing with berries.

Louise Gedionsen.

Sunaakami tassa silaqqissikuluulersi aataa aggissasin. Taamadjaa tassa... qaamangili aama aperserterijaraming, adjami qaamangi avannamukaatissaani iternijalerpungu: sila nuvannersinnaanini tamaa nuvanners... Sunaakali aama aqqutaani paarmalijakuloortun. Ila qujanarnera ass'-qanngilaq; utoqqaaman utoqqatserissanganijardjungu, nuvannikuloortumi angalamman.

L: Sijorna ukijaq pittaakuloorijanngiitingalini, ukijarsijordjuvaratta ukijarsijordjuvar... kisi ukijeq ukijersijerpungun.

H: Ilami ukijeq ajer... aputikulooq, ilivamidji pinijaqqissaanani. Aataadji taama ukijiinera appaqanngitsingalini. Assu appa ukijeq ajerp... Pinijarnijaralivaramikki, taamadji ilingersuludjut. Aataa taama imma appaqanngitsimi uva paasinn...leratta.

L: Maanakkii uvangu eqqartivisarpungun, ilami naamattooratsingi uvangu ukijimi angimmattartorsuvakkuluvin, puviseqartaqis. Ila ukijini kingidjerni qaqatingorsuvasi tassa angusoqartaraaq, kujammu maanga qajarterijartinnating.

H: Qavunnartinilaa kisimi tassa; qavunnartarpu ukijakkin, aataa upernaaki puvisimadjuting.

L: Tassami, upernaarsijilertarpungu pujortuvaqqa tikissitserijadjaraangata... Tamarmik: Ila qujanartaqaat...

L: Annerusumimmi qasingijakuluun...

H: Kunniliisimmi qasingijakuluu tadjimaartaringaan. Hmm, hi, sijudjermi
mardj, kingidjerm pingasin. Qiterna...panikasija nukardjeq qasingijakuluumi kavaajartaarpadjaaqaaq.

L: Ila pidjivarnartaqaaq pujortuvaaraqalerijarman. Aadjadjakkalivaanaq tikississisarmata. Aama qangaanerusoq ukijassami ussuni sapersaleralivaratta, ukkuunatsijaan mersernarsikuloordj'ti,

Haldora Jakobsen.

L: And poor Haldora! She had her confirmation coming up! Aah, the ice. When the ice was closest, it just felt like a dream.

H: We were so very busy, you know, we had the confirmation coming up. After the big rush with preparations for the confirmation, a new waiting began. We started waiting for the priest. And we waited for the priest, and we waited! It turned out that the priest had been to a meeting up north. Not until the old priest made it down to us could we have the confirmation. We had baked cakes, they were eaten, we baked again! And not until the cakes were half dry did the priest arrive. As usual I worried about the priest, he was old, you know. So many times I had said: If only the weather will be nice for the priest's journey. Yes, it turned out that it was the finest weather for the priest's journey down here. Confirmations were held for two days. When we woke up in the morning the priest was going back, we saw that the weather was so fine, as fine as could be. Later we heard that they had even stopped on the way to pick lots of crowberries to bring with them. My joy and gratitude knew no bounds. I had been worried, he was an old man, you know.

L: Last autumn the weather had been as nice as could be, but in the late autumn it turned into a very cold autumn, and it just continued into winter… it was a very severe winter.

H: Oh yes, it was severe, lots of snow, lots, it wasn't really hunting weather, and very unusually, there were hardly any guillemot. It was a very severe winter. Our hunters did all they could to catch something. I have never experienced a winter with so few guillemot.

L: We often talk about the times we have experienced. We experienced winters where many seals were caught, lovely seals; yes, there were a lot of seals. In recent years it is rare to catch seals in

sunaaka sapernarinnaarnijassammata. Ullumikki qaaqutinnermi eqqissiviiteqaangun. Eqqaamaneqanngittungu eqqaamaneqanngittungun, ataaseq qaaqusisaraaq, qaaqus ila qaaqutilertaraanga... Takiva udjuqeqqa aajunaa, qassinngorpa? Aama udjuqeqqanu qiteqqitilerporng, tassa ila eqqissiveqarnanga tingisassarsijilaarnanga...

H: Idjit sunijarpin? ippassa unnukku innalerama oqarpunga: "Aqangudjaarajik mersinganngivasinga inissavara. Suliliinii attunngilara.

L: Ilaasi...

H: Aama kakkiserijaqq'tippunga, aataarajik isernijarama kakkiserijartareerdjinga. Iniikissijiitarpu ila akilikittooraarangisakasimm, naasaramikki tassali...

L: Tassami

H: Inikitserpadjadjini naasaraan, tassami.

Judithe Isaksen
(JUIS), Frederiksdal, Narsarmijit, 60-ik uk. 1963

Kipparnissamut piareersaatit, kipparsimaffinni ulluni siullerni pisartut

MV: Jutitta, kippassamaalertarnissinnik unikkaarniarit. Piareersaatisi qanga aallartittarpisigit?

JI: Aadjartittarpungun suu tamaasa pikkitingalivi upernaami atortussan, atortussarpun. Peqqaataani sijudjermiing soorl ipiijarl'ta, kammi tamakkuva sikisijitissa angitin angalanissaasa tungaanu. Umijami aadjassamaalertaringatta idji ilivaninngaanii tamakku aadjaarnittinni atortussaq aaqissertarami. Umija atortuvi, tupikki atortuvi, qanaan, umija amii, ingerdjaarnits, tassami kipparsimanitsinni tupissarpun, ulissaan, qulissai qanaan. Tasamunga perijaraaratta tassa majuusortaratsingi tassinga tupersivaqarf(dj)immu majuusordjuvin.

MV: Umijaq ameqqaartarpa? Tamaani?

JI: Suli aadjartinn'ta upernassami ameqqaartarporng.

MV: Amissaa taanna qanga suliarisarpisiuk? Qanoq ittukkut?

JI: Tassa upernassami, tamani, soordju silaqqittaleraangan, panernartunngordjuni. Kineqqaardjuvi imaanun. Kinippata qitilippata kiliinardjuvi mamingangi eqartaangudju kingileqqaardjuvit ikeqqidjuvin. Qaqippata aamaardjuvi kilijortoqqaardjuvin tasimeraardjuvi, qitilippata tassa amissijordjuvi aadjartittarparpun. Pilattardjuvin mersordjuvi, amissijordjuvin. Aama ilivangi adjaming ujalilerdjita mersoqqidjuvi ilileriining.

MV: Aa, marluviusunik kilulerluvit?

JI: Huu, (aap) qaavangudju mamingangudju...mersordjung...

the winter, and it only happens to those who go south to catch seals.

H: Only, yes, only those who go south in the autumn catch seals. It is only in the spring that it is easy to catch seals.

L: Yes, that's the way it has become. We celebrate spring now when the motor boat brings us seals.

Both (H+L): That is very good.

L: Most of the seals were full grown common seals.

H: Hah, Kornelius caught five full grown common seals. Hah, first two, then three!.. The children… yes, his dear youngest daughter indeed got herself a nice common seal jacket…

L: We are very happy that there are motor boats now. The boat is only gone for a short time before it returns with seals. Yes, some years ago the harp-seals disappeared, but only briefly, now there are plenty of them once again. I can't settle down today, because I have gotten so many invitations for coffee! That's how it is: a long time can pass, apparently nobody is thinking about inviting you; then one invitation may arrive and then it continues. Look, it is almost midday, what time is it? It is almost half twelve. I haven't had a minute of peace, I haven't done any work…

H: Ha, that's nothing compared to me, I tell you. Last night, when I was on my way to bed, I said: Tomorrow I will take out my needlework from the morning. I haven't even taken it out yet.

L: Yeees.

H: And I have gotten yet another invitation for coffee, and I have just returned from a coffee get together. People have birthdays right after one another, then it stops. That's the way it is.

L: Yes, that's the way it is. When there are so few people, it doesn't take long to go through them. That's the way it is.

H: It's typical of a settlement where only very few people live. That's the way it is.

Judithe Isaksen

(JUIS), 60 years old in 1963 – Frederiksdal, Narsarmijit

Preparations for the Journey to the Sealing Islands and something about the first days on the sealing locations

MV: Judith, tell me about the time right before you leave for the sealing islands; when do you start the preparations?

JI: We start the preparations in spring, with everything we might need during our stay on the sealing islands. The first thing we do, however, is to clean our winter home, also the *kamik*s (skin boots), husband's *kamik*s, made for walking on ice. As I said, we start in the house and then anything we might need during our stay at the sealing location. The umiak must be ready, the skin, the tent, tent pole, the boat skin and what we need during the journey and during the stay on the location, tent pole, tarpaulin at the bottom and at the top. Then when we arrive at the location, we carry all those things up to the tent camp.

MV: Do you put new skin on the boat here in the settlement before the journey?

JI: We put new skin on the umiak here in the settlement in the spring.

MV: When do you prepare the skin for the boat?

JI: In the spring, when the weather is good and it is dry. First we put the skin in sea water. Then when it has softened, we (shave and) scrape it, both on the right side and on the reverse. Then we put it back in the water. Take it up again and scrape and stretch it. When it is all soft it is ready to

MV: Suna ujalerisarpisiuk?

JI: Perdjaan, puvisi ujalivi, perdjardjuvin.

MV: Perlaat tassa taakkuva qanoq iliortarpisigit?

JI: uvingisardjuvi qipidjuvin pingasunngordjuvin perdjaadjuvin.

MV: Tassa qajannaat?

JI: Hmm, (aap), Tassa qajannaatukulooqaan.

MV: Meqqitigisarpisijik?

JI: Adjiiti tassa quvassuttun niivertarfimmiji. Puvisi amerpassivasii katitordjuvi, katitordjuvin inerpata, tas umija qaavanu, umijaq nappaserdjungu, ikerinnarmu ilidjungu. Qaavanu sijaartaringami, sijaardjuvidji tass taaku isivi qajannaartaringamikki qisumu kappusimasimun. Kannaavata nuunguvaniikami isseraasaani; umijaq qajannaartaringami. Taaku isivi qannaartareerpata, taava akileriisitaardj'ti kivilertarpaan. Kivilermi pisarpaan aadjunaataani amittukujuuning qipisardjuvin, ikkittardjuvi tamaanga kuutijaanu saqqittardjivi. Amerdjuvi amerdjuvi, taamaalidjuni adj'naataami noqartiminaataataami imertaramikki. Taamadjaan qulaa ilaalaartarijaqartaringata, immikkin qaavangi ilaalaartarpu mersordjuvin. Tamarsivasimmi inertaraaq.

MV: Inerpat?

JI: Tassa inerpa, taamaalidjuni panersiinassooq. Taava panerpan, soordju panernera naamangilertaringamikki, makku ilidj'nerisa imaalill'ti pussuneqardj'ti merserneqaraming, ilill'neqardj'ti, taakuva ilivi panerpata ussissarinikki; taava orsumi sijati(ll)djuting orsortarpaan. Aataa tassa taamaalidjuti orsordjungu, orsordjungu, orsortardjungu naamangilerinikki tamarmi qaa maavatsivinnanngertaringami panerdjini tassa aadjarittarporng. Ilivamill' sukkasarl'ta. Aah, nuvanni, aah!

MV: Pigisasi tamaasa nassartarpisigit?

JI: Tassa aasami soordju atortuusinnaasu kipparsimanitsinni, nassartarparpun. Soordjikijarmi isimannaarsarl'ta aadjartarpungun.

MV: Qani sivisitigisimik tamakku ornitasi ornittarpisigit?

JI: Tass akinnikkimasaringaming akinnittarpu aqqutaani. Umija sukkarijarl'ti ilars'vaanaq tasamunga pisarpu, Kitsissunun. Maani aqqutaani taamanikki aama nerinijartaraming sissamidji aalisakkanidji. Tassa aqqutaani unikkimasaringami unittarpun, unnuvisar(ll)dj'ting. Tassa ilaan ingerdjajimasarp soordju nukinginnarteqartidjungu, sikinidjiiniin. Ingerdjajimasaringaming, tasamunga katsernati ingerdj(ll)'saanarpun.

MV: Tikikkaangassi?

JI: Tikikkaangata tass ilaani tasamunga pinijardj(ll)'-tali natsersivarsivasii tassani naapividjivi naapittarparpun. Nippasivaartorsuvasiin, uvaartorsuvasiin, anginnatsi. Tassa katsernati angimalertarpun natsersivarning

MV: Arnat suliassaqarluartarput?

JI: Ilarpungu, hi, hi, hi...

MV: Qaa, tassa tikippata?

JI: Tassa tikippata angusoqarpan, "aadjaaqaar"-tilerpata tassa qaqqamu pinngitoornata adjorijarsinnaasungu tamatta arpalijitilertarpungu qaqqamun. Taana aadjaanitseq ujakkartordjungu. Taava paasingitsingi kina aadjaanitserng tordjuvaarteqalissooq: Taana aadjaanitserng. Tas tusassavarpu taana aadjaanitserng. Tassa kipparsimaneri ilaa perijarami aqqortitsikattattareerdj'tidji, tass oqartarpu: "Ilivitserterporng". Taana natsersivaq tassa ilivinngaan taaku inivi pilattarpaan, tassa pinnataarilertarpaan. Pilall'tidji piladjungulu qummukaasordjungu panertilijaralungu, tisadjungu. Orsuvi imujorardjuvin, poorusissatun assakaladjuvin. Amija poorusissaqqippan angivadjaarti pissanngilarpun, aataa akinnatsiipan, soordju milaqalaalerserng, orsumu puulija-

Judithe Isaksen.

be prepared for cover. We cut it to fit and sew, adapt it to the boat; sew with new threads both on the right side and on the reverse, double stiches.
MV: Double stiches?
JI: Yes, both on the right side and on the reverse.
MV: What kind of thread do you sew with?
JI: Twined thread made from seal tendons.
MV: How do you make the twined thread?
JI: We expand it by putting together the tendons and twisting them, divide into three parts and then twine.
MV: So it becomes very strong?
JI: Yes, it becomes very strong.
MV: What kind of needle do you use for sewing?
JI: We sew with an edged needle from the store. We sew together many many seal skins. Then when we have finished sewing the skins together, we put the sewn together skins on top of the umiak frame, which has been placed on a rack so it doesn't lie on the ground. The skin is tightened by fixing it to the horns of the umiak frame. Then the skin is sewn on each side of the skeleton and tightened. If necessary, small patches can be sewn onto the skin by the edges, after the sewing is done. Then it is all done.
MV: And when it is all done?
JI: When it is done, it just has to dry. Everything needs to be dry, also on the inside of the boat,

risarparpun, angisiingini oqumaapadjaasaqimman, sivisisarnermi kujammun assaarisadjungu. Taana poorusissaq ilivaringitsingi tassa tasermu ikidjungu. Tamassa ilaa amin amissatu ulissiitarparpun. Issumi ulissordjuvi.

MV: Asiuneq ajorpat?

JI: Asijineq ajerpun, taamadjaa utilertarpun. Utilertaringata utisaringata, meqqivi peerdjuvi orsuva kilijordjungu maminga. Tamarmi orsuva peerpan, tass amerpijaa errortordjungu panersertarparpun, assakaatidjungu. Tassa tamakku qaananu umijanudju amilijarisarpu taamaalidjuvin, utisseqqaardjivi panerserdjuvin.

MV: Unniliassat tasamani suliarineq ajerpasi?

JI: Unniliassan taamaalidjuvi aama utissertarpun. Kisijanni soordju panertiinaqqaartarpun. Tipparitta seqinermun unnilijassan soor-ll'dj tippardjitali panerserijaritsingi tassa seqinermu tasimeraalertarpun. Kammeralivi, kammerisiming qaavi sulijarisarparpun.

MV: Utisartarpat qanoq iliorlugit?

JI: Unniliassa tamakkuva soorll iteqqimun. Iteqqimu kineqqaartarparpun meqqivi peeqaardjuvi, eqartaa tass tasinneqardjini kaangarsissooq. Tassa misilittardjungu eqartaa katattalerpan aataa tassa kissatumun ilivarsaadjungu unningertarpoq. Massakkii uvangu, aama massakkii ukijini kingidjerni seqinermu unnilijortoqarinnaarpoq, hi, hi... Ukijimi suli (ilaan) pijareersartalernerming suni tamaning, sijumu ingerdjangamimmi, ukijimi isimannaarsartareert...seqinermu unnilijortoqarinnaarporng. Pissaqartidjiti ukijimi isimannaartareertarmikki.

MV: Tasamanimi tassa natsersivamalillaraangata pilallusi, pilallusi... qaneq...natsersivaq qani pilattarpijik?

JI: Pilapadjattaqaara, hi, hi, hi... uppataarijardjungu naavi seeriardjivi orsua peerijardjungu, amija peerijardjungu qassadjungu, qatija peerijaraani tulumaavi naqidjuvi tamaana qimerdjivata kidjunga siikujooriaraani suna tamarmi ingussorartarami. tassa tamarmi katangavidjini. Majuusorutsingi, maangaliinii maanga tummaangitsimu ilijerartarparpun.

MV: Tassami aaviaqqaarlugu...

JI: Aa...-mimi. Aqajaruva peerajaraarami, tassami qilertilersordjui ... qilertassaa ... aava immijudjungu, immijudjungu aqajaruvanun, tass kukkarnaaliaralungu immijudjungu tass as'kaatidjungu panersertarparpun. Aama inaluvaasa ilaan immertarparpun, aavanung, panersertarparpu inaliisaming. Aama imaqannmgikkalivarti inalivaan seqeersardjuvi aama tassa panertiliarisarparpun, tassami tamakkiva akinnii... aama tassa panertilijarisarparpu ilaa panersilaarinnardjuvi ikidjuvin; naqq.- paners'laarinnardjivi ikidjuvi, ilaan panersilaarinnardjivi ikidjuvi, naqqinnangi saleqqilaanninnardjivi poorusimu isseraanardjuv ... hi.

MV: Ami taanna, ..taanna orsulik...neqaa peertareeraanngassiuk, orsua?

JI: Imaats orsuvaninngaaniit peertareeriaraangatsingi – amissassaariaraangan qaanamudjuunii umijamudjuuniin tass imuvinnardjungu ilidjungu issumi ulissertarparpun. Tassa amissaliassaq. Makkuva kamiliassan adjatuldju aaqatissan pisariipata suli unnutsinngitsi qapijardjuvi tassa erniinaq inertarparpun, panerserdjividji immudjuvin peertardjuvi. Taaku kisiming amissaliassa ikidjuvi utissertarparpun, ulissordjuvin.

MV: Ullorsuaq ammeriinnangajattarpusi...?

JI: Tassami. Udjaa'tungaangi iteritta piladjita, piladjita; pilangarpu inerpata – tassami upernaami taamanikki natsersivaqaradjarman soordju puvisi ataasiineq ajerami pilatassarpun. Piladjita, piladjita ineritta taana pilagassaq ardjarii inerpata, taava majiisassapun; meeqani ardjaangi taasalerl'ta majuusorneraning, ilaani uvangu ingassuungu angiti tikinnissaanun, nerisassaaning. Ingangitta, tisangitta.. tisaasa inerpata ami adjan, suliassan soordju qapiangassa erisangassadjii-

you can feel it; then the stitches are waterproofed with melted blubber. This is repeated several times. When everything is dry but soft, the umiak is ready for use. And then we leave, at full speed. Ah, how lovely!

MV: Do you bring everything for the summer settlement?

JI: We bring what we are going to need at the summer settlement. We make thorough preparations before we leave, you see.

MV: How long does the journey to the summer settlement take?

JI: Those who want to make a stop on the way do so. When the umiak is ready, it does not take long to get to the settlement, Kitsissut. Some want to stop on the way to gather edibles on the beach, whatever there is on the beach, and some also want to fish. Some stay there overnight. But if there is a risk of, for instance, ice, they just hurry for the sealing location.

MV: And once you have arrived at the settlement?

JI: Yes, once we are there, we immediately begin encountering hooded seals in great numbers. There are shouts and yells of joy. Yes, there is cheering and shouting! Oh, oh... We immediately catch many hooded seals.

MV: I take it there are many chores for the women?

JI: Oh, are there ever! Hee, hee, hee...

MV: When the men have returned?

JI: Yes. First: when a seal has been shot, and they yell "A direct hit!" "A direct hit!" then we all run, those of us who can use our legs, we immediately run to the mountain to see who fired the shot. When we know who fired the shot we yell out: "This person and that person hit (the seal)!"

During the summer, after the "first" seal has been shared among all the sealers, the sealer now gets to keep all of the seal. We say: "Now the entire seal belongs to him". And it is entitled to the family. They tear and flense, and the parts are divided in certain pieces and the pieces are carried up, they have been carefully cut to dried meat according to specific rules. The blubber that has been loosened from the skin, is rolled piece by piece like skin into a blubber bag. The skin for the blubber bag is carefully selected. It can't be from too big a seal. Skin from a medium sized seal, a (blueback hooded)[6] seal with skin just beginning to get spots. These are well suited for blubber bags. If it is big, it is too heavy to carry. If we have found the right skin for the blubber bag, we put it in water, lake water. Some of the skins that are being used for covers and the like, we cover in peat soil. We cover them totally in soil.

MV: They don't rot?

JI: No, they don't rot, but the hair begins to come off. When the hair has come off, yes, when all the hair has come off, we scrape the blubber off the reverse side of the skin. When the skin is all clear of blubber, we rinse it thoroughly in water and dry it. Skin treated in this way is well suited for umiak and kayak skin. Yes, first the hair is removed and then it is dried.

MV: Do you also prepare skin for white skin out there?

JI: Skin for white skin is also de-haired in the same way as other skins. They just have to dry first. When we have returned to the settlement, we prepare them in the sun. Dry them and stretch them. Stretch the skin with a *kammiut* (boot straightener) and treat the right side nicely at the same time.

MV: How do you prepare it for white skin?

JI: Skin used for white skin has to lie in old urine after the hair has been removed. The grain

---

6. The young hooded seal, called a blueback, has no spots.

niin, tas pilannginnitsinni. Tamakku suliarisareeritsingi, panernarpan seqinnerdjini angiti tikinnissun kamii inertareersimassappu atisassaan, panerti kapittareerdjiting, hi..hi...
Soordjikiaq tass upernaami kipparsimasi nunaani aasalivinninngaaniin tupi siudjermi.... angiti udjaaki iteqatingisarparpun, sineeradjatsijartaanarpun. Qudjii ukkusissan tass tupi ilivani unnuunngikkini udjaaki soordjikijarmi, ilaan silami uunaasarpun kissartilijerl'tin. Amerdjaneri qudjikki ukkusissakki kissartilijertaraming. Sila ajorujutsidjungu, tass uvangu qudjii qulaangi unnuvakki nivinngassooq adjunaatsijaamidjiinii nivinngaavilerdjini, pitiitalerdjungu. Tiiteqqi... ingaanardji ingalijudjungu. Tass taana qalannijarnerani angititarpu sinilaasavorng, hi.hi.. Qalattareerpa tassa kissartortoreerdj'nili anissooq. Anippa tassa uvangu maliinardjungu tassa anissuungu. Tass puvisilerijartorlj'ta.
MV: Allamik igasoqarneq ajorpa?
JI: Soorunami... ilaan nerisarpun, ilaan taquvaliinarl'ti aallartarpun. Ilaan nerineq ajerpun. Tass taamaapu. Uljorsuasi peqarn'ti, peqarn'ting, tass ilaani tikissappu – ilaasa ardjariin natersivin. Tamaani upernisaratta, tamakkuva pilijarpassivasippun panertiterdjitidji oqiliartordjuti assarujun'jartarlj'ti kujammu nassarnissaanun. Tikerijaraaratta tamakku aam poorusissa saataratsingi, orsu aama ingitinnangi suli poortuuniarsarisaratsingi. Aama ujalissaa perdjaqqaartarparpun poorusississan, ujadji perdjardjuvi. Poorusiss ilileriini mersordjungu. Katittidjungu merserijaraaratsingi, umija patittidjungu ilidj'neqar...poorusissan imaalidjungi ... ilivaninngaagi aama qaavangi imaaliss...soordju iliseriin... Taava taana poorusissaq mersertareerijaraangan, puljalerljungu panersertatsingi. amertaa panertaringan tassa orsu isseraatarp... Poorusissaq tassa amerl'nerning natsersivarnik pisaqakkajuttuning, amerlanerusuning pingasit pooruserinijartarakkik. Mardji soordju orsorpijaanaan, tassa pingajivan tamalaanik nerisassanik akinneraardjuvi immertarparpun isimannaariartivaardjini. Sulijarpu... panernera maanangilersimasarigamikki, tassa oqartaringata tippassadjuting, tassa kippalernertutut ilill'ta pissangalertarpungu tunumu aqqiitingalungu. Tass kisi nuannaardj'ta, tassali kisija ipermijeqarlita, hi, hi..
MV: Qaqorsaateqartarpisi?
JI: Soordjikiaq qaqersaataqartarpungun, hi, hi
MV: Ilaani ermerujuttarpus..?
JI: Tassamimi, ipermijisaqalita...... Tassami uvangu uninngasertaaleratta, Elijaasaadj kisimi kipparnijassaaratta sunami tamarmi kippar... tassami massakki upernaaki sivikittarpoq ilarpassivasii kippanngidjan... Uninngasertaaleratta .. tikitsin, ilaalaa, ii, ila nadjinnartarsimaqaangu, hi...hi..pimijisarneri! hi, hi.. Tassa uvangu taamaapung...
MV: Tasamaniitillusi unukkut aliikkusersoqatigeerujunneq ajerpisi? imaliinniin....?
JI: Uvangu arnaall'ta aliikiserserfissaqanngilangun, suliassaqarnerming. Makku angiti soorlu anereq qamanartinnangi... aliikisersertarpun, soorl' pingaartmik kinganngartillungu natsersivarnik pinijarinnaartaraming, tamakku imminni aliikisersertarpun. Uvangu arnaall'ta upernaami aliikiserserfissaqanngilangun...hi...hi, piffissaqannginatta.
MV: Angiti unikkaartaallutik immaqa, aat?
JI: Tassa tamakkuninnga piniakkaminning unikkaartaatu tusarnaartarnarpun, tamaani silami suliassaqartill'ta qapijardjitaliinii erisardjitaliiniin, tassa aneertarpungu tamakkuninnga kisi suliaqarll'ta tassa tusarnaartarparpu eqqatsinni aneersivarti angiti imminnu aliikisersortun. Tassa tamakku uvangu maanikajaaq initsinni soorl' sulialerdj'ta, soordju qapijarl'taliiniin erisarl'taliiniin-in poorutsill'taliiniin. Tassa tamakkuninnga sulijaqarl'ta ujaliliorl'taliiniin.
MV: Ukiumut kamissanik noqqaaleraangassi, tamakku kamiliassat, soorlu erisaaliassalliinniit angutit kamissaat, erisaaliassat, aatsaat tamaani suliarisarpisigit..? ukijimi? imaluunniit...?

loosens when you stretch the skin. It has to be stretched several times. Only after the grain is gone the skin must be rinsed thoroughly in hot water. It then becomes white skin.

These days, well, these last years, no one prepares skin for white skin in the sun, hee, hee... they prepare the skin in wintertime, yes, times change... they prepare the skin in the winter to get it over with.

MV: During the great hooded seal hunt near the sealing settlement, is there a lot of flensing to do for you women? How do you flense the hooded seal?

JI: I flense it quickly, hee, hee, hee... cut off the rear flippers, cut an arch from throat to rear flippers, cut off the blubber from the meat, take the skin and scrape all blubber, press down the ribs and then what is left of the spine is loosened. Everything is loosened. We then carry the meat up or put it where no one can step on it.

MV: What about blood, is that removed?

JI: Yes, of course. When the stomach has been emptied, all the holes are tied and it is now filled with blood that has to dry, *kukkernaaq*. We roll the full stomach frequently during the drying process. We also fill parts of the gut with blood and let it dry, it is called *inaliisat*. The emptied gut is dried in the same way as the dried meat. Parts of the gut, only slightly dried, are cleaned for all visceral contents and put in the blubber bag, it's lying there with pieces of blubber... hee, hee...

MV: There is more... once you have removed the blubber from the skin, what happens to it?

JI: When we have removed the blubber the skin is rolled, if it is to be used as cover for kayak or umiak, and then it is covered in soil. This is for covers. But skins for *kamik*s (skin boots) and mittens (skin mittens) are shaved before the grain comes off, shaved, dried, rolled together, stretched out. It is done in no time. Only skins used as covers are put in water and covered to remove the hair.

MV: Is it mostly skin from hooded seals that is used for covers?

JI: Yes, that's right. When we wake in the morning, we immediately begin flensing, flensing, flensing. Yes, back then during the summer at the time of the hooded seal hunt, there were always more than one hooded seal to flense. We flensed and flensed... When we are done flensing we have to carry it all up to the tent camp. Sometimes the children help to carry. And once in a while we also cook food for the men, for when they return. While we boiled and boiled we cut up meat. When this is done, the skins come next. They must be scraped; skin has to be de-haired. When all of this has been done, we must see to it to dry the men's *kamik*s in the sun, if there is any sun, the men's *kamik*s that they are going to wear when they return need to be ready. Dry with the sock *kamik*s inside them.

Out there at the sealing location we of course wake up at the same time as the men early in the morning. The men sleep very little. We had soapstone (blubber)lamps inside the tent of course (meaning: for heating water) ... many people boil water outside. But most boil water using the blubber lamp. When the weather is occasionally bad, we have the habit of hanging the pot over the burning lamp all night long. It hangs by a hook on a piece of thin string, a cup of water in a pot. The men sleep for a while longer, while the water heats and boils, hee, hee... When the water has then boiled and the men have gotten a warm drink, they go out sealing. And we hurry out after them too. Because we have to take care of the (already) caught seals.

MV: Don't you make any other food in the morning?

JI: Of course... some eat and some just bring some food with them and hurry along. There are some who don't eat anything at all. That's the way it is. They are out sealing the entire day, then they return, many of them with several hooded seals. We spend all summer out there you see, with all the reserves of food we have gathered and dried, so it will be a bit lighter to transport for

JUDITHE ISAKSEN

JI: Tamakku erisaaliassan nutaanerani tamarmik inertarpun, tasamani. Erisartareerll'tik, erisaanarll'ting panertareertarpu... kaatarll'ti ... Aataat tamaaniileraaratta mumingi asaqqidjuvi, ulidjui qituttunngordjungi kamiliarisarpu, pingaartimi angitit atortussaan, kamissaan.

MV: Atungassat qanoq suliarisarpisigit?

JI: Atingassat tassa tamakkutun. Nutaanianing utisarpun mamingi orsuijaanardjuvin, soordlu qassaqqissaanardjuvin. Iteqqimu ikiinardjuvi utilerp...erisardjuvi .. erisaqqissaanardjuvin, tassa paatissooq. Aama tamakkuva erisaadji atingassadji assingiipun. Unnukkuunginnerani suliarisaripall'attarparpun. ..Tassa taaku unnukku inertarpu, tamakkuva. aama meqqiliass taamaapun. Unnukku soordju utinnginnerani meqqivisa utinnginnerani aama tassa panersipall'attarparpun. Tamakku qaanan atortussaan, qajartiisissan erniinaarangisakasik nukingiinavik sulijarisarparpun panersipadjadjuvi, kapitassa aaqqatissadji.

MV: Ukioraanngat taartalerluni unikkaartuarujuttut tusarnaartarpigit?

JI: Unikkaartivarujuttut tusarnaartarlivarpakka, uvanga poortuineq ajerpunga hi..hi... unikkaartiva naleqaaka

the return journey. When we have returned we take further care of the blubber bags and they can't take up too much room either. When we sew the blubber bag we sew with twined tendon thread and in double stitches, and we sew together, the places where the edges overlap slightly. That is how we sew the blubber bag with double stitches.

When we have finished sewing the blubber bag, we dry it. When it is dry, we fill it with blubber. The bag is usually made from hooded seal skin. The ones that catch many hooded seals usually have three blubber bags. Two bags of pure blubber and one with mixed meat food. When the blubber bags are done it is said that now we have to return to the winter settlement. And we are so happy! But we were so dirty. Hee, hee, hee...

MV: Do you bring any soap to the summer settlement?

JI: Yes, of course we do... hee, hee...

MV: So you sometimes wash?

JI: Yes, it happens sometimes... yes, we were very dirty... hee, hee... Once we were the only ones left in the settlement, everyone else had gone home, Eliaser didn't want to go, while everyone else had gone back. I think we looked very shabby... hee, hee, so dirty, hee, hee... That's the way we lived.

MV: Is there any entertainment in the evenings?

JI: We women have no time for entertainment, we have so much to do. When the weather is too bad for the men to go hunting for hooded seal, when there is a southern wind for instance, then the men entertain themselves together. We women have no time for entertainment in the summer... hee, hee... We have no time.

MV: Do the men tell each other about their experiences?

JI: Yes, we hear that they tell each other those kinds of things, while we are outside working, for instance scraping skins or de-hairing skins or making blubber bags. We have to stay outside when there is work to be done.

MV: When you make skins for *kamik*s, like for instance watertight skins for men's *kamik*s, do you then prepare the skins when you have returned to the settlement? In the winter? Or when?

JI: Watertight skins we prepare immediately, out there in the summer camp. They are de-haired immediately and dried. When we have returned to the winter settlement, we wash the reverse side and soften them by wringing the skins with our hands. Especially skins for men's *kamik*s and other things for male use.

MV: How do you prepare sole skins?

JI: Sole skins are prepared immediately when they have been caught... the hair comes off and the blubber is thoroughly scraped off, put in *iteroq* (rotten urine). They are de-haired thoroughly and dried and stretched out on the ground with pegs. They are prepared in the same way as watertight skins and sole skins. They are prepared on the same day as they are caught. They are also dried immediately before the hair has come off. There is special skin for kayaks and kayak clothes, such as waterproof kayak jackets and kayak mittens, and this has to be dried quickly.

MV: In the winter when it is dark, do you then tell stories?

JI: I never remember stories, hee, hee... I don't know any stories.

Kornelius Petrussen
(KOPE), 51-ik uk. 1963
Narsarmijit / Frederiksdal

Oqaatsinik qavattuunik misiligutit

MV: Kunniliisi, illit oqartarnissisut taasariakkit, uanga avanimiutut "kitaamiutut" taasassavakka, ilaa?
K: Aap.
Mv: maani "ll"-qanngilasi. Qanoq oqartarpisi?
KP: dj
Mv: soorlu oqarutta "illit"?
KP: Idjit
MV: Soorlu?
KP: Soordju
MV: Aama f- qanngilasi, oqarutta: erfalasoq, ilissi?
KP: Eqqalaseq
MV: Kaffi?
KP: Kakkeq
MV: Tiitorfik?
KP: Tiiteqqik
MV: Erfalasoq?
KP: Eqqalaseq
MV: Atuarfik?
KP: Ativaqqik
MV: Qorfik?
KP: Qoqqik
MV: Oqaluffik?
KP: Oqalikkik
MV: Errortorfik?
KP: Eqqortoqqik
MV: Immiartorfik?
KP: Immijarteqqik
MV: Aama u i-mik taarsertarparsi, soorlu – (taareeraluarparput) – : Tiitorfik?
KP: Tiiteqqik
MV: Perroorpoq?
KP: Peqqoorpoq
MV: Perroorpit?
KP: Peqqoorpunga.
MV: Illit perroorputit?
KP: Peqqooqaanga
MV: Taava ng ilaani g-mut taartigitittarparsi. Soorlu: -Uvagut?
KP: Uvangut
MV: Puugutaq?
KP: Puungutaq
MV: "gg"-eerneq ajorpusi, soorlu: –Naagga?
KP: Naaka

Kornelius Petrussen
(KOPE), 51 years old in 1963
Narsarmijit / Frederiksdal

Comparison of Qavak and standard Greenlandic

MV: Kornelius, say the words in Qavak, when I have said them in standard language.
KP: Aap, yes.
MV: You don't have any "ll", what used to be "dl", what do you say then?
KP: dj
MV: When we say "you" ("illit"), what do you say?
KP: Idjit
MV: Soorlu (like, as, for instance)
KP: Soordju
MV: You don't say "f" either. When we say: Erfalasoq, what do you say?
KP: Eqqalaseq (a flag)
MV: Kaffi (coffee)
KP: Kakkeq
MV: Tiitorfik? (a tea cup)
KP: Tiiteqqik
MV: Erfalasoq? (a flag)
KP: Eqqalaseq
MV: Atuarfik? (school)
KP: Ativaqqik
MV: Qorfik? (chamber pot)
KP: Qoqqik
MV: Oqaluffik? (church)
KP: Oqalikkik
MV: Errortorfik (basin)
KP: Eqqortoqqik
MV: Immiartorfik? (a beer glass)
KP: Immiarteqqik
MV: Sometimes you replace u with i, for instance:
(in fact, we already did that) Tiitorfik?
KP: Tiiteqqik (tea cup; a cup)
MV: Perroorpoq
KP: Peqqoorpoq (pleased with oneself (important))
MV: Perroorpit (are you pleased with yourself?)
KP: Peqqoorpunga (I am pleased with myself)
MV: Perroorputit? (so, you are pleased with yourself?)
KP: Peqqoorqaanga (I am very pleased with myself)
MV: You also use "ng" instead of "g", for instance: – Uagut?
KP: Uvangut (we)
MV: Puugutaq
KP: Puungutaq (plate)
MV: You don't say "gg", for instance: – Naagga (no)
KP: Naaka

MV: Soorlu uku uanga naakka?
KP: Taamaanginnarpoq: uvanga naaka
MV: Uiggiuk: -suaq? Soorlu angisoorsuaq?
KP: Angisoorsuasik
MV: imaliiniit:
KP: Angisuukulooq
MV: Qaqqarsuaq?
KP: Qaqqarsivasik
MV: imaliiniit:
KP: Qaqqakulooq
MV: Mamaqaaq, imaluunniit mamarujussuaqaaq?
KP: Mamakulooqaaq
MV: Ilumut mamangaarami?
KP: Ila mamarnijarajarami
MV: "-nguaq"?
KP: -nguujuk/unannguujuk
MV: Arnannguaq, mikissusia pillugu? Arnarajik.

Oqaloqatigiinneq

(bånd ersernerlulersimanermik allakkuminaatsorujussuuvoq. Ilamernga qaangiinartarijqarsimallugu. MV)
MV: Kunniliisi illit piniartuuvutit aat?
KP: Aap
MV: Qanga piniartunngorpit?
KP: Apersertittareersimalerdjinga. Tass taamanikki apersertittareersimadjinga aadjartippunga pinijarnijarujulerdjinga. Kumuuni ikijermannga, Joorsuvaat taamanikki kumuuniisoq, kumuunui ikijermannga qajassarnung, imminik sananijarsarivara. Tass taamanikku Joorsuvaat qajaasarsinijartarami Siilarsikuluumin Makkorsimidju, ammi sanaadjuvi. Taava uvanga qajaasalioqqummanga qajaasalijerama. Sanaara pittaaqimma inerakku Joorsuvaamu majuudjungu, akilernijalerpaa 1 krone.
Taamanikki Siilarsikuluuku Makoorsikki koruuni tadjimarsisaraming. Tass isimaqaralivarama koruuni tadjimarsissadjunga. Koruuni taana tingangakku qujanngilangaliinii, anaanaarnu Bentitamu tunnijikkakku. Tunnijitinngilaraliiniit ippati'qaanu ingippara mikinginerming. Anaanaarma avidjungu 50-oori Siilarsikuluukunnun, 50-oori imminut, kakkinu, sukkunu, inuudjuutingivaan taava tamanun.
Taava tudjijaning qajaasijerama akissarsinijalerpunga koruunit mardjik. Taass isimaqarpunga silarsivarmi qajaasalijertartinu tamanu pikkorinnersaalerdjinga. Tass taava qaanijernera tikissavara. qaanijeqaanga tass taamanikkin kumuunit ikijermannga, amissaaning (?) qaanun inernijalerpaara amittukujuukasik Tass taamanikku Joorsuvaat qajaasijoqqummanga qaanijorama aammaaanera. ... (repetition) ... Taava qajaasijara ingerdjadjungu, sapijiteqisinga, Joorsuvaat eqqaasaqattaanginnarakku. Joorsuvaat ima oqarami: "Tassa qajaasaliortalerputin, imminik qaanijernijarit". Tassami ajernaqimman, aamami Joorsuvaa itteernaqimman, taamanikku itteringadjardjungu Joorsuvaan. Taama oqarijarman, taava sulijartilerdjini: "Imminik qaanijernijarit".
Tassa aadjarterujuppara, qujanartimik inerpara amittukujuukasimmik.
MV: Qaanap sanasarnera unikkaareriaruk
KP: Qajaq ima sanasarpaan:

KORNELIUS PETRUSSEN

Kornelius Petrussen.

MV: Soorlu uku uanga naakka? (just like my 'belly'?)
KP: The same: uvanga naaka. (it should be noted that in Greenlandic, belly is always plural)
MV: uigguk: -suaq, soorlu (the affix -big, for instance:) Angisoorsuaq
KP: Angisoorsuasik
MV: or?
KP: angisuukulooq (very big)
MV: Qaqqarsuaq
KP: Qaqqarsivasik
MV: or?
KP: Qaqqakulooq (big mountain)
MV: Mamaqaaq imaluunniit mamarujussuaqaaq? (tastes so good, or tastes very, very good)
KP: Mamakulooqaaq
MV: Ilumut mamangaarami (really? (she) tastes so good?)
KP: Ila mamarniarajarami (sure, tastes so good)
MV: uigguk: -nnguaq (the affix –little)
KP: -nguujuk / unannguujuk
MV: Arnannguaq, mikissusia pillugu (a small woman, concerning her smallness?)
KP: Arnarajik.

Conversation

(There was some muzziness on the tape, so I skipped part of the conversation. MV)
MV: Kornelius, you are a sealer, right?
KP: Yes.

JORSIAS AMMOSEN

(Kunniliisip qajaq titartarluaqqinnaarlugu suisalu tamarmik aqqi allallugit uvannut (MV) tunniussimavai, maani ilanngunneqarsinnaasut.Uani båndimi peqqissavilluni sananeqartarnera nassuiarpaa.)

Jorsias Ammosen
(JOAM), 60-nik uk. 1963
Narsarmijit / Frederiksdal

Oqaloqatigiinneq

MV: Illittaaq piniartuugaluarputit, aat?
JA: Aam, pinijartutu perersarpunga.
MV: Qanga aallartippit?
JA: Qassi?, sisamani ukijeqalerdjingali qajartaarpunga.
MV: Kiap ilinniartippaatit?
JA: Ataataarma, haam... Paarnermu ilinnijaqqaarpunga.
MV: Nunap qaavani ilinniaqqaarpit?
JA: Tasermi. Tasermi ilinnijaqqaarpunga. Qajartaaqaarama natsersii amija ataaserng amerivara qajarnun. Qajanngivas...qajangisakkulunga ammalortungusakkulung. Tass immamu ikisinnaalerama sissamu qajartivaartalerpunga. Sungijikkijartorujudjungu kiisami immineertalikasikkama aalisaluttalerpunga.
Aalisarsinnalikasidjinga qani tamaani qajalukaadjuta, qajalukaavinnaadjuta aalisaluttaringatta

MV: When did you become a sealer?

KP: I started out after my confirmation, yes. With help from the municipality I started learning sealing little by little. You know, as well as I could. Josva (Josva Kleist, MV) was town councillor here. The municipality helped me get a kayak. I tried making a kayak for myself.

At this time Josva bought kayak models (for vestries in Denmark, MV). He made Silas and Makors make the models, complete with skin cover. Then Josva asked me to do a kayak model, and so I did. I though my kayak model was very nice and I took it up to Josva. To my surprise he gave me one *krone* (money, one *krone* = 100 øre). Silas and Makors got five *kroner* (pl.) each for theirs. And I thought that I would get five *kroner* too. I was so disappointed, I didn't even thank him for the one *krone*.

I gave that *krone*... no! I didn't give it, I threw it to my mother, Bintita, on the small platform for her lamp, because I was so disappointed with that reward. My mother split the money: She gave the Silarsikulooqs family fifty øre, kept fifty øre herself for coffee and sugar. Everyone was very pleased.

Then I did a brand new model. I got two *kroner* for it. I now felt that I was the world's best kayak model builder.

Josva had asked me to do a new one. I was nervous at the thought of what Josva might say. Then he said. "Now you know how to make a kayak model, so now you can make a kayak for yourself!" He said it on his way to work. We all looked up to Josva, you see. We respected him immensely. He had told me: "Make a kayak for yourself!" So I started building a kayak for myself aided by the municipality who gave me skins for covering a sea-going kayak. With some trouble I finished the kayak for myself, a narrow one.

MV: Tell me how you build a kayak.

KP: I'll tell you how to build a kayak....

(Kornelius later sent me very precise designs of the kayak, kayak building and tools belonging to the kayak... also detailed designs of the *umiak* and its equipment, as reproduced in Appendix II).

Jorsias Ammosen

(JOAM), 60 years old in 1963
Narsarmijit / Frederiksdal

Conversation

MV: You used to be a seal hunter, didn't you?

JA: Yes, I was brought up to be a seal hunter.

MV: How old were you when you began training to be one?

JA: How was I then? Well, I was four years old when I got my first kayak.

MV: Who taught you to paddle in a kayak?

JA: My father, yes ... I first learnt to paddle.

MV: On dry land?

JA: On a lake; I learnt to paddle first on a lake. Only one hooded seal skin, the skin of a young hooded seal was enough for my kayak, my poor kayak, which was almost round. Yes, one skin sufficed.

When I had learned to sit alone in the kayak. I began to paddle on the sea. After having got used to paddling down there, I began to fish a little. Then I began to catch small birds.

MV: Which small birds?

uukaning, kanassinidji. Tass tamakkuva qaangerajarterijaratsingi kiis timmijaalunnijartalerpungun.

MV: Suut?

JA: Ha?

MV: Suut timmissat?

JA: Appaaqan pinijaqqaarparpun, timmissaning, appadji.

MV: Qanga puisinniaqqaarpit?

JA: Doorluvini ukijeqardjinga puviseqqaarpunga. Natsersivatsijaa mardjing. Tass apersertikkissarnu aama, aa, naaka, trattanini ukijeqardjinga aama pingasining ilivitserpunga, sisamaa tassa akkortitaralungu. Tassa fjortanini ukijeqalerama qaanakki Ilivilermu apersertikkijarterpunga Kitsissiminngaaniin. Aama pingasini ilivertertareeralivardjingali. Kingernangin puvisin, puvisaaluppassivasii pisarivakka, ardjereeqaan.

MV: Taamanikki kippakaasarpusi.

JA: Ilarpusi! Narsarmiji iniverudjungu kippartarpun.

MV: Upernaakit?

JA: Maajiminngaaniin kippartarpungun.

MV: Taamanikki Narsarmi umiaqaaluppoq, aat?

JA: Umija, tassami umijaliin, umijarpijaanaapu angadjatin, umijaasaqanngilaq. Uvangun, Paalusikkin, Uluutuvinngivasikkin, Daaversivasikkin, Aapalaakin, Nikkulaakin, aama kikkimmaakuva? Ila ardjareeqaa umijan. Tassa tasamunga Kitsissunun kippartarpu tamarming. Kitsissi Avadjii, tas Kingitsivarsikk, Kangerdjuvatsijalikki, Qaarusuttuuku, Nunarsivakkin, Tukingasukku tassa tamarmik ineqartarpu kipparsimasining. Angiterpassivasiisarpun. Natsersivamasarnerming.

MV: Aallangajaleraangassi piareersaatigisarpasi umiat qaanallu atortortussat tamakku iluarsaallugit, aat?

JA: Kippaqqajaalertaringaming umijarti amertarpaan, upernassakkin. Ameqqaardjivi aataa kippartarpun.

MV: Natsersuit amiinik?

JA: Natsersivi amiining.

MV: Umiamut qassit atorajuttarpa?

JA: Tiivi eqqaaniisappu imm'qa.

MV: Umiat qisuttai oqaluttuareriakkit. Suna atortarpisiuk, qisunnik?

JA: Qisivin. Tass qissijan pittaaneritittarpaan, taamanikkin.

MV: Ukiumi ungasittumun puisinniartarpisi?

JA: Taamanikkin, inuusukkadjaratta merserisaqanngilangun. Ungasitsimu adjaa angadjavingisarparpun. Sinittarijartarpungu ukijimiliiniin, qiijanartorsuvasimmi, ujaqqat ataa...aterujuvanun. Ilikkardjungu aama tujorminart'qanngilaq.

MV: Ukiumi puisaasatsillugu, suut piniartarpisigit?

JA: Timmissa. Annerusumi timmissa, appan. Tassami appaqartaqaaq suli.

MV: Appat sumik piniartarpisigit?

JA: Nuviming. Massakkii nuvernijarinnaarpun. Aadjaanijaanartunngorpun. Qaanakki qassittaanaan appasijertalerpun aama massakkiin. Pujortuvaraanarni appasijileraming. Manna ikinngivarpun ukijimi, qadjunaaqanngikkadjarman, puviseqassareqaaq, aama manna Torsukattak aama puviseqassareqaaq.

MV: Massakkin?

JA: Massakki ajortunngorpun. Takisassaaritingajappu massakkiin.

Jorsias Ammosen.

JA: What?
MV: Which birds?
JA: The first we caught were small auks (*Alle alle*), and guillemots (*Uria lomvia*).
MV: When did you catch your first seal?
JA: I was twelve when I caught my first seal, two young hooded seals. Just before my confirmation ... well... no, I had caught three hooded seals, the fourth, the first, was a "share"-catch.
When I was fourteen I paddled in a kayak to Nanortalik to be confirmed there, from Kitsissut to Nanortalik. At that time I had caught three hooded seals. After that I caught a lot of small seals.
MV: Then you went to the sealing islands?
JA: Indeed we did! Everybody went along to the hunting islands. No one stayed behind in the settlement at Narsarmijit.
MV: It was in the spring?
JA: We set out in the month of May.
MV: Were there a number of umiaks (women's boats) at that time?
JA: Yes, umiaks were the only vessels, there were no wooden rowing boats. We had an umiak, Paulus's had, Ludvig's, David's, Abraham's, Nikolaj's ... yes, there were several, there were many. Everybody went off to Outer Kitsissut, to Kingitsivarsik, Kangerluatsiaq, Qaarusuttukkut, Nunaaarsiivakkit, Tukingasukkut ... All the islands were peopled with seal hunters. A lot of men who caught big hooded seals.
MV: Did you make repairs to umiaks and kayaks and all that was to be used during your stay on the hunting islands?

MV: Taamanikki kippaarsimagaangassi, natsersivin amerlanaartarpasi?

JA: Uvang peqqalaartarnerming, ataaserijardjinga amerdjaner'saarama, att'nini ilivitserpunga. Aataan natsiiteq ilanngiterijaraarami ardjaqartaqaa puvisin. Aama ukijimi ataaserijardjinga natsii amiinaaning timm'jarsiisinikuuvunga. Natsii amii tuukruuneqaradjarmata.

MV: Amerlasimaqaat!

JA: Amerdjaalukasiipun

MV: Ningertitsisarpusi?

JA: Ta suli massakkimu adjaa ningersitsisarpun.

MV: Taamanikkin? Natsersivaq sijulleq?

JA: Tass ningerititittarpaan aama, amijanu adjaan. Tass taamaalidjungu sakijatteetaringamikki, angusu tassa taana sakijatsijaanaa pisarpaa nijaquvali. Sinnersivasija tassa inunnu tunnijittarpaa.

MV: Qanoruna taasaraat? Aggortitaq, aat?

JA: Akkortitaq.

MV: Tassali tullii ilivits?

JA: Ja. Tassa tudjii ilivittunngordj ilivitsertarisarpaan, kisermaasarisarpaan.

MV: Tamakkumi puvisaaqat?

JA: Puvisaaqa ningiijivaarinnarpun.

MV: Qani ningertitsisarpan?

JA: Neqaanaaning.

MV: Sijullermik attuiseq?

JA: Kuttattarporng. Soordj quuvija pamijdjittaling. Tudjijata idjivani ningija uppannattimi pisarpaan. Tudjijata talija, aama talijata idjiva. Sudj tulumaavi sakijaali, a, tulumaavi, qaana ardjariikaangaming aama tassa tulumaavi aama immikkuuluttunngordjuvi aama ningerisarpaan.

MV: Angusu suvami tass...

JA: Tassa angusu tassa taanaaraq sakijamineeraq nijaquvali. Kisijanni tass taana puviseeqam amijali orsuvali ningeritinneq ajerpaan. Neqerpijaanaa ningeritittarmikki.

MV: Nanorsiortarpisi? Taamanikkin...

JA: Ilarpisi! Nannerisaqaangun. Aama uvanijaa nannumi toqutsinikuuvunga.

MV: Paasinni?

JA: Paa sinaani.

MV: Kiap nannittaa?

JA: Inngilim. (JA-p nulia Ingrid. MV)Tass aajuna.(AJ-p assi takutippaa) Nuusuvarmiji qadjunaa...pisijarivaan.

MV: Angisoorsuaq?

JA: Angisuukuluungitseq, arnaq, inortoq.

MV: Qanu akilerpaat

JA: Triiornorujun.

MV: Pilluarnaqaaq...

JA: Ilaqaa! Taamanikkimmi nannu akikikkadjarmata. Qanoruna taamanikki nannu akeqarnijarpan? Femalfjersi kruuniisaanarami ittit (nr. et).

MV: Nannut aamma ningerisarput?

JA: Ilarpun! Tass aama puvisitun. Puvisitu tass aama ningiisarpun. Sakijatsijaanaa nannuttu aama sakijatsijaanaa nijaqivali pisarpaan. Timikuluuva tassa inunnu tassa tunijeqqaarisarpaa aama.

MV: Sijulleq?

JA: When the time for departure approached, fresh skins were put on the umiaks. Nobody went to the sealing islands until one had put a fresh cover on the umiaks.

MV: In hooded seal skin?

JA: Yes, hooded seal skin.

MV: How many skins did you use for one umiak?

JA: About twenty, I seem to remember.

MP: Will you tell me about the wood that was used for an umiak, which kind of wood?

JA: Well, driftwood was preferred at that time, rather than wood bought in the shop.

(See the sketches of an umiak and a kayak by Kornilius Petrussen, Frederiksdal, in App. II)

MV: Did you go far in order to hunt seals?

JA: Yes, at that time. When we were young we considered no place for hunting to be too far away. Yes, we got far away in order to hunt. We had sleeping places in stone caves, in winter often in severe cold. But nothing was too harsh, when you have accustomed yourself to it.

MV: When there were not many seals to hunt in winter, what did you hunt then?

JA: Birds, in particular guillemot. There are still many guillemots.

MV: With which tools do you catch guillemot?

JA. With bird darts. Today you do not hunt with darts. You shoot them.

Very few still hunt with darts from a kayak. You go guillemot-hunting in a motorboat. At the mouth of the fiord out here and at Torsukattak there were many seals, before the Danes came here.

MV: And now?

JA: It isn't good any more. We almost never see seals any more.

MV: At that time on the hunting sites, when you caught hooded seals, did everyone catch a lot?

JA: I didn't catch so many. When I caught most, I had caught eighteen "whole" hooded seals.[7] But if you count the small seals too, that made a good number. I once bought a shotgun with money that I had earned exclusively from sales of small seals' skins. A skin then cost two *kroner*.

MV: There must have been many!

JA: There were quite a lot.

MV: You shared the catch?

JA: We still do.

MV: What about the first hooded seal?

JA: Well, we shared the blubber and skin. When they had cut the rib section, that piece was due to him who had caught the seal, besides the head. The rest being the big part of the seal he gave to others.

MV: What was it called, the first hooded seal that was caught?

JA: A hooded seal "to be shared".

MV: After that the catcher keeps the whole seal, for himself. How about small seals?

JA: Small seals have always been seals to be shared.

MV: Tell me : What will the first man get?

JA: He gets the thigh with the tail. The next gets a foreflipper, then the next one also a foreflipper, and the next a rib piece. If many people are to share the seal, you divide up the ribs.

MV: The catcher's part is not big …

JA: No. He gets the head and small piece of ribs. You do not divide up the skin and the blubber of small seals. Only the meat is shared.

---

7. "whole": caught unaided by partners with rights to shares.

JA: Nijiva mimmattarpaan. Mimmijani pisar...taasarpaan. Taliili. Talija pivaa... immikki ningiisarporng. Aama kuusii, immikki aama ningiisarpun.

MV: Kuusii? Suunukua?

JA: Tassa taakuva kuusii. Immikki ningiisarpun aama. Pamijadjivi aama immikkin. Nanni angisii pamijadjinnadjivi pidjivarnakulooqaan. Tassa talertu, mimmattutuu atsingisaanarpun.

MV: Nannuttoq pillertarpoq?

JA: Pernartaringaming pidjertarpun.

MV: Suna avalattarpaan?

JA: Sakijaan, qadjunaaminertalersordjuvin. Sakijarujuminaatsijaanammi. Taakuva nijiv... a, isingaan, ningersi pisarpaan. Aama tassa makkuva tassa ammasi piijaleqqissaardjivi tassa ameernerani tassa ningerisarpun.

MV: Tamakku immikku avalanneqarneq ajorput?

JA: Hmm (aap). Ila ningersi taaku pisarpaaj.

MV: Massakkut aamma tassa nannuttoqaruni, tassa assigivaa takinneqqaartu tassa pivaa?

JA: Tassami taamaativaarinnarpoq. Suli tamassa.

MV: Qanga nannuttoqarpa kingullermik?

JA: Sijorna. Sijorna Eegiteeraq, Elijaasaa ernera nannippoq.

MV: Qanu ittukku nannukkajuttarpat?

JA: Aasamili nannu saqqimilaarnerisaralivarpu, taamanikkin. Aamami ukijimi sikorsuvaqarajadjaanga, pijimami nannittardjiti nannikattaarinnaralivarpun.

MV: Inuusunnerpit nalaani narsarmijini tamarmik, angutit tamarmik, qajaqarpat?

JA: Ila...! tassami ateqqilittarpu kisimi taana ataatakkin, ajoqin tamakku kisimi tassa, tassami qajaqarpummi tamakkununnga adjaan. King'qattaartardj'tin, palasikki king'qattaartartin, hi,hi,...

MV: Kunuunguakkut, Knud Rasmussen-ikkut eqqaamavigit, tamaaniimmata?

JA: Qajarteqataavungaasimmi uva taamani. Ikani akijani, Ikingaani Sijaqqissim kujatinngivani, Qupalivarsiital sinaani avannerujoqiserng, qajartivarpungun. Aama Ikingaa ilivani soraaratta kinng'qattaarpungun.

MV: Filmeramikki...isiginnaartitsillusi?

JA: Immaqa filmissaq.

MV: Aallaaritaangivakkuluk, Kalistiaan taamani ilaa Kunuunguup maani oqaloqatigisarpaa aamma?

JA: Hmm, tivatittarpaa.

MV: Avalaallugulu

JA: Hmm.

MV: Massakkut tamanna uijarneeruppoq, uijarneerutivippoq?

JA: Kingivaavinnaa tassa tamassa tamaaniilerpun. Utoqqaarippoq.

MV: Eqalunniartarpusi aamma? Taamanikki illit inuusunnerpit nalaani? Eqalunniartarpusi?

JA: Ilarpusi! Massakkimu adjaa suli attapparpun. Tamakkiva eqalivin eqalinilersarpu kuuvi orninneqartivaarinnarpun.

MV: Sumi eqalinniartarpisi tamaani?

JA: Tassinga kuumun. Uva massakki qass'sertarpunga taakani.

MV: Qass'taannarnik sakkoqartarpisi?

JA: Makkuva nadjudjuti niss'jaadjutidji aama pisartarpun.

MV: Sapuserneq ajorpusi?

JA: Sapuserpaan. Suli taamaaporng.

MV: Did you see polar bears at that time?

JA: Indeed we did! We hunted bears lots of times! I have also shot a bear just outside our house-entrance out there. (JA shows a photo). Here! It was bought by a Dane, who lived out there at Nuussuaq.

MV: "Whose" bear was it?

JA: Ingrid's. (= JA's wife. MV)

MV: A big bear?

JA: Not so big. It was a female bear, not fully grown.

MV: What did he pay for it?

JA: Three hundred crowns.

MV: You were pleased …

JA: Yes we were! At that time a bear skin did not cost that much. How was it then? I think a bear skin (No. one, MV) cost seventy five crowns at the time.

MV: Did you also divide up bears?

JA: Ooh, yes! Just like seals. The one who caught the bear got the head, and ribs. The rest, lots of meat, was shared out to the others ..

MV: The first one (to hit the bear)?

JA: They give him a hindleg. It's called *nimmia*. And forelegs, he receives also a foreleg. They were for "sharing", also *kuusi* (hip piece?) …

MV: *kuusi*, what's that?

JA: This one (pointing), that makes a share on its own. And the tail. The tail piece from a large bear is much desired. In that case there is lots of meat on the tail, just as much meat as on one of the alotted forelegs.

MV: Does the bear hunter celebrate a feast?

JA: The first time a hunter kills a bear he holds a celebration.

MV: What does he serve?

JA: The rib piece with gruel. Cut up meat in very small pieces is served, and what else is left of small pieces scraped from the skin is added to the shares.

MV: They are not served?

JA: No, they are given to the others.

MV: If and when a bear is shot today, is it still the same rule: that the party concerned who first saw the bear, will be his/hers?

JA: Yes. It is still like that.

MV: When was a bear last caught here?

JA: Last year Egteeraq, Elias' son, got a bear last year.

MV: Which time of year is bear usually caught?

JA: They are mostly out in the summer, formerly, also in winters with pack ice. Bears may come any time.

MV: Had every man a kayak in Narsarmijit in your young days?

JA: Yes, public servants, also your father and the other catechists had no other way of travelling than by kayak. They too had a kayak. They could even turn round. In kayak, yes, even clergymen could turn a kayak over in the water … hee, hee, hee …

MV: Do you remember Knud Rasmusen and his travelling team?

KA: Oh yes, I was on the kayak team out there a little south of Siaqqisseq (a bit to north of Herjolfsnæs, MV) at Qupaluarsittallit. There was a northerly wind. After kayak-paddling we turned our kayaks round in the water at Kangeq.

MV: Nunami allami eqalunniartarpisi?

JA: Uunga kangitsinnun. Massakinaasii tappavunga eqalinnijarti eqalussumaqaan.

MV: Inuusunnerpit nalaani?

JA: Aama tassani tass tappavunga eqadji tammaadj eqalinnijaqqingivarpun.

MV: Ilaani umijamik ingerlaartarpat?

JA: Umija...umijamimmi. Arnartalers'qaliting. Tasiisaq ineqanngikkadjarman, tamaani adjaa itividjita eqalinnijartarpungun.

MV: Nuanni?

JA: Ippernaqartidjungu nuvannerneq ajerporng. Hi, hi, hi...

MV: Suut sakkugisarpisigit tappavani?

JA: Nissin, tassa kisiming. Suli massakki aama tassa tamaanga nissiilakkingisarparpun.

MV: Makkumi, qanermaana pisarpaan? Qissaritin?

JA: Qissangiitsin.

MV: Atortarpisigit aamma ilaanikki?

JA: Naaka, atinngilarpu tamakkuva. Kikijang, kikija tamaa atertarparpu massakkiin, kikissan. Kikissa pingasunngordjuvin. Soordj qiterdjeq naaninngordjungu. Ungadjiin tanninngordjuvi mardjing, qiterdjeq naaninngordjungu.

MV: Kapuutigalugu?

JA: Kapuutingalungu.

MV: Atorneqarneq ajorpat makkuninnga imaatunik saanernik imaluuniit nassunnik kapuutit?

JA: Taamaatsini takinngilanga. Kikijaanarning peqartarpungun.

MV: Uva aamma, qissikka?, qanoruna ila taasimanijarpigit aatsaarajik?

JA: Qissannijitin. Qissannijitsini uvangu pisarparpun. Putudjin? qissattartin? Tassa tamakkuva.

MV: Aap. Aammami atertaralivarpasi siornatigut?

JA: Ilarpisigin. Meeraangadjaratta eqaleeqanu atikulooqaarpun.

MV: Suut qissaatigisarpisigit?

JA: Timmissan suluvisa qingartaan. Tamakkininnga pinngikkitta qisissan ikkeri tamakkuva nukerivaaj, qissanniitingisarparpun.

MV: Qanoruna taasaraat ammaati?

JA: Qanermaana, ammaatin? aan?

MV: Taamaasoraara, hmm... tassami sorlaasa...

JA: Aam, hmm. Ipperivaan. Hmm...

MV: Ammassaniartarpat tamaani? Qangaligamiliin?

JA: Amitsivarsinni qangalingami ammassannijarpalittaleqaan. Massakki ammassaqarnaveerpoq.

MV: Saarulliit qanga Narsarmut tikippat?

JA: Uva suli inuusoqalinga saaridjeqalerporng. Kisija taamanikki aam massakkutu inngitsin. Saaridjingi kisi naleqqersordjungi aataa aalisartarissan, naleralersordjungin. Massakki pijumamik ningitsingaani sumiliiniin tassaasaleraming.

MV: Meeraanerpit nalaani saarulleqanngilaq, aat?

JA: Hmm, meeraanerma nalaani saaridjeqanngilaq. Qaqatingukulooq saaridjinnik takidjatsijartarnarporng, ataasikkaartinik.

MV: Suut aalisagaapat?

JA: Uukan, kanassin.

MV: Aammami sissaq neriniarfigineqartarpoq, tinikkaangami...?

JA: Uvidjin. Sudjuvitsin, aapilatsin. Sudjuvitortoqqalaarsorisoraaka,

MV: You were being filmed?
JA: Well, perhaps for a film.
MV: Kununnguaq also talked with Old Aadaaridaat, Kristian, didn't he?
JA: Yes, he had Kristian dance drum-dances.
MV: And took him with him to Denmark?
JA: Yes
MV: There are no more East Greenlanders here, are there?
JA: Only their descendants. There are no more old people.
MV: Do you still go fishing arctic char/trout? Or was it at the time when you were young that you went trout fishing?
JA: Oh yes! We still go out trout fishing. We go trout catching because there are still trout in the rivers.
MV: Where do you fish for trout?
JA: Here at Kuussuaq (Big River). I still set nets for trout.
MV: Do you only use nets?
JA: Some people also stand by the river and fish from there with a fishing-line.
MV: Do you never make a dam in the river?
JA: Some will make a dam. There are still some who do so.
MV: Do you go to other places than Narsarmijit in order to fish trout?
JA: Yes, into the fiord. A lot of trout was caught by people who had been fishing there.
MV: What was the catch like when you were young?
JA: It was just the same then, we always went in and caught trout.
MV: Did you sometimes go trout-fishing in a women's boat?
JA: Yes, an umiak! We brought women along (who did the rowing). That was before Tasiusaq was populated. Sometimes you'd walk overland in order to catch trout there.
MV: Wasn't it fun?
JA: No it wasn't, not when there were lots of moskitos! Hee, hee, hee …
MV: What do you fish with?
JA: With a hook, nothing else. Even today we sometimes take a trout- hook along to fish.
MV: How about …what is it they are called, *qissarutit* ?
JA: Whirls.
MV: Did you sometimes use them for fishing?
JA: No, we didn't use them, but nails. For instance, three nails fixed on the rod, one of the nails made shorter and fixed in the middle of the rod.
MV: Like a leister? (? Not sure, MV).
JA: Yes, like a leister. (? Not sure MV).
MV: Didn't you use bone or horn for spearing?
JA: I haven't seen that sort of thing. We only used nails.
MV: What was it they were called, *qissik*… You mentioned them just now?
JA: *Qissanniitin*? Fishing rod. That's what we called them, with a loop that was tightened around the fish. Yes, like that …
MV: Did you use them in the old days?
JA: Yes, we used them a lot. When we were children we caught a lot of young trouts with them.
MV: What were they called, *Ammaatit*?
JA: Well what was it they were called… amm…ann?
MV: Yes, was it not like that … ?

massakki. Tassami. Sudjuvitsi aapilatsininngaaniin nerinnginnerivaan. Uvilunngoqaangun. Hi, hi...

MV: Sissami uullugit?

JA: Uvang sissami uutineq ajerpungun. Angerdjaadjuvi uutarparpun. Uuvilerpu aama uuvilertaqaarpun, mamaqaan.

Qivittut

MV: Qivittorsiorneq ajorpisi? Siornatigut?

JA: Uv.. tusaamanngilanga takinikuunangali. A! Tusartaralivarpunga. uva kisijat takinikuungilanga.

MV: Qivittoqarparpormi tassa ilaani?

JA: Tassami. Uvanga qivittit uppereqaaka. Makkuva toqungasi kisijan alijortugaatinnijarneqartarneri, taakuninnga kisija uva assortuvisarpunga. Qivitteqarnera upperivara. Aamami ataataarma unikkaarisaramijing Idjorsuvattaani arnaq qivitseq. Ukijimi.

MV: Soorooq qivippa?

JA: Naartileramingeeq, naartilerdjini angajeqqaaminu sijooralersimadjuni. Kattaliimik taasarpaa ataataarma. Ataataara unikkaartarpoq nukappijatsijaadjuni, ukudjuvinnijalerdjuni, malersiinguttordjuni tamakkuninnga. Imaatordj'ni, tamakkuninnga pisimasorujunning arajits'naveeruttornerata nalaani. Tassa taamanikki qivissimavoq taana idjorsuvats'jarmijeq. Angitaa naalangijartits'serng.

MV: Ajoqiisimagami?

JA: Tassami ajoqiidjuni angitaa. Isersimanguttuvinnardj'tidjingeeq qingani passittalerpaa, aanijarsaralini. Peqqitissarsijorsumangami tassa taasuminnga. Aalerdjini aningami, anisimangami. Tassa naalangijarnerani tass isinnginnami; soraarsimaleraming, iserseralivaramikki iserneq ajarman, kiisa qinilerpaan. Qineralivaramikki, idjit, aama Idjorsuvatsiaq taamani aama ineqaalussumaqingami. Idji tamakkeralivaramikki, tass peqanngiinarpoq. Pinijartertaan tassa aadjassarl'ting, qinaaserpijaanarl'ti qinaaserpijaanalersimangalivarpun.

Kingernangin ukiji aningersimalermangi, kia hi, hi Qujananngitsiim sijumorsimavaa tasamani Idjorsuvattaani, Iseqqani pisarpaan, uva suli pulammanngilara taana Iseqqaq. Ajeqersiitaanarpaanga, idjeqaqqijata kujatinngivani qulinngivaniipoq qeqqorsuvasii ataani. Tassa taana iseqqeqanngilaq, sudjorsuvasiit, sudjukuloorsuvasiingalivarporooq. Massakkiin sijeqqa, imaatsersimangam nuna aserertarneranimm sudjoq ajortunngungajappoq, ajortunngors'mangami. Ilerpangaatsijardjinilingeeq innerdjiiniit ikimasinnaajunnaartarpoq, ilerpardjinili. Taamanikki ataataarma nukappijatsijaanerata nalaani. Tassa tassani qiternaling Qujananngitsiim pulaarsimavaa.

MV: Soorooq inneq ikumajinnaartart?

JA: Silaanaarittarterng. Silaanaarittartorooq immaqa.

MV: Tass arnaq tassani najigalik?

JA: Tassa tassani najing(g)aling.

MV: Sunagii inuusutigigaa? Sunamigii taama nerisarpaa?

JA: Nerisaanik aperserneq ajerama uvang, hi, hi... ila tassa taamannaanaq ilisimavara.

MV: Utersimanngilarmi soorlikijaq?

JA: Tassa utersimanngilaq.

MV: Allamik qivittimik tusagaqarpit? Ilisimasaqarpijanngilatit?

JA: Adjaming, tusarujuttaralivarpakka, qani'ippijarnersin, uppernartiming tusarnaanginnakkin. Unikkaarujuttaralivarpun tamarm assingiingitsin unikkaavi.

JA: Well, hum, *Ipperivaan* (= aat)…hum…
MV: Did you catch capelin (*Mallotus villosus*) here?
JA: At Amitsivarsik a lot were caught. Today there are no capelin here.
MV: When did the cod begin to come to Narsarmijit?
JA: In my early youth. But they were different from the cod today, and you could only catch them at certain places. Today you can catch them anywhere.
MV: None in your childhood?
JA: None in my childhood. Very very rarely you saw single ones here or there.
MV: What kinds of fish were around?
JA: Fiord cod (*Gadus ogac* Richardson) and sea scorpion.
MV: You also found something eatable on the coast, in the shallow water?
JA: Mussels, kelp, red algae… Nobobdy ever ate kelp as far as I know, but red algae they did eat. A lot of mussels. We like mussels very much. Hee, hee …
MV: Did you boil them on the coast?
JA: No, we did not boil them on the coast. We brought them home and boiled them at home. They taste fine!
MV's comment: JA did a careful description of the building of a woman's boat and a kayak with the terms for the single parts. That description has been left out and replaced by listing of the terms written on the sketches of the umiak and kayak by Kornelius Petrussen, Frederiksdal/Narsarmijit. Kornelius was about ten years younger than Jorsias, and he was careful and confident (see Appendix II).

A Qivittoq Story

MV: Did you see any *qivittut* (mountain wanderers)? Earlier?
JA: I don't know anything about them and I haven't seen any.
MV: But some people do become *qivittut*. I mean, it has happened?
JA: Yes, that's true. I definitely believe in *qivittut*! But I don't agree with the people who claim to have seen dead people as ghosts. I believe in *qivittut*.
My father has told us several times about a woman in Illorsuatsiaat who became a *qivittoq*.
MV: Why did she become a *qivittoq*?
JA: My father told us that it was because she got pregnant, she feared her parent's anger. Her name was Kattaliit, my father said. He told us that he himself was a fairly big boy, clear in his mind and curious. Nothing missed his attention. The young woman became a *qivittoq* while her father was performing a church service. It was in Illorsuatsiaat.[8]
MV: Her father was a catechist?
JA: Yes, her father was a catechist. Shortly after the service had started, she began to pick her nose in order to provoke a nose-bleed. She wanted a reason to leave the church. Then she got a nose-bleed and went out. She didn't return during the service. After the service her parents waited for her to come home. But she didn't come home. Then they started to look for her. They searched in vain. They searched for her in the relatively large number of houses. But she was

---

8. A small settlement, most probably without a church or a school that would serve also as a chapel. The services would then take place in the house of the catechist. Illorsuatsiaat was established by bear hunters before 1901 but abandoned before 1946, (Robert Petersen, pers. comm.; see also Berthelsen, Chr., I. M. Mortensen, Ebbe Mortensen (eds.) *Kalallit Nunaat, Greenland, Atlas.* Nuuk: Pilersuiffik 1990:48).

JORSIAS AMMOSEN

Innersuit

MV: Tamakkua uumasorujuit soorlu innersuakki tusartaraluarpisigit meeraagalarassi?
JA: Immaqa Inngilikki Kitsisini kipparsimadjutaasii imma aama innersivarmi takinikuupun, (nulia, MV). Qernertivarsinni nunaqartivaanaratta Kitsissini taavani. Ta upernarissiserng. Qajaq, ta avannardjeqiteringatsingi qerertartuukudjassivasi, Kingitsivarsikasimmi ateqarami. Tassanngangii nuvingami qajaq kalitserng. Qatsinganikulooq. Seqineq taakinga iliseq, nuvannerseruttortoq! Tukingasimu ingerdjasi tassa, tass aqqutissaanarpijaaniikatta, taan nunangisartangarpun. Akkersilerpaan. Ingerdjarajarami, ingerdjarjarami, ingerdjarajarami, taamadjaangii tass natsersivarsivasi kalitaa, tassami milaanu adjaan suna nalinarnarpan? Usussuvasijanu adjaat pudjadjiting. Suna taam nalinarnarpa! Bertnaan, una ilivilermijiingalivaq, Malijannap uvi…ilisimavijik?
MV: Ilaana.
JA: Tassa taasuma uviingaliva. Tassa pinijartorsuungadjarm… aama pingissaaqingaming. Taanaasoritissimangalivaramikki. Tassali qaqqaminngaanii avalernu tungaan.. ikerasaatsijaqarami taana, immaqa qakkuva idjitu nerututingisimi ikerasaatsijaq. Akerneqquttarijaqarami tass tassiina Tukingasimun ingerdjassangini. Tassinga taqqimman, qulangersordjungu. Taamang! Hi, hi…
MV: Nueqqinngila?
JA: Nuveqqissimanngilarmi. Tassa takinngittuuvissimaanarpaan. Ta, uvangu ilimannijerparpun, pasivarpun, immaqa innersivarmi takinnitsi immaqa.
MV: Allanik taamaarujuttunik paasisimasaqanngilatit?
JA: Tassa adjami paasisimasaqanngilanga taamaatsimik. Tusartangaangalivakka… assingiinginnamimmi…taana Inngilikki innersiarsivavaat, kisi taana isinginn…utoqqaanaadjutimmi ila isinginnaarsimangamikki.

Qaannanik ajunaarnersuaq (Sisamat qajaasut)

Februari, ukiji suna puvingerparaasii uvanga taana. Narsarmijeq aasadjaqqittaqiserng, ilaani ukijertarpoq aama, aama ingijidjert'qaaq.
Februarip sutt'nijani iterpungun avannaq, kanann aangartikkijartukulooq. Iteratta aadjart'qanngilaq, qaanaming. Taamanikkimm udjortusalerseq, februari qaama, februarimi. Aneraarikkijarterijarami, aneraarikkijarterijarami, adjalilerpoq adjalilerp qatsilerporng, qatsilerp, aadjarsinnaasu tamarmi aadjarpun, kangimun; kanginngivatsunnu tappavunga, appannijardjitali aalisarajardj'tali. Perajaratta, perajaratt, tappavani aalisarajaratta saaridjissijordjuta, appasijertareerl'tali.
Kitaa aangartileqimman, uvanga mardjik qaana aaparaluvin, kimmukalerpungun. Ingerdjarajaratta, ingerdjarajaratt Nijaqernardjiinii tikinngilarpun, tassa anerersivasi nadjijiteqaaq, nadj'jiteqaaq, silakulutt'ni ilangalungu, assimmu isingisarijaaritividjini. Uvanga taamanikki aam pisartareeqingamaasiin aalisakkanidji appanidji. Ingerdjarajaratta, ingerdjarajaratta, Aalasi kitaatungaa tikidjungulu, ilami sila ajilikulooqingami, ersinn taartividjini. Ukijimi avannaq kananngarsitsidjungu ukuva Qassittaa paavi ingijidjernerteqingaming. Aamaliinii taamani ingijili nalaatordjuni ingijilissijilersimangami.
Ingerdjarajaratta, ingerdjarajaratta, Qererta oqquvani qajaq naapipparpun kisimiiterng. Ilalijiterajaratsingi tassa pingasunngorl'ta. Uvanga utoqqartaangama oqarpunga: "Asserpasinaarnijarsarinijaritsi". Tass asserpasimaarnijarsaralita ingerdjarajaratta, ingerdjarajaratta Ningertiin tas'ma nalinanngikulooqaan. Ningertii nuuvatsijaani inivi qaaqusisin, ersijadjannerani. Ilami aama taamang ingijidjikuloorneq ajaralivarterng aam malinning ingijilimmidji.

nowhere to be seen. Everyone searched. The hunters didn't go hunting; they just searched for the young woman.

Later, several years later, a man by the name Qujananngitseq met her outside Illorsuatsiaat, in a place called Iseqqaq. I haven't been to the place; but it has been pointed out to me several times. It was just south of our settlement, a bit further up, underneath a big heap of stones. There's no entrance. Earlier there was a very long, narrow tunnel, it is said. But today it's almost completely covered by sand and soil. It is said, that it wasn't possible to keep a fire burning when you had got a bit further in. The young woman had a child when Qujananngitseq visited her in there. It was when my father was a fairly big boy.

MV: Why did the fire go out?

JA: That is how bad the air was, or rather, there was no air. Perhaps.

MV: Was the young woman all alone?

JA: Yes. That's where she lived.

MV: I wonder what she lived on. What did she have to eat?

JA: I haven't asked about what she had to eat. Hee, hee…

MV: So she didn't return to the settlement?

JA: No, she didn't return.

MV: Do you know any other *qivittoq* stories?

JA: Yes, I guess I have heard other stories, but I don't know how true they are. People tell stories; but the stories are all so diverse.

Innersuit (Fire People)

MV: Did you hear stories about strange creatures when you were children? For instance, *innersuit*? Did you hear such stories?

JA: It was, I think, Ingrid (JA's wife, MV) and another woman who saw one of those, an *innersuaq*, while we were, as usual, camping in tents on the hunting islands of Kitsissut. A bit further north there was a rather big island by the name of Kingitsiarsikasik. Ingrid and the other woman saw a man in his kayak sailing out there, towing a seal. The weather was very calm; the sun was intense in the afternoon, a splendid day. They saw the kayak man sailing towards Tukingaseq. You see, we were camped just in the place where everyone had to pass. That is where we always stayed. The kayak man sailed and sailed and sailed, they saw everything, his seal, a large hooded seal, which he was towing; it was so clear that they could see the spots on the seal's skin clearly and its large penis was standing erect, heavily swollen. Everything was very clear.

At first they thought it was Berdnan who lived in Nanortalik at that time, Malianna's ex-husband, a very great seal hunter. Did you know him?

MV: Indeed!

JA: A very great sealer. They did, of course, only have fine things. You had to pass through a very narrow strait in order to reach Tukingasut. When the kayak disappeared there, they went up higher to look for him from up there. But he never reappeared. Hee hee …

MV: He never reappeared?

JA: He never reappeared. They didn't see him again. We have wondered if it wasn't an *innersuaq*. We think so. The women probably saw an *innersuaq*. Perhaps.

MV: You don't know of any other stories like this one?

JA: I don't know any other stories. The stories I have heard are all so diverse… But what Ingrid and that other woman saw was probably an *innersuaq*. They saw it and they were both adults.

Nijiinartarajaqanngit... amutidj'ta aataa nijeeqaratta. Qajarpu akijartardjivi qudjarajaratsingi, peroortorajaratsingi, masaqqajannginnattami tamatta amerni qardjeqaratta kapitaqarl'itali. Appatakka uunga tuvernu ikert'serajarakki, saaridjingin uniinassadj'ta, uniisarijaratt kimmun, aadjarpungun. Tass taana idjeqaqq(f)ippu nuvidjungulu, nidjijarpaluttu tusardjungulu paasinijalerparpun annilaangarpaluttun. Ujakkartordjuvi paasilerajadjaripp qajaq ataaseq kinngusumaseq annaanijarsaringaan tass sisamaadjuting, tadjimaan kinng'sumaserng. Tassami qinersisimangalivaqaan taamani. Tassami annaanijangassaamata tassa taakuva, uvangu pisarpu timmissa saaridjingidji, nunamu iliisaanarajardjivi timangersasilerparpun. Tassa ajinngitsimimmi ingerdjakkalivarpaan taakuva; qaartaq, ingijilik anererdji nadjijittaringaming ajukulooqingami. Tass taan ataaseq kinngivorng, tass annaanijakkaminnun. Ataaseq kinngivorng, qajaa ajapperlungu makippoq, paatini sapangisimadjuvin. Aamaardjini kinngeqqipp. Kinngeqqimman qajaqataata tikeqqippaa, makitippaa. Aamaardj'ni kinngeqqipporng. Aama tassa annaasinijart kinngivorng. Taamaalerajarm tordjulaarparpun, ilami annaasinijaqataanijaralivaratta timaanaaninngaaniin tordjulaarparpu: "Qimaanarnijarsiji". Tass paasingatsingi pisinnaajunnaarm'ta. Qaana mardjing avissaarparpun.

(Aapaa massakki suli uumavoq tamassa, Tasiisami nunaqarporng. Aabisaa ilisimavijik? ta ernera). Taana ilivartitsidjuni malingi qaavangi ilimmu pulammaakkami Qassits'ijaraasami, taamani akornuteqannginnami maneqingami. Taana kingilija Ujuvaan natsittoordjuni kinngingami. Taasuma paatini iperanngikkalivarp imma ujaqq aama tininnganerming taamani, immaqa ujaqqanu nijaquvarsimangami immaqa. Qaanamu pikkorikulooralivaqaaq oqitsiingami. Tassami nuvingalivarpoq, qaanamini nijusumadjuni, sinikijertarijaa uvangu ikijiliiteqannginnatta tas erniinaq aama qaanani sapangikkamijing. Tassa timaani inivi nipaan! Qanippa tassa qimmi mijakkoorpaluttun. Taaku uvangu... persi... tamarming toqusareerm'ta angerdjaanaratta, tass taana kisimi annatsitivarng, aama tassa tikittareerman, angerdjaanaratta.

Unnummun taama suna eqqissinartiiva uvanguttunnun. Tassali silaq pittanngeqqikkami, suminaataamik akorn'taaritividjini. Iteratt – sininnijarsaringalivarpungummi, uvanga sinissinnaangilanga taamanikki, takordjuuvinerming. Qaamangi iterpungun. Iternijalerpungun qatseralivarnerami, qatseralivarnerami, imaq manissisimangalivarnerami, manissisimangalivarnerami. Kitaalijartarijaqannginnami kangimun, tappavungaasiin, kangimun. Taamaliiniin qerneraatsijarujumming, tassami assarnersalaaralivarpoq, uvang taamani sapijaatsinerming. Puvisinnijarnatali, kimmu; – puviserni ataaseq takingalivarparpun. Puvisinnijarnatali kimmu, aalisarnatali timmijarsijivinnardj'ta. Ataataaranngivakkulummummi adjaan taamani aadjarpu, tassa aneri ajinnginnijarajarman. Taamanikki qassin? Utoqqanngertareeqiserng.

Aamaasii ukijivi puvijerakki.

JORSIAS AMMOSEN

Big kayak accident (Four men died)

It was the month of February. Oh yes, which year I do not remember right now. (It was 1934 according to information given by K. Petrussen. MV) Narsarmijit is so wonderful – so beautiful in summer. But then winter arrives. It can be so cruel and with heavy surf along the beaches.

When we woke up in the morning of the seventeenth of February there was a northerly and a westerly wind, which gained in strength within a short time. No one went out in their kayaks that morning. The wind calmed down, however, little by little, and it became still. It was the month of February; the days were getting a bit longer. By now, the sky was completely cloudless, and the weather became wonderful, and everyone who was able to do so went out in their kayaks. We paddled into the fiord, where we wanted to hunt guillemot and fish cod. After fishing and shooting guillemot, we noticed that the weather was changing, and when the sky turned dark out west, we started to paddle out towards the settlement. I paddled in the company of another person; the two of us were paddling outwards.

We paddled and paddled, paddled all we could; but we did not get very far; we had not even reached Niaqornat, when we ran into a violent storm with the bad weather that it brings along. We could not see ahead of us anymore. I had shot guillemot and fished cod. We continued to fight the storm, but we had not even reached Aalasit, when the weather turned as bad as it possibly could and it became very dark. When there is a northerly and westerly gale in winter, it is usually accompanied by heavy surf near the small islands Qassittaat (behind Frederiksdal / Narsarmijit, MV) Just then it became apparent that the surf was already there and it was very powerful.

We continued paddling to the leeward of Qerertaq. Here we met a lonely man in his kayak, who now joined us. We were now three kayaks. I was the eldest so I advised the others to stay, as far as possible, to the windward side.

We sailed and sailed, as much as possible to the windward side, towards Nigertiit. On the small promontory of Nigertiit we saw, when the weather cleared up for a moment, some people who were calling. Never had the surf been so violent and the sea in such a turmoil that you couldn't get out of your kayak. We were pulled up by the people who had called for us and they helped us out of our kayaks. We carried our kayaks away from the sea and hurriedly put them down, and we placed stones on top of them to prevent them from blowing away. We weren't wet, as we were dressed in skin. We hung our catch over our shoulders and ran towards the settlement.

When we reached our settlement we heard people wailing and screaming; so we were able to work out that the people were very alarmed. We arrived and could see that people were trying to save a kayak floating bottom upward. It was the one of five men in kayaks by the beach who were trying to reach land. The four others were trying to save him. They knew, of course, that you had to help whenever it was possible. They had made a good attempt, they did what they could, but it had been very difficult. We now threw our catch on the ground and started to walk along the beach to see what could possibly be done.

The people who were trying to save the victim of the accident were approaching the situation in the right way. But several times they were hit by the violent surf; it was difficult to do anything. One of the four men in kayak capsized. Another helped him back up. But he had lost his kayak paddle. He capsized again. The man who tried to help also capsized. The people from the shore yelled: "Just leave him ." We understood, as you can tell, that there was nothing to be done. Two were saved … (The one of the two who were saved, Abisat's son, is still alive. He lives in Tasiusaq. He was so lucky as to save himself by riding the waves onto land by the northernmost Island of Qassittaat – through a little narrow passage.) The one who followed him, Johan, was hit by a big wave and capsized. Maybe he hit a stone below the kayak; because he didn't lose his paddle. He

CISILIE PETRUSSEN

Cisilie Petrussen
(CIPE), 46-nik uk. 1963 (Kornelius Petrussenip nulia)
Narsarmijit / Frederiksdal

Qivittulersaarut

Tassa unikkaarissavara tusarsimasara ikingaamijit Inng'liisi pingasi erneri. Tassa Inng'liistinngivakki ernera angajidjeq nulijarsimangami. Taava nulijarsimangami Bolattamik atilimming. Taava unnukku innaraangaming arnanngivasijat paasilissavaa ilaani erniini innarterng. Taava arnaata aperissavaa suna pidjungu saniminu innarman. Taava erneraata akisarsimangamijik innangakkini meqqiteqarpadjaaqimman, innangakkingini saperamijing tassa qimadjungu. Arnami sinaanukardjini. Tassa ajernartaqaaq, arnaata saniminiitsittaraa. Ilaani udjukku iterini qinilernijalissooq tunumi akinneri meqqitini, meqqitining. Tass' sunaaka nulija isimalulersimadjuni imaat .. sunaaka nulija angerdjarsernermik unnuvaa uvini tass' taamaalijorsumangaa. Taava uvija aadjarami tikiinngilarng. Tass tikinngerijarami ajernaqaaq tassa, nulija taana nunaminukarajarami angerdjarajarami.

Taava tudjija: tudjija ukijeq taamaanikimme' qisissaanarning eqiterisaradjarmata, taava ukijakkiin-kiingaa tamakkuninnga paarmaqudjunnik qisissani eqiterilersimangami. Taava taasuma erneraata angajidjii tudjijata angitimi ulumaataa aadjarussumarajarneramijik. Sunaaka aama puvingerdjungu aama tammarsimangaa. Taava tammarsimangaa paaserajaramikki – angitaata annerming – naviilersimangamijii sooq taana ulumaan tammarmangi, ujaqqudjungu. Ajernaqaaq ernera aamaasii aadjarami tikinngilaq. Tassa ukijit ingerdjasi, ukijarijaa ingerdjaserng; taanangii majivarami Paavija udjaaki kukutsissadjuni aninijarajardjinili, quliminninngeeq nalinaativeqqissaardjini oqarpadjannijalerporng: "Ataatannguu ulumaa erdjingeqisaa, uvannunngaanii erdjinnarneritimmangi paa qaanu ilivara". Tassa pinijalerpaa paa qaavani ulumaan. Tassa oqardjinili ataatami taana ulumaa imminerminninngaani erdjinnarneritimmangi immini ulumaa tassinga ilingamiji. Ajern'qaaq tassa anidjuti ammukaqqungalivarpaan, angerdjaqqudjungu, angerdjannngilaq. Tassa ajernaqaaq taana ulumaat pingilerpaan. Taava taana ajern'qaaraasii tassa aadjarami tikinngilaq.

Taana nukardjersaan sunaaka aama nulijassaqalersimarajarami, nulijass'qardjini, nulijass'qardjini tass aama ajern'qaaq angiti taasuma nulijassani nuvannaringalivardjungu, angajeqqaavisa

was usually a very skilled hunter, so agile, and his head had surfaced when he got out of his kayak. But we couldn't come to his rescue; he lost hold of the kayak.

There were people standing at a short distance from the beach. Ooh, how they cried! They cried, they wailed. It sounded like loud dog howls. Now that the only survivor had returned home, there was nothing left for us to do but to go home.

In the evening none of us could find peace, no one could fall asleep. I couldn't fall asleep; constantly I saw, in front of me, the four men who had to die in the rebellious sea.

Next day the weather was as perfect as it can possibly be. It was very quiet and so clear. Not a wind was moving. The sea was completely smooth. No one felt like leaving the fiord. We paddled into the fiord. No one felt like catching seals, nor did anyone feel like fishing. There was a slight fiord breeze. Apart from that it was quiet. So nice was the weather that my father, that old man, went out in his kayak that day. How old could he have been? He was very old.

Typically me, I have forgotten his age.

Cisilie Petrussen
(CIPE), 46 years old in 1963 (Kornelius Petrussen's wife)
Narsarmijit / Frederiksdal,

A Qivittoq story

I am going to tell what I've heard about a married couple who once lived in Ikigaat. They had three sons. The eldest son had married a girl named Bolethe. In the evening, when the family had gone to bed on the platform, the mother, Inger Tabita, noticed that her eldest son had lain down beside her. She then asked her son why he had done so and he answered that there were so many needles stuck into the place where he used to sleep that he couldn't lie down there. So he had moved to his mother's side and then the mother had to let him stay by her side. In the morning she looked at her son's usual sleeping place and saw that it really was filled with needles.

The young wife had become very bad-tempered and sullen and she often told off her husband, because she suffered so immensely from homesickness. They had a small son at that time.

One day her husband went hunting and he didn't return home. As he failed to return she went back to her native settlement, back to her parents.

The next son, then: It was custom to gather wood for the winter in the fall. And the following fall the second son was gathering wood and he went up into the mountains, where there were lots of juniper. He had brought his father's axe. Unfortunately, he couldn't find the axe when he was about to return home; he had forgotten where he had put it. He searched and searched, but he didn't find it.

When it was discovered that the axe was missing the father got very angry and scolded his son and told him that he had to find it. The son went out in search of the axe, but he never returned. One early morning that same fall the family's *kiffaq* (servant) Pavia went up to the house in order to light up the stove. When he was outside the house he heard the young man's voice from the mountain saying very clearly: "Tell my father that I have laid the axe, which he values higher than me, on top of the entrance tunnel; the axe which he appreciates more than his son." The family now came out and saw the young man on the mountainside. They begged him to return, to come home; but he didn't want to. Because, as he had said: The axe meant more to my father than I did…so he didn't want to return. It caused the parents great sorrow. Now they had lost yet another son. But they have the axe now. It lay on top of the entrance tunnel.

CISILIE PETRUSSEN

Cisilie Petrussen.

ajern'qaaq tass aama ukuvardjivaralungu. Tassa ajern'qaaraasiin tassa qatanngitini ilaarajaramingin, tass tamarmi ernersivasii tikinngidjan.

Tassa ukiji ingerdjarajaraming, nulijassaata nunaqaqqijani, nunaqaqqik ila aamaasii puvingerakku, qaneruna taasarnijaralivarpaan, Qaqortu' avannaani, nunaqaqqija tassa nulijassaangalivata nunaqaqqija. Juudjilersimingii unnukku idjukuloorsuvasi, uumaa tassa taamanikki qanga idjukuluu angisaradjarm'ta kalaadji qudjii aqqaneq mardjing, idjimi ataatumi idji ilivani pilerserdjaan aqqaneq mardjik! Unnukku inuusuttortaan mersiitilerpun, soordjikijarmi utoqqartaasa sinilerpun, tassa juudjilerdjinimi atisassaminning mersuutun. Taamaaruttordjuti pinijarpaan iserterpaluttorng. Tassa isernijalerpoq angussuvasi kapitalik, aaqatiling. Unnuvassersijerajarami, erniinaq materpadjamman paasivaa – sunaaka nuliassaangalivata – qivijarnijalerpaa ilisariveqqissaardjungu uvissaagalivani. Tassa paasingami, ilaasa ilisarisimannginnamikki, paasisimannginnamikki. Adjamu ingerdjannginnami tassinga nulijassaangalivamin, adjakku tingisimannginnamijik pakkijangi tassa annisilerdjungu. Ajernaqaaq tassa paasidjungu taasuma nulijassaata ingidjini ilisaralungulu anninnijarsarileraani, tassa taana arnaq pilivardjini taasuma angitim amits'sart.. imm'nerminu kijatimingudj' pakkimingudju tingusumangamijik, kidji taana uumaang idji ilivaniittin nidjerajanngits taana angussuvasi nidjernerinnaan taaku utoqqaat tupassimangaming iterdjitidji, ajern'qaq tassa tununngaanarpijaq tassa annaavaan. Tassa taaku paasisimaneqanngidja, taaku Inng'liistinngii ernersivasii, sumu piners, pisin. Tassa aadjarartaringami tikinneq ajortun. Taava Tuminnngaani tamaanga kuvisikkijartertalermata, umijan uvijarudj'ti kuvisikkijartertalermata. Aamaasiin umija tunuminngaani uvijaruttu kuvisikkijartordj'ting, tass paarmaqalertareersermi, uvijarajartordjuting. Taava tamaani sumiinerporng maani

The youngest son then: He had also got a girlfriend. He loved his girlfriend very much. But his parents didn't find the girl good enough for him, and therefore he couldn't stand living with them anymore. Although he loved his sweetheart so much the only way out for him now was to leave just like his two brothers. Now the parents had lost all of their three sons.

Time passed by. In a settlement north of Qaqortoq, a young woman, who had once been engaged to the youngest of the brothers from Ikigaat, lived with her parents in a very big longhouse. Back then they had very long houses. The girl and her family lived in one of those big houses together with other families. The house was so big that it took twelve blubber lamps to light up the interior of the house. It was winter, close to Christmas. The young woman was sitting on the sleeping platform together with other young women sewing new clothes for Christmas. The parents had gone to bed and were asleep. Suddenly the girls heard something by the entrance tunnel. Somebody was entering the house. A very big man wearing a skin coat and skin mittens stepped in.

He was searching for someone. The girls didn't know him; but the girl who had been engaged with the youngest son from Ikigaat, recognized him immediately. It was her former betrothed. He headed straight towards her, grabbed her by both her wrists and tried to drag her out. She resisted, but he held on to her and lifted her up against his chest. The other girls were silent. The parents woke up because of the noise the two of them were making; and they tried to hold on to him, but he disappeared.

No-one has been able to figure out what became of Inger Tabita's three sturdy sons from Ikigaat. They went away. They never came back.

Time passed by. It then came to pass that people from the east coast began moving to the west coast to receive baptism. In umiaks (women's boats) they sailed to the west coast. On one of those journeys the travellers made a stop south of Qerertarsuattaat or somwhere near there, I think. It was fall and the crowberries were ripe and the women had gone to pick berries. Suddenly three big men with very long, blond hair stood in front of the berry pickers. One of the men held something which was unknown to the East Greenlandic women. It wasn't made of skin, it was a square object. Maybe it was a book. But the East Greenlandic women didn't know of books, so they didn't know what it was.

Then the big, blond men said, while pointing to what was held in the man's hand: that as long as they had that, nothing evil would happen to them. The men knew where the East Greenlanders were going and they started to talk about place names which the women didn't know: "Later on, when we arrived at the Moravian mission in Frederiksdal/Narsarmijit, then we would get to know those place names", the men said. They mentioned Ikigaat, Qeqertaalukkut and other names. The women did not pay attention to the names as they did not know them then. But when they got to Frederiksdal where they were to receive baptism, they now regularly heard the place names that the big, blond men had mentioned. The women recognized the names.

After the East Greenlandic women's encounter with the three big, blond men people guessed that they were the big sons of Inger Tabita, whom the women had met while they were picking berries. And it was imagined that the brothers were together and living out there in the great nature.

It has always been rumoured that Inger Tabita's big sons had become *qivittut* (mountain wanderers). But nobody actually knew how true the rumours were.

MV: Were Inger Tabita and her husband Danish?

CP: Yes, it's said that they were. We call them the Norse.[9] The lovable woman Inger Tabita

---

9. According to official sources, Inger Tabita was a Greenlander, whereas her husband was Danish.

CISILIE PETRUSSEN

Qerertarsivattaa imma kujataani avannaanudjuunii, tamaani nunnidjiting. Taana ilaan paarmalijarsimangaming. Paarmalijardj'ti uumaa pinijalerpaan angiti pingasorsuvasii, qaamasini nujadjin. Sannakuluu sardjiit tikidjungu nujalissivasii.Tassalunqooq nujaan akitarpaluttorsuvasiin. Tassalunguu pinijalerpaan, tassami tunumijiingamimmi qavanngarn'saadjuti, suni tingimijarneri paasisimasimannginnamikki. Amiingitsunnguu isseqqaarissi, tassa qularnanngilaruu imma ativakkan. Qanoruu oqarnijalerpun, imminik taaku pingitidjuvi ajortunngussannginnaming. Taamaaleriitsingaliti' qani oqarnijalerpun: avannamu ingerdjaarnerminni soordju tamaangarnerini imma nalissannginnamikki Narsarmijunun. Tamaanga tikikkining taava nuna taangilersimangamikki Ikingaakin, Qerertaaluvakki, soordjikijarmi nalingamikki paasisimanngilaan. Tassa avannamu ingerdjarajaraming ingerdjarajaraming, tassa kuvisikkijartorl'utimmi, tamaanga Narsarmijunu sunaaka tikippu, tassa noordjermijunu kuvisikkijartordjdj'ting.

Noordjernu tikikkaming, tamaaniilerdj'tidji qanoruna ati ilisarnaadjangiinaaraan, taaku inivi naapitarti angitin pingasorsuvasiin unikkaavi. Nunaqaqqi taasaraan, ilisarnaadjangidjaaraan nunaqaqqik taasaaj ilisarnaadjangiinaaraaj. Sunaak/fa tassa qangaamangulu taaku Inngiliisinnguu ernersivasii aadjardjitidji tikinnatidji, aadjardjitidji tikinnating. Sunaak/fa ataatumu eqerijarner... Sunaafa tassa taaku. Tassa tusartarparpummi Inniliisinnguu ernersivasii taaku qivissoritinneqartart. Tassa imma taakuupunngooq. Kisija erseqqissiming qaneq ilumoortingisimik oqaatsingineqanngilaq, aama tusanngilarpun.

MV: Inngiliisikki taakuva qallunaagamik?

CP: Tassami qadjunaataan, qadjunaataani pisarparpun. Tassa taana arnanngivasija innga Inngiliisa panija tappinngitserng. Ikingaani paninili mardjivinnaadjuting tassa nunaqqataarudjuting kisimik nunaqarsimangaming. Taavaasinngeeq aama Amitsivatsijaq taana kisimi tassani aama savaasaateqarnerming, savaasaateqaredj'tidji unnija paarisardjividji imermidji qisissanidji kisimi pisuudjuni. Aamaasinngii panissivasija imertardjini una arnanngivasija isingisaqannginnami takinnissinnaanani sijitaananni tassa atorldjuvi, panini isinngilaq. Pinijalerpaa ajernaqaaq iserseralivardjungu, iserseralivardjungu isinngilaq unnupornq. Sunaaka Narsarmijermijininngaani tamaangaanin takisarneqartivaarinnarsimangamik, qaanaming. Tassa erniinareeq pinijalerpaan imi eqqaani, imi eqqaani, uumaang tassa panissivasija toqungaserng. Suna qani ilijersimanerpaan, immaqaliininngeeq, tassami ilaasa taamaalijersorisarpaan, ilaarutingisaasimasoritidjungu.

KP: Inukudjertarmingeeq. (C-p uvia)

CP: Inukudjertarami. Tassa toqusimaseq. Ajernaqaaq tassa arnanngivasija tassa kisimi kisinngorupporng. Tamaangali Narsarmijunu nunatsinnun ikaaquneqaralivaraarami pijimanngitseq. Nunaqaqqini taavani tassani uninngakkim'ni, uveqarsimangalivarami aama niivertuusumik taakani. Ajern'qaaq tassa Narsarmijunu ikaarporng. Immaqa tamani toqunikuuvoq? Toqusimanerporng?

Innersuit

Ciselie: Indalim unikkaava (K'unilisi unikkaarivaa -kaava?) nuvannarinermingaasii upernaaq tikikkami unikkaarimmagi:

Ammassivimmijit utoqqaasimangamik, utoqqaadjutimmi, aama taaku, usornanngitsimmi, pingissaarpijanngitsit kisi peqqissaartin. Taava taana uvija utoqqaq akijanu qaleralinnijartarsimangami, soordjikijarmi akissarsijitingijimadjungu, imminnullu aama inuusutisaqartinn'jardji... Taava ilaani aalisarijarini, nulijanngivasijata utaqqingalivardjungu, utaqqingalivardjungu, ajern'qaaq, unnuuvaadjaraanga tikinnijalissooq ilaani neqimik nassarterng. Nulijanngivasijata peqqaalerma soordjikijarmi tupingalungu aperisaringamijing, pinijalissooq innersivarni tunitissimaarajarne-

became blind when she got old. She and her daughter lived alone in Ikigaat; all the other inhabitants of the settlement had left the place except for one young man, Amitivatsiaq, who cared for their many goats and sheep and also provided water and firewood for the two women.

One day the daughter went to get water by the river. The mother, who couldn't see, sat at home and waited and waited. It became night and the daughter didn't return home.

Men in kayaks regularly came from Frederiksdal / Narsarmijit to Ikigaat in order to see how the mother and daughter were doing. And one day the men found the body of the daughter by the river. No one knew the cause of her death. Some guessed that she had been raped. But nobody knew for certain how she had died.

(Kornelius, Cicilie's husband: "It is said that once in a while she had fainting fits.")

CP: Yes, that's what was said, yes. The mother, poor thing, was now all alone. She was asked to move to Frederiksdal, but she didn't want to. Here she had lived for many years with her husband, who was a trading manager. In the end she did go to Frederiksdal. Maybe she (the daughter) was dead? Or was she?

This is the end.

Innersuit

I will tell a story that Henrik[10] (or Kornelius?) told. He was so happy with this story that he told it when he came here in spring.

There was a very old couple living in Ammassivik, a poor old couple; but they were clean and they looked after their things with great care. The old man had a habit of fishing for Greenland halibut (*Hippoglossus hippoglossus*) across the fiord. He had to fish to make some money, and they also had to live off what he caught.

Sometimes when he was out fishing, he stayed out for a very long time. His poor wife waited and waited, there was nothing she could do except wait. Then he would come home during the night bringing a piece of seal meat. His poor wife wondered, she thought it strange, this whole thing with the meat, and she asked him where he had got it. He explained that he had received it from *innersuit*. The old wife knew that her old husband could no longer catch seals, so it was no wonder that she did not feel very comfortable with his explanation, but all she could do was boil the meat when night came. And only at night. The old man told his wife to please calm down, this just happened to be his way of getting meat.

The old man continued fishing, his wife got used to it. Because he always brought home something. Always during the night. ... Christmas was getting close. Nobody knew that the old man gathered some fish to sell and buy something for Christmas. He paddled to Alluitsup Paa (Sydprøven). There was a store there and a manager, you know. But the manager would have nothing to do with the old man, did not want to serve him, since it was too late to shop. The old man did not budge. He wanted to shop, his old wife was expecting it at home, you see. But the manager stood his ground, did not want to serve the old man. He got so mad that he said: "I hear you are a shaman!" When the old man heard that he said: "Yes, I am a shaman, such a great shaman that I often visit your *innersuit*". When the manager heard that, heard something that was true, he suddenly became very very friendly, asked the old man to not mention the *innersuit* anymore, but please just say what he wanted to buy: Coffee, sugar, chewing tobacco, tobacco, and more that old people like to have... The manager encouraged the old man to buy more and more. He kept on like this.

---

10. Henrik was Cisilie's brother.

raarami; nulijanngivasija soordjikijarmi ijasilaariisardjungumi uvinngivasini angisinnaananili... ajernaqaaq unnuvami ingasaraa, kisi unnuvami. Tassami uvinngivasijata pisarsimangamijik ijasilaareqqunangi imminik tamanna pinijarsaatingingamijik.

Tassa aalisarajartartunnguvasik, tassa nuliata ilikkardjungu tassa pinnattaraaq, tassa tikittaraaq. Aamaasinngeeq tassa tassa unnuvami nerisassardjini, tikittardjini...juudjerijartilerseq. Sunaaka kiilunni eqiterijarneramingi, tassami pisartangarni, utoqqaangami, taava eqiterijaramingi, Adjivitsipaanun akingijartorsumangamingi, soordjikijarmi niiverteqarnijarma'ta sijudjiinijardjini. Ajernaqaaq tassa niivertorsuvasijata itingartivippaa, niivernijassanngimman, nalinaaqitaq...niivernijartaqqija qaangerman, ajern'qaaq, utoqqanngivasik niivernijarnijaralivardjini, adjaadjiinii niivertorsuvasii taasuma anisinnijarsarisardjungu. Tassali utoqqanngivasik taana uteriivissimangami, ajernaqaaq nulijanngivasimmi utaqqimmani, niivernijassangami. Tassali taasuma niivertorsuvasii ajernaqaaq kamaadjungu niivertikkimanangi, anisinnijartardjunguluuniin. Taava tassani niivertorsuvasik kamassaqqerijarami, uumaang kamalerdjini taana utoqqaq pisimangamijik: "Unnijalungooq idji angakkeq". Soormi taana taama pineqarami oqarsimangami: "Aa, uva angakkiivunga. Imannangaa angakkiitingivunga: Innersivaaternu pulaartarpunga". Ila uumaa, tassa taana niiverteq soordjikijarmi taama pineqarami, eqqortumimmi oqarfingimmani, tassa nipangersarlungu, nipangersardjungu: suun pisijarijimasani pisijarissammangi, taangiveqqudjungu. Taanaqangii uumaa taangivilerpoq: kakkii, sukkun, sukuluusan, imassan, suun imminik pijimasani utoqqaan pijimasinnaasaan... tassali "aama suming, aama suna, aama aama suna?", suli tassa niivertiva aamaaqitserng.

MV: Niiverteq innersivaateqarsimagami?

CP: Massami! Taava taaku pinijassanni, imaatertareerijaramingi, tassaarp, suli tassa ajernaqaaq niiverteq aamaaqeqqusimangalivarpaa. Tassaliinangeeq suna akilernijaralivaramingi ajernaqaaq. Qani oqarnijalerpoq: "Akilissanngilati. Tassa taaku akeqanngidja pissavatin!" Kiilunnguvasiingeeq akii imminik pidjivaatingiinardjivin.

MV: Innersivarnu pulaartarsimangami?

CP: Pulaartarsimangami. Tassa taamaatsimimmi, qanganikkajaangamimi.

Mariane Bernhartsen

(MABE), Inunnguumminik Kvaniasen.
Tunumiunik siuaasalik. 50-nik uk. 1963.
Narsarmijit/Frederiksdal, siullermik Sammisoq.

Oqaloqatigiinneq

MV: Mâliâna illit sammisormiukuuvutit, aat?

MB: Sam'sermiji. tassami samm'sermijuuvunga.

MV: Ilatit, siuaasatit tunuminngaaniit uiartut aat?

MB: Uvijartimmi. Tassa kuisikkiartortun.

MV: Ittut?

MB: Ittora tassa Tunuminngaanii uviarippoq, unikaasuunga ?

MV: unikkaarniarit

MB: tassa kuvisikkijarternissani pidjungu, pingaarneritidjungu. Qavanngarn'saviingami qavanngarn'saviidjuni Saava nalisimangamijik qaner saamijit qani iniineqarsimanersin. Taamaarijarami kuvisikkimasimalerpoq, tassami kuvisinnissani pingaarneritidjungu. Assu pingaartissimangamiji

MV: Did the manager have *innersuit* (as trading partners)?
CP: Yes. When the old man had gotten what he wanted and was about to pay, the manager said: "No, no. It's free of charge". That was a good trade with the old man's fish.
MV: Did the old man visit the manager's *innersuit*?
CP: Yes, he visited them. He was from an old time, you see.

Mariane Bernhartsen
(MABE), neé Kvaniasen, East Greenlandic descent, 50 years old in 1963
Narsarmijit / Frederiksdal, formerly Sammisoq.

Conversation
Mariane lived in Sammisoq, near Cape Farewell. She is the grandchild of the famous great hunter Kuannia, who hailed from Eastern Greenland.
MV: You were born in Sammisoq?
MB: I used to live in Sammisoq.
MV: Did your family, your ancestors hail from Eastern Greenland?
MB: Yes, they did, so we could be baptized.
MV: Your grandfather?
MB: My grandfather, yes, so he could be baptized. Shall I tell?
MV: Yes, do tell!
MB: That was the most important thing for him. He was a real Easterner. He did not know how West Greenlanders lived. Then he got the idea that he wanted to be baptized. To be baptized was

MARIANE BERNHARTSEN

ittunnguvakkulumma Kuvanniim. Taamaakami Tunumi, Tunu qimannijarsarisimangamijing saava, saavanu kuvisikkijarternissani pingaarneritissimangamijik. Tassami oqaasii uvanga tusarnaardjivartarpakka, taamatu oqalittaartarneraning.

MV: Angakkuugalivarsimava?

MB: Angakkiinikuunikuungilaq. Kisijadji ilinnijartiikimaneqartarsimangalivarporng. Pijimasimannginnami immining, ardjariini soordju angakkivinnin ilinnijartiisimaneqartarsimangalivarpoq. Kisija taama taamaalijerimannginnami immining; imm'ninng'kaajiingeeq, angakkinngoor.. angakkiisu ersinginng'paajeeqingamingin, tass taamatummi oqalittarami. Tassa ers'nngippaajeeqingamingi ilinnijarimasimannginnamingi ilinnijartiin'jarn'qartarsimangami. Taamaarijarami isimani aalajangeersimangamijing taakuva qavanngarnitta ersingeqingamingi immini angakkiineri ersingisimangamingi. Aama immini ilingersiitimini oqartarsimangalivarami. Taamaarijarma tunu tassami qavanngarnitta nunaan qimakkimasimangamijing tassami utoqqarsivanng' qiternarpassivaseqaqalini tassami taana angajidjeq taana Ijalimi aama kuvisin tassami tamakkiva angajidji ilangalivi tassa nukardjiin tudjeriijaasin ardjariin, tass ilangalivi saalijarsimangami. Tassa tamaani kuvisissimangami.

MV: Unikkaaluttarpa tunuminiinerminik?

MB: Ilami tassa tamakkuva unikkaaluutingivaan, unikkaaluutingeqqarp taaku
immini pidjuni. Soordju kuvisikkimanini pidjungu. Kuvisikkimanerinnarmini tamaangarsimangami, saalijarsimangami.Tassa taamaakami Kuvaanimi ateqalersimavorng. A, Inngilikkami ateqalersimavorng. Inngilikkami tassa kuvissiteqarpoq. Kuvisinngikkallarami Kuvanniivoq. Tassa kuvisikkami Ing'likkami ateqalerpoq.Tass taamaatumi. Saalijarpoq kuvisikkijartordjuni. Tass kuvisimasunngooq usorisaqingamingin tusartalerdjuvin. Tassa Kuvaanijaming, Kuvannimi ateqarami ateqarsimangami. Tassa saalijardjini tikikkami kuvisikk..tassami imm'neerdjini kuvisikkimasimangami.

MV: Nulija qaneq ateqarpa?

MB: Nulija Maggalittarajimming, Makkaming, Makkalittarajimmi taasarpaan.

MV: Aamma tunumioq?

MB: Aa, tassami tunumijivinnaadjuti – mmi

MV: Qanoq ateqaralivarpa?

MB: Asikijaq, taasuma uvanga soordju tunimiinermini atija uvang nalingakku. Tusarnikuusimannginakku, tusarsimanijaralivarpara puvijersimaanarpara. Puvijersimaanassavara.

Ta uppertunngooq usoreqingamingin; tass adjaangimannggeerng, tassa seqineqaqardjinili qaamateqarma aama udjorijaqardjinili tassangooruna Guutim pinngertitarisimasaan, tamakku immini upperileramingin.

MV: Siullermimmi suna upperigaluarpaa?

MB: Tassa upperisaqarnerisimavoq tass imaaternerming soordju tamakki angakki suming adjami eqqaamasaqanngilanga, tassa tamakkuvinnaa angakkin. Angakkuusu tusardjividji usorulertarsimangami, tassami pinngerijarternermini. Usornarsimaqingaminngeeq angakki tassa ilisimatuutu taaneqartarsimangaming, ilisimatuutu. Tassami taamaatarsimangami usorisarsimangamingi tamakku angakkin, tas adjijarternermini.

Kisijanngeeq angisuungordjunili, utoqqanngordjunili tamakku paasingamingi usornanngitsi, usornassiseqanngitsin. Ta seqineq udjorissadji qaamadji qilammiitsi, tassa taakuva isingisarnermini qiimatsissimangami saalijarnissaminun. Tusartarsimadjungi saaniiti uppertin soordj angakkiingits adjaming upperisadjin.

MV: Angakkummi tamakkuva sapinqanngitsi?

MB: Tassami sapingaqanngitsimmi ilisimangalivarpaan, nalinngikulooqaaj, ilisimakulooqaaj.

the most important thing to him, my old grandfather Kuannia. That was the reason he wanted to go to Western Greenland, since being baptized was the most important thing to him. With excitement I've heard him tell all of this.

MV: Had he been a shaman?

MB: No, he had not been a shaman. However there were shamans who wanted to teach him how to become a shaman. But he didn't want to. He was also a bit scared of shamans. That's what he said. Yes, he was a bit scared of shamans; that's why he did not want to learn shamanism. Then he decided to leave Eastern Greenland together with his many children. The oldest of the children, Ijalime (Jerimias) also wanted to come, so the entire family travelled to the west coast.

MV: Did he tell about his life in Eastern Greenland?

MB: Oh-yes, he told everything, he told about himself. Such as his baptism. He had come to Western Greenland (the front side of the country) for that very reason to become baptized. They were then baptized here in Frederiksdal. At the baptism he was given the name Inngilikka (Heinrich). Before the baptism his name was Kuannia. Yes, he was then given the name Inngilikka. You see, he came to Western Greenland to be baptized, because he had heard about baptism, and he wanted that too. It was his big wish, you see, to be baptized.

MV: What was his wife's name?

MB: His wife's name was Makkalitta, she was called Maggalittarajik. She was also an East Greenlander. What her name was when she was in Eastern Greenland I don't know. I've probably heard it, but I've forgotten it. My grandfather wanted to become a believer. Of course he knew that there are both sun and moon and stars. God created those. So he ended up believing it.

MV: What did he believe in before?

MB: Growing up he believed in what the shamans said. The shamans were very intriguing, he wanted to be like them. You see, those shamans were very knowing. They were called The Very Knowing. When growing up he wanted to become a shaman too. But as an adult he realized that there was no point imitating shamans. Since he was always looking at the sun and the stars he wanted to go to the west coast, because he heard that Westerners had a different faith.

MV: He did know that shamans could do anything?

MB: Yes, he knew that shamans knew about everything. He knew. He was an Easterner, you know. But the sun and the moon, those he often looked at, made him believe in a holy power. So that's why he came to the west coast to be baptized.

MV: You were born in Sammisoq...

MB: I wasn't born in Sammisoq itself. I was born in Papikatsik on the 18th of June, while we were going to the sealing islands.

MV: Your parents lived in Sammisoq.

MB: Yes, they lived in Sammisoq.

MV: Were there bears down there?

MB: Ooh... of course there were many bears. There were many. There were so many bears that we lived off bear's meat mostly. Yes, we hardly ate anything but bear's meat as far back as I remember, our parents and us. There probably were so many of them, so we ate a lot of bear's meat.

MV: Did the men use bear skin for trousers?

MB: No, I've never seen such trousers where we lived. But in Eastern Greenland they knew those kinds of clothes well, they used several things for clothing.

MV: Have you "caught" a bear? (the old custom: the first one to spot the bear has (caught) got the bear.)

MB: I have not caught a bear. I have seen and looked at bears so much here near our settlement,

Tassami qavanngarnisaangami ilisimakulooqaaj. Kisijadji immini seqinermi udjorissanidji, taakuva isingisakkanni, taakuva qilammiiti uppilersissimangamikki. Tass taamaakami kuvisikkijatersimangami...

MV: Sammisimiilerassi, tass... illit Sammisimi inuuvutit

MB: Sammisimi iniingilanga, uvang' Papikatsiimi kipparajartorluta, tass juunim 18-nijani...

MV: Tassami angajoqqaatit sammisormiuupput?

MB: Aam sam'serm'jiipun.

MV: Taqqanna nanoqartarpa?

MB: Ilarp...! soor... nanoqartaqili! Nanoqartaqaaq. Nanoqartarsimaqimma nanuvinnangajanni nerisaqarpungun. Nanuvinnangajanni nerisaqaqaangun. Tassami adja nerisarinnginnatsingi tassami silattoqquukakki silattoqquukatsingi tassami sijulivudju uvanga ilanngudjungali puvisimineridji nannu amerdjasimaqimmata nerisarisaqaarpu.

MV: Qarligisarpaat aamma angutit?

MB: Naa, uva taamaatin qardjini takinngilanga, soordju uvangi nunatsinni. Takinngilanga. Tunumi tamakkuvami ilisimaqingamikki tamakku atisarisinnaasu atisarisarpalippaan.

MV: Illit nannunnikuungialatit?

MB: Nannunnikuunngilanga, kisi nannuming qani ittarijaan nalinngikulooqaak, isinginnaarnikooqingama, nannunikuungikkalivardjinga. Naneq, nanni takisarakkin, isinginnaartarakkin soordju eqqanngivatsinni, nanulerisin, soordju pinijangaqardjiting, nannussimadjuting. Uva aama taqqavaniinginnaaralivarpunga, tamanna aama Narsarmi aama nannumik isinginnaarnikuungama uumasini, nannu perijaasii ilisimakulooqaaka, kisi nannunnikuungilanga. Nannumik pulaartinnikuuvunga. Tupinnaralivaqaaq kisianni uva tupinginngilara nannuni sungijissinikuunerming.

MV: Sumiillisi?

MB: Ta Sammisimi. Sammisimi nannumi pulaartippunga – ngun, hi...

Nannumik pulaartinneq

MB: Nannumi pulaartinnikuuvunga, hi, hi, ...Tupinnaralivaqaaq, kisijanni uva tupiginngilara nannimi sungijisinikuunerming.

MV: Sumiillisi?

MB: Ta Sammisimi. Sammisimi nannumi pulaartippungun/pungu, hi, hi... Nannumi pulaart... tassa imaakami, ata imatu aadjaqqaasissavara:
Udjaakinaasii ataataara, qassi? marsim marsi naalernerani, naalernerata missaani, aaperiili aadjaqqaataa sinaani, marsi naalernerata sinaaniingivatsijarporng, tassa nannimi pulaartippungun! hi, hi... Ta,una aadjaqqaatingissavara, a, pikkusoqigama, imaatissanngilaq, ajerissanngilarma. Ajerissanngilarma, ajerissanngilarma. Pikkusukulooqaangama tassami uvanga unikkaar..qaneq, unikkaarisarpara inivinnarnun. Kisijadji tamakkuva immiisunu isima...pijukkussisaralivarama, kisijadji aama oqaqqingineqartinnanga uva imminiinavidjinga orningissinnaanginnama. Ila oqaqqingingamma immiisissadjunga, adja eqqaanginnakku nannimi pulaart...hi, hi, hi...nannumi... isimaqarama unikkaaqudjunga, hi, hi,... ila, tassa taam oqaqqingerijaramma taamatun, ila adjaangilaq sunavija tamavija unikkaarissadjungu. Sunavija tamaan unikkaarisinnaasavara? hi, hi...ajerinngikkimma?

MV: Ilaanna.

MB: Hi, hi, ajerissanngilarma ingerdjatissavara aadjaqqaataaninngaanin. Pikkusukulooqigama unikkaarusoqingama hi, hi...

and also seen how they were butchered. Yes, I know a lot about bears, hee, hee... I, we even had a visit from a bear, hee, hee...

A Visit from a Bear[11]

MB: I had a visit from a bear, hee, hee, hee... It sounds strange; but it isn't to me, because I have been very used to bears.

MV: Where did it happen?

MB: In Sammisoq. It was in Sammisoq that a bear came to visit, hee, hee... This is how it happened; this is how it began:

Very early in the morning my father was getting ready to go hunting as usual; it was towards the end of March, I believe, hee, hee. I shall start with, er-er, that I am so shy, isn't it so that... you mustn't pay attention to me. You mustn't pay attention to me. You mustn't pay attention to me. ... With those here tape-recorders. Otherwise I can do it, but it is so difficult sitting here alone without an audience. I have told this story many times, but never to strangers.... When you told me that you wanted me to talk to the tape recorder, I immediately thought that I wanted to talk about this very visit from the bear ... hee, hee... can I tell it, all of the incident...? Is that okay?

MV: It's quite okay, do tell.

MB: Hee, hee... you mustn't take any notice of me, I promise to tell it all from the beginning. I certainly can and I would like to, hee hee...

MV: Get on with it then!

MB: My father was going out in his kayak an early morning; there were always many seals at this time, you see. He had gone out, but realized that a northern wind had begun to blow. He then did not want to go, and he took down his kayak tackle which were on top of the entrance to the house... we all lived in turfhouses; he now took his sealing clothes down from the roof and put them inside the entrance to the house.

All of us siblings were on the platform sleeping; it was very early in the morning, you see. When my father had entered, my mother asked him: "Pilipos, what is the weather like? Can you not sail?" Father answered: "If it doesn't get better, I can't sail in it. I have put my travelling clothes inside the entrance so they won't get blown away". My mother didn't answer, and father then went back to bed, and both tried to sleep since the weather was not fit for sailing.

Very shortly after mother lifted her head and looked out the window. To her big surprise she saw that it had already snowed so much that the snow covered the entire window. Strange, she thought, just a minute ago her husband had said that the weather was fine, but that there was a northern wind. They had agreed to make coffee after they had slept. Now mother looked at the window; even the upper part of it was totally covered with snow. Maybe there was already a snow storm? She could not take her eyes off the window, she looked and saw in wonder that the snow had come so suddenly.

Suddenly she heard: "shoo..." from the window, and she realized that it was a bear! A big bear! Standing outside the window.

With its big paw the bear pushed in the window – we had big windows with window frames that father had made – the bear was now standing on the window frame with both front legs, and now it jumped inside the house! We children woke from all the commotion the bear was making. Father and mother had been talking together in a whisper. Father had seen the bear jump inside the house, but remained lying and watched it. My mother thought he was asleep. She had been

---

11. This short English version is a translation of an earlier published version in Danish (Ed. note).

MARIANE BERNHARTSEN

MV: Qaa, unikkaarinijaruk.

MB: Tassa ataataara imaatserami, aadjassadjuni. Sunaaka qajartissallunijaasii, tassami upernassami puviseqartaqingami.

Qajartissadjuningeeq, avannerpalileqimma imaatserami, paa qaavaniitseq, idjivinnaqaratta qarmaanakkaming. Soordjikijarmi taamanikki, idjivinnarni tamakkuninnga idjivinnanngivasinn idjeqartiteratta, tamatta. Kisijadji ilaan taamatu ilidjuvi, ataataara sanaludjaqqinnerinnarmini aam iliva qisivinnaatittaramijing. Avannerpalippadjaaleqimmanngii paa qaavaniikami qajartiisinni. Eqqiterijaramingin, tassa uvangu tamatta innangadjuta qatanngitingiidjita. Eqqiterijaramingin... eqqippaaj, paa qaavaniitsi tingerijaramingin. Anaanaarangii oqarpoq: "Pilipporsi qanippa aadjartarijaqanngila?" Ataataarangi oqarpoq: "Aadjartarijaqanngginngivatsijarpoq, peqqalijartinngikkini aadjartarijaqarnavijanngilaq. Qajartiisikka paamu iliinarpakka, tinginnijaleqimmata". Anaanarmannguu akinangi, ataataara innarajarma, anaanaarmannguu akinangi, mardjunnguvasiidjuting ta sinissassaqqilerpun, aadjartarijaqarsimanngimma, udjaasimaqingami.

Taamaarijaramingeeq anaanaara silamu qivijarusuumidjuni. Soordju sila ajortunngornissaa eqqaasimadjungu silamu qivijarusuumidjuni, ingalaamun massidjini qivijarsimangami. Tassamingooruna aataadjatsijaaraanaq ataataara innarterng, sila takusumangamiji, sila pittaaqingami avannilersimangami, kisi ajernani. Tassuungudjatsijaaraanaq, sulimingii imminning sin'ssaarujoqqinnating sinerujoqqinnating. Udjaaqimmanngeeq aadjartarijaqanngimm sinilaaqaardjiting kissartulijissangaming. Silamunngooq qivijarusuumeqingami qivijarnijalerp: Ila apilertorsumanijarajarami. Ingalaa tamavimmi aputaanavivinngorsumasin, qulaatungaani perserng, persersivasik, persertariilersimasi. Tassalingii tassuungudjatsijaq apivissimas ingalaaq tamavimmi aputaanavissivasinngorl'ting. Qulaatungaanngeeq pinijalerpaa, isingilerpaa persersivasik. Sunaakangooruna tassa meqqivi, nannim meqqivi. Tassa isingalungu, ila tupingusukuluulerdjini, tupingusuutingikuloordjungu, tassa aataarajimammassa Pilipporsi oqarnijarman silaqqeqiseq. Pinijalerpaa ila apilertorsumanera tupingusuutinginerming, nijaqqiinardjini innangadjuni isingilerpaa tupingusunnerm suvinngitserng, ila tupingikuloordjungu. Isingilerpaangii isingilerpaa, ilami tupingusunnermimmi alarsinnaanginnamijik taama apilertersimatingimman. Innardjivadjannijardjinili: "seer"-tordju pisimanijalerpaa nanorsuvasing. Tassali nanuunera ilisaralungulu paasidjungu innardjernera paasisimangamiji nanuusoq. Assasivasimmini talerperdjerming ilummu ingalasseqqii ajassimangamingi. Ajadjuvidji katsilaavinnani assanni taamaalidjuni ajariitaa assasivasimmini taamaalidjuni silammu nusussimangamingin. Ingalaaqaratta annertoorsuvasinning. Ta akkornikuluuni ingalaani annertiini ingalaaqaratta. Kisi ingalaasaaqardjita aama annertiimi, imaatsiingitsimi kisija annertiimik ingalasserfeqaratta, aa, ingalaasaaqarami – uvang oqartarpungu kalaalijudjut: ingalaasaavi –. Erniinaq tass assasivasiini taaku sijudjiini ingalaasaavanu tummartikkamingi, ta, unilaavinnani qaneq akinnatsilaavinnani. Taamaalidjuni ingerdjasimav, tassami uvanngu piserpalinnersivas, piserpadjannersivasijani, ataatakki oqalittaalernerani aama imaats oqalittaanginnaming, sunaak/fa isussudjuti oqalittaaqattaaqaalersimasi, tupingusudjuting. Taamaalerijarmanngii: "Pilipporsi, nanorsuvasi isertareerporng! Pilipporsi nanorsuvasi isertareerporng!" Tassani piserpalinnera, ataataarali imaatordjuti nijaqqerdjini. Ta nijaqqersimanngalivardjiti, anaanaara tupannermini, tupingusunnerinnarmining. Aana ataataara eqqimasunnguvasing, ta isinginnaaraa. Sin...sorisimangamijik nipikuluumik anaanaara nipaardjini: "Pilipporsi aanaa nanorsuvasii isertareerpaatungu ingalaakin". Tassamassa qivijarnijalerpaangii, soordjikijarmi tassa sinissinnaanginnami aama tupass'tingisimangamiji, silammu isinginnaaraa. Taamaadjerijarma ataataara pivorng: "Estali immaatsijaq". Ta immaatsijaaqummaningii, aama nalingginnami aadjaasini pijareersimajivaarinnaraa, tassami

very frightened and shouted loudly: "Pilipos, a big bear has entered through the window". Now she saw that father was watching the bear without reacting. He just said: "Esdale, not so loud!" And she now calmed down, because she knew that, as usual, he had his rifle ready; that's how it always was; there were so many seals, you see, so father always kept his shooting equipment around, ready for use. Mother said: "Pilipos, your rifle, your cartridges? Are they there?" Father did not answer but looked to see if they were where they were supposed to be. They were. Father pointed at them with his hand. That calmed down mother. Because she knew that he would kill it quickly.

It was a very big bear. You did not have to measure its skin by the meter, as was the custom; it was not necessary, all you had to do was look at it. When skin from bears and seals were sold in the store, you would measure the skin with a tape measure. This bear did not have to be measured with a tape measure. You could see that it was very big!

There were many of us children on the platform; as well as us siblings we also had my father's deceased brother Peqqaamaseq's widow Elisibarsivasik and her children. Peqqaamaseq had perished in his kayak in the winter. He had paddled to Ilivileq (Nanortalik) with the annual account. After having delivered the mail in Ilivileq he had sailed homeward, but had perished on the way. Father felt sorry for the bereaved family and asked them to move in with us. So there were many of us. (Today my youngest brother and I are the only of the many children still alive). Mother now felt very sorry for us children. So after a brief silence she said: "Pilipos, shoot the bear now! That's enough, shoot it!" "Oh, in a minute. It will get shot, but in a minute!" Then my mother did not answer him back.

Father's refusal to shoot at the bear right away was because of this: he had experienced so many sorrows; the year before my older brother perished during a hunt when a strong eastern wind got up. Shortly thereafter his brother Peqqaamaseq also perished in a kayak. In his quiet mind father had wanted to experience something, something exciting, a little entertainment, something unusual … other than death. Now the bear had come to visit him, to entertain him, yes it came to entertain! It was great entertainment. Hee, hee, hee…

"Pilipos, shoot it now! It has visited long enough. It's a pity for the children. Shoot it now!" mother said again. But he still just answered "in a minute".

We children did not move on the platform, nobody moved, nobody tried to escape. We just stayed in our spot on the platform, not moving. When bears breathe a lot of spittle drips from their mouth. That's what happened now. So much spittle came out that it was as if it was raining. The spittle hit our faces, we were as wet as if we had been outside in the rain. And we heard its loud scary breathing. I was nine years old back then. That is in June, June the 18th I was ten. So I kept a close watch. After all, we were not scared of the bear; it was not trying to scare us, you see. It was just visiting, this giant bear. But we were astonished to no end.

Finally father felt sorry for us children and wanted to shoot it. He took his rifle and was going to take the cartridges, but they were not there. No, they really were not there! One of my small cousins, Saqqaq, was very lively and go-ahead. When he was inside the house, father kept a close eye on what he was doing. It turned out that he had taken the cartridges and had them on him. When he saw that father was looking for them, he had gotten scared and thrown them on top of the cupboard where father could not reach them right away. To our luck father reached the cartridges and was now able to shoot while sitting on the platform on the covers. Yes, he was sitting on his pillow shooting! What a bear hunt! Hee, hee… He hit the bear with one shot, and it fell down. It was so big that the upper body with the head and all that hair filled the floor, while the hind legs were lying by the entrance.

puviseqartivaarinnaramimi; pijareersimajivaarinnaraa nalinnginnami. Pinijalerpaangii, nipeqarna…, aadjaasini saqqimmij…qoorortuuvata iningisartangaa, pinijalerpaa tassami pijareersimasoraasiin. Pis'taasimm'ngii aama, qoorortooq piss'taa aama pijareersimassammataasii soqutiginngilaa tingivinnaasammata."Pilipporsi qaalaa, naa aadjaasi, piss'titin?" Tas nipeqavinnami tass tikkivarterpaaj. Tassa paasingamingi tassaniitsi, pis'taali, ta isimadjivarnermi erniinaqqin erniinaaraq toqussammangi. Tass tassinga tummarsimavu tassa. Tassami angeqingami nanukuloorsuvasing miitererjartarijaqanngitseq. Taamanikki miitererdjuvi imaatsertarallarmata akingisaradjarmata. Maanakkii nannum puvisidji inivi nalinginnaa pisarikattaalerpaa, niivertaqqimmi nannu tamakkudjuuniit akingijinnaarpun. Taamanikkin taamanikki puvisin nannut amiili ta niivertaqqinni tamarmik akingineqartaradjarmata. Miitererijartarijaqannginnamiliiniingeeq, anginermi. taamaakini angisimaqingami, angeqingami. "Pilipporsi", tassani imangersimanngersimammerserdjunili, uvangu tassa idjinngivasitsinni innanganngivinngivatsinni imaatukkudju, Eliis'barsivasiingaliim, tassa ataataarma qatanngitaata, Peqqaavisam qiternaa nulijali uvangu ilangingatsingin. Peqqaangisa tassa aama ukijiimangi toqusorng, qajaadjuni, paardjini Ilivilermu, Sammisiminngaanii, paardjini naatorsuutini paardjini, ilivilermukarsimangami. Ilivilerminngaanii kujammukarijararsimangalivardj/lini, kisija tikinngimaani. Taamaarijarman ataataarmaasii nadjinginerming qiternaa nulijali uvanguttunniitsikkamingin. Tassa taakorpassivasiingatta, uvangudju ilanngudjuta. Nadjingisimarijarnijaramisingu anaanaarma ataataara pisimavaa: "Pilipporsiilaa, taamaat nanoq toqunnijaru!" Tass uvanguttunnu pulaarterng! "Toqunnijaru taamaats!" "Aa, uvatsi. Uvatsi toqussavorng!" Akinereeq ajeramiji taamaalerijaraangan. Tassa ataataara alijasiiteqartarsimanerming: Qatanngitiminidji, aama uvanga tudjera, aninga Saqqa, aama tassa taana sijornaaman toqorijarami, qajaadjuni. Ukijimi ningikulooq pinijalull'ni aama qajaangami. Aama tassa nadjijitiinarterng Peqqalik, taana qatanngitaa, aama qajaadjuni toqusimangami. Tassa taamaakami pinijangassamini sumerpasissimi eqqarsaateqartarsimangami, aliikitaasinnaasumi tupinnarujuttumi. Tassa taamaaman nannum, nannu pulaarajarsimangamiji, hi, hi, hi….aliikisersivijartorsumangami, tassami aliikitaakuluukuloorsimaqingami, tassami aliikisersivijarteramimi hi, hi, hi…

"Toqunnijarungulaa Pilipporsi taamaats, pulaartivaarpadjaaleqaaq, ukunnguvasiinaa nadjinnarpadjaaleqaan, qaa toqunnijaru taamaaterng!", uvatseertaraarooq. Pinijalerpaatungunngooq, maangaliinii kilummu qimaasimannginnami ataasi meerarpassivasiidjuta, arl'qaqingattami, qimaasimannginnaming. Tassangeeq sinikk innangakkitsinni unissimangatta tassa. Qimaasoqarsimannginnami. Taamadjaangii, uvangami tassa kisima tassa uumasertaalerpunga tamakku idjerpassivasinnun, taamadjaangeeq tassa sudjuvarsimaarijarneraarami, una nuvassivasija sudjuvarsimanera taamadjaa tassa kiinanngivasittunnu sumu tamanun, qanippa taama sijali. Tassami nannu taamaatarpalikkami sudjuvardjiting tamaa imaatsertars…sudjuvarnerata anernerata nipaa, qanippa taama sijalissijertartungun. Tassa tupingusunnermilli uvangu sunaafa meeraangalivardjita, uvanga taamanikki aqqinersisamani arfinisisaman ukijeqarama. Tassa juuli ingerdjanerani, juuli atnijani, qulinngerakkin. Taamaatsimi ukudjuvittukuloorqingama, uva ukudjuvitsisimaqingama, nannerdji taana pulaarterpu, ersinarsaarnanili tupi…pulaarijarpijaanarsimangamimi nanukulooq.

Tassa ajernaqimman, uvangu aama nadjingiinalerdjita tassa toqunnijalerpaa, toqunnijarsimalerpaa. Aadjaasini tingerijaramijing, piss'tinni, sinaaniitarmata, peqanngidjan, qoorortuu piss'taa peqanngiterng. Saqqa taana uvangu idjerpun, ta ataataarma qatanngitaata Peqqaamasim qiternaa, ta nukapp' jattijaanijarami, taana akidjikasi paaminnarnerminngeeq isersimatidjini suna tamaa kisi ataataarma alaraaserdjivi pisarsimangamij…. Aamaasinngeeq pinijalerpaa qoorortuu

Now that the bear was dead there was great joy! Hee, hee... Of course. He had shot it. Hee, hee... We all jumped down on the floor, hee, hee... First my parents and then us children. My father was very skilled; even though he was not that young anymore he was still very skilled! As I said we had all jumped from the platform and down on the floor. My father was an Easterner; he never wore clothes made out of fabrics. Back then clothes made out of fabrics were rare. Everybody had jumped down from the platform, some were not wearing any clothes at all, totally naked, like they had slept at night.

My father always slept in the nude. He was an Easterner, you see. Nothing. He was always totally naked at night. My mom, since she was a woman, wore a chemise. My mother was a Westerner. But my father and his parents were Easterners, you see.

My father had then jumped off the platform all naked. The joy was so great, you see: the bear was dead and no one in the house had been hurt. Everybody ran outside. My father then had to go out and tell everybody about the bear, and the first he ran to was his oldest brother, Jerimias. Jerimias was the oldest of all the siblings. He too was an Easterner, he too slept in the nude. His wife was more of an Easterner than my mother, she was older and she was more lively and more talkative. She had been wearing a chemise that night, the only thing she had been wearing. All the men were naked.

Am I to tell it, then? ... hee, hee, hee... I shall tell all of it, you know I am not so old, so I have not seen (experienced) so much that is important or funny, and as I shall not come to tell it again, if you haven't anything against it, hee, hee... It is so funny, also because these people themselves thought their bear catch was so funny and used to talk about it.

Everybody was surprised and very happy; nobody had known such a strange bear. My father had then run totally naked from house to house to tell the good news; first the houses closest by, then the houses a little further away. He and his brother ran around naked from house to house. Hee, hee... Nobody knew what had happened, you see. Everyone was outside: naked men and women, who were wearing chemises however. It was early morning and the sun was shining; everybody gathered at our house. There was great joy. Many cried from joy and astonishment, and also from gratitude that we children had escaped the peril. Such a big bear! There were many who cried.

The dead bear was now dragged from the house. There was no end to the joy. My father and his many brothers were still very happy. They walked around naked. Then my mother had told my father: "Why Pilipos, you are totally naked". He just laughed, and when he was entering the house, he thought that his brother Jerimias was not wearing anything either, and he looked for him and confirmed it was true. He just had time to tell his brother: "Jerimias, you're totally naked too". No one was ashamed. Everybody laughed and was very happy. Then they put on some clothes, not until then did they cut up the bear.

It had been an incredibly great pleasure, a pleasure without bounds, also a pleasure for the old people there.

patruunii tingimmijaraa. Qunungijadjarijaramingi tamaanga inissikkissarinngisaanu, inersidjungu ilisimangamingin, taaku qoorortuu pattoruunii. Tassa toqussadjungu qoorortuuni tassani tinginijaramiji, tassani tingingamijing. Iningisartangaa peqanngiman; taanaqangii pileralivarpaa, pileralivarpaa, tassami nadjingusukatalerdjini anaanaara. Kiisamingii nassaaridjaramingin. Nassaarerijaramingi, tassa tas innangakkimmini ataataara aalarijarnani, uvangu ataataaki sikaaveqaraming ippataasalimmi angisiiming. Quleriis'tertining ilisikkiliming, qudjerpaamu tappavunga ilisimarajarnerpaaj. Tassa ataataara sinikki...sikaavii qaavanu, tassa innangasi... oqoruti qaavanu akisi qaavan, nanneriserng. Nannumi toqutsinijaasimanera, hi, hi...nanneriserng! Akisimu, tas akisi qaavanu tassam ingiinardjini, oqoruti ilivani nanneriserng! hi, hi, hi... ila, ila! Sooraa unikkaarisaqiliss. Tass nasserijaramiji toqupp... ataasijaanardjungu tassa toqukkamijing. Soordjikijaq tassa nanu angeqingami, una kijakerdjini, meqqorsuvasini sijall natermu tukkami, uppataaj silatungaaniikami, tassa kisimi. Ilarsivasija tamarmi idji ilivaniikaming. Tassa toqorijarman, soordjikijarmi angernijiiteqingamimmi, hi, hi, hi...angernijiiteqingaming, hi, hi...tamanngivasitta meeraangalivardjita tamatta piss'kaasimangatta natermun. Soordjikijarmi taaku utoqqartarpun, angajeqqaaka, sijudjijudjutimmi tassa, soorl angitaangamimi, taamanikki pikkoreqingami, utoqqaangalivarl'ni pikkoreqingami. Tassami erniinaqqinn ammu tassa pississimangami tamarming. Soordjikijarmi qavanngarnisaangami, maanakkutu anneraamineri anneraaminerit pigiss ...hi, hi, hi...pingissaarnannginnginnami, pisarijaqannginnami, tassami atisaqaralivarpungu tamatta anneraaminerning, kisijadji ilivangi atisaning ardjaataqartorsuunginnami, tamakku utoqqaaneri, utoqqartarpun. Pinngittoorn'tik tamarmi piss'kaasimangami, tassami udjaak udjaangami, unnuvami, unnuvami sinnikkamimmi. Sunaaka atisaqarsimanngitsi ilaan. Tassami ataataara tassa innangasarami, qavanngarnisaangamimi uvineeritivill aa, uvineriteqarnani, ta uppatiminu adjaa atisaqarnani innangasartiingami.

Soordj'kijaq taana anaanaara, arnaangami tassa uvineqiteqarporng, taana avanngarn'saaneringami anaanaara. Qavanngarnisaanginnami, avanngarnisaangami. Ataataara taana qavanngarnisaangami, tassami angajeqqaavi qavanngarnisaangaming. Tass uvineqiteqalaavinnnani, atisaqalaavinnnani natermu pissidjinili angernijernermimmi tassa toqumma uvangull tamatta ajernata, qani innardjerneqalaarnata, ajern'ta tamatta.

Pis'jaadj..ti silamu anijangaming. Ta atisaqalaavinngitsin! Taana ataataara qavanngarnisaangamimi, sunaaka aama angajini sijudjermi orningassani, soordjikijarmi ornissimavaa Ijalimi, taana qatannngitingiini, Ijalimi angajidjersaangami. Ornissimavaa aama tassa soordjikijarmi qavanngarnisaangami aama atisaqavinnginnami. Nulija aama taana anaanaarnunngaanii qavanngarnisaanereqingami aama utoqqaaneralini. Sunaaka tamarming atisaqavinngitsin uppatiminnu adjaa. Taana Ijalimi nulijaami uvineqiteqarsimangali.. ilidjeqarsimangalivarporng. Kisija aama uppataaj atisaqannginnami...

"Unikkaarissavara aat..? Hi, hi, hi...tamavijaa unikkaarissavara, aam uvanga utoqqang'qingama, soordju kingerna taamatu pingaartingisiming nuannertingisimadji takisaqarnavijannginnama aama unikkaaqinnavijannginnama tamavija unikkaarissavara ajerinngikkikki hi, hi...nuvanneqimma aama taaku inittaasa nuvannareqimmasing nanors'jernerting nuvannareqalung unikkaarisarmassing. Angernijeqingami soordjikijarmi, pis'kaarijaraming anijasimappu, taana qujasangaa sijudjerming angajini, Ijalimi. Aama nulija nipeqartiingami, nipeqilaasiingami qiilasuudjunili. Soorl'ikijarmi angern... tupaadjaqingamimmi, angernijeqingamimmi tupaadjadjitidji., taama tupinnartingisiming nannumi oqarmata, tassami ataataara oqarsimang...qujasaasarsimangami eqqanngivatsinnu peqqaardjivin. Makku idji' avataaniitsin arpaqattarsimangami... tassami ataataara arpaqattaqattaarsimangami, sijangineqalaavinngginnattami, sijaningineqalaavinngginatta

MARIANE BERNHARTSEN

arpaqattaqattaarsimangami. Sunaaka tassa, sunaliinii anneraaminaatsiaq innarnani atisaaning atisaqanngitseq, ataataara. Aama tassa angajini qujasakkanni qatanngitini, aama sunaaka atisaqanngits... Taamaalidjuting arpaqattalersimarajarnerpun. Ha, ha, ha... Soordju taakuva nulijanngivasii arnaangaming tassa uvineqiteqarpun. Ilidjeqartarami tamakkuva seeqinidji kalaadjisu atortu taamanikki ildjeqartarmi takisiining. Taakuva ajorsumanngidj. Uku angititakasii qatanngitingiin angernijerneminni atisassarti sunaliinii atisimanangi tassa arpaqattalersimappun. Hi,hi,hi... arpaqattalersimarajaraming. Perijaraming tassa udjaakimmi tassa udjaangalivarporng udjororijartern... seqinneqingami taamanikki, seqinneqingami. Tassa inippaaluungamimmi, kisija inikinnginnami aama inivi ardjariidjiti inippaaluungam. Perijarami, perijaraming tikijiseralersimappun tikijiseralersimapp... ilaa qijasin. Tassami una nanu anginera idjimu isersimasi... ingalaardjiiniin ataaseq amijakkiisimanngits...tamarmi nunguvinnikuungami. Qijasi!, tassami qijasi amerdjaqaan, tamakkuva utoqqaan, nadjingusuttun. Ta, angernijukuloorl'ti tamakku ataataaki ateqaanaasii, angernijukulooraming, angernijukulooraming, angernijukulooraming; angernijukuloortareerdj'tidji, angernijukuloordj'ti suli taana nanoq pilannangi silamu amusimangamikki, silamu ammussimangamikki inippassivasiidj, nanermi anginerming. Silamu ammussimangamikki. Silamunnguu aataa anisareerman, silat...angernijernerting, imaatsilersimangamikki soorl' aataa ilivami angernijilersimangaming, nipaakuloorunnaarliti, hi, hi, hi... nipaakuloorunnaardjti pilersimarajarneraming, kisijanngeeq anaanaara oqarm oqarsimamman: "Pilipporsi, ila uumaa ilipaqiteqanngilatidjiinii, atisaqavinngilati'". Tassami nuvannaaqigami aama tassa qiilasiingaming, inivi angitaanarpassivasiidj'ting, qatanngitingiill'uting, angitaanarpassivasiisimangaming. Aama taamaarijarami, tamarm oqalittaartiingami nuvannaartuudjutidji. A, tupaadjadjinilingii idjarijardjinili iserporng. Iserajarmanngeeq, ta isertordju, aamami taaku qatanngitinni, qujasaqqaakani qatanngitini Ijalimi, eqqaaqinnangulu taana qatanngitini qujasaqqaangani, soordju aama atisaqannginnissaani eqqaasimadjungu, qivijarnijalerpaa: aamangooruna atisaqanngitserng. Ataataaragii taana iserijartorl'ni atisalissall'nili aama angajini qimaanarsimannginnamijing, aamagii pisimavaa: "Ijalimi aama ilissi atisaqanngilasi'". Kanngusungaangidjan. Tassa idjardjiting, nuvannaardjiti aataat tassa atisaleqqaardjiti, nanu taana taana pilassimavaan.
Ilami nuvannernera taamani asseqarsimanngilaq, utoqqarnu taamanikki. Nuvannaakuloorsimaqaan.

Renatus Ananiasen
(REAN), 68-nik uk. 1963[12]
Nanortalik, siullermik Illukasik aamma Itilleq

Oqaloqatigiinneq

MV: Illit Illukasimmi inuuvutit?

RA: Tass Idjikasimmit naggiveqarpunga, iniivunga Idjikasimmi. Tassami sijuvaasakka taana Aamaaliarsivasik ningijora, ern'tivani tas meeraasu imm'qa, uvijarussumappun.

MV: Aattaata...Ataatanga... ?

RA: Ataatanga taana Ananiarsi, tass qavanngarnittaninng, naggiveqarpun. Imaasinnaavorng, uva malinnaangilangangeeq, taanangii ningijorpun, qavanngarnittan ima paasisarpaan akitta aavani aaqartartin. Tassa arfannijat taamanikki 1800 ingerlanerani, taanangeeq Aamaa-

---

12. In her introduction on the CD-Rom to Renatus Ananiasen, MV happened to call him Alinnaata. He was called Alinna, the pronounciation of Renatus in Qavak.

Renatus Ananiasen
(REAN) 68 years old, 1963
Nanortalik, formerly Illukasik and Itilleq

Conversation

MV: You were born in Illukasik?
RA: Yes, I hail from Illukasik, I was born in Illukasik. My parents, my ancestors, my grandmother Ammaaliarsivasik and her son, who was still a child at the time, all hailed from Eastern Greenland.
MV: Your father?
RA: My father's name was Ananiarsi, they all hailed from Eastern Greenland. I don't think I was a true East Greenlander, they said. The East Greenlanders assumed that my grandmother possibly had European blood in her veins, it was the whalers... My grandmother Aamaaliarsivasik was rather fair-skinned. She was a cook with the whalers. I think she had some European blood in her veins, that's why she was rather fair-skinned. I think this was why my father was rather light too.

RENATUS ANANIASEN

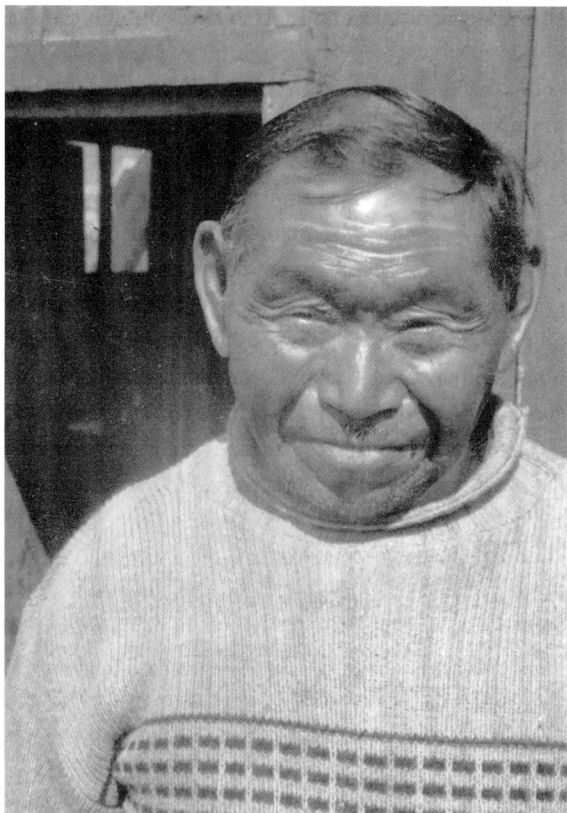

Renatus Ananiasen.

Iiarsivasik ningijorpun arfannijaning..., qall'naa aavanik aaqarami akitaasarsivasiivorng. Taamaatiming taana angitinga aam qaamasorsuvasiivoq. Andarsivasik eqqaamangisarpara imaat ... inuusukkadjarami qaamasupaarujukkalivarporng, angiternunngaaniin imaatortoq, idjeriikamimmi. Taava Idjikasimmin nakkive'qaratta taana pingaarteqaara, kingornussaringakku. Imaasinnaavorng, tassa angitima aleqaa Siilarsingisakkulluum nulijaqqijitingivaangeeq, Idjiuum. Tass taakuva Joorsijarsili Uluuduvidji Timuutiusili, Siilarsingisakkulluum nulijamini sijudjerminngeeq ernerivaaj.

MV: Tamakku uviarneruppat?

RA: Tassami uvijarnerippun. Taakuvami Siilarsingisakkulukku aama uvijarnerippun. Uvaningeeq Kangerdjussuvattaami taakuva qanissimaqaan. Sadjiingeeq taaku Kangerdjussuvatsijarmijiipun.

MV: Qanga Itillermut nuupit?

RA: Tassa 1902-mi nuupunga, Saqqarmijunu nuupunga. Tatsani Saqqarmijini anganngivakkulunni tass ativarpunga biibimik (bibel?) ajoqiingami. Taamanikki tingivinnakkanik kujataa kisi ajoqeqarami. Tatsa kingerna tradaninik ukijeqalerama aataa Itidjimu nunasivaunga. Nunanataarpungun.

MV: Anaanalli, ataatalli?

RA: Huum (aap), najattaarali.

MV: Qangamaanna ataataarikkavit?

RA: Tassa 1900 qassimi? Angitaarippunga? 1909-mi aperserterajarama, taamaasappan paasiinar-

I remember that Andarsivasik was also a little light when he was young. He was slightly more fair-skinned than my father. They were also cousins, you know.

MV: Yes, Illukasik?

RA: Since we hail from Illukasik I have a great reverence for Illukasik, because this was my inheritance. The way it was, I think, was that Siilarsikulooq had gotten married to my father's elder sister, it was his second wife, Illiuut. With his first wife he had the sons Joorsias, Ludvig, and Timutius.

MV: Did they hail from Eastern Greenland?

RA: Yes, they hailed from Eastern Greenland. Siilarsingisakkulukkut too was from Eastern Greenland. They lived close by in Kangerlussuatsiaat, very close by. From what I heard they were from Kangerlussuatsiaat.

MV: When did you arrive in Itilleq?

RA: I arrived there in 1902. The truth is: I came to Saqqarmiut. There in Saqqarmiut I went to school at my dear uncle's, my father's brother, we read the Bible. He was the catechist there. Back then you only had uneducated men as catechists. It was only later, when I was thirteen years old, that I came to Itilleq. This was where we got our new home.

MV: Was this with your mother and father?

RA: And my little sister

MV: When did your father die?

RA: Wasn't it in 1900? Yes. My confirmation was in 1909. If that's true, then that's how it was. I don't remember the year of my father's death exactly. I was seven years old when my father died.

MV: Did your father perish in a kayak?

RA: His blood ate all his strength. Tuberculosis... He was quite well when I went to visit the Berdnan's, then the sister came and said: "Renatus, you'd better get home, your father is dead". We were all like one big family, you see, and everyone took care of everything for one another... Yes, my father was fine when I left home. It turned out that he had suddenly begun puking blood, that plugged his throat completely and that was the end of him. I was so young, so I didn't go straight home as I was told. I always stayed close to Paulus, Berdnan's younger brother, that's why I wanted to stay with him. But the sister, Balikkarajik, firmly kept saying: "Paulus, take that boy home, otherwise I'll have to take him". When I got home my father had died. It was in February 1901 to be exact. It was not until the next year 1902 that we came to Saqqarmiut.

MV: Now where was Saqqarmiut?

RA: Right across from Sammisoq. Ittileq was a trading station. Yes, I was there too. Kaali was the trading station manager; then I stayed in Ittileq. This was where we would live. The schooner "Muugi" ("Måge"/"Seagull"), only sailed using sails (it had no motor. MV), and since it was often in big trouble, storms and the like, during its trips down there, and therefore often had big or small accidents, the authorities had decided to move the trading station Itilleq with store to Sammisoq; it was then easier for the schooner "Muugi" to sail. Kaali continued being the trading post manager, also in Saqqarmiut. Many people moved to Saqqarmiut, among others the Kuannia (or Kuania or Kvania or Kvaania) family

MV: You stayed in Itilleq?

RA: We remained in Itilleq. My old uncle, who hailed from Pamialluk, where he had spent his childhood, returned to Pamialluk when he retired as catechist due to old age. And here he again took up sealing and caught seals despite his old age.

MV: But were you settlement neighbours with Kuannia in Saqqarliit?

RA: Yes, he was our settlement neighbour in Saqqarmiut for a long time.

MV: What was he like?

para taana ukijeq angitaariffiga eqqaamannginnakku. Tassa arfineq mardjinnik ukijeqalerdjinga angitaarippunga.

MV: Ataatat qajaagami?

RA. Aamik nunguppun... Sakijadjuuming... Peqqeqiseq Berdnaakunnu pulaardjinga, ajarajiva iserajarami oqarpoq: – tassami eqqardjitu imminnu paasisimangamik soqutinginneqingamimmi – ta oqarpoq: "Alinna angerdjarnijaradjaan, ataataarterangiti toquvoq". Peqqeqisi anivunga. Sunaaka tassanngaanaq anitsilersimadjuni aamik similikkerdjini, – soordjikijaq meerarpalladjinga angerdjanngitsivaaleralivarpunga. Taaku Paalusikki, Paalusimi paarsisingingakku aama, Berdnaam nukaa. Tas taamaats'ming taanaasiin nijiisernerming, kisi ajarajiva ilingers'vinnarman: "Paalusi angerdjaanijarung, ila uvangaliinii aaparissavakkin", tas ajarajivata Balikkarajiim. Isernijalerpunga, tassami toqusimaserng, maani februaarikkinni, taamanikkerpijaq 1901-ngortorng. Tass aapaanginngermangi taava aataan 1902-mi Saqqarmijunungarpungun.

MV: Saqqarmiji taakku sumiipiarpat?

RA: Samm'si akijani. Niivertoruseqarf...Tatsa Itidjii niivertoruseqarfijijivaardjini, naamattoorparami, Kaali niivertorusaasoq, tats itidjermijunngorpunga. Suli tass'niidjita "Muugi" pinerdjoortarnini pidjungu, tingerdjaataanaqaramimi, nigerming itertaa, aneruluttarnera pidjungu tas tamakkuva naalakkersivisi paasisoordjuting, Sammisimu nuukami, Kaali tass'ni Samm'simi niivertafimmiit Saqqarmijin, Kuvaanijakkin, tassinga Sam'sinu nuupun.

MV: Ilissi Itillermi?

RA: Uvangu Itidjimiiinginnarpungun. Taana anganngivakkulunga pamijadjimmijiingami meeraanermininngeeq pinijartorsuunini tikidjungu, Pamijadjimmu uterporng. Tas ajoqiijunnaarami pinsijuuneramimi utoqqarmun, utoqqaagalivardj'ni pinijarteeqalini.

MV: Saqqarlermi Kuvaania nunaqqatigigalivarpisijik?

RA: Tassami Saqqarmijini nunaqatigijivaarparpun.

MV: Qani ippa?

RA: Ta, suli angimasorsuvasing. Tassali Noqqaserni Ilinngivakkeertinngilaa taasuma, Noqqasaarterpaa. Taana anganngivakkulumma ernera angajidjeq, tassami panijata ateqquseqartissimangamijing Noqqasamming, pingaartimik Kuvaanijam, ilinnijarf'ni noqqasarnermun, tassami ima paasiinartarpara:

nalusuuneri pijanik taama atsingisiming noqqasammik ilivanaarsimangami, ilaani tassami akkertivaarinnarporng, idjukulooqingami, naalangijartafiingamimi angaatimi idjiva. Taamadjaan pisarami: "Noqqasaa, ilaasii pinijangassara akilerpadjaaqaara, qaadjutinaasiin isussuvalukkadjarta".

MV: Aah...?

RA: Tassa taamak, aamami nalaatornijarajarami, taamaalijerami qaamangi, tamaani Saqqarmiji kujatinngivani nanoortorpalileqaan: "Kuvaanija nannukulooqaarooq!" Tassali qaamangi Itidjilijarporng, tassami pinijarti nannorajadjaraaming, akilingassarsijarterneq ajernarneq ajerami. Ameernijanngilardjuuniin, tassa aternijaanarami aningaasanik. Ila pidjivartittaqaa taana idjorsuvasinga, uvannin nukardjiingaatsijaqaarmi. Kuvaanijap soqutingisaa.

MV: Ilinngivakkeeq?

RA: Aa, Ilinngivakkeeq, tassa noqqasarivaa Kuvaanija.

MV: Noqqaqatigiitaraming ilaani ... isussualuutaraming?

RA: Huum. Tassa isussuva... taasuma noqqasaa taana meeranngivakkuluk, nukappiararsivasinngortormi. Tas isussuvaloqqukkingijivaartaraa, tass taana meeraanermik sumidji sooruna, tassami ima sijornangin nalusuuneri udjuvani pidjivartarsingilersimangami, Kuvaanija: savimmik, aamaasii taamani akingassarsinijarami, eqqiterajadjaraaj nerisassaanidji qadjunaaminerming:

RA: He was a great sealer and continued to be so. He only called Ilinngivakkeeq Noqqasaa. My old uncle's oldest son's daughter had a nickname for her son: Noqqasaaq. So he was only called Noqqasaaq, and especially Kuannia called him that in memory of his heathen wisdom. I know that he had not yet let go of his heathen faith and thoughts completely, but that he remembered everything he had once learned from his time as a heathen. He would often visit us; it was a big house, you know, so big that it was also used for services, his uncle's house. Then he would usually tell the boy: "Noqqasaa, it's been too long, we haven't caught anything. Come let's whisper together". The boy then got onto his lap and they then whispered together.

MV: Oh, like that?

RA: Yes, that was back then. Strangely enough, when old Kuannia had had the boy in his lap and whispered with him, it often happened that old Kuannia the next day really caught something on his kayak trip. Then you would hear great shouting and yelling just south of Saqqamiut: "Kuannia has caught a big bear!" Just as they had whispered together.

The day after his big bear catch Kuannia went to Itilleq, where there was a store. It was common custom that when a hunter had caught a bear, the hunter in question could just go to the nearest store and take what goods he needed. The bear was his guarantee, even though he didn't bring the bearskin. In these instances Kuannia was especially nice to the boy.

MV: Ilinngivakkeeq? Ilinngivakkeeq?

RA: Yes, Ilinngivakkeeq was Kuannia's noqqasaq

MV: Was there something between them ... did they whisper to each other?

RA: Mmm, they whispered, his noqqasaq was this child, and whom he showered with gifts from the store. Like now after the visit to the store the day after their "whispering" together, he gave the boy a pocket knife: "Here is a knife for you... it all turned out so lucky once again after our whispering together, yes, here is the gift. We have been lucky once again". Kuannia had never really lost his heathen mind, you see... Yes, Kuannia showered the boy with gifts and treats from the store, a form of payment.

MV: Kuvaania, Kuaania

RA: Yes, Kuaania.

MV: He whispered?

RA: Yes, yes!

MV: To the child?

RA: Yes, the one to whom he talked, they whispered, they used to say: "Let us whisper a little to each other again", and so they did. And when he (K) after this so often caught something, he paid him well.

MV: He would catch something when they had whispered together...?

RA: Yes! Then he would catch something! Strange how that was always the case. Then when he had been in great luck like that, Kuannia would usually say: "Yes, it was really quite difficult to acquire the first magic spell. Yes, now that he has achieved it", and he paid the boy. When his teacher had come to Western Greenland some time passed before Kuannia and his family came to the West coast, yes, they too came to the West coast.

MV: Ilinngivakkeeq, his teacher?[13]

---

13. The boy, Ilinngivakeeq is not identical with Kuannia's teacher, Ilingivakeeq, or better, Ilinngivakeerajik as he is called below. But the boy was most probably named after that former shaman. The boy, Ilinngivakeeq, and Renatus Ananiasen, his cousin, were just about the same age. The meaning of noqqasoq cannot be ascertained (Robert Petersen pers. comm.).

"Aaj'na nalaatornijarajakasikkataasiin ippassaq sadjijarajaratta, aaj'na savissan". Ta akilersertarpaa.

MV: Kuvaaniap?

RA: Aam, Kuvaanijam.

MV: Isussoqattaar...

RA: Aa, tatsami!

MV: Meerarajik?

RA: Meerarajimmassa, tassa soordjikijarmi taana oqalikkingisaa, isussuvalukk... oqalivinnartaralivarpummi: "Isussuvalunnijartaasiin", tas taamaalijertarpun. Tassali nalaatortaqingamingeeq akilersivarivaa.

MV: Isussukuloriarlutinngeeq, pisaqaanaaraaq...

RA: Aam, pisaqaanaaraaq. Nalaatortaqingami, tassa taama pidjivartingalini, Kuvaanija oqartarporng: "Taasuminngaangeeq seqqatinnguujumming, pininijaqqaalerami ajernaqiserng", tatsa naamassingamijing akilersortuvaarpaangeeq. Tassami aama taana ilinnijaqqija saata tungaanun nuuman, aataa kingernangi Kuvaanijakki avannamukarsimappun. Saata tungaanu aama nuupun.

MV: Hmm, ilinniarfia taana Ilinngivakkeeq?

RA: Huum, tatsa Itidjimeeqaardj... Itidjimi imma toquvorng.

MV: Angakkuugalivarteq?

RA: Tatsa Apuluunijarajikkimmi angitaan.

MV: Aammami Kuvaanija angakkuulaarsimagami...

RA: Angakkuulaarsimaqaaq. Tatsa taam paasiinartarpaan utoqqaan. Seqqataanarminngeeq ilinnijardjini oqartaralivarpoq, kisijanngeeq aam tamaaniinguttordj'ni tassa kuvisimaqqaarnijalerami napparujussuvaramingeeq ukijeq sinneqalungu toqumiidj'ni, sijumu saapoq. Tatsa kingerna paasisanarpaan, soordju nalusuuneru udjuvining atordjuting. Kuvisinnermikki, kuvisinnginermikkidji oqaluttuvassaanarting, tatsa kuvisikkining pingiinassannginnamikking, aama Kalistijaarsivasikk taamaapun. Tatsa oqalutturiinardj, "Kuvaanijangeeq kisimi taamaannginnami". Seqqataanarnik tatsa unikkaaluttarporng. Utoqqaqataasa paasisarpaan taasumangeeq ilinnijafija pingaartorsuvarajiingami Noqqaserng, Iling'vakkeerajik. Tatsamingeeq tingisisimangalivaqaaq, nalusuuneri pijaning.

Ta taamaatsiming Talbitseerim najortuvaardjungu, avalakkami karsersivasinning pajuttarpaa. Atisassarpassivasiin ineriikan, tatsami ernerata Ujuvim – uvanni nukardjiivoq – taana nukardjiivorng ukijimik ataatsming, aperserteqatinginngilarami, 1902-mi apersertippu tamakki.

Tassa inuusuttunngorsimaleqingamimi, ta angitaata, ardjariisivasiisaramik atisassan, angitaata tas utoqqarpasinneri peeralividji, ilarsivasii tannerusu pisarpaan. Aama ilisimasin utoqqaan oqartarpun: Tassami qularnannngilaq Talbitseeri Kuvaanijamit aama tigisaqarsimaqiseq. Tas Sammisimi umijamun tass Siilarserajikki, oqarputi ippassaq: Itidjermijinik uvijarnern ilisimaving? Ilumoorpoq. Tass taakuva Paaluserajikk tamakkiva uvijarnerin angakkertaan taana Talbitseerim Pamijadjimminngaaniin. Tatsa tikis'tiinardjivi Pamijadjilijaqqippun, taqqavaniitsivaaqingamimi, inik ataaseq oqaluttuvassaqarsimaqigami, Kuvaanija! Taamaatsimik taana Kaltaaserajiim unikkaarisarpaa, Sam'simu pittaaqingamingeeq nulijanili, ta angadjakkamikking, tassami kalaadjisu oqadjivaridj'tidji pittaaqingaminngeeq, Sam'simunngooq tuladj'tidji niifijortunnguvasija qimattordju, ta godaardjividji, itseernarsaangingaaramilingeeq taana Talbitseeri oqarpoq: "Uvanga ajortuni oqaluttun qujangissuvakka!" Tatsa Kuvaanijartaan nalerittapporngporooq. Sunaakami ornikkaa, taana. Sammisi niivertoruseqarfijata idjorsuvarsivasija kangerdjivattaavata qinngivaniikami. Pavani kanginngivani ila idjeqarf... taana idjorsuaq qimaqalungu,

RA: First he was in Itilleq. I believe he died in Itilleq, no...

MV: Had he been a shaman?

RA: He was the father of Appuluuniarak and others.

MV: I guess Kuannia was something of a shaman...

RA: He had been quite a shaman. Older people believe that too, even though he said that he had only learned magic formulars. Then back then, shortly after he was baptized, he got very ill. He was dying for more than a year before he began to recover. Others believed that he was going through his heathen faith and thoughts, which you had to leave behind at the baptism and the preparations for the baptism, yes, you had to leave them behind. You see, you could not keep the heathen thoughts inside after you had been baptized. Big Kristian felt the same way. They had to talk it away, like Kuannia, even though he said that he had merely learned incantations. His teacher was a very important person and shaman Noqqaseeq, Ilinngivakkeerajik. Kuannia had received much from him, a very heathen way of thinking.

This was why Thalbitzer,[14] after having spent a great deal of time with Kuannia, sent him a big box of clothes which were ready-made, ready to wear. His son Ujuui – he was one year younger than me, and we were not confirmed together. They (the class of that particular year), were confirmed in 1902.

The young Ujuui and his brothers took some of the clothes while Kuannia himself took the clothes more suited for elderly people. The old people, who knew a lot, said that there was no doubt that Thalbitzer got a lot from Kuannia. Yesterday you asked: "Do you know those people who had come from the East coast?" This is true. Older people, who know much more said that Thalbitzer had gotten a lot from Kuannia. Paaluserajik and others rowed them to Pamialluk. Thalbitzer stayed in Pamialluk a long time and only talked to one single man, Kuannia. Kaltaaserajiks said that Thalbitzer and his wife were good people and they even spoke Greenlandic! When they got to Sammisoq and went ashore and greeted people on the beach, Thalbitzer told people: "I will be grateful to people who say bad things!" Kuannia was very happy to hear this. Because it turned out that he was the one they had come to talk to.

The house of the trading post manager in Sammisoq was situated at the bottom of the bay near the village. Here they would stay for many days beside the river plain far away. Here they would stay for many summer days, everyday for many days. Thalbitzer got a lot from Kuannia, so it's no surprise that he sent up a lot to him from Denmark afterwards.

MV: Did Kuannia talk about his time in Eastern Greenland?

RA: Yes, he talked about it.

MV: And about his great teacher?

RA: He talked about his teacher now and then. This teacher was a true Eastern Greenlander. Ilinngivakkeerajik was the progenitor of all Easterners. Everybody knew that, also Kuannia, who at this time was a great shaman. He was a tiny man, but with great strength. He could take on even the very big strong men. And he could do that even though he was heathen. Yes, Kuannia always said: "Even for a heathen it was necessary to be taught in the art of heathenism, otherwise it (life?) was impossible".

It was like our school learning. Back then it wasn't possible to just say that you wanted to. Kuannia always said that he was grateful that he learned it! Hee, hee, hee...

---

14. Prof. William Thalbitzer had Kuannia as his main informant during his stay in 1914 with the goal of getting corrected the data collected in the Ammassalik area in 1905-06: The Ammassalik Eskimo, II(1). Meddelelser om Grønland, 40. 1923 (Ed. note).

idji samaniikaming, idjorsuaq qimaqalungu samani, narsaangami tamanna kuu sinaa. Atinngittukuloorsuvasimming, aasa udjorpassivasiingeeq piffissakki aataan tass tappavani, aama atortoqartarpunngooq. Udjisarpunngooq tappavani udjorpaan. Taama Kuvaanija Talbitseerimi pissarsisimatingivoq. Taamaakami tupinnanngilaq nass'jissarsikuloortaqingami.

MV: Kuvaanija unikkaartarpa aama tunumiinerminnik?

RA: Tatsami, unikkaaluttaqaaq.

MV: Ilinnijarfissivasini taanna?

RA: Tass ilinn'jarfini unikkaalungisarpaa, tatsa qavanngarnisaviivorooq. Taamaatorooq tatsa utoqqalingami, saata tungaanun ingerdjaarnermini tatsa, Kuvaanija sukaruttorl'uni nunaqqatingingamijungooq nalinnginnamikkunguu qavanngarn'sa tudjii tamarming nagguvingeqingamikki taana Ilivakkeerajing. Tatsa angakkorsuvaagami sapingaqarnanili, angiteerakasingeeq anginngilarooq. Angitissaarsivarni pisassaangitserng. Ta taamaaman taana, aamamingeeq nalusuugalivardj'ni, Kuvaanija taama oqartarpoq: Nalusuugalivardj'tinngeeq, tamakkuninnga ilinnijartiin'qartinnating aama ajern'qingami. Soordju ativarnerpu assingi assingivaan. Taamanikkunngooq tas qinniteqarnijarneq, aama oqaqqaarinnarneq ajernaqiserng, tassangeeq naamassingamijik qujanaq! Hi, hi, hi...

MV: Qanorooq tassa ilinnijartippaa?

RA: Tatsa taanaanaq taasarpaa. Ilinnijartippaaningeeq seqqatining qinniteqarami, ila puvisini pinijartorsuvanngeralivarami kukkuusinijartaanarami, ilimattaasarnermingin ajernavittarpun. Tass taamaalijilerijarami, tass ilimattaanalertarami seqqadjivin, aamangeeq seqqaqqaartalerami aama ilivartitsineq ajerpu. Tassamingeeq ilinnijaqqimminu nassuvijaatardjivin ilikkarpaa. Tamakkiva pilimasertaaj oqaluttuvarineq ajeramingin. Utoqqaadjiinii nalivaan.

Tass paasisaanarpaan Kuvaanija pilaaruteqarsimangalivaqalini nalusuuneri pijaning, tats Talbitseerimu imaardjivarsimavorng. Ha, hi, hi...

MV: Ilinngivakkeerajik, ammassalimmiu?

RA: Tatsa Sakkutuu nalaanun. Amm Baarsalaan Qipingaamu qavunnarsimaserng uvangu kujammukarl'ta, Nars'miill'ta, Miilijusikki tikippun Narsarmi Uusaqqartadjin. Ta taamanikki kujammukaraming Qipingajaan tikissimavaan, qavunnarsimasi ilaatingin. Paserajadjaraan Sakkutuukun tatsa Idjorsuvataan Baarsalaan, taqivaasivija. Tungaanu uternissaminnu aapaangijangi. Taamaatsiminngeeq Miilijusi aama ilisimatoorsuungamimi, tamakki Sakkutuu taakuva, paasisa naapertordjuvi taanangeeq Naavali Miilijusikki aama karseq, idjerfitu ittorsuvasing.

Tassa tuniss'tingalungulu nas'taminning qadjunaaminernidji tapingagaming, taana Matiinakasiim ernissaata, kingornudjuvi idjerfingivaa illerfippijaanaangamimi. Ta Miilijusikkinninngeeq Baarsalaam pinnattaava. Tatsami ataqqinnaqatingiisimappun. Baarsalaadji Iling'vakkerajidji.

MV: Taakku marlik ataqqinarsimaqaat.

RA: Huum. Tass sakkutuukummi tamarming ataqqineqaraming, taava annerisa assiminngeeq tuningamikki, tassa tamarming ajinngikkadjaraming taana Naavali pingaarteqaan.

MV: Naavali taana kina?

RA: Baarsalaan.

MV: Baarsalaat aamma Naavalimik ateqarami?

RA: Huum. Tatsami kuvisikkami Baarsalaavoq. Kujataaniikadjarami Naavaliivorooq.

MV: Aamma angakkuugalivaq?

RA: Kisijanngii taana angakkiineranik paas'neq ajerpaan. Iningittorsuvasiingamingeeq angitikuloorsuvasik, pidjaqqeqalinili, pinniitukuloorsuvasingeeq. Soordj'kijareeq sakkutuukun pajeqaan,

MV: What had the teaching in shamanism been like?

RA: That's all he said. He had been taught incantations because he wanted to. Even after he became a great sealer, he made mistakes. It was hard for him to avoid a feeling of possible errors in his procedure, for instance. In the beginning it was also difficult for him to use magic. He made mistakes, then he explained the mistakes to his teacher and was told what he had done wrong and learned the right thing. People knew that Kuannia knew a lot about heathenism, yes, he told all that to Thalbitzer. He opened up to him completely. Hee, hee, hee...

MV: Was Ilinngivakkeerajik from Ammassalik?

RA: (Yes) During the time when Gustav Holm's expedition people were up there. Also at that time Baarsalaat had gone down to Qipigaat/Qipingajaaq (?). When we returned home to Narsaq (Frederiksdal, Narsarmijit, MV) the Mylius expedition people, who also brought Uusaqqaq with them, arrived there. On their way down there they came near Qipingajaaq. Then they met Baarsalaat, who was in charge of the expedition people's supplies. After mutual explanations they understood that he would take care of the supplies until they got back. That's why Mylius[15] – he was a well-informed man – sent a big box with things and Danish food to Baarsalaat. Matiinakasik's stepson inherited the box and kept it for a very long time. Baarsalaat had got it from Mylius and other Danes. It is said that Baarsalaaj received it from Mylius. They were held in high respect (by those Danes). Baarsalaaj and Ilinngivakeeq.

MV: Two respectable people.

RA: Yes. All the expedition people had great respect for those two, so the leaders gave them the photos from the time they were there. They had great respect for Naavali.

MV: Who was Naavali?

RA: Baarsalaat.

MV: Baarsalaat was also called Naavali?

RA: Yes. When he was baptized his name became Baarsalaat. His name was Naavali when he lived in Eastern Greenland.

MV: Was he also a shaman?

RA: Well they couldn't really figure out if he was a shaman. He was a big handsome man, very skilled, but with a very plain face. It was only natural that expedition people would send him a lot of things when they returned to Denmark. A giant box with all kinds of things in it. Also a photograph of him. Then the others told him: "Look Baarsalaat, what the expedition people have sent you. A bunch of things because you took such good care of all their things down there and because when they came back everything was just like the way they had left it. That's how much respect they had for you..." They took out the things, yes took the things out, they gave their thanks again and again... "And here is a photograph of you. So much respect!" Baarsalaat looked at the photograph: "Do I look like this? I wouldn't mind carving a picture of these Danes in wood!" Hee, hee, hee...

---

15. Mylius Erichsen. Reporter leading the *Literary Expedtion 1902-04* to the Thule region and back, including Knud Rasmussen. Uusaqqaq was an Inuk from the Thule region. That expedition ended up doing some collecting in the Cape Farewell region in 1904, whereas that of Gustav Holm, the *Women's Boat Expedition to the Ammassalik area, East Greenland*, stopped by in 1884 and, on the return journey in 1885. According to Holm he met with Baarsalaat/Naavalik at Iluileq, i.e. north of Qipinngaaq. He used to live in Timmiarmiut on the East coast to where he accompanied Holm's expedition and in Timmiarmiut he remained in charge of the supplies for the return trip. It seems that Renatus Ananiasen has got the transmitted information about the two expeditions mixed up.

avalassimaleramik. Taakuva aasii karsersivasik sunik, tamanik tamaning assersivasija ilanngudjungulu. Taava nassuvijaatilerpaan: "Ta, sakkutuukunni Baarsalaan pissarsivasiitin, taqqavani qani atsingisiming idjersivisimangavin, uterajarneranni taqissa aalarajarsimanngittin, tassa nersordjuti aajukuva…" Qatsilerporng, qatsilerporng, qujalerporng, qujalerporng…"Aama aajuna ataqqidjutinngii assingin".

Takinijaraa: "Tassa taamaakajippunga? Immaqaa qadjunaakajiinsiin assilidjaraanikajiin!" Hi, hi, hi… Baarsalaangeeq quniitorsuvasiingami, ta iningittukuloorsuvasi kisijan. Pinijartorsuvarsivasik. Tatsa taamaatiming ima oqaanartarpun: Baarsalaangii taana Kal'taaserajiim eqqardjereqaa. Tassamingeeq najivariva. Nunaqqataasalingeeq paasisarpaan nalusuusutunnggooq sijunnerf'qannginngivats'jarporng. Puttaanarttini taasarpaan soordju, angakkiingitsin. Baarsalaangii taana taamaaporng. Nunaqqatiminu annertarsivasiidjunili qiningasaarujunnnanili, saamanereeq ataaseq. nulijaminunngooq aama taamaakami.

MV: Piniartorsuaq?

RA: Aam, pinijartorsuaq. Tassami Tudjerni kunngertarsivasiingalivaq, ileqqerinnerangeeq asseqanngilaq. Imannangeeq ileqqeritsingivorng: Aamaasinngeeq eqqardjini angakkin arnaangalivariniliiniin, tass peqataas… assingisaramikkungooq. Tikikkijartordjuningeeq, tikidjinili, tikikkijarternijardj'ni, qajartordj'ni, tass Kaaltaaserajii unikkaarisarpaa: Aaverii taseeralissivasik arnam nunaqqataasa angakkorsuvasiim takusumavaa. Tass oqaatsingerajaramijik Baarsalaa ornerajaramijik, ini kisimi, pinijartorsuungamimi sapinngitserng, taamadjaangii nijaqqerijardjini taanarsivasik imarpalittaringami. Naalidjaramijing amiingartidjardjinili toqumman, tunumu. Taanangii takinneqqaarteq angakkorsuvasik arnaq tass "Aaveqaanga, aaveqaanga! aaveqaanga", tass tulaanijarajardjungulu taasuma takinnitsim aavertarivaa. Taana pinijartorsuvasing soordjuluvaasinngeeq nangartivisin, ajernaqimmanaasinngeeq taamanikkin, taamangeeq Baarsalaa iningitsingivoq. Aamangeeq ersinarteqarsinnaaman angakkeeqimmanngeeq taana arnaq. Aamaasinngii tassa pisassarsivasiingaliva arnam aavertarivaa.

Tass taama oqaluttuvarisarpaan naliisa. Aama Kaltaaserajiim, Siilarserajiim nulijata. Imminik pisassarsivasin tulaakamijing, tatsami: "Aaveqaanga, aaveqaanga!" Nangangassakasiingimman, assortorajarsinnaanangulu tass taasuma pisartorsuvasiingaliva, pinnataarinngilaangeeq. Arnalasiingooq taasuma takivinnarajaramijik aavertarivaa.

MV: Nannutut ilillugu?

RA: Nannutu ilidjungu. Tatsa aama Kaltaaserajiim taama oqaluttuvarisarpaa: Taanangeeq arnaq nunaqatingiin ersingisaringamikki nalusuuvadjaaqimman. Ta taamaaman aamangeeq angakkuudjunili aama inipilungajattu taasaramikki ersinarneratingudju, taamaatiminngeeq aamangii aangaatsijaramikki, aama nalusuuneri pijaning sakkortuum peqassappan ersingalungu naamangittartarpunngguu nunaqataaj.

MV: Kuisereeralivarllini?

RA: Ila taqqavaniinginnardjitingilaa, nalusuudj'ting. Aataan Baarsalaan utoqqasaangordjuni immaqa, tamaanga saata tungaanu pisimavorng.

MV: Arnat angakkit ersinarnerisarsimagamik?

RA: Ilamingeeq taana ersinarsimaqaaq. Arnanngooruku angitininngaaniit qumangasinneq ajortun, angakkuudjuvartin. Idjingisarpaan soordju utoqqaan: "Arnaksiigamijaasiin nalinannngilaq…" Tatsa tamassaapunngooq idjingisartangaan nalusuunerim idjivaning arnan – angiti ilaan qanilaartarpun – arnannngeeq taamaarajadjaraaming ajertarmata. Hi, hi, hi…

MV: Pissaaneqartartorsuvasiit?

RA: Hmm, pissaaneqartaqingaminngeeq.

MV: Qanoq isillutik soorlu ajortarsimappat?

From what I hear Baarsalaat's face was very ugly, otherwise he was a very handsome man! A great sealer. That's the way he was spoken of. Baarsalaat was a relative of Kaltaaserajik. They shared the same household, you know. His settlement neighbours believed that he didn't hail from heathen ancestors. He was described as *puttaannartoq*, someone who just floats: those who were not real shamans. That's what Baarsalaat was like, they said. He was the first man at the place, a foreman, a very peaceful foreman, the very picture of gentleness. That's also how he treated his wife.

MV: A great sealer.

RA: Yes, a very great sealer. Yes, in that place he was king. An exceptionally fine man. That's how fine a man he was to men and women. One day he was pulling up to the beach after a kayak trip – told by Kaltaaserajik – and a walrus was seen in a lake by a horrendous female shaman. When Baarsalaat heard of it, Baarsalaat, who was the greatest sealer in the place, went there. He then saw the big walrus rise on the lake and dive down with a great splash of water. When he had caught the big walrus, he paddled home. The big female shaman, who had been the first to spot the walrus, shouted: "I've caught a walrus, I've caught a walrus, I've caught a walrus!" The walrus was taken to the beach and the great sealer who had shot the walrus said nothing. That's how good Baarsalaat was. You see, nobody knew if evil could show itself in other ways, because that woman was such an evil being. So he pretended that nothing had happened, even though he could have just kept the walrus. The same thing happened to Kaltaaserajik, Siilarserajii's wife, she got the walrus as her catch, just because she had spotted the walrus first: "I've caught a walrus, I've caught a walrus!" Nobody could get in-between. The miserable woman got the walrus as her catch, just because she, the miserable woman, was the first to see the walrus.

MV: Like the customs with polar bears?

RA: Yes, like bears. That's what Kaltaaserajik said about this woman. It was said that everyone in the settlement was scared of her. She had so much heathenism in her. It was because she was both a shaman and an evil creature. If she really had such powerful heathenism in her, they had to put up with her evil. So people in the settlement put up with her.

MV: But had she been baptized?

RA: No, it was while they were on the East coast, ignorant of God. Baarsalaat did not get to the West until he was older, I think.

MV: Were female shamans more scary?

RA: This woman in particular was very scary. From what I hear, female shamans were never uncertain, the real shamans. Like the old people always said: "She was a simple woman, so you never know…" The problem was what followed, heathen deeds committed by these women – some men could be very friendly – but when women were in an evil mood they could be scary. Hee, hee, hee…

MV: Was it believed that they had great power?

RA: Yes, it was believed that they had great power.

MV: What did their evil degenerate into?

RA: Well, for instance, they tried to punish. They had that belief from the heathen times, you see. They could get help from that belief, so they could do damage and make their neighbours or their housemate have accidents. This is what the people who came from the East coast said, after they had been baptized: That they believed in the heathen customs and looked to them and they looked forward to becoming like them (the shamans?) themselves. This was very important, you see. However, unlike the people on the West coast they did not always succeed, and instead

RA: Tatsa. Soordju pidjaanijarsinnaangaminngeeq. Tassa nalusuuneri pijaning ajortorng idjeringamikki ikijertingalungu, taava ajinaartitsisinnaangaminngeeq nunaqqatiminnik, ineqatiminnidjiiniin.

Tass taama qavanngarnitta uvijartin oqaluttuvartarpun taamannang: Nalusuunerunngooq, tassami soordju saata tungaaningeeq kuvisimalerami upperisassaqaraming taamaapun. Asersiitingalungu oqaanartarpun, utoqqaan tamarming uvijarnerin: Taqqavaningeeq soordjikijarmi aama upperisaqarnijarsaringaming, nalusuunerim pingaarutaa pingilerusuttaqaan ilaasa, tass pingaartorsuuman. Ilaangii aama saata tungaatu ilidjuting aam taamaangidjan, puttaanartarpunnguu ilaan. Tamakkunguu iningittaqaan taamaatin.

MV: Ikioqatigiilluartarsimasummi aamma nunaqqatigiit...?

RA: Huumm, tatsami. Aamangii tamakkuva angakkorsuvasiingalivi aama pissarissaartin nunaqqatiminnun aama soqutinginneqaan. Imaasinnaavorng, tassami kalaaliingaming, inuutissarsijerneq kisija aadjukkamikki naakinninnereeq ilisimaqaan qavanngarnittan, sapernerusunun. Taama oqaluttuvartarpun.

MV: Angakki toquts'sarll'tin?

RA: Qularnanngilaq taana Kaltaaserajii oqaasija eqqaasangaani ersingisarpaan immaqangii toquts'sarsimamm'ta, immini aama tamanna paasinngikkalivarpaa. Taama oqarpoq, soordju isingitidjivi toquts'siminngii immining takinngikkalivarpoq, nalisaaning taamannak aardjerisarsimappun nalusun angakkertaminnun.

MV: Arnammi angakki qani ililluti toquts'sarpan?

RA: Tatsa nasuvitsiming oqaatsinginngikkalivarpaa Kaltaaserajiim ardjerdjini. Kisijanngeeq ilimasipilunnerinnarmikki soordju makkiva tupidjijadjiiniin aqqutingalivin ajinaartitsisarpunngooq. Tass taana pingaartertaa. Tupidjijatinngii sakkingisarpaan. Arnan imminning sakkivaanerminning pinnating, adjakki angakkiineri pijaning pijatu pinnati ilaatingi taamangeeq naamassisaqartartin oqaluttuvarisarpaan. Ta utoqqaan sadjijilerneq ajerpun, nalusummi aama sadjilijivinnanngidjan. Tatsa soordju massakkiin uvangu kuvisimasungun, upperisatsinning aama sadjilijivinnanngilangun. Aama uva paasisaqleramali utoqqaadji sammeqingakkin ilumoorporng: Aama upperisarting taanaparpijaning, nalusuuneri pija tatingeqaan. Tamakkulu aqqutissaasinnaasu aqqutingalivin, arnanngeeq pittaanijartarpun.

MV: Ulluinnarni arnatut sulisaralivarlitik?

RA: Ii, tatsami arnatummi suliinaralivaqalitingii sinaangin isertortukkun aama sidjimasarsimaqaan. Qavanngarnittammingoorukuva angititaminnudju arnartaminnudju sudjerittorsuvin. Angakkiingalivardjitidjiiniin tarfiinarsinnaanngits suliinartin, ilaasangii paasisarpaan, angakkiingissorinijardjivin, sunaakangeeq angakkorsuvasiin. Tats aamangii isertivarisaramikki angakkiinerting.

MV: Aadjaaritaaq aama illit naammattoorpat?

RA: Ilarpan! Oqaluttuvartaqaaq. Aam'mi soqutingeqingakku, soqutingeqimm'tungun. Imaasinnaavormi: Soordju ippassaq taavara 1900-mi uvijaraming, saata tungaanungaraming, uvanguttunnu majivaqqaarpun. Tassali ukijiinera, angitivu peqqeqingadjarmammi, taamaalijordj'ting inuusutissaminni aadjertarpun uvanguttunnun. angitaarikkatta, Saqqarmijiniilerl'ta, Ikerasammiitsivaarinnarpungun. Taakuva Aatakkin qatanngitigiii Ikerasassivarmiitaraming. Tasiisamu adjermu pulasarpungun, anganngivakkulumma umijaaning, tassami umijarpassiisivasarpun. Tamakk, Quusii niivertorusaamammi qadj'n angaangivakkulumma angisaqqaavi, orsuvi, tassami natsersivaqaqingami aama nakeeqingamili, anaanaarma neqersivasijanidji orsuvanidji orsuvernijardjinili Nunarsivarmu kaninga, niivern'jaqqaardj'ting taqivassaminni isimannaarining qadjunaaminerning, tassali pulasarpungun. Aningitta Ikerasammun, natsersivaarutt-

became the so-called "floaters": *puttaannarteq* is what the old people from the East coast called them. Those kinds of people were very fine people.

MV: They helped each other in the settlement with just about everything…?

RA: Yes, that's the way it was. Even those who weren't really true shamans and who had everything they needed, it was very important to those that everyone was comfortable in the settlement. The reason could also be that it was because sealing was the only occupation, so therefore they, like many others in the settlement, were helpful towards those who did not manage so well. That's what they said.

MV: Even though they killed like other shamans?

RA: That's the way it was. If you think about what Kaltaaserajik has said, people were scared of them, maybe because they killed. She didn't know exactly why herself. Even though you could not see that they killed, they did it secretly (the women, MV) so people were often anxious about what was going to happen.

MV: How did the female shamans kill?

RA: Kaltaaserajik was not very clear about that. But when they sensed something evil in the air they used their *tupilak*s as tools for evil deeds. This was their most important tool. They used their own *tupilak*s for their deeds, and not visible acts of fighting. It was something a shaman had inside and through that they could accomplish whatever evil they wanted to accomplish. That's the way it was. That's what they said. The old don't lie, you see. The heathens were telling the truth. It's the same as with us baptized today: We have a belief, we don't lie. I have spent much time with old people. I know that they protect their faith from heathen times. Women revenged themselves and caused damage through their faith from old times. They had great belief in and respect for the old heathen faith, through which they could succeed in hurting the enemy.

MV: But did they perform household chores in their everyday lives?

RA: Yes, they worked in the house for the family as usual, but in secret they were always ready to carry out an evil scheme. Heathens, both men and women, were very skilled. Even shamans had to work, they were not allowed to be idle. Many were surprised when they heard that the person was a shaman. They also hid their status as a shaman.

MV: Did you meet Aadaaritaat (Aadaaritaat/Aadaaridaa)?[16]

RA: Oh, did I ever! He told many stories. I was very interested in his stories, like he was interested in us. As I said yesterday, it was exciting to see that the house they went up to when they arrived was our house. It was in 1900. And the following winter, while our father was still well, they often came to get food at our place. Then our father died while we were in Saqqarmiut, and we then lived in Ikerasaaq for a long time. Adam and his brothers often came to Ikerasassuaq. We sailed into lower Tasiusaq[17] in an umiak, we sailed in my uncle's umiak. There were many, many umiaks. Quusii, who was Danish, was trading station manager, he bought blubber and meat from hooded seals – there were so many of them – caught by my father, who was a great sealer; my mother sold (blubber and meat) in Nunarsuaq and bought what store food we needed for the trip.

---

16. the spelling of this famous person's name varies. This transscription correctly has Adjaaritaaq according to the South Greenlandic pronounciation. The meaning is: umiak. In West Greenlandic the same word spells aallaarut (means for movement), but is not used for umiak (Robert Petersen pers. comm.).

17. Probably the southern part of some of the numerous lakes. Not identical with the settlement Tasiusaq (south) on the map. Ikerasaaq and Ikerasak cannot be identified on any map unless they are local names for Ikerasaarsuk. See note 23.

ormi, Ikerasammi udju ardjaqangaangitsin umijan ingerdjasi nuvisaraan aggertin. Tass Aadjaaritaakermijit, Aadjaaritaaki qatanngitingii taaku. Anaanaara qutsavingalungu taamanikkin qani atsingisiming inuusutissaming pissaqartittarmating, qujanijardj'ting uvangu aasarpaatingi anaanaarali uvangali najattaarali, ta umijaming aasarpaatingu pulaarajartikkaatingin. Tass Aadjaaritaakin.

MV: Aadaaritaat tikikkami?

RA: Tas tamarsivasimmimmi manna tikidjungu nujaqarpun. Ilisimadjivarnijarajarakkin, qavanngarnittani uva naamattoorsinnginnama, taakuva naamattoorpakka. Tassami kingerdjersaapun. Umija mardjing, tass kingidjersaapun.

MV: Tikikkamik qanor'ippat?

RA: Tass Narsarmijunun kuvisitsissaadjuting, Narsarmijunu unissimappun. Tassanngaaniin Idjikasiliartaanarpun, qajaanaan.

MV: Tulakkamik majivaleramik...?

RA: Sijulersortuuvoq Aadjaaratan, akidjersaan. Matsa angajeqaralivarporng mardjinning: Aadarajik, Maakasa angajidjeerajarami Neqissarmiji tudjererijaramijik, Aadjaaritaa tatsa akits'jartaavorng. Qatanngitingiin Idjertuukun tamakkiva tamarming. Aama imma naamattoorsimassanngilan. Indalerajing, tass taakuva Doortinngivakkuluum ernerivaa. Pinijarteeranngordjuni tamakkeq. Tass tamarsivasimmik uvanguttunnu taamanikki majivaasarpun. Tamakku pidjuvi kujataaniileratta matsa taama pissarissaartingalita, taamaateq umijami aasarpaatingin taakuva Aadjaarataakermijin.

MV: Aadaaritaat pitsaava?

RA: Ilarpa! Ininginnera pisassaangilaq.

MV: Pinerrarillunilu?

RA: Ilatdj'nili. Imannammi iningitsingivoq: Una Berdnaa najaa Mattaliin, najattaarma mileqatingivaa Inuudjunili arnaarikkami eqqardjeqaralivaqaaq, tamakki Siimuunguvasikkin tass Mattaliim Narsarmijit eqqarlereqaan. Taana Ijaakuupeersivasik Siimuunguvasikki aleqarivaa. Amanduusikki nuliakkin tass Uluviisikki qatanngitingiikaming taakuudj'ting, taana Joorsuvartim nulijaqqiitaa tass Mattalii taana. Ilaqarpummi, angajiva aama Eema aama toqungami, taamaatsiming Aadjaaritaaki qiternarivaan. Taama iningitsingippun. Nulia Bolattaagami, qavanngarnittan. Aadjaaritaa angakkiingalivarporng ileqqerittorsuvasiipun.

MV: Erniinnaq angakkuujunnaarpa?

RA: Tatsami saa'tungaanungardjinili oqaluttuvaanalersimavorng. Tatsa tamakkiva qimannijardjivin saata tungaanu, avannamunngooq inertertinnijaralivarajaraarami, Aadjaaritaan.

MV: Sunit?

RA: Tatsa toornaminidji nalinginnaq. Taqqavaningeeq angakkunnngoruttorami, tamaanga nuunissaminik eqqarsanngilaq. Soorl'kijarmi aama toqutsisimappun. Aadjaaritaaq oqartarp.. arnarsivasingii taana ineqaterting inivijaataanginnalerman toqussimangamikki. Tas arnakuloorsuvasing. Taamaatsimi kingerna aama aardjerinarsiinardjinili. Aam ila qatanngitaan avannamukassamaartarnijaralivardj'ting, taana ajernaqaaq, angakkersartivasitting. Perijarami, tatsami taana Neqittarmijeq Emaanunnguvasik, tassamingeeq taasuma nannijarpaa imma ardjalinning, taana nukarsivasini ikijertarsimavaa, imma qunungiinardjungu. Ikianunnngooq angivilertarpaat. Tass taanamassa angajidjersaangeeq Aatarajing, Maakasa, nulijanili assingiipunnngooq Qatanngitaan peruluttorsuvasiin, qanippangii taamak adjak, ta angajidjersaan, Aadarajik, nulija Saaraavoq kuvisikkami, tas Daavikujuuku angajeqqaavi. Taakuvangeeq aama nunaqqataasa oqaluttuvarisarpaan, ilangeeq taakuva saata tungaamijitu ippun. Qanippangeeq taamang kuvisimasin.

When there were no more hooded seals, some of us went out to Ikerasak, and then others would follow, the Aadaaritaat brothers. Here they got all the food they wanted. They had been so grateful for what my parents had done for them, when they came from the East coast, so they came in an umiak and fetched us, all three, my mother, my little sister (and me?), so we could visit them.

MV: What was Aadaaritaat / Aadaaridaa like when he came?

RA: They all had very long hair.

MV: Right before we began you said: "When they went up to the priest for the first time, they were really interesting to look at: they were dressed solely in skin and their long hair was decorated with carved seal bones".

RA: I remember it so clearly, because I hadn't seen Easterners before, and I saw them. They were the last, you know: two umiaks.

MV: What were they like to begin with?

RA: They were having the baptism in Narsarmijit. This was where their journey ended. From Narsarmijit they often came to Illukasik by kayak.

MV: Then they arrived and started walking towards the settlement.

RA: Aadaaritaat, the middle one, led the way, although he had two elder brothers: Aadarajik (Adam) Maakasa, was the oldest, Neqissaq the next, so Aadjaatitaa (Aadjaaritaaq) was the middle one. They were all siblings, (also) Idjortooq, all alike. You may not have met Indalerajik (Hendrik) either, he was the son of Doortinngivak, Indalerajik. He became a very great sealer. All (these immigrants) came up to visit us. That's probably why they came to fetch us in their umiaks, when we arrived at a place further south, even though we didn't suffer any hardships, yes the Aadaaritaat family.

MV: Was Aadaaritaaq a good person?

RA: Was he ever? He was exceptionally good.

MV: And a skilled sealer?

RA: And a very skilled sealer. This good for instance: My little sister was breast-fed together with Berdna's little sister, Mattaliit (Magdalene). Her mother died giving birth. Of course many were related, for instance Siimuunguasiks, her (the mother's) close family was in Frederiksdal. Then there was Jakobinarsivasik, Siimuunguasii's big sister, and Amanduusi's wife, sister of Uluiisi. There were so many siblings. Joorsuarti's second wife Mattaliit. There are more. The sister Emma died early. That's why my little sister grew up as Aadaaritaat's child. That's how good they were. His wife Bolette was from the East coast. Of course Aadaaritaat had been a shaman, but his family was very, very good.

MV: Did he get rid of the shamanism quickly?

RA: Yes, as soon as he came to the West coast it was mere history to him. He had come to the West coast to abandon it, you see, so that's why he had to come to the West coast. During the entire journey to the West coast, his helping spirits followed him to make him give up the journey, but he continued. Aadaaritaaq (Aadaaritaat).

MV: What was following him?

RA: It was his helping spirits, you see.

Since he was a great shaman on the East coast, he never wanted to go to the West coast. Of course not. They killed. Aadaaritaat told of how he killed a horrible woman because she killed her settlement neighbours, and thereby the number of people decreased.

A very large woman. People were uncomfortable after this. Yes, his brothers had wanted to go to the West coast many times. But the great shaman was unyielding, the great shaman.

Actually Neqissaq Emmanuel had stabbed her several times, he helped his little brother, maybe

Qatanngitaan perulunnijaanartin, peruluttorsuvasiin, sumidjisooruna taakuva. Tass taamaapunnguu qavanngarnitta ilaan.

MV: Aadjaaritaam

RA: Aadjaaritaam suli avannamukarnissarting pisarnijaralivaraan, pisassaangilaq. Soordjikijarmi annatsitaanissaa pidjungu qititinneqarsimavoq. Taasuminnga manngernini tupinnartimi ilaasa oqaluttuvarisarpaan, ajernarsinguttortorooq, ilaan avannamukarnijarnijassangalivardjiting, saata tungaanu kuvisikkijarternijassangamik, pisassaangivipporng, Aadjaaritaan. Tatsami angakkeeqingami suu tamaasa eqingasiitingingamingin, tassa oqaluttuvarisarpaami. Taamaadjaangeeq aamaasii aadjarporng, tassa ajernarseruttortoq. Timaata kangerdjimmu puladjuni pinngertitsisitta tikissimavaa. Tats tamakku oqaluttuvarisarpaaj Aadjaaritaam, uvannung. Tassami aama unikkaalut'saanarterng, taasarpaa ilumun iniineq adjanngertarijaqarman, nalusuuneri udjuvi qimadjivi, soordju aavijaarajivata Kunuutim tamakkununnga ikijertingalungulu, nalusuuneri pijaning oqaluttuvartidjungu, suli tamakku tungaanun aama ilageeqarneri tungaanun taamaalijeqatingiisimarajaram Kalist'jaarsivaq, Kalistijaarsivarmi pisarparpun, Aadjaaritaajunnaarporng, Kalist'jaarsivaq. Tatsa ilumoortuming immini oqaluttuvartarporng. Soordju oqareersinga Kuvaanijatu inngilaq. Tatsa tamaanga pinijardjinili, taana oqaluttuvarinijaqqaartaleramijunnguu artilertaqaaq. Qaamasorsuvasingeeq paaseqqaardjungu mann.. "Taqqavaniinginnassanngiiman, kuvisikkijartissamman. Tamaaniinginnaralivarini ilivaqitissaqanngimman. Ilivaqitissaminik adjaming isimataarsinnaasamman. Taama iniijaataanginnassangini kingivaariinu nalusunu ajissamman. Nalusu saata tungaanungartin, kuvisitsi amerdjaleqimmata aama taamaalijoqudjungu". Tassamingeeq qanippangeeq upernaami idjudjuni. Tassa inngijasinneq anginerming! Isini kuviinartin, ilangeeq qivijadjakkalivaanaq, uvisaneq ajernartaqaaq. Tass Aadjaartaaq taama oqaluttuvartarporng. Ilangeeq tass peerimman, angerdjarnijarneq ajernaqaaq, nukeer', nukeqannginnami. Ta pissaaneerinneq anginerming. Tass perijakasikkami, perijakasikkamingeeq, tikikkamingeeq, nerinngilardjuunimmingeeq. Tatsa taavangeeq aasii ilaasa pasinartilerpaan naapitsidjarsoralungu, suu isimaanarmikkin, nerinngimmadjiiniin. Taavangeeq unnukkunngooq neridj'nili qani oqarnijalerpa: "Erniinaq ukijarpijannginnerani avunnarnijassuungu unikkijartordjuta pikinijaritsi!" Tats oqaluttuvaa ilumoortorng, ilaasa aama taamannang tupinnartiminngii sadjivilijeralivarpaadjiiniin. Anersamingeeq taamani tikikkami iniisija adjaardjivinnarporng. Adjaadji nerinissaqanngilardjuuniin, taamataringanngeeq naapitsidjaraangami taamaatarman, aasii nunaqatingiin artersaleralivarpun pinerdjeersimasoralunguvaasiin. Sunaakaana – tassamingeeq – pikerajaramik, sulingeeq pikinijardjiting eqingasivi inerterisin pileralivarpun.

MV: Toornai?

RA: Aam toornaaj. Qernertorooq una Itidji tassa nunaqarfitta qaneqaarpun, Qernerti kujadjersaa tassa Naavalikki nunaan. Tamakkivami meeraanerni ilisimasinnaavatin, Juunarsikasikkin Usukitsin. Tass taqqavani ajoqiivorng taamanikki. Kingernangi aama adj'ning ajoqeqartarporng. Paaluseraji taqqavaniikalivarporng. Taamaatsiming oqaanarsinnaav… Qernertorooq tikippaan tassa suli inerterisin. Tassamingeeq saata tungaanu pingalivarpun, tassa toornaaj: Kukkuleqimman tamaangarman, naadjijitsitaanginnardjini tamaangassamman. Inerterikuloortaqaangooq. Tatsa utequngalivarneq anginerming. Kuviseqqunngginnerminngeeq. Tas Qernertorooq taana tikikkamikki suli tassami eqingasimmi innersivaatsimi adjadji tass sulingeeq akkeqattaartarpun, kiisa tassa: "kuvisimasunun pivutin, uvangu ajeringalivaqaarpun ajernaqaaq", pingalivadjaramijing, pingalivadjaramijing tatsamingeeq siornangi pingaartitarsivasiini taanangeeq inngijanartukuloorsuvasing, oqqalittaarneratingudju paasidjungu, tatsa sapilividjinili, tamannangii pidjungu saata tungaanu ilingersilerporng.

because he was afraid of him. They stabbed her several times in the wounds. They did this although it is said that Adam Maakasa and his wife agreed (on leaving for the West and not becoming involved).

There was a lot of commotion among the brothers, especially the oldest, Aadarajik (Adam). His wife was named Saara at the baptism. Her parents were Daavikujuuks. They told stories. They were like people on the West coast. They looked like people who had been baptized. While the other brothers were always causing a stir and commotion, it was always quiet at the Daavikujuuks'. Some Easterners were like that.

The whole family talked a lot about moving to the West coast, but Aadaaritaat did not yield. It was only natural that his Saviour would change his mind, while he was in another and very difficult situation. His family has talked a lot about this inexplicable thing that happened. But still he did not yield. Because he was such a great shaman with his many spirits.

It happened that he left one day, while he was still unyielding. He sailed into the fiord and this is where the Saviour met him. He has since told me all this several times. He also said that it's true that life could be changed, that you could leave all heathen behind completely. His friend Knud (Rasmussen, MV) had a lot of help from him, he let him talk about all the heathen customs, they also talked about holy customs. They have helped each other.

Kalistijaarsivaq, we now call him Kalistijaarsivaq (Big Kristian). He is no longer Aadaaritaat but Kalistijaarsivaq. That's how he talked, he talked about it all. He wasn't like Kuannia. As soon as he had arrived on the West coast he started talking. The first time he was going to talk, he lost consciousness. He had to suffer from a great light: That he would no longer remain in that faith. That was the great misfortune. He had to find a new essential way of life. Because if he continued killing his people it would only get worse for the descendants. He had said that there where many heathens who had been baptized, so he should do it as well.

He felt as if he had been snow-blinded in one eye. His eyes were watering, that's how strong the light was, he couldn't keep his eyes open. That's what Aadaaritaaq said. It was also difficult for him to return home because he had no strength left, that's how weak he had become. He made it home the best he could.

Others told this: when he got home he could not even eat, so the others thought that he had probably encountered something, since he could not even eat. Then he ate in the evening and unexpectedly said: "Before autumn gets too close we must go to the West coast to stay there. So start preparing the journey!" It was a true story. It was so unbelievable that his family could hardly believe it. Because that's the way he usually behaved when he had met someone or something. The family had already taken on a feeling of grief, because they believed that he had probably committed a crime against someone or against their settlement neighbours. As it turned out, something had happened. Then they began the preparations for the journey. In the meantime his helping spirits were busy trying to make him change his new plans.

MV: His helping spirits?

RA: Yes, his helping spirits. They came all the way to Qernertoq, which was close by our settlement, Qernertoq, the most southern, the settlement of Naavalik and his family. You've probably heard all that from your childhood! Juunarsikasiks, Usukitseq. He was the catechist there at the time. Later there was another catechist. Paaluserajik was also there. Yes, it's safe for me to say...: Aadaaritaat's boats (umiaks, MV) were headed for the West coast while his helping spirits were still following him and still trying to make him give up his journey. They told him that going on that journey was a terrible mistake, that he would feel awful. They did a lot of things to make him give up the journey.

MV: Suunukuva toornarisimagalivarai?

RA: Innersivinngeeq adjadji, ila toornaaj amerl'simaqaan. Aamangeeq nunamiikami eqingaseqarporng. Tass toornaminik taasarppaaj eqingasinni. Nalusuuneri pijaning toornaralividji, eqingaseralivi oqartarporng.

MV: Qanorooq tassa eqingaseq? Sooruna taamanna taasaraat "Eqingaseq"?

RA: Tatsaalaa Eqingasiminngii taasarpaan toornanni imminerminu eqinnaatsimmata, Eqingasin. Tatsa qavanngarnittan taana idjingivaan eqingaseq. Tassa toornating eqingasinik aama pisarpaan. Tatsa imminerminu arajitsittaalimmata. Qern'jadjaanarining erniinaq aggissappun. Taama nalusuunerinngeeq radioqarpun.

MV: Kuisimmat qimappaat?

RA: Kuvisimmanngeeq, tatsami ajernaqimman Narsarmu pisordjungooq takkinnaveerpun. Suli kuvisinngitserng. Tatsami aama pijareersaraming, kuvisnnissam, ukijeq tamaa pijareersaraming Fariijarik Ballimun. Tatsa aataan sumerpiaq kuvisinnerporng? Apriilimiliiniin kuvisinnerporng. Tas ukijimi taamaatarpunngooq. Kuvisitsissa pijareersarteqqaardjivin, soordjikijarmi. Soordju ativartarnera naapertordjungu Hans Egede eqqaasangaani taamatorpijaq ingerdjanneqarsimappun, uvijartarti aama.

Taamaatsimi kuvisikkamingeeq Kalistijaavorng, Poulsenningordjunili.

Taamaatsiming unikkaartivaanartin soordju utoqqaan unikkaartivarneq aama silattoqquupakka nuvannareqingaan. Tatsamingii tatsa adj'tu taana Kalist'jaarsivaq adjaming oqarneq ajerpoq: "Immininngeeq inuunini oqaluttuvaleraaramijik qanippangii taamang unikkaartivaq, unikkaartivaanaleraan. Tatsa imminerpijaq sadjitinginani eqqoretuming unikkaariserng. Taamangii iniineq nalusuuneri pija ajeringiserng pingingalivarpaa immining.

MV: Siullermik upperikulooralivarllugu…

RA: Iih, upperikulooralivaqqaardjungumi. Tatsami ilumoortumi oqarsinnaavorng Aadjaaritaaq saanijarsimaqaaq. Ataqqinaqaarmi. Tatsami tamassa iliveqarfijani ujarattarsivasija pingaruteqaqaaq. Uleerneqarman pingaaqqaaq.

MV: Qatanngutigiit taakkuva angiterpassuit, atii eqqaamavigit? Qanorooq? kuisinngikkallaramik.

RA: Hmm, kuvisinngikkadjaraming angajidjersaan Maakasa, tudjija Neqissannooq, tatsa Emaanunnguvasuk, tudjija Aadjaaritaaq, tudjija Ipperteeq, tatsa Baarsalaam Naavalim ningaasaava, panissaata nulijaqqiitimining, Aamaalijakasii panija Eetivik Qernertimi nulijartaaringamijik Ippertiim tatsa taana qernertermijiivorng. Taqqavanimi toquvoq taana Ippertii, toqujaarami aama. Aama pingaartorsuusimangalivarporng.

MV: Sisamaallutik uiarpat?

RA: Tatsami taakuudj'ti uvijarpun. Aam adjat, umija mardjiipun, uvijartin. Aapaa Qaarutsilikkin tass imaasinnaavoq immaqa ilisimadjivarpan Eema? Tatsa Qaarutsilik angitingivaa. Tatsa Anda

MV: Emma Esajaagalii nulia

RA: Hmm, tatsa angitaa Qaarutsilik. Kuvisikkami Andaavoq. Taana Indalik, Indalerajik, nalusuungami, tas ilaan tamassa Kuuvarajing, Kuuvarajimmi taana taasarpaan Indalik, uuma eqqardjerma Eedivii uveqqaava. Kingernangi saata Suffijakuluu nulijareqqaardjungu toqumman tass taasuma nulijaqqiitsingerqip

MV: Aadjaaritaaki aamma arnartaqarsimagaliarsoraakka? Tunumiikkallaramik.

RA: Qularnanngilaq. Uva taana paasisimanngilara, arnartaqarsimangalivarpummi. Taama oqaluttuvarisarpaa, immaqa. Kisija uvanga paaseqqissaanginnakkin tamakkiva.

MV: Angakkussarnini unikkaarineq ajerpaa?

RA: Angakkissarnini unikkaarisarpaalaa.

(MV: How did they try to stop him?)

RA: They did everything to make him stop the journey. To stop him from being baptized. They got all the way to Qernertoq, and his *eqingasui'* (W. Grl. *equngasoqs*), *innersuit* (helping spirits) were still trying... other helping spirits joined in now and again, finally they told him, "now you're arriving at the land of the baptized, this makes us very sad, but there is nothing to do about it now". They did everything they possibly could, but Aadaaritaat could not release himself from the magnificent light he had seen and all he had heard from there, he fought as best he could until he reached his destination.

MV: What were they, his helping spirits?

RA: *Innersuit* and others. He had very many, I must say. He also had some on land, while he lived over there. He called them *eqingasit*, heathen creatures, that's what he called them.

MV: What did *eqingaseq* mean?

RA: That's what he called them, it meant that they were always very willing, never unwilling. They always knew what things were like. If they were called for only a moment, they were always there, always on hand. Heathenism had radios too.

MV: Did they leave him when he was baptized?

RA: Yes, when he was baptized, there was nothing to do. When he had gotten to Narsarmijit before the baptism. There were preparations for the baptism, you see. They spent a whole year on the preparations at Frederik Balle's[18]. When was he baptized? In April maybe.

Those were the rules. They prepared for the baptism. You can read about it all the way back to the time of Hans Egede. That's the way it has always been for everyone from Eastern Greenland. He was then given the name Kristian Poulsen at the baptism. It was all like a fairytale told by the old people. That's what big Kristian said. He always said that when he talked about his life, it was like a fairytale. He always told the truth when he talked. He realized that his heathen times had been really bad.

MV: But he really believed in it...

RA: Oh yes, he believed in it whole heartedly. He was right, he used all his strength to convert. He must be shown great honour! Yes, when the big stone on his tomb was unveiled, it was a great day. It was very ceremonious.

MV: Do you remember the names of all the brothers before they were baptized?

RA: Before they were baptized the oldest was called Maakasak (baptized Adam), the next was Neqissannooq, that was Emanos (at baptism), the next was Aadaaritaat, next Ipperteeq, he was sort of Naavale's brother-in-law, his stepdaughter's father. He married Eeduvik's daughter, Ammaaliakasik's daughter in Qernertoq. Ippertiin stayed in Qernertoq. He died there, he died at an early age. He was such a magnificent sealer.

MV: Did all four of them hail from the East coast?

RA: Yes, all four of them. And there were others too. There were two umiaks coming from the East coast. The other umiak was Qaarutsulik's. You may have known Emma well? Qaartsulik was Emma's father. It was Anda.

MV: Emma, the now deceased wife of Esaja.

RA: Yes, her father was Qaarutsulik. When he was baptized he was given the name Anda. Indalik you know, Indalerajik, he was a heathen. One of his family members was Kuvarajik, who was called Indalik, Eeduvik's first husband. Later he married Suffiakulooq, after her husband died.

---

18. Danish minister who took over the mission of the area in 1900 when the Moravians left Greenland (Ed. note).

MV: Qani eqqaamavijik?

RA: Ersinaqisiming, imminidji ersingeqalungulu. Tatsamingeeq nerisaasaleqingami, sijaneerittaraaq.

MV: Suup nerisaraa?

RA: Qimmipalaarsivasiingooq. Ilami oqaluttuvarisinnaavara Adjaaritaan isertivaqanngilaq. Pingaartiming, ima oqaanarsinnaavunga: Utoqqaanarnu oqalinngilaq, uvangakasing, aamami pidjivartareersimalerdjingali, pingaartimi nuleerman, aama Aaggaataaki naakittarmatingin, ilijarsuudjuta naakineqarnitta annaamatingin, pissaqaleratta utoqqaappan meeraapan naakinarterng ilisimaqingatsingi, suli taakuva nuleerneratingi erneri naakingalividji, naapittaanaratsingimmi soqutingalivin. Tass taana Aadjaaritaan qujanijardj'ni oqaluttuvartarporng imannang: "Ilumoorporng saata tungaanungardj'ni eqqissinarnera. Taamanikki nalusuuneri pijanik angakkinngernijalerama, nerijinngikkalivarpunga saata tungaanungaarimaarsimassadjunga, ilikkardjungulumi. Taamaatserng angakkissaqqaarnijarnerng naadjijinnaqiseq inerpara". Taavangeeq aama nijivangeeq ajortorsuvasik qajaanik ikijertalerpaa inuusuttuvaraadjuni, naakingiinardjungu. Sunaaka angakkukuloorsuvasik. Tatsa qajartertarpormingii nijiva pittaangitordju. Angakkiineratangeeq nijiva ajortunngortissimangaa, makkungooq qangatta amarnijartardjivi nijini kukkuusimangamijing. Tass Kalist'jaa Aadjaaritaaq taamannang oqaluttuvartarporng. Tassangeeq imminik nukappijarujussuvasinngorl'uni suli perernanimi ilivaming, tikittarinanngeeq qajaanik ikijertaramijik asili, angakkiinera paasisimanangulu perijaramijik, qanorooq oqarnijalerpa, qujas'tissaqarami ikijordjuvartarmani, pijimappan, Kuvaanijatu innani, taana sijudj'jidjuni oqarsimangami ikijertangaa. Pijimappan nalusun, nalusuungatta nalusuuneri pijaning ilinnijartikkimangalivardjungu. "Adjami akissaqannginnama! Tassa ikijertaramma". Immininngeeq, tassami aama pijimaqingamijik, akiversivoq.

Tassangeeq qaanakki aadjarajaraarami, kangerdjimmu pularajarini imermin nijerijaraaraming, qajati toqqordjuvin, qaarusussuvasingeeq.

Tassanga iserajarini, qaarusorsuvasimmi anijasi taana aanijardjungu. Erdjaveerdjungulu nidjerdjaanaq tass tikijitidjaaraaq qimmipalaarsivasi ersinarnera asseqanngitserng, itinik ulukkaarterng, tassalingeeq taamaadj tikijiterp...: "Tamataajarnijarin! tamataajarnijarin!" Tassamingii ajernadjaaraaq, tamataajarajaraani, tassa ersinaqisorooq tassalingii erniinaq tamataajarnijardj'nili tikiss ilinn'jartisivata:

"Qunussanngilatin! Tassa pinginnaaneqalernijassangavin, nalusutu. Qunussanngilatin, aama keerijaqippati annissanngilatin, quvinannaanassavoq". Tassami kiingaanili sijaneerittaraaq. Sunaakangii nerisaqaani". Tass taamanna oqaluttuvartarporng. Perijarini, perijarini silattertaringamingeeq tass timini ataatumu katiterijarterajarini, katiterajarterijaraning aama atisanni aama nadj'jussorajarining, tassa atisaajaringamingeeq aama sunaaka aama tammartarpun. Tass nadjijussorajarini ilamingeeq peqqaataaning inuukulunnartaralivaqimma soordjikijaq. Hi, hi, hi...

Tass taamaalidjuni perajarami ilinnijartits'sivata paas'tittareerdjungulu, tamakki toornassaali tamaasa immining qiningassanni, taama ilikkartareerami nerisaasalerami, ajivaarikkami kaju...: "Immining toornassarsijorl'tin pissuutin ikijertassavakkidji, suun qununngginnerusun ilisimangakkin, tamakkiva ajeqersiidjividji pissavatin". Tassa taamannangeeq pivaani.

MV: Taava qinersimavai ? toornassani qinersimavai...

RA: Tas toornasamini qiners'nissaaning ajeqersuudjungulu, imaaporooq: "Tassa idjersiitissatin angakkinngeravin, aama adja nunamijitaalaangits aama pinerdjuutittalissavaatin. Taamaatsimi tingivangaasinnaavutidjiiniin, taava taamaasangivin toornassatin sakkortunerpaan tamaasa pinijarsivassavatin, taakununnga idjersiitissatin". Tas taamaakami, qajarii aama kiisartilissiva-

MV: The Aadaaritaat siblings (brothers), did they have a sister back when they lived in Eastern Greenland?

RA: That's very likely, but I'm not quite sure. It's true: there was a sister. That's what people say, I think. I don't know for certain.

MV: Did Aadaaritaat talk about his time as a shaman?

RA: Yes, he did talk about his time as a shaman.

MV: What do you remember?

RA: The horror. How horror-stricken he had been. Thus when it started to devour him he lost consciousness. It was very, very scary! He was terrified. Every time he was devoured he lost consciousness, you see.

MV: Who devoured him.

RA: The big dog-being they say. Yes, I feel free to tell that because Aadaaritaat had no secrets. In particular I can say that it wasn't just old people he told his stories, he even told them to me, miserable. I was somewhat grown-up however, it was especially after his wife died, Aaggaate (who) also had shown us fatherless ones much kindness, so we survived. Now that we are well off, we pay a lot of it back both to old people and children, his motherless sons, whom we often met and were happy to see. Out of gratitude Aadaaritaat said: "It is true that there is peace on the West coast. Back in my heathen times when I started learning the shaman powers, I really never imagined ever coming to the West coast. I finished my learnings. The apprenticeship for a shaman was terrible".

It happened that Aadaaritaat helped an old man with poor legs. He carried his kayak to the beach when he went sealing, and he carried the kayak back up when he returned, without having the slightest idea that this man with poor legs was a great shaman. He had failed in performing shamanism, which made his legs poor. Aadaaritaat was a big boy at the time. One day the old man with the poor legs said: "I don't have anything to pay you with and show my gratitude for your help with the kayak. I would like to, if you want, teach you the heathen ways of becoming a shaman. It's the only way I can pay you". Aadaaritaat wanted to become a shaman, so he immediately said that he would like to.

It then happened that Aadaaritaat and the old man sailed in the fiord, far in the fiord and they went ashore after having hid their kayaks. They then went into a big rock cave, to fetch the (spirit) that was on its way out of the cave. Then their bowels were removed and then a big and really awful looking dog appeared, a dog like no others, really, really terrible to look at. Its entire body was full of ass holes… When it appeared, Aadaaritaaq (Aadaaritaat) was told: "Take off all your clothes! Take off all your clothes!" There was nothing to do then, except take off his clothes, which he did. And a little later his teacher said:

"Don't be afraid, and when it bites it won't hurt! It will only feel like a tickle. So when it bit him, he lost consciousness". That's what he said. Then he regained consciousness, and when that happened, he felt that his separated body gathered itself. His clothes also appeared and gathered next to him. It turned out that when he lost consciousness, his clothes left him. They then appeared again and came to him. To begin with it felt very strange, of course. Hee, hee, hee, hee…

That's how it happened, and just as his teacher had explained to him, there was the question of his helping spirits. That was up to him to decide. Now he had tried being eaten and he could handle anything now. His teacher said: "Now it's up to you to decide what helping spirits you wish to have. I will be there to help you, I know everything about helping spirits. You just have to teach them yourself". That's what he said to Aadaaritaaq (Aadaaritaat).

sing toornarivaa, innersivaadj'ni. Ikinngooq qaani ingammi tingivangaadjuni innersivarnin, tassalinqii angerdjartissaajunnaarl'nili.

MV: Tassaligeeq ajernaqimman qanilijissava?

RA: Ta toornanni tikikkalival'araaraming, tassiti qaani pisassaangitsim tassa immini angerdjartissinnaajunnaaraani imminerminun… taamaaleruttortoruu eqqaaleqaa ila tamakku eqingasiitinni pisaralivaramingin, toornanni qunuppun, eqqaaleqaangii toornani pingaartorsuaq innersivaat'ni sijumingi kiisartilissivasing. Tassa tamorfasilissivas, puvingeralivaramijunguu uvisanerming. Innersivaq iliitermani. Siku qaani, sikukuloorsuvasiingooq qaani. Tatsamingeeq akkilerajadjaramingeeq adjamik oqanngilaq: "Makkuvaakiin sorajippisi? Iniisavisi taamang!" ornileqaangii tikidjardjividjingeeq tamakkingeeq innersivarpassivasiin, tamakki Aadjaaritaami pinijaasisiingalivin, qanippangii taama qassimasi puvisin, imaanu nakkaangaming, nakkaangaming taamaliiniin. Taanarsivasingeeq: "Suu erniinarmi qernangginnamma? Idji immini naadjijitsipputin!" Suvaqaaningeeq. "Kingerna erniinaq qernartassavarma, uva piungivipparma!" Perdjaqarnaningeeq tikippadjaardjini.

MV: Qernartaraa.

RA: Tatsa qaaqungaa. Taamannangeeq nalusu oqartarpun. Tamakkungooq toornating taamanna pisarpaan, qernartarpaangeeq, ajutuulertaringaming, ila Aadjaaritaa taana toornaqarsimaqaaq. Toornaaj ila eqqaamassangaani taasassaangitsin tamaasami sijaarsinnaangilakka, tatsa angakkiinera ilisimaanassavarpun, nalusuungallarami.

MV: Innersivarnu qanittarsimaqigami?

RA: Ilaq…aamangeeq umija aama tingeqaani. Taanangeeq umijanngeeq, tass ajernaqaaq tingivangaavorng. Tassali ningijortakasijangeeq tatsa naalagaavorng. Innersivi ningijertaan. Tatsali innarsivasing imma kidjingani innarissivasi ornidjungulu, ajern'qaaq. Tatsamingeeq isidjardjinili appakadjarami tatsa suming anikkissaaripporng. Tingivaareqaaraasiin. Ajernavipporng. Tassaningeeq ajernarseruttortorng toornanni akkernermimmi pisarnijaralivarpaa tingivaagami. Taamaatiminngeeq aama taanaanngitseq adjarsivasik, taana sapinnggippallaarsiv aama taana kiisartili tassa qaanakki toornami ilaan, aama adjarsivasing eqqaasoordjungungooq, ajernarsividjiiningii tassa. Kisijanngii pinijarajarman, taana isaarajarsivasing mappeqaaq. Toornani taakuvangeeq tingivangaasun soordjikijarmimi ajutoortinngilaa. Oqalipiluutiinaqaangeeq qununarajinnngimmata, kingerna taamaalijissanngimmata iniminun, iniminun tatsa Aadjaarataamum. Kingerna taamaalijissanngimmata qununarajinngimmata, kingerna taamaalijeqqissappata toqorassagamingin. Annappadjaardjinijaasinngeeq. Hi, hi, hi….

MV: Illit Itilleq qanga qimappiuk?

RA: Tassa, 1944-mi tamaangarpungun. Sorsunnersii nalaani.

MV: Inuerummat?

RA: Hmm, iniverimmammi aataa qimappara.

MV: Then he picked what helping spirits he wanted to have...

RA: Yes, then the old Aadaaritaaq (Aadaaritaat) learned how to pick his helping spirits: "They will be your protectors, now that you have become a shaman you will also be attacked, also when you're on land. When that happens, you must use the very strongest of your helpers". That's what he said to Aadaaritaat. Among others he got a helping spirit who was able to open wide and bite, the one in the kayak, his own *innersuaq*. It happened that he was attacked by some other *innersuit* when he was going home. He called on his helping spirits, but they could not help him. So now he couldn't get home. Everyone was scared. Now he couldn't get home. Then he remembered the big one with jaws going up and down. In his confusion he had forgotten the most important helping spirit. On the way the only thing he said was: "Hey you there, what are you doing?" The ones who were supposed to have been helping were lying on top a big iceberg. They all fell down when the strong one said (to Aadaaritaat, MV): "Why wasn't I called immediately? It's your own fault that you're in such trouble. The next time call me immediately!" He returned home without any trouble!

MV: "*Qernertaraa*"...?

RA: "*Qernertaraa*" is the same as calling someone. That's what the heathen Easterner said when they called their helping spirits, when they were in danger. Aadaaritaat has had a lot of helping spirits. If you were to name his helping spirits... I wouldn't be able to name them all. All we need to know is that he was a shaman in heathen times.

MV: How did he treat his helping spirits?

RA: Once he was taken by an umiak and its crew. There was nothing to do. He was taken. A horrible bitch was the ruler of the boat. The ruler of the *innersuit*. They sailed straight for a rocky beach, got in and could not get out again. Now he was taken. There was nothing to do. He had called for his helping spirits that he could use during a kayak trip, but none of them could do anything. He then remembered the terrible helping spirit with the big jaws, his own *innersuaq*. He called for it and right away the rock opened, so he could get out. It saved Aadaaritaat. Of course it was angry at the other helping spirits, they had been too timid, they could never behave like that to their master again. If the same thing happened he would kill them all. Once again Aadaaritaat had been saved. Hee, hee, hee....

MV: When did you leave Itiller (Itilleq)?

RA: I came here (Nanortalik) in 1944, during the war.

MV: When everybody left Itilleq?

RA: Yes, I left the place when everyone had left.

Amos Tittusen
(AMTI), 61-nik uk. 1963
Narsarmijit / Frederiksdal. Sijull. Illukasik

Aadaaridaat[19]

MV: Ammorsi unikkaalus'qassaqaatit, aat?

AT: Ja, unikkaas' unikkaasaqarsinnaavunga.

MV: Illikasimmiikalivarputit siullermik?

AT: Ja, idjikasimmiikalivarpunga sijudjermik. Kisijanni tassa tamaanga Iliinamu nulijarijarterama tassa tamaanga nuupunga.

MV: Iliina taanna Kalistiaap…?

AT: Aadaaridaami taasarpaan.

MV: … tass Aadaaridaat?

AT: Aadaaridaat, Aadaaridaat.

MV: Aadaaridaat?

AT: Aadaaridaat.

MV: Nalivij ilisimaviuk qanoq isumaqartoq, taanna Aadaaridaan?

AT: Tunumiikadjlarami atija, Tunumi kuvisimanngikadjarami atija. Taava kuvisikkami Kalistiaan.

MV: Taanna Aadaaridaap isimaa nalivijik?

AT: Nalivara taana. Aadaaridaa isimaa nalivara. Tunumi taamani taana kuvisimanngitsini isimaa nalivara.

MV: Adaaridaap unikkaavinik ilisimasaqanngilatit?

AT: Nej! Ilisimasaqarpunga. Taava appissavara?

MV: Appinniaruk!

AT: Ja. Taamanikkunngooq taakuva Kalistijaak angiterpaangaming, angiterpaangaming, taavangeeq arnartativaan tunumi, arnam angakkim Katsiijaararsivasimmi ateqarsimavoq taana, arnaq angakkeq, uveqardj(l)inili. Taavangii Kalistijaaki taakuva angiterpaan aqqineq mardjiingaming, taavali arnartativaqardj(l)iti ataatuming; nukarlersaratugulu. Taavangeeq Katsiijaararsivasii taasuma angakkip toqussimavaa. Taananngii toqoraarinnartiingami arnaq angakkeq. Annerissilertaringamingii toqutsisarami. Tassa toquppaa. Tassa Kalistijaa taana angiterpaani akillersa ilangisimavaa, taana sakera Aaadaaridaat. Tunumiikallarami Aadaaridaa, maanili kuvisikkami tass Kalistijaat, Kalistijaan.

Taava taana arnartativart qujangeqingamikk nadjingeqingamikki, tassami angiterpaa taamaataraming. Arnartaqativartaringaming, soordj(l)u arnartativarti nadjingisaqingamikki, qujangalungulu. Taava toqutaaman, angititivaa tamarmik, angititaat tamarmik kamalersimangaming. Sunaakali Kalistijaa tassa akidjersaangami, angajivi, nukaaj, tamakk' kamaqqalaarsimappun amingartuming. Kalistijaa akidjersarpadjadjini tassa kamalersimavoq kidjingassaangitsuming. Taava angakkissarimadjersimavoq. Aataa angakkunngoruni, najanngivani qujangisakuluuni, aataa toqutsisivanu akinijukkumaardjungu. Tassa taama isummersimavorng, Kalistijaa taana, Aallaaridaat, kuvisinngikadjarami Aallaaridaan. Taava, angakkissarnijassamaalerporng, Kalistijaa taana. Isimalijerporooq, aataa qujangisara angakkunngoruma aataa akinijukkumaarakku najannguujunga taana. Katsiijaararsivasik angakkunngoruma aataa toqussinnaanginga. Tas-

---

19. See note 16 concerning the spelling of this name. As demonstrated below MV asks Amos Tittusen about the correct pronounciation. He instisted on Aadaaridaa, not the dialectically correct one of Aadjaaridaaq.

Amos Tittusen
(AMTI), 61 years old in 1963
Narsarmijit / Frederiksdal, formerly Illukasik

Aadaaridaat

MV: Amos, you have got a lot to tell, right?

AT: Well, I might have something to tell.

MV: You used to live in Illukasik?

AT: Yes. I moved here when I came to marry Helene.

MV: Helene, Kristian Poulsen's daughter?

AT: In his early days he was called Aadaaridaat.

MV: Do you know what Aadaaridaat means? The name Aadaaridaat? Do you know?

AT: I don't know what Aadaaridaat means. That was his name when he lived in Eastern Greenland, before he was baptized. I don't know. At the baptism he was given the name Kristian.

MV: Do you know any of the stories that Aadaaridaat told?

AT: Yes, I know some. Do you want me to tell them?

MV: Yes, please tell.

AT: Aadaaridaat and his brothers were "angiterpaat" (a family of brothers). That's what seven brothers were called. They had only one sister, who was the youngest.

A female shaman, Katsiijaararsivasik this female shaman was called, who also had a husband, she killed the little sister. This woman, the shaman, killed many times. She killed when she got envious. She killed the brothers' little sister.

When their beloved little sister was killed, the brothers got very angry. They had loved and protected this little sister. That is what a family of brothers was always like. Yes, this Kristian was the middle one of the brothers, my father-in-law, Aadaaridaat, he lived in Eastern Greenland, baptized Kristian. All the brothers were really angry, but Aadaaridaat, his anger would have been the greatest. His anger was unlimited. It was often this way with the middle one of a family of brothers. The thought of becoming a shaman now occurred to Aadaaridaat. Because only as a shaman could he avenge his beloved little sister, and only as a shaman could he defeat the little sister's killer. The brothers had tried to kill the evil woman, but they had never succeeded, because they were not shamans, and also because she was too cunning a shaman. Therefore, Aadaaridaat was now determined to become a shaman. Because he had to avenge the beloved little sister. One day when he decided to meet the Master of the Ice Cap, he, Aadaaridaat, in order to begin his shamanistic training. There was a fiord behind their settlement. You had to sail in all the way to the bottom of the fiord and go ashore. Then you had to walk a great distance. Now Aadaaridaat walked towards the place of the Master of the Ice Cap. He walked and walked and arrived at the edge of the ice, where there was a flat rock with many cracks in front of the glacier. He sat on the rock with his back to the abode of the Master of the Ice Cap, as you always had to do. Yes, it was the custom, they say, that those who want to become a shaman were supposed to summon the Master of the Ice Cap. Just like every one else in Eastern Greenland he (Aadaaridaat) had a skin anorak, a *natseq*, we call it a *natseq*. That's their anorak, a skin anorak with the hairy side inside, and they pull the left arm out the anorak sleeve, then the arm (here) out the neck-opening, and they place the mouth in there, while holding the other arm stretched downwards, pointing at the ice crack. Then he shouted loudly: "Master of the Ice Cap come! I really want to become a shaman". No answer came. When he repeated the shout, an answer came. He was then seized by a great fear, and he got up and ran barefoot down the slope towards

AMOS TITTUSEN

samingeeq toqunn'jarsaringalivaramikk qatanngitaasa, angakkiinerminngeeq arajits'sinnaanginnami. Aataang angakkeqatiminu aataangeeq arajits'sinnaang'mi. Ta Kalistijaa angakkisassamaalersimavorng. Angakkissassammaarajarami, udjorooq aalajangerpaa sermi inivanu angak'sarijassadjuni, sermi inivanun.

Kangerdjiingamingii kangimini; kangerdjiingami qinngivani nijunguni, tunumukartivaaqaardjiningeeq aataa sermeq tikittarijaqarami. Taavangeeq nijerijarami kangerdjii qinngivanun, kimmu adjarporng, ta Kalistijaa taana Aadaaridaami ateqarallarami, angakkissarajarterng: Kimmu aadjarporng. Ingerdjangami ingerdjangami, sermiinavissivasi tikerijadjaraa sermip kidjerpijaa, sijoraatungaani ujara toqqissoq. Tassinga ingipporng, Kalistijaa taana. Kisijanngii taana sermeq quppaqaqiseq, quppaqaqiseq. Taana tunudjungu ingippoq. Taana Aadaaridaat. Tunudjungu. Taavangeeq angakkissartinngii imaataraming: Sermi iniva qaaqusaramikki, angakkikkimasin. Qaaqusaramikki. Taavangii nattaat, taamanikkimmi amerning anneraaqaraming, tunumijin. Tassami taamanikki anneraamineq nalinarnarami. Tass uvangu natsermi taasarparpun. Natsermik. Taava anneraaqartarpu amernik ulitaning. Taavageeq qumipporng, saamiitungaanun. Talija qumipporng. Qumarajarami, tassii(uu)na ukkuuna, nuvilaamingi taana qanni pulatippaa. Taavangii talimi idjivatungaa tikkortidjungu sermi quppaata'tungaanu saatippaa. Taavangii taana ukkuuna tordj(l)ulaarporng, torllulaarporng: "Sermi iniva qaangin, angakkunngorusoqaanga!" Akerpadj aa sijudjerminngii akinngilaq. Aapassaaningii tordjulaarami akerpadjapp.., akerpadjaannartorooq, ersinermi sapilivikkami, nikiverijardjini ammu qimaadjuni aadj(ll)arporng. Ta tikinneqanngivarnani. Qajani arpakkamiji, arpakkamijing tikikkamiji ikerijaram, taamaliinii sumik ilikkangarmini malingisaqalaarnani kimmukarporng. Isimalijerpoq tikikkami: "Sooruna qimaangama?, sooruna qimaangama? Usiikalunguu najannguujunga nallingingakku! Aqangi aamaasuunga!" Taana Aadjaaridaat. "Aqangi aamaasuunga". Taas, qaarijarman kangimun. Ingerlarijarami, ingerlarijarami taana ippassarma nijikkini tikerijaramijik, aasii tunumun. Ingerdjara... aasii taana ujara tikikkamijing, ingipporng, tunudjunguvaasii sermi quppaa, aasiingii taamatun: nuvilaamingi talini saamii'tungaa tikkertidj(ll)ungu, sermi quppaata'tungaanu saatidjllungu. Taavangeeq tor(l)djulaarporaasiin: "Sermi iniva qaagin, angakkunngorusoqaanga". Taav akimman.

Qimaanijalissavaana? Tassangii tunungaanar(l)djini assimingeeq akkerpalilerporng. Qanidjinngivatsijarpadjaaqqimmanngii tunuminu qivijarajallaraa: Inuttunngguu kiinaqaralivarporng. Qimmitunngooq saanikulijatut timeqarporng. Tassami soordju qimmi saanikulijaq, imaliinii savaq, imaliinii suna eqqaanarteq saanikulijaq. Kisijanngii inii kiinaatu kiinaqarporng. Takudjungulungooq, soordj tunuminunnguu puppadjattordju keerpallakkaani taama sijaninngilaq. Sijaninani, sijaninani sijaninani, silattulerijadjarterng, silatsilerami isimalijilerporng: "Qaninnijarpungamaana? Sermi inivanummaana nerisaavunga". Silatsorami uverijallarterng: Taamaliinii issijanini aalarajarneqanngilaq, ujaqqa qaanun. Issijanini aalarijarneqanngilaq!

Taavangeeq seqinnerajallarterng: Nunaqatinni, idj(ll)eqatinni, qanippangeeq taama kiinami saani, seqinniinarami tamaasa isingilerpaaj. Tassamass sermi sinaaniidj'ni. Sermi inivani nerisaasareerdjini, taanangeeq nerisini qivijaralivarpaa, taamaliiniingii peqanngilaq. Tassaningeeq paasingami angakkissidjini qujakuloorpoq. Taamangii Katsiijaalaarsivasik akinijarsinnaaleramijing. Ammunnguu aallarporng.

Ingerlarijarami, ingerlarijarami, ingerdjarajarami qajani tikippaa. Tikerajaramijing kimmu aall(dj)arporng. Aallarnijaral'ni, anersagii uumasin, immini nadj(ll)ijeqqalerpun. Sunaaf'angeeq naalangassamaardj(l)ini orningaraani. Tassa angakkissikkami. Seqinnernijarajaraarami nunaqqatinni, idjinni, tamaasa isingilerdjivin. Kiinami saani. Tikipporng. Perijarami qaamangi qajartissadjuni tassa angakkiin... Angakkitsinnermining oqanngilaq. Oqanngilaq angakkitsinner-

Amos Tittusen.

his kayak. Then when he had reached his kayak, he paddled home (out of the fiord) without having learned anything at all.

"Why did I run away from my task? Why did I do it"? He was full of self-reproach, after he had returned home. "Didn't I love my little sister very much and did I not want to protect her? I will do it again tomorrow", he told himself. And the next day he went into the fiord. He sailed and went up to the same place as the day before and sat on the same rock with cracks, his back to the home of the Master of the Ice Cap, as he was supposed to. He repeated the same invocations and moves with the arm and mouth. And he yelled towards the crack of the ice. "Come Master of the Ice Cap! I really want to become a shaman". No answer came. "Should I run away once again?" he thought… but remained seated. Now he heard something; someone was coming. When the sound was very close, he turned toward it and saw: The creature had a face like a human, but the body was like the skeleton of a dog or a sheep or any skeleton of an animal. But the face: It was like a human's face! He saw it clearly. And shortly after he felt its touch on his back and its bite, and he lost consciousness. He was unconscious a long time. When he came to he thought: "How was it again? Yes, I was eaten by the Master of the Ice Cap!" He opened his eyes: He was still sitting on the same rock, everything was just like before he lost consciousness.

The surprise came when he closed his eyes: He could see everyone in the settlement and all his housemates. Everything was sort of rolled out in front of him, when he just closed his eyes, even though he was still in the same place close to the edge of the ice. He saw everything. The Master of the Ice Cap had eaten him, you know, and Aadaaridaat looked for him. But he was gone. Now Aadaaridaat realized that he had become a shaman, and he felt much gratitude. Now he could avenge his little sister. He walked and walked for a long time and came down to his kayak. He

mini oqanngilaq. Ta qaamangi qajartilerporng. Qajarterajarami, puvisaatudjuningeeq, seqinnernijarajarporooq immannguu ilivani puvisini nadjersivinnarpaa.

Taanaqa qaamangi nuvi…qatsersilerpaa. Qatserserdjungu, qatserserdjungu puvileraluttuvinnarmannngeeq, ikkalijartilerajarman, qatserserdj… puttukkaluttuvarajarm unaarsisareerdjungu. Puttunnijaralivarp naalijadjangiinarpaa, naalippaa. Tassangii taama angakki taamatu nalisaqanngitsingippun. Paasingamingii sapingaarudjuni, aataangii taana Katsiijaararsivasi akinijassamaalerpaa. Tassamingii avunnartalerdj(l)iting, Kalistijaa aadjaataartsareerdjini, saaqitimininngeeq, angakkunngoralivaqaaq, saaqitininngeeq unamminngikkalivarlugu, aadjllaasitaarnerinnarmininngii akinijarpaa Kalistijaa taasumam Aadjaaridaam, akinijarpaa. Aamaasinngeeq qaamangi tas taana Katsiija toqunnijassamaaramijing, najami toqutsisiva, aallanngilaq. Qatanngitaaj qajarterpun. Qajarterajarming, Kalistijaa kisimi uninngadj(ll)uni, uninngadjuni. Qajarterajaraming qatanngitaaj, Kalistijaat uninngaseq. Udjororijarman, taana Katsiija idjiva nalinnginnamijing, ornidjungu. Ingalaavangunnngooq itsivarnijalerpaa, mersortorng, tassami arnaangami. Mersortorng. Aataangii itsivaanarnijar…, qivijanngilarluuniin – sukaqarpunngooq tuusaanik, tuusaani sukaqarpun – arnareeq suvanganermik arnaqatiminit tamanit suvanganersaangami, taana Katsiijaa. Taavangeeq sukaa taana silinngilaq, taavangii Kalistijaa itsivaanarnijarajart…, silamunngooq qivijanngilaq. Avittatseq, avittatseq. Qivijanngilarluuninngeeq kippartipadjarijarami, mersivani ilerijaram…suka tunuvanun. Suka tunuvanun, tassa Kalistijaa aadjaasini pijareersimangaa, suka tunuvanun midjissiikami, taamaliiniingii sukaa amitsingiseq, Katsiijaa ersinngilaq. Arnaq suvangatingis', taamangii ajertingaaq! all'atunnguu ajernaqimman, sukamidjiinii ersinngimman, suka tappudjungu ta aadjaasimavaa ilimmun. Ingalaavangin aallaasimavaa. Taavangii aall'aangamijing, qatanngitaali tikerarl'ting. Taavangii qatanngitiminu oqarporng: "Tassa Katsiijaa uva' toquppara, najanga akinijippara!" Angakkorooq taamaadjini, ilivinngaa ilingalivaraani, uvanguttunnu uumatitsissanngilaq. "Timaa akkordj(l)ungu tamanu ilijissavarpun," qatanngitiminu, Kalistijaat taana, Aadjaaridaaq, oqarsimangami. Taavangii timaa aggorl(dj)ungu, talijata idjiva nunamu adjamun, talijata idjiva nunamu adjamun. Tamanna timaa akkoorardjungu, akk(gg)oorardjungu, tass nunanu tamanu aadjaatippaan, tassa qatanngitaasa. Ta Kalistijaat angakkiinermimmi tassa naalakkersiviseq. Aamagii taana nijaqiva kisunngorumman, oqarporooq: "Sermi quppaanu ilissavarsi. Kanginngivatsunnu sermi quppaanu ilissavarsi!" Taavangii ilivaan.

Ilerajaramikki, sunaak(f)angii qaamangi, tassanga nijaqivata sermi quppaata inaanu saangivani qajartortoqarporng, nunaqataaning. Perijaram nijaquvata inaa saangiva tikikkaali, taamangii timinngivani oqarpadjaqaaq: "Avittannijarlinga, mersernijarlinga, Aadaaridaa ingalaa silataanu pimman, suka tunuvanu toqqorpunga. Toqqornijarlinga taama sijaninngilanga. Silaqarnanga silaqarnanga, silatsilerijalartinga sermi quppaani. Nijaqivinnaq!" Oqalippoq. Taavangii taana qartort ersinerinnarmining angerlaanarpoq pinijarnani. Tassangii taama Katsiija ajertingaaq.

Taamaateong, Kalistijaa misingisaaj assingiingeqaan. Taava aama kuvisinnera aama kuviserijartera unikkaarissavara.

MV: Aallartinniaruk, nanginniaruk.

AT: Aa, nangilerpara tassa. Kalistijaan, Kalistijaan angakkunngorami, soorl' oqartareerpunga aataarinnaq uumasi tamarmik ornikkaan. Uumasi tamarmi ornikkaan, sunaaka angakkunngorman toornassamaataal'ting ornikkalivaraan. Kisijanni Kalistiaa taasuma tassa akuveringgilaaj. Taava: angakkunngorami tikikkami qajartertalersorlu innersivin nuna qaaniingitsin, ta orningartalersimavaan.

MV: Innersivit?

AT: Innersivin, tassami taasarpaan alleqitat. Taama oqartarpu alleqitat. Uvang oqartarpungu

paddled off for their settlement. While he was sailing, many strange creatures came to him. They knew he had become a shaman and offered to become his helping spirits. Now and again he closed his eyes and he would then see everyone in the settlement and his housemates. At home he did not tell anybody that he had become a shaman.

Next day he went sealing. There were not many seals to be seen. He then closed his eyes, and behold: The sea abounded with seals. There were so many of them that they could hardly move. He waited for a specific seal to surface on the water, and he had the harpoon ready. He waited. Then it surfaced and he harpooned it immediately. He did not quite realize that he was able to do everything now he had become a shaman. And the revenge on Katsiijaararsivasik could take place now! At this time the East Greenlanders had been down around the Cape Farewell region several times to buy goods, where there was a store. Aadaaridaat had gotten a rifle at least. He could have killed the little sister's killer with the harpoon, but he killed her with the rifle.

The day he had decided to kill the little sister's murderess, he stayed home from sealing. His brothers went. Only Aadaaridaat was home. He knew Katsiija's house and went there. He looked in her window. She was sewing, since she was a woman. She was sewing. In the house the posts were ice pick shafts. Katsiijaaja was a very stout woman, stouter than other women. She was busy embroidering a skin. Without looking up she laid her needlework aside and moved behind the post. But Aadaaridaat had his shotgun ready, she went behind the post and made herself smaller; she was such a powerful shaman that she could disappear behind the thin post. Aadaaridaat had no other way than to shoot her through the post. He fired a shot through the window. His brothers came home from sealing after Aadaaridaat had shot Katsiija, and he then told his brothers: "I have killed Katsiija. I have avenged my little sister. If we were to hide the body of a shaman in one piece, we would risk our own lives. So we have to divide the body in many parts and place the parts far from each other". After Aadaaridaat's order they cut the body into many parts. They cut the dead body into many small parts and buried the parts in different places, one arm in one place, the other arm another place, and so on. When only the head was left Aadaaridaat said: "You must put it in an ice crack behind our settlement". And so they placed it there. (The brothers did as Aadaaridaat commanded, since he was a shaman.) The day after the brothers had buried Katsiija's head in the ice crack, a man from their settlement had sailed out in his kayak. When he passed the crack where Katsiija's head was hidden, he heard Katsiija's voice: "I was sewing when Aadaaridaat appeared in front of my window and I hid behind the post. Immediately after that I lost consciousness. I was unconscious for a long time. When I came to, I was in an ice crack, and I was only a head". Katsiija had been such an evil and such a great shaman: A mere head, yet still able to talk. The kayaker was so scared that he sailed home without sealing.

Aadaaridaat had experienced many things. I also want to tell of his journey to West Greenland to be baptised.

MS: Begin, continue.

AT: Yes, I shall continue. As I said, all the creatures came to Kristian when he had become a shaman; they all wanted to become his helping spirits. But Aadaaridaat refused to take anyone. During his kayak trips after having become a shaman, *innersuit* who did not live on land came to him.

MV: *Innersuit*?

AT: *Innersuit*, who were called *alleqitat*, those below. I, we call them *innersuit*. So it happened: When Kristian had become a shaman the *innersuit* came for having him as their master. The first ones were three big men, three brothers, and they had noses; then "Nipisadjivarsik", also called

innersivin. Taava Kalistijaa angakkunngorman naalangassamaarl'ngu ornittalersimavaan. Aamangii sidjerm ornippaan Angiterpaa pingasin. Angiterpaa pingasin, qatanngitingii pingasin, innersivin qingadjlin. Taavangeeq aapassaani ornippaa Nipisaqqivarsing, oqartarpun Eqingasoq, Eqingasoq. Taava aama pingajerivaa Inivaraq. Kalistijaa unikkaartarpoq imannang: Imaalill'ningeeq ingidjlni nijini peqikkaangamingi, sikinani ataavaapaa, sikinani ataavaapaa. Taanangeeq Kisermaaq innersivaq aama orningippoq. Tassa imminik aama toornarissammani. Tassa toornani taaneqartaraming soorl' angakkin, ilissamaataan. Tassa imaaporng ilissamaataat. Ajortumeerneqalerpata ilissamaataan. Taava taaneqartarpu toornan. Taava Kalistijaa angakkunngorami toornarpassivaqalerporng. Innersivi pingasi qatanngitingii toornarilerpaaj, aapassaanik Nipisartivarsik. Tass Equngasoq, pingajissaaning Inivaraq, sisamassaaning Kisermaaq innersivaq. Taanangii qingaqarnani. Taakuva innersivi oqartarami imannang: "Sumi annikkil'(dj)ijilerivin eqqaanginnarissinga tikissavassi. Uvangu sapingaqanngilangun". Kalistijaangii taamanikki nulijaminu kamarujuppoq, imaalijernani, soorl' uvanguttutu kamannani isattaanani, oqarporuu Kalistijaa taamanikki, nulija qani ateqarsimanerseq sijaninginngilara, taava oqarpoq: "Aqangi aadjarima qimassavakkin". Sunaakali toornaasa tusarnaaraan. A, toornaarinngisaasa adjan, tusarnaaraan. Taava aadj(l)arpoq qaamangi. Aallarajarami ussukulooq naalissimangamiji, Kalistijaam. Naalerajaramijing ta sanaqqivaa, kalilerdjungulu tunumun. Kalinnijarlungungooq tusaalerpaaj ipuppaluttun, ipuppaluttun. Uvi(l)djinigeeq qineralivaramingi takinngilaaj. Tassami oqarp, aataarinnaq oqarpunga, seqinniinartaringami isimini takinngisanni, seqinnerl'ni takisaraaj. Isimininngii qinaralivaramingi takinnginnamingin, taamangii seqinnerijallarteq taavaangoorun umija tikileraating, umija tikileraani. Takilerijadjaraangii aquttukuluuva silinnera, angititunnguu mardjuttu silitsingiseq. Sulingeeq aqu saavaniiterng suli silinneq, aqu saavaniiterng. Adjamingii taam Kalistijaa ornikkaan ussukuluumi kalitterng, ornikkaan. Tikilerajarmaninngeeq Kalistijaa oqarami imanna: "Sulerpisingaana?" Akinijalerpaan: "Ippassaq oqaravin, nulijannun, aadjarivin, massakki aadjarivin, tikeqissangi tassa tingivarijarterpassi!" Katsinngidjanngooq Kalistijaamun. Umijanngii taakuva Kalistijaa qajaanu tulappun. Ussukuloortaangii tudjiisoq. Taav' ussukuloortaa umijaata aqu saavaniitsim talerorsuvasijatingi tingingamiji, qanippangii natsijaaqami, umijap qeqqanu ilivaa. Ilerajaramijing. Taavangii Kalistijaa taana, umijamu tuleqqaserng qaqikkaluttuvaraa, Kalistijaa eqqaal "Qanermaana? Qanermaana? Usiikamaana toornaqarpunga!" Taakuva angiterpaa pingasit oqarmata sapingaqanngitsin, eqqaanginnarmangi, taavangii suvannippaluvi, avannaamini akkerpalilerpun, suvannippaluvi. "Suu erniinaq aangimmani, suu erniinaq eqqaangimmani? Idjersernijassangalivardjungu, kingivaatoor(l)dj'ting, orninngitsivaaramikki". Taavangii tikilerajaralivardjiti unippun. Sunaafka qunulersin, taakunnunnga umijanu, sunaafangeeq pernarn'ting tingivaalersin, taakuva. Paaserijadjaraa qunulersin. Adja eqqaangilaa Nipisartivarsik, taana Equngasoq, oqarma aama sapingaqarnani. Tassangii aama eqqaanginnaramiji aama tassa tikijipporng. Tikijikkalivar… aamangii tikijikkalivardjini tikivinnani unipporng, unipporng. Paasivaa aama qunusoq. Adja eqqaangilaa taana Inivaraq, nadj'ni ataaquttaraa. Taanangii nunaanakki angalasiingami, eqqaavaa. Timangijikkalivarporooq, aamaasinngeeq imaanu avalassinnaanginnami, avalannani. Taanangangeeq qunuvinngivatsijaralivaqaaq. Ta perijangassaarippoq. Tassa umija qeqqanu tassa tingivangaasussanngorporng. Qaqitassangerporng. Qaqitassanngordj'ni immini paasidj'ni, eqqaalerporng, usiikamaana Kisermaaming aama toornaqarpunga. Kisermaaq taana innersivaq qingaqanngitserng. Taana eqqaangamiji, avannamininngeeq ersippadj(l)akkami atangeeq paataasa ipuvi seqqulunneri! Nipaali, nipeqarnera! "Suu erniinaq eqqaangimmani, immini kisimi qunungisaqannginnami! Taakuva ilakasiini toornaqatinni, taakuva sapersi sooq sijudjijudjungit eqqaamangin?" Naalakkani annikidjijortorng, immini nadjingeqalungu. Tass

"Equngasoq", came. The third who came was "Inivaraq". Kristian used to tell that when he sat on the ground, bending his legs, it could pass through the hollow under his knees. Then another *innersuaq* came, "Kisermaaq", who also wanted to become Kristian's helping spirit (*toornaq*). They called them helping spirits, because they were meant to protect their master. To protect him against evil. That's why they were called helping spirits. When Kristian had become a shaman he got a lot of helping spirits. Three brothers. Next Nipisartivarsik, Equngasoq. The third, Inivaraq. The fourth, Kisermaaq. He had no nose. Aadaaridaat used to cite his *innersuit* thus: Whenever you get into trouble, just think of us and we shall be there immediately to help you out. Nothing is impossible for us."

One day Aadaaridaat was a little mad at his wife, not that he hit her like the rest of us would do sometimes. He told his wife – I never came to know her name – : "When I leave tomorrow I'm not coming back". It turned out that some helping spirits, who were not his, had heard this. The day after he went sealing, and when a big bearded seal appeared, he harpooned it. It died right away and he got it ready for towing and then sailed home, towing the seal. As he was sailing along quite peacefully he suddenly heard an umiak coming. He looked everywhere. He could not see anyone. Then he closed his eyes: just as he thought an umiak was coming up behind him and it was very close by. That was the way it was, you know: What he could not see with his eyes open, he could see with his eyes closed. This is what happened now. He saw that the helmsman of the umiak was as wide as two men put together. Yes, that's how wide he was! Another man, sitting in front of the helmsman was even wider! They sailed straight for Aadaaridaat who was paddling and towing the bearded seal he had caught. When the umiak was up close to him he said: "What do you want with me?" And, surprised, they answered: "Yesterday you told your wife that you wouldn't return to her once you left, so now we are here to abduct you!" And at this point the umiak was very close to Aadaaridaat and his newly caught bearded seal. The man in the umiak grabbed the bearded seal by its front flippers with such ease, as if it was a little ringed seal, he lifted it and he put it in the umiak. Aadaaridaat sat in his kayak, leaning against the boat. Then he thought: How was it now? How was it now? Why, I have helping spirits! Then he thought of the three brothers Angiterpaat, because they had said that nothing was impossible for them. And as soon as he thought of them, they were on their way to him from up north. They were angry because Aadaaridaat had not called them immediately, so they could have helped him earlier. But just as they arrived they showed their fear of the umiak. They now knew that this umiak had taken someone previously and killed without regard of helping spirits. Aadaaridaat saw that these helping spirits were scared and he now thought of another helping spirit, Nipisartivarsik, also called Equngasoq, because he too had said that anything was possible for him. Aadaaridaat then thought of him, and he was there immediately. Equngasoq too was scared of the umiak before he got all the way to it. Aadaaridaat now thought of Inivaraq, the one who could pass through the hollow under his knees. But he only lived on land. He stood on the beach, could not make it to the boats. Then Aadaaridaat was really in trouble and thought, but without getting afraid that they would probably take him on the umiak soon. Suddenly he thought of the helping spirit Kisermaaq, the *innersuaq*, who had no nose. At the very moment he thought of him, the sound of his kayak oars splashing in the water could be heard, at the same time he scolded Aadaaridaat furiously: Why had it taken him so long to call him instead of the others who did not have the skills to help him, their master. Those useless ones had put their master in great fear and danger, he continued. Now he, Kisermaaq, would show them! They would see! Quickly towards the umiak. Quickly. While Kristian moved towards the umiak, Kisermaaq squeezed its way in

aataangii taama ataasiiman qunussavoq? Katsinngilaq umijap tungaanun. Katsinngilaq. Kalistijaangii umijamu taleqqaseq, umijaq qadjerdjungu[20] tulapporng, taana Kisermaaq. Taamaalikulooru..., umijat suvalerpaaj: Sooq naalakkani taamak annikidjijertimmangi? Taamaalijivinnarmata annikidjijertissangamingin naalakkani annikidjijertimmangi immini akinijassangamijing. Taavangii kingiminu kaatorp. Sunaakangeeq, oqarporooq immini aarnuvani. Qaqippaangii assaa peqingasin. Peqingasin. Taamaliininngeeq ersinngilaq. Oqummerpaangeeq, oqummerpaa. Oqummeramijunngooq oqummijimmersordjungu qaqinnijalerpaa assaa isiverataat itimaata qeqqani. Qanoruu, qani issisija paasinngilaa Kalistijaam. Aapassaani oqummerpaa. Qaqinnijalerpaa assani naadjuvin adjisimaserng. Pingajissaaninngii oqummijimmersordjungu qaqinnijalerpaa, pernera tikidjungu. Soordjungooq perneq. Soordju uvang aana pernermun. Assingivaangeeq soordju paarqaarsing. Avanngaasu oqartarpu nujalik. Paaqaarsinnidjiinii taama kingiteqartingivorng. Taamatudju sikkoqartingalini, adjeroqartingalini. Timitaangii taama tikissimavaa, qiteqqusumavorooq qanijani. Taavangii keesijudjerijartivinnaavu silaanaq. Atangeeq seqqertarnera. Taamaalimmanngii tassa umijamun imaalijerpaa, qanippangii taama meeqan, umija inittaaj, qanippangii meeqat kappijalaartin. Taamaalijivinnaraangeeq, qanorooruna oqarnijalersun: "Ussukuloortaa aqqarnijarsijing!" aqu sijuvaniitsim. "Ussukuloortaa aqqarnijarsijik!" Aqqarpaan. Aqqarajarmangi tassa kadjisijudjungulu oqarsimavorng: "Angerdjarnijari ilangissavakki nunannun", taasuma Kisermaam. Nunaanu ilangisimavaa.

Ingerdjarijarmi ingerdjarijaram, nunaangii qadjeqiserng, oqarporuu: "Tassa pisinnaajunnaarmati, ta qimalerpakkin. Taaku ataasijarnating tingivaanijarsarimmata uvissaarijartilerpakka. Uvissaarijert'lerpakka, imaaniiti naamattuusangalivarikki umija alittordjungu kivisissavara. Ataasiinaangitsimi nuna qaamijivini tingivaalermata. Uvanga toornarineqarnanga sapingaqanngikkalivardjinga toornarineqannginnama, imaalijerneq ajerakk, ilisimangalivardjivin ataasijarnating tingivaasun, orninneq ajerakkin. Kisijadj idjit toornaringamma aataat uvissaalerpakka, tikikkikkin peqqalaasanangin"! Ornikkaminginngii, taamangeeq qani ilijorsumanerpaaj.

Tassa taana Kalistijaa' angakkiinera tassinga kidjeqarp. Kisijat kuvisilerijarternera aama aaldjartissavara.

MV: Tassa angakkussarnera taana inerpa?

AT: Tass inerpoq tassa, angakkissarnera ta inerporng. Aama angakkunngornera aama inerpoq, tassa. Taamaadjaan kuviserijarternera tikissavara. Uvikkijitissavara.

Aadaaridaap kuisikkiartornera kuisinneralu

Taavangeeq Kalistijaat tunumiidjini tassani, tusartarporooq sila aserorumaarterng, Kalistijaa taana. Aadaaridaa tassa taana. Tassami angiterpaapu aataarinn taavakka. Angiterpaan, Kalistijaa akidjersaasoq. Taavangeeq qatanngitaaj avunnartaringaming Pamijadjimmun niivernijarijardj'ting, taavangii tusartarpaan sila aserorumaarteq. Taavangii nunaminnu tikikkaangami tamakku qatanngitaaj kuviserajartorumasaralivarpun. Kisijanningii Kalistijaa angakkiingami pisinnaangilaq: Imminik upperi- naalangaqarami sapingaqanngitsinik. Taana Kalistijaa, Aadaaridaan. Taavangeeq taamaalerijarami, Kalistijaap isimani adjanngerajarterpaa. Sunaaka kuvisaajartilersaalerporng. Perijarami perijaram taamaadjini upernarnam, Kalistijaa oqativarnijardjinili oqarpoq: "Adj(ll)atu ajernaqaaq kuviserajartussuunga", taamatu oqarami. Kuviserajartissamaalerma toornaasa inertertaralivarpaan: Kuvisikkini ajersartunngussamman piitunngordj(l)uni. Piitunngordj(l)uni ajersartunngussamman. Taamangii inertertarpaan. Sulingii taana Inivarakasing ima inerterisartingisimavoq: Immininngii sila aserileralivarpan ila immining

---

20. Maybe qerdjerdjungu: squeezed its way in between (Robert Petersen pers. comm.).

between Kristian and the umiak. Then he shouted furiously at people in the umiak:[21] "Who do you think you are, making my master feel completely powerless. I myself shall take vengeance on you for thus making my master feel completely powerless."

The first thing he did was to put one hand down in the stern of his kayak. He said he needed to get hold of his amulet. When he took it (the amulet) out his fist was clenched. His fist was clenched. Consequently you could not see it (the amulet). He put it (the amulet) in his mouth and kept it there for a long time. When he took it out of his mouth his fingers were stretched and it (the amulet) was sitting in the middle of his palm. Kristian did not understand what had happened. Once again the helping spirit put it in his mouth. This time he kept it in his mouth longer. When he took it out it had grown as big as his hand. When he had had it in his mouth a third time and took it out it was the size of a forearm. Like my lower arm here (AT raising his hand and pointing to his elbow, MV). It looked like a bird, a *paaqaarsuk*, called *nujalik* up north,[22] a young merganser. It had a beak just like the merganser, but the teeth filling the lower beak were very, very big. Then its body, it had come half way out of his mouth. It tried to bite something in the air. Now a loud and fierce noise came from the its teeth clattering. Then there was great commotion in the umiak. The crew of the umiak now looked like children who were very scared. "Hurry up and put Aadaaridaat's bearded seal down!" the very stout man in front of the helmsman said. "Put it down!" he hurried the others on. They put down the bearded seal. When the seal had been put down, Kisermaaq the helping spirit told Aadaaridaat: "Get ready to paddle home! I will accompany you". Then he accompanied Aadaaridaat a part of the way home.

They paddled a long way together. Then the helping spirit said: "Now I will leave you, you are out of harm's way now. They can't harm you. Several times they have made people perish. Now I'm going to paddle back and scare them. If they are still out in their umiak I will tear the skin of their boat to pieces and drown them. Too many times they have caught people and made them perish. I will now show you that it is beneficial for you to have taken me as your helping spirit. No one has done that before, even though my skills are so great. Because you didn't call me (at once I could do nothing, but) Now I will show them. Now I will show them; revenge will strike them. They're in for it now!" The helping spirit sailed away. Aadaaridaat did not know what later happened.

Aadaaridaat's shaman story is finished. I will now tell of his journey towards Christianity.

MV: Is the (story about his) learning of shamanism ended?

AT: Ended. The learning of shamanism is ended. Also his work as a shaman is ended. What is left is his learning of Christianity to which I shall turn now and with that I shall extend the story.

Aadaaridaat's Journey Towards Christianity

While they were living in Eastern Greenland, Aadaaridaat heard several times that the world was going to end. This Kristian, this Aadaaridaat. Yes, as I just said, Kristian was the middle one of the brothers. When they had been south in Pamialluk to barter the brothers had heard that the world was going to end, and when they returned back home, they had all time and again expressed a wish to be baptized. But Aadaaridaat did not want to. He was a shaman and he had a master more

---

21. Evil spirits. Hardly umiarissaat, seals as vindictive persons (Robert Petersen pers. comm.).
22. Not correct. *Nujalik* is used by the Southgreenlanders in and around Qaqortoq and Paamiut, whereas people further north call the merganser: *paaq* and a young merganser *paaraq* (Robert Petersen pers. comm.).

toriss'tikkimaaramijing. Taasuma Inivarakasiim. Immininngii aaqissorumaaramijing. Taama inerterisimatingivoq naalakkaminun. Inerterisimatingingalivarporng. Kisijanni tassa: Kalistijaat nangangassaangilaq. Kuviserijartorumavoq. Avannamu aadjarsimavoq. Ingerdjarijarami ingerdjarijarami, sumi nunaqarnini taanginnamiji taana nunaa nalivara sumi Kalistijaa nunaqarpijarnerseq. Taamaadjaa Timmijarmijinu avannamu Pamijadjimmu niivernijarijardjiti, Timmijarmijunu pisarsimappun, Kalistijaakin. Sumi nunaqarpijarnerseq paasisimanngilara. Taana taasarpaa avannamukardjiti Timmijarmijunu pisardj'ting. Taava pisaringaming, ta avannamu aadjartaraan. Taanangii Puvisarteq ikaaleraaramikki, Kalistijaangii angakkiinngikkal... pisatsersivisanngippan qaneq aardjllerinartaralivaqaaq.

Taana Kalistijaa angakkiingami tassa toornisarsimangami sermi nidjikaqummani. nidjikaqunangi. Tassamingii sermi nidj...puvingini, inivi oqartarpu puviseq, imaapoq isimaa: Sermeq nidjikarteq. Ikaartarsimavaan ajernating. Tassami pisakkersivisarsimangami, Kalistijaa toornisarsimangami qajartorluni, toornidjunili ikaartarsimangami. Ikaartaraan ajernating. Taamaadjiti Kalistijaaki kuviserijartersimappun. Taava avannamu ingerdjadjuting ingerdjadj(dl)uti Nunattut ikerasaarsii paavata kujatinngivaniitsi Nunattun, taana Nunattumi taaneqartarp sijornangi niivertaqqeqaralivarpoq taana, Nunattu. Tassinga pidjutidji Kalistijaap nulija napparsimangami, adjaa toqu sinaani. Toqu sinaaniidj'ni, Kalistijaa, taana uvijataa toornidj'ni katsersartaralivaramiji sapilerdjungu, saperdjungu. Taamaarajarman Kalistijaan immini suli ajernerusuming, tassami upperisani attakkamiji suli, upperisani attakkamijing. Imminingaani suli ajernerusuming, toornidjaqqinnerusuming, nulijani toqulerseq aadjarsimangami.

Imminermininngaanii ajernerusumi ujaasidjuni. Taavangii ingerdjaarijarami avannamu Ikerasassii tungaanun. Aasamingii silaq sikingeqiseq, seqinneqiseq, sila nuvanneqiseq. Avannamu ingerdjadjuni ingerdjadjuni, taana Ikerasassiip paavata tungaaniitseq qerertaq, Iilap (Ella) qerertaanik taaneqartarporng, taana. Taasumangii akinneranu pivoq. Pinijarijardjinili, soordjuming seqineq qaamatingiseq qaamalerseq silaq, qaamalerseq. Takisassarsijerl... soordjungooq seqineq unnuvaq, taangaarami. Takisassarsijerijadjarteq Iilap qerertaata timaani, tassa nunavittaani, nunamunnguu tunnganngilaq. Qaqortuvinnarmi atisaling. Nijaqorutaangii avani. Avaniipoq. Nijaqorutaa qaamangaarman, seqinerminngaanii qaamaneringaarman, Kalistijaanguu qissimiinardjungu tass inngijasilertarpoq. Inngijasilertaringami alartaanarpaa. Taamaalisordjungooq taana takisaa oqarpoq: "Haar, nulija napparsimaqiseq nalinngilara. Ta uva taamaalisippara. Aataa misingitinnijarpakki kuviserijarteravin. Aataa kuvisaatinnang Narsarmijinu pingivin, aataa angakkiinerni pilijapiluti tamaasa unikkaareqqaardjuvi, aataa kuvisikkimaarputin. Aataa tamaasa unikkaarisareerikki aataa kuvisikkivi uva pingilissavakkin. Atamijaa inivi nammineq ajortulijarti pidjungi aajuku ikikka". Nittarijadjaraangeeq itimaani idjuttun. Saneraani ikeq sinaaniip. "Haar, tas uvanga kinaasoraarma? Uvanga pidjunga tassa kuviserijarterputin. Aataa uva silarsivaq asererpan, akinijaajartertareerima aataa tassa taakuva aataa ikikka mamikkimaarpun. Uva taaku pidjivi silarsivarmiji ajertas pidjivi taaku ikilingaangama, taaku pidjuvin. Taamaatumi taaku aataa akinijaajartertareerima, ajortulijortu aataa saamaaneqalissappata, aataa taaku ikikka mamikkimaarpun. Nalinngilara nulija napparsimaqiseq. Toqulerseq aadjarputin, aataa Narsarmijinu pingivi kuvisaatinnang, pilijapiluti unikkaaringikkin, aataan uva ajorunnaastissavara".

Kalistijaangeeq oqarami: "Aap, angerpunga tassa. Nulijara napparsimaqimman tassa ikijertissarnu ajersaqingama, uva tornisaralivarama sapilerakku, idji ikijissangima tassa Narsarmijinu pingima suli kuvisaatinnanga suli unikkaasuunga", taamangii oqarami. Kalistijaangii imanna oqarpoq: "Ungasippadjaaqingavi ornissavakkin. Aataa tikidjiti oqalittaaqatingissavakkin". Taana Aadaaridaa taama oqarsimangami anorooruna oqarnijalerseq: "Taama sulijapiloqartingalitin,

Aadaaridaat.

powerful than anyone else. This Kristian, Aadaaridaan. But shortly hereafter Aadaaridaat changed his mind. He had had the idea of being baptized as well.

So in the spring he said, quite unexpectedly: "There's no way out: I have to be baptized". Hereafter all his helping spirits were busy trying to change his mind: They told him he would be poor and suffer. But this poor Inivarak banned his project: If the world was going to end he, Inivarak himself would fix it. This dear little Inivarak. He would put it back in order. In this way he opposed his master's project. The helping spirit Inivaraq was so keen in having him to give up his new plans that he said that he, Inivaraq, would be sure to fix the world again if it was going to end. So much did it forbade him without any attempt at giving in. But Aadaaridaat was determined in his decision. He wanted to be baptized. And the family set out southward. They rowed for a long time. Since he never said where he had his settlement, I don't know exactly where Kristian lived. Only that they went south to Timmiarmiut and farther south[23] to Pamialluk for trading. Exactly where Kristian used to live, I don't know. They sailed south and arrived at Timmiarmiut. From there they sailed southward. When they then sailed across to the (dangerous, overhanging) ice cap, Puisortoq, they never would have made it through safely, had Aadaaridaat not been a shaman. Because he was a shaman he conjured the ice cap not to break up. They say that in case the ice calved – people call it popping up (puisoq) (of the calved pieces in the water) meaning the same (as sermeq nillikartoq) – they would not have made it accross. He told his fellows not to tell anybody. You know, he still had his heathen faith. He conjured. He was one of the kayakers accompanying the umiaks. And they rowed and rowed, and they reached Nunattut situated just south of Ikerasaarsuk,[24] where there had previously been a store. After

---

23. Due to the Inuit way of orientation by facing the sea, south and north are used invarted on the East coast (ed. note).
24. Apparently the fiord Allaamiut according to J. Brodbech's map in: Nach Osten. Untersuchungsfart nach der Ostküste Grönlands wom 2. bis 12. August 1881. – Niesky 1882.

taama ajertingalitin uvannu padjinginneq qinngaqqinnaqaatin, tassaniinginnarnijarin. Tassangaama taama oqartareerpunga: Nulijat, ilumu unikkaasangivin, tikissuuti niikijissavaatin. Uva ajorunnaarsissangakku, ilumu angerivin". Tass'mi angerporng. Kujammudju aadjardjini Nunattunnu. Toqulersereeq aadjarnijarami, aadjarnijarami. Taavangooruna tikinnijaleram paasinijaleraa taava nulijami niifkijeraani. Taavangeeq tikikkami oqarpoq qatanngitiminun, tassami ima oqartarami tunumiji "Tarngaajeq", tassangeeq alijortuvaq, isimaa: Tarngaajat. Tunumiji oqartarp tarngaajat. Isimaa imaapoq: Alijortugaq. Tassa. Taavangii tikikkami qatanngitiminu oqarpoq: "Tarngaajeq takivara, tarngaajeq takivara". Nalingamijimmi ativarsimannginnami, tarngaajaatippaa, ta, alijortungaasoralungu. Tassamassa kuvisikkami paasivaa, taasum taama pi(l)djungu kuviserajartordjuni. Tassangii tamaanga tikikkami Kalistijaa sulijapilunni unikkaarivaaj tamaasa. Aamangii oqarmat: "Sulijapiluti tamaasa unikkaarissangikkin, inivi aqqutingalivi tunisarimaarpakkin. Ajersaateqassanngilatin, tunisarimaarpakkin". Taama oqarpoq.
Taavangii tamaanga tikipporng. Tikikkamingii taava ataatarpuu ilinnijaqqaarpaa, aama. Taavangeeq ataatarpuu ilikkaramikki aataa kuvisaapun. Ajeqersivisini tamaani. Sordjeq ajeqersivisiinerseq tusarsimanngilara, Kalistijaa kuvisaafija. Taava tamaaniilerdjitilli aataat Iliinap arnaa, nulijaringalivarma arnaa, aataat toquvorng. Tassa taana nulijar...tunumijukoq Matta, Mattami ateqarpoq, ta ernitarma angajidjiip aterivaa. Ta' aterivaa Matta, taana.
MV: Kalistijaat arlariinik nuliaqartarsimagaluvarpormaana, aamma?
AT: Tassami. Tunumiikadjarami aama paniffaqarsimavoq Kalistijaan. Taamani paneqqaata atija aama nulijata aapaa aama, nulija sijudjeq Bolatta, Iliinap ateerivaa, nulijaringalivarma ateerivaa Bolatta. Aama tassa paneqqarsimavoq taana, atija tusanngilara. Kalistijaa paneqqaa. Taava tamaanga tikikkami nulijani toqumman, tuvapammijeq Matta nulijaqqiitingisimavaa. Taakulu qiternarivaaj nulijqqiitiminit Banba, Eekaliimi. Nulijamini sijudjermin Iliina. Nulijarivara tassa.
MV: Kalistijaat innersivarnik aama naapitaqartarsimava?
AT: Tassami angakkitserutorami, soordju aataat unikkaartinga, unikkaartinga.
MV: Allanik aama naapitsisarsimava?
AT: Taakuvinnaat naapittarsimavaaj. Taakuvinnaan naapittarsimavaaj, taasuma Kalistijaam. Tassa toornaangamimmi tassa tingusumavaan. Tassa taamangii oqartarpun soordju ilissamaatin, ta isimaa. Oqassangutta toornaq, uvangun, taava isimaa imaapoq: Ilissamaan. Tass taamaapoq.
MV: Toqutsisarsimava inunnik arlariinnik?
AT: Taava uva ardjariini toqutsisarsimanera nalivara. Kisijanni taana unikkaarnera tusarnaarpara, Katsiijaararsivasi toqukkaa. Kisianni tusaamavara ardjariini toqutsisarsimaserng. Taamani ardjariini toqutsinini uvann unikkaarinnginnamijing. Ilisimannitsi oqartarp ardjariidaariju toqutsinikuuvoq, Kalistijaat taana. Kisijanni taana unikkaava tusarnaarpara, Katsiijaa toqukkamijing, najamini sernissarl'ni.

Qivittut

Tassangeeq Qivitterng, taana qivissimaseq, sunaaka nuliassaqaralivarsimaseq. Taavangii angajeqqaaminu oqarsimanami nuliassaqarsimangami. Taavangeeq nuliassani taana asadjungu asadjungu asadjungu, angajeqqavini sijaningineqanngitserng. Asadjungu asadjungu, unnukkaa najiisariidjiting. Taava naartilersimavorng, nulijassaa. Suli oqarnani, angajeqqaaminu taana uvissaa, oqarnani. Taavangeeq paasingamiji naartilerseq, angajeqqaaminu oqarsimavorng, taana arnaq pijimadjungu. Sunaakalingii angajeqqaavi ukuvardjivassasin, ukuvardjivassasin. Angajeqqaaminu oqaralivardjinili, ukuvardjivarijarmata, taava ajoruumerijarami, qivissimangami, nuliassangalivani naartilertareerseq, qivipporng.

they had arrived at Nunattut, Aadaaridaat's wife fell very ill. She was dying. Aadaaridaat tried to heal his wife through shamanistic conjuring, but no matter what he did, he did not succeed in healing his ailing wife.

Then he wanted to find someone else who was a mightier shaman than himself, and he sailed out. He was still strong in his old faith. His wife was terminally ill, he needed to find someone who could heal her, since he could not do it himself. He paddled towards Ikerasaarsuk and reached the island called Ella-Island, which is off Ikerasaarsuk Fiord. The weather was unusually nice and the sun shone brightly. When he had reached Ella-Island and went ashore he felt the bright sunlight dim all of a sudden, the air turned dark as night. Light had appeared from somewhere, outshining the sunlight. He looked around. He had come to the inland of the island. He now saw a shape, hovering just above the ground. He was all dressed in white. And above his head a very large crown floated, and it radiated such a bright light that Aadaaridaat was blinded just turning his head towards it. It was from here the incredibly bright light came. The light was so bright that he could not look directly at it, but he had to turn his head away. The shape began talking: "Listen, I know your wife is ill, so ill that she is dying. I am the one who lets her be so ill, because I want to test you. I want to test your faith before you decide to be baptized. When you get to Narsarmijit and before you become baptized, you have to recount all your evil deeds as a shaman. Only then can you be baptized and you will be mine. Look at my scars, which are the work of man's evil deeds". He showed his scars: Scars in both his palms and a scar on the side of his body. "Who do you think I am? You will be baptized in order to be mine. After the end of the world, when I come to judge mankind according to their deeds, only then will my scars heal, my scars from the evil deeds of man. And when man has received forgiveness, my scars will heal. Yes, I know your wife is very ill, she was dying when you left. If you repent your sins and tell of all your misdeeds when you get to Narsarmijit, only then will I heal her". Aadaaritaat said: "I repent. My wife is very ill. That is why I'm looking for someone who can help me, someone who is more skilled than I. I couldn't heal her through my shamanistic conjurings. If you will help me, I will confess everything when I get to Narsarmijit before I am baptized", and he continued: "You are too far from me, I will come to you now, so we can talk better". The stranger then said: "You who have done so many evil deeds, you are not worthy to stand close to me. Stay where you are. You have heard that if you really repent and confess, then you will see, your wife will be out greeting you when you return. I will have healed her then". Aadaaridaat promised to repent. And he paddled back to Nunattut.

She was dying when he left. Now, on his return, she was on the beach greeting him.

Back home he told his brothers: I have seen a ghost (*tarngaajeq*). I have seen a ghost". (A ghost is called *tarngaajeq* in Eastern Greenlandic, while it is called *aliortugaq* in West Greenlandic.) You see, Aadaaridaat did not know Jesus, so he thought he had seen a ghost. He learned who Jesus was, when he had been baptized. He was baptized after having confessed his evil deeds and repented. He also remembered that the ghost had said: "When you have confessed all your misdeeds, I will help you through other people. You will not suffer. I will look after you through others".

Then they reached Narsarmijit. The first thing they learned was the Lord's Prayer by heart. When they had learned the Lord's Prayer by heart they were ready to be baptized. Who the priest was who baptized Kristian, I don't know. (Frederik Balle. MV)

MV: Has Kristian had more than one wife? (First wife, second wife, MV)

AT: Yes, it is known that he had several wives when he lived in Eastern Greenland. The second wife was called "Panerfak". Helene was named after her father's first wife, who was given the

AMOS TITTUSEN

Qiverajarami qiverajarami, tassa ukiji ardjariilersi, ukijeq aningorsumalerseq, kangerdjunnguu saneraaniilerporng. Saneraaniilerporng, tassa taana uvissaangaliva, qivitserng. Aadjaramili tikinngilaq. Angajeqqaavi isimappun qajaasorng. Sunaakali qivitserng. Qiverijarami kangerdjiip saneraaniidj'ni taana, ukijeq aningorsumalerseq, takilerijadjaraaj umija pulasin, umija pulasin. Tassa appilerpara qivitsi erinarsuutaa: "Takilerijallar... "taana kisija avanngaavoq. Uvanni oqaasii adjaav... avanngaasimangami taana immertaarteq:

> Takilerijallarikka
> umijanuku pulammijunuk
> isimarajaqaanga:
> qanilillutiinuku nunaniassapp'
> nalaalluti
> nunalingisaqaan
> unnusilerpara
> aternissannu unnussilerpar'
> unnorajarman
> atilerpung
> itsivarajallariga
> taqqama qanna militsitsiseq
> (erinaganngits. tassangii taana
> arnami ajersartiingami)
> isimarajaqaanga
> qanililluguuna kininiassavaa
> nalaalluni
> kinilingisaqaa
> takilerijallariiga
> arnannguuju uttulinnguujuguun
> aallarpunga
> qijagillungali aalarpung

Immertaarut taanna: Vebæk, Mâliâraq: *Niperujûtit*, Det grønlandske forlag, 1982:61.

name Bolethe at her baptism. Kristian brought a Panerfak when he arrived here (Narsarmijit). I don't know her name. After the death of his first wife he married Matta, who lived in Tuapammiut. Kristian and Matta had two sons: Barnabas and Efraem. Helene was daughter of the first wife.

MV: Did Kristian meet *innersuit*?

AT: Yes, yes, in his prime as a shaman. I told you this.

MV: Didn't he meet other strange creatures?

AT: Only these *innersuit*. They were his helping spirits you see, Kristian's, they protected him. That is why we call them helping spirits. When we say "toornaq" we mean helping spirit.

MV: Has Kristian killed several people?

AT: As far as I know he hasn't killed anyone except for killing Katsiiaararsivasik. I have heard him talk of this killing. But people who have known him for a long time say that he has killed more, this Kristian. He told of his killing of Katsiiaararsivasik to avenge his little sister.

AT: Now that story is over for now. We are done with Kristian.

Qivittoq Story

There is a story of a young man who became a *qivittoq* (went away to live in the mountains). It turned out that he had had a girlfriend. He loved his girlfriend very much. He had never told his parents that he had a girlfriend. As mentioned he loved his girlfriend very, very much. The parents did not know anything about any of it. The two lovers stuck close together, they were very close. Then the girl became pregnant, this girl who was his wife to-be. He still had not told his parents about any of it. But after he realized that his girlfriend was pregnant, he told his parents and said that he intended to marry her. As it turned out, however, his parents would have nothing to do with her, they did not at all think the girl to be good enough for their son. As mentioned before they would not acknowledge the girl as their daughter-in-law. After the parents would have nothing to do with the girl as a daughter-in-law, he became very sad, so sad that he went away as *qivittoq*. As we know the girl was pregnant when he became a *qivittoq*.

Several years passed with him as *qivittoq*. More than a year had passed when he went down to the the shore of the fiord, he came down to the coast this unhappy *qivittoq*. He had gone away and never came back. His parents thought he had perished in his kayak. But he had gone *qivittoq*. More than a year had passed when one day he spotted an umiak sailing out by the fiord.

Amos: "Now I will sing this *qivittoq* song. But the dialect of the song is spoken farther north on the West coast; the singer was probably from up around there":

> I spotted an umiak
> It sailed up the fiord
> I had a thought:
> If only they would go ashore!
> And it happened
> They came alongside and went ashore
> I waited for night to come
> To go down there
> When night came
> I started walking
> I looked in and saw
> Her breast feeding a child

Pauline Mathæusen
(PAMA), 72-nik uk. 1963
Utoqqarmiut, Qaqortoq / Julianehåb, siullermik Frederiksdal/Narsarmijit

Oqaloqatigiinneq

MV: Paaliit qaa!

PM: A, Tassinga? (båndopt.)

MV: Tassinga tassa, aa, una imaaliinnarlugu...

PM: Aa, uvisattaleqaanga, aah, uvisattaleqaanga...hi, hi, ...Tassa Idjikasimm... Narsarmijiniikalivarl'ta, doorlunik ukijeqalerdjingali Idjikasimmu nunasingalivaratta, aama niijafooruni ukijeqalissadjungal Narsarmijunu uteratta, niija.. naagga trejafoor...triijafooru ila kukkuvunga... ha ha..

MV: Ha, soqutaanngilaq, ajernavijanngilaq... kukkulaartaraliv...

PM: Narsarmijiniilerdjitalimi tassa iniivissijerama niijatraj'vinngerpakka. Huum.

MV: Narsarmijinu pigassi...?

PM: Tassa ingerdj...tassaniilerijanngivasikkatta, Siilarsip sakerinqalivarma inertiinarijarmatingu, tikeraarinnaralivardjita, inertiinarijarmatungu, Biintittaaqap uviingalivata, Narsarmijunu nunasinngivasikkatta. Ill(dj)ilijileqaangun, savaasannguu inikunnguvasija. Antoorsuvasikki savaasaataata inikuva. Ilivarsaaterijarattingi, ta avunga avannarlernu
ujaqqanik aadjertanngivasikkatta, ersudjuta. Ersudjut... perijaratsingi qarmalinngivaseqaarpun. Inerijaratsingi, Joorsingusakkulu ikijertingisaratsingi. Inerijarattingi, ukijit qassi taama tassaniipungun? Suli tassaniill'ta nukaringalivara Tappiija toqorijarman Joorsuvaanaasii oqarporng, taana Joorsuvaa ajoqi, oqarporng: "Uunga annermu idjitaasuusi, kujallermu Ujuvaanaangalivakki illivanun". Ilivarsaaterajarmikki iliva, komuunin, Eekaliimikkin.
Taana idjunnguvas sulijarilerpaan. Inerijaramikki Eekaliimikkin, komuuniidjuni Eekaliimi. Sulijarilerpaan, sulijarilerp...ta, idjikasinniikallaratta ikijiitisijassaangalivakk, uvanga missilisarnermi ammassannidji peqartarnerm, ukiji marli ikijiitini pinnginnatta. Narsarmijiniileratta taakuva tamaasa sadjilingassarsiitingisimangatsingi, idjunnguvasittunnun. Sadjilikkilersilerpu, sadji...tassa komuuni ikijorl´ta. Aamami taamanikkudju ameerikkarmijeqalerman uvanga sal´likkaning, salilikkani pisardjinga, nammattordjunga taqqavannga sunaan, nammattardjinga sadjilikkaning. Tassa tamakku amingalaarti ilaartorluvin. Perijaratt nuvannersikulooqingami. Joorsuvaangivasi komuuniisorng. Aanikki idjungusakasijani natijani innangasaratta, a tipeqarnerming, Iisaajarsim sililijaa aqqiisarsivasik orsuva orsuumisarami, orsuutingisaramikki, taaku Aanikkin. Tipeqarnermi natermiitanngivasikkattami. Tassa inerijarsaringaan, Joorsuvaangivasii ippatissanngivasinnu adjaan pilattertarnijaraaj, tassa nukingernerming. Kiisami inidjaramik-

I had a thought:
If only the child had to pee
And it happened,
She held the baby forward to pee
I got to see
A little child with a crack
That is when I wandered away
I wandered in tears[25].

Pauline Mathæusen

(PAMA), 72 years old in 1963
Qaqortoq / Julianehåb. Formerly Narsarmijit / Frederiksdal and Illukasik

Conversation

MV: Pauline, now! Now you may begin.
PM: Into this one? (the tape recorder, MV)
MV: Yes, yes. That's right, yes...
PM: Oh, but I get scared. I get scared, hee, hee.. Well. We first lived in Narsarmijit.
We moved to Illukasik when I was twelve, then back to Narsarmijit just before I was forty three ... maybe I'm wrong ...
MV: It doesn't matter much, it'll be all right ...
PM: After we had come to Frederiksdal / Narsarmijit I had my birthday. I was thirty nine. Some time after, for we poor people had stayed there for some time, although we had come just for a visit. My late father-in-law Silas had persuaded us to stay. He was Benittetes' deceased husband. We poor ones then stayed at Frederiksdal. Some people began to arrange living-quarters for us, for us poor people: a former goat-shed was renovated. It had been Big Anton's goat-shed. It was improved and we went for stones from the North side of the place. We carried the stones on our backs. By and by they built the walls and it was finished. Joorsi helped us. Well, it got finished. I wonder how many years we lived there? While we lived there my younger sister Tabia died. Then Josva, the cathechist Josva said : You will live in a bigger house, on the southern side of the square in the house of the deceased Johan. They improved the interior of the house, the council was in charge of this. Efraim who was a member of the council was in charge of it. They worked and worked with the house in order to improve it, yes. While we lived in Illukasik I received no social welfare for two years, because I myself took care to make dried capelin and cod for us. That money was there, when we came back to Narsarmijit and I bought boards for our new house for the money from the council. At that time Americans were living here close to the settlement and I had also boards from that place. When I went for them myself I carried boards on my back from over there. We used them for the places in the house where boards were missing. By and by it came to be very fine. Josva Simonsen was a council man at the time. We lived in Anike's small house. But the air was terribly bad, because they used the blubber from a carcass that Isajas had caught. It smelt terrible. We poor people lay on the floor. But the smell was insupportable.
Many men were busy with trying to get our house finished. Josva Simonsen sawed the boards for

---

25. First published in Mâliâraq Vebæk: *Niperujûtit*. – Det grønlandske forlag, 1982:61. Danish revision Vagn Steen.

ki. Inerajarmassi tassa, tassami nukara toqusumalerman, Luuvili, ernikkuluungalivarali, mardjivinnaangatta. (Tunuvaniit: Tappiija suli ajinngits...)
PM: Ila toqusumalerma tassani kujadjermi idjeqalerpungun. Uvani avannarlermi idjeqaradjaratta Tappiija ajinngilarng. Toqusumalerma tassinga tassa kujadjermi Ujuvaanaaki idjukuungalivani idjitaaratta, angisoorsuvasiingami. Joorsuvaangivasi oqarporng, ta uvalisareerterng: "Paaliit iserternijassuusi, idjeqatissarni ujardjernijari akilerimaarporng. Ta ujarlerijarama Eenuk, Ciisiilia ernera, erniingaliva nukarl, Eenung. Imaaterijarama oqarpunga: "Eenu, idjeqatingeqqajarparma akilerimaarpaatinngeeq". Angerami. Tassa marl(dj)uta, tassami aama uvangu saangutinik tamakkuninnga ilivarsaakatsingi sinarsiva simitsividjungu, simitsividjungu ilivarsaaterijarm, ta ittaleqaarpun, Eenudju mardjivinnaadjuta
MV: Taana Eenuk kina?
PM: Taana Ciisiilia erniingaliva, Eliina uviingaliv...
MV: Aa, Eliinap uvia...
PM: Uuum (aap). Ittalinngivaseqaaq, pappijalarsivarserajarama nutaarsivasimming, tassa aningaasaqalikasikkamami tassa, Joorsuvaangivasii fem kronin aningaasaqartileraminga, katsersaasudju niivertissallu, taana pequssutaa. Massakkin ukkorisalerpakka sananijarujudjunga kisijat pujortarusulerajardjinga, sanarujudjunga aningaasarsivasiika iperardjivin. Ukkorusuttaqaanga.
MV: Sooruna uggorusuttutit?
PM: Ila taaku tuukoruunit aarl-dreserdju kisija sapaati akinneranu pisalerattingi. Taamaakama aningaasakka ukkorisaqaaka, hi, hi... Massakkimmi assanngivasiika uku nukeqanngitsin, tassa suli mersorujuttarpunga, adjaangitseq pujortarusuttarnerm.
MV: Illunnguasissi naak?
PM: Tassa ittalinngivaseqaarpun, ta Eenudju. Taanami Eenung angeqingami, taana maanerdjeerijarami uva avannaatungaani. Qujanaqaarmi taamanikki ittadjuta uppeqimman. Sunaaka imaatserng kuusuvasii ikaaritikuva quvassuttuukuloorsuvasing tuusaliussumangaan aanikorsuvasing, ha, ha, ...uumaa tass ittasereerajaratsingi ta isertilinngivaseqaangun. Aasaamangi kingitilerisimi pisakka – kingitikka pittaanginerming – aviisersivasii pittaakuloortu tunniikkamingin. Taakuva assilijalersiitserijaratsingi, sadjilingaanarsivasi ilisimanijardjungu nuvannarinerming. Ingalaa saaniikaming naasuutikka aama Makkamingaasii pisakka, naaruttortut ilijerardjivi; taama akkuvartikkattami akkuuterpu tassa neringatsingi akkaa, akkaa tassa neringatsingi, ingal igalerpakka. Luuvinngguuju padjorijarami, tass ikinngitingeqingamiji aama ernera Juunarsi angajidj(l)eq, iserporng. Iserijarman imminnu tassaasiin adjaqattaart, ingadjunga suli. Maaniikami kissarsiiterpu kujataa'tungaani, kaninga ingittardjinga idjeqqinngivasimmu ingittardjingali qisuttortardj(l)ugulu. Nuvannerami, nuvannerami, kanani qudjeeranngivasi ikimarajarami, sikaavinngivasitta qaani ikimarajarami, ikani kujataatungaani ikimarajarami, qaamarl(dj)ita qaamarl'ta taamang. Tassani suli ingadjunga, tummaarisara ila soordju sijeraarpalittaterng. Isimarijadjaaraanga immaqa tassa sijeqqanik ataa immeratsingi, imma tukkijarternerani tukkijarternerani ikkaalittarterng. Tass soqutinngilara. Ilami taana silippadjaalissaqimma ilimangiitsinerm tuukarsivasi, tass...
Ingasareerdjingali nerisareerdjitali, Juunarsi anisorl(dj)u, anisordju, Joorsuvaaki itsivarpu, aa, quttatilerpaatungu: "Uku qujananngivasiinuku itsijaartin". Tass. "A, aqangi pulaarimaarpungun". Angerpunga, angerijarama; taamaanginarterng taakuva atii Joorsuvaangivasikki Apuluunijakk aama: "A, qujananngivasiinuku, a, pulaangilangilangu, aqangi iserimaaratta." Ha, ha,.... A, taam...

the platform himself. So busy they were. Finally the house was finished. Well, it was after my little sister had died, so I was left alone with my son Ludvig. (Voice behind): Tabia was still living.

PM: It was after her death we went to live over there at the southern place. While we were still living in the more northerly house, Tabia was still alive. After her death we moved into the southern house, which had been Johansen's house. It was very big. Josva Simonsen said in the afternoon: "Paaliit, now that you can move into the new house, you must find someone that you can live together with. He will be paid for it". I looked for someone who could live with me, and found Enok, Cisilie's youngest son Enok. I said to him: "Enok, please come and stay with me. It has been said that you will be paid for it." He agreed. We filled holes in the wall and floor edges with the earth I had gathered, so it was quite tight. Then we made the platform in the innermost of the rooms, only for us two.

MV: Who was Enok?

PM: Deceased Cisilie's son, who now is no longer living. He was late Cisilie's son.

MV: Aaah, Helene's former husband ...

PM: Yes. Well. The platform was made. I had bought roofing felt, quite new. Well now I had money. From Josva Simonsen I received five crowns, by order of the doctor and the assistant. I regret some times that I had such a desire to smoke, I can only do it when I try to roll my own. I might very well have done without the money. I regretted many times.

MV: Why regret?

PM: For later we only get two crowns and fifty øre a week. Therefore, I regretted hee, hee, ... Today my poor hands here have no strength. All the same I can sew something, something miserable. It came from my craving to smoke.

MV: Now, how about your poor house?

PM: Well. We put up the platform, Enok and I. Enok was very tall. He lay there (PM points with her hand) and I was by the wall. I was grateful the house collapsed after we had got the platform. It appeared that they had used rotten boards that had been scrapped after having been used as a bridge across Kuussuaq ('Big Stream'). Now just listen: After we had got the platform, we moved in.

I had got new teeth, which I was very fond of, from the dentist in the summer. They were packed in very fine newspapers. Those newspapers we used as decoration on the walls, even though the walls were of wood, but it was nice with newspapers. At the window stood my fine flowers, that good Magga had given me. (The clergyman's wife, MV) When we got Royal Food we ate half of it (i.e. on the king's birthday). Now I boiled the other half. Dear Ludvig lay on his belly on the platform. Then his very good friend, Jonas' eldest son, came in. They played at writing, and I was still cooking. Here stood our oven. There were small lamps, it was so bright, so bright. Now and then I stirred the pot, put firewood into the oven, then I sat down after that. I seemed to notice that the floor I trod on, that there was sand between the floorboards, but I thought that was maybe because we had put sand beneath, I thought that it would settle. I went on as usual. When the food was done and we had eaten and Jonas had gone, Josva Kleist and his wife looked in through the window. They were so happy on our behalf that finally we had got our own place, they were grateful on our behalf. "Well, we will come to visit tomorrow." And I said: "Yeah!" Shortly after his namesake Josva Simonsen and his wife Appolonia came by: "Ooh how nice this is for you! We are not coming in now. We will come tomorrow..." Hee, hee, hee ... Then they went.

What was it now I could hear now and then: something creaking? I stamped on the floor hard with my foot. Then there was no more. But now again. Well, we had no clock. I would think, that

Ila seqqulaadjaaraaq, natinngivas tukkarterujudjaaraara. Taamang. Kiisami, nalinaaqitaqannginnattami, tass soordju arfinersisama qaangerinnarsingaa innarpungun.

MV: Aqqinisisaman.

PM: Innarijanngivasikkatta, suli imma qulinnginngitserng innarpungun. Luuvijaasii uvernarnarmik erninaq siningajaartariilers. Sinikkinngivasippu ungaleqarami, tamassuma'tungaaniikami atisakasippun idjeqqii qaavaniikaming uvani kujataatungaani. Ta, uva ungadjeerijarama, tass taana, nuvannarinermi tassa inernissaami erininginngivasinnerm. Itsivarpadjamma qivijarija(ll)djaringa ingalaaki... Kaluliit, idjeringalivara taana Maaliitam paningingaliva, ilimmu mitaartarterng. Uvangaasii idjarujuttalerpunga. Taama oqarpadjapporng: "Isinngilanga". Angernijarajardjungul kisi taam uminngaadjassivas. Qujanaqaardjuunii isinngimman. Taamadjaan nerissaadjakkami. Tamakku kisimi udjorissat. Ha..ha... udjorissan. Taana itsivartort mitaartaar(l)djinili itsivartortorng adjamik nipeqarpalinnginnami: "Paaliiki uppeqaa, Paaliiki uppeqaan." Tassami iserteratta unnuvinnarterng, innaanarlitali. Aana innanngikka(dj)laratta napisimassaserng. Aataat innarl'ta uvernaasaanalerl... Taamak nipaanaa: "Paaliiki uppeqaa, Paaliiki uppeqaan." Ha, ha, ha...

Qanippa sava pangadj(ll)ipaluttu: Inivin! Angitin! Tassa Anikkinninngaanii udjumiimangi aninijaratta, angerlarnijaratta, itsijaavill'ta. Unnunnavijanngitseq Aanikki nati...suli qulinnginngitserng Aanikki natijani innaqqippungun. Qanippa ikkunnguvasii "nataarnakkin".

Udjaakunngu Eekaliimi qaqqalijardj(l)ini, taana sana sulisunnguvarpun, aningami qaqqalijardjini, kujamm qivi...eqqaarijaramisungu kujammu qivijadjarterng, tassami tassami isimannaavikkami, "Soordjumi Paaliiki idjiva uppinnikorng". A, tassamiina uppisimas. Aterijaramingii imminerminnu iserdjinili oqarporng: "Paaliiki taama qanikasippan? Idjiva uppissavorng! Aataangii mernarternartimi takingami, ilami ilivarsaaqqissarlungu innarami, tassa uppissimaseq tusaasimannginnamij.

Iterajadjartungu apisimaserng, eerr! Tassa udjorormangi Tiijuutuvalanngivasi aggerijarami: "Sooruna uvangutunnu ukiinginnanngilasi...?" Uvang nangaamisaaralivardjinga ...

Joorsuvaanaasii oqarpoq: "Aa udjumi seqineq aarijarpan tukkartissarsijissavornq." Tukkapadjarajaraming issuning, aama unnunngitserng qulipadjaqqiinarpungun. Qanippa maskiinami sanaaq! Ha, ha,... tassa.

Aliortugaq

Alijortivativara tassa katersertaqqimminngaaniin, tassami kunngi, imaats... taamanikki nuvannaaqingatta,

MV: Qanga, qangarpiaq?

PM: Ila Danmarki anigivigis'taama taamani

MV: Narsaq Kujallermi?

PM: Aap! Kaagisuull'ta kakkisuudjuta nuvannaakulooqingatt. Kalulii oqarajarman: "Qanoruu idji ujakkarajarternijassiiti...", qiternanni. Ta, ujakkarijartorluvi: tass taanakasi anging! qernertimi atisaling, nasaa teqqijaa atsinnijarajarami, samaniikami, eqataqanngitseq teqqijaa. Unammisi nasaani nasaling.

MV: Sumi takivisijik?

PM: Tassaalaa nuvidjivarami ingalaangivasitsininnngaanii avalassaarterng. Uva adjami oqannginnama: "Aar...iniling? Taanaqa uninngaqq unippunga. Takassa kitinngivarnu aama unippoq. Angi anginngitsikasik, tass erinittaatillarlungulu oqarsinnaajunnaar(dj)lingali, kujammu saanijarajartordju malerajaralivarakku, adjami ass'qanngilaq qanippa maanga, narsivatingin, aadjarajarneq ajilerdjinga. Qanippaliiniin allunaasami uunga sakijakasikku narsimaakaang. Ajernaqim,

we, we miserable creatures, went to bed a little after nine. Yes, after nine. No, it was not yet ten. Ludvig was as ever so sleepy, he fell asleep at once.

Our poor platform had got an edge set at the end. And in front on the wooden chest lay our old clothes. I lay farthest out. I was so glad, well, I had been looking forward to this! Then I heard somebody at the window outside, and I saw my now deceased cousin Kaluliit, Maaliitas daughter. She looked in and made faces. I began to chuckle. I heard her say: "I am not coming in". No sooner had she said so it got dark inside the house and there was a lot of air around you and a lot of stars in the sky were to be seen. And she that stood outside the window and made faces, now only this could be heard:

"Pauline's house has fallen down, Pauline's house has fallen down..." If it had only fallen down before we had gone to bed, I thought. We were just so sleepy... And now it was heard there outside: "Pauline's house has fallen down, Pauline"s house has fallen down".

You only heard the sound of running of feet, it sounded like a lot of running rams. It was people, mostly men, who came running towards the house. We had moved from Anike's house during the day and had been calm and glad to do so. Before it was really night we were again lying on Anike's floor. We looked like something out of the tale "Nataarnakkin".

In the morning Efraem had gone up into the mountains and chanced to look towards the houses to the south, he was so calm and pleased now that it had ended well... But what was it he saw? It looked as if Pauline's house had collapsed.... Quite right, it had collapsed. When he came down to his house again he said: "How is Pauline now. Their house has collapsed". Never before had he felt anything so overwhelming. He had done such a good job the day before and now, the day after! He had not heard about it until he saw it himself.

We woke up the next morning. It had snowed. Rrrr! Late that morning Theodora came and said: "You might come to stay with us in the winter...? I was a little sceptical at first... Good Josva came and said: "When the snow has melted today, we will send men and collect pieces of peat." Before the next night our house had been rebuilt. One would think it had been made by a machine! Hee, hee, hee ... And that was that.

Ghost

The only ghost I have seen was on that night in Frederiksdal when we celebrated the Liberation of Denmark (1945 MV): The celebration took place in the community house, where we had coffee and cake. It was very nice, we were all very, very happy.

Caroline had asked me if I would go and see how her children were doing. So I went to see how her children were doing: I saw a man, a terrible man; he came out from the house, moving in the direction away from our window. He was wearing black clothes, and he was wearing a cap; the cap's peak jutted far accross his forehead, and it was very soft. I was startled and said: "What's this? Is anybody there?"

I stopped and stood still. He stopped too. Then he started to move in the direction of the southern part of the village. I tried to follow him. But all of a sudden I couldn't walk. It was as if I were tied to the spot, as if I had been tied down with straps around my chest.

I looked around. A big American motor boat had been pulled up a bit south of the village. The weather was so fine that you could see everything very clearly. When I was able to walk again I went to Ane's house and looked through the window. The children were in bed. Then I went back to the community house through the northern part of the village, passing by Gertrud's house. Here I met Cornelius and his wife Haldora. When they heard what I had seen they ran after the man, as fast as they could. They looked for him by the motor boat, but he wasn't there.

PAULINE MATHÆUSSEN

Uvani kujatinngivatsinniikami ameerikkarmiji pujortuvararsivasijan amunikuugami. Ilami sila pittaanermi takisariaqanng takisassaqannginnami tassinga, taakununngaasii Aanikki tungaanu ingerdjarajarama, itsivarajadjarakki innartareersimaseq. Adjatu ajernaqimman avannaqquterajarakku qummu ingerdjallunga Geertalaaki, Siilakki idjiva avannaqqudjungu Anduulakki tass. Taana uvingilerdjaa Kunniliisilli mardjuudjuti ammu ingerdjasi oqaqqingalingi...Qanippa taam sumi tusartin! Ornikkalivaramikki, aam taajinnga pujortuvararsivasi ornikkalivaramikki, sumidjiini takisassaq! Tassa, tassativaq. Ila, tungujortumi qardjeqarajarami soorl qernerimi tujuuluvaraqarami, angi anginngitserng. Tass nasa nasaqaralivarpoq, teqqijaa samaniikami, kiinaa asserdjungu, kiinaaliinii paasinanngilaq.

MV: Takineqanngila?

PM: Tassami kingerna takineqanngilaq.

Unikkaartuaq

Umittuunguvasikkunngooq nulijariilerpun, utoqqanngivasiin, Sangissartuukudju. Tamarminngeeq qiternaqannginnaming, Umittuunguvasi aalisaanartunnguvasiigami, aalisaanartunnguvasiingami Umittuunguvasik. Sangissartoorsuvasik nakiingami, nakiingami inuusukkalivaqalini. Taakunnguvasii tunilaasanngikaaj.

Aamaasinngeeq taana Umittuunguvasii nulija, uviisakasimmi amissaa ikerajaramingi, kinittareerajaramingi, amissamman uvinngivasimm...oqarpoq: "Aah, Sangissartii nulija takisaradjardjangi". Uvinngivasijangeeq oqarpoq: "Sooq?" "Soqqaataqatingissangakku". "Ah, naakk, soormiilaa...". Nulijakasijata assortorijaramijing, ta ornippaa. Itsivarajadjaraa padjungaseq. Oqarpoq: "Umittuunguvasi amissamman soqqaataqatingeqqajanngisaramma"."Ah, aadjalerdjinilijaasii kamikasiika aadjarippaaj". "Kamikasimma aapaa(j) atissavatin". Ta, aarajaramingin, usinngasermass, tassamassa aajuku qapijangassarsivasiin pusinngaanartin, uvija sangissartinerming, a ilaa. Ta, aterajaramingin aniv ammukarpoq. Assi, iliming kamassimadj'. Ta, iserajarami mersilerpaa. Soqqaartartareerajaramikki, mersilerdjividji – meqqitersimaqaalluunii taaku –. Soqqaartartareerlivi mersernijalerdjivilli uvikasija itsivadjaaraaq. A, taama: "Sangissarteeq nuveqaaq". Nulijangeeq pikinijarajarteq, taana Umittuunguvasii nulija oqarpoq: "Uninngaanarniisarit". Taama majivakaakalivaanaq, amaasii Umittuunguvasik itsivarpoq: "A, angivingalerlini aggileqaaq". Tassangii kassija, utoqqaanermimmi, ta uuliisalinngivasippoq. Taama iserijartort, isilerajadjarteq angivikkani sijuleralivin. Taama nulijani angivingaleraluttuvaqimmangi, taana nulijakasija, Umittuunguvasiim, nikiveriitaa, taana Sangissartoorsuvasi arsaapadjarijaramiji angivingarsivasijaning, nadjulerpaa, nadjulerpaa qanippangeeq ivikkaning. Nadjortareerdjividji amissanu uppiterajaramij, qaqorsoqqutaangii unneq qaqernijarajarami, qanippa aputeq. Amissanu nakkarterijaramingi naqitertordjungin. Taana Sangissartoorsuvasi nikerijartaralivarami, qanippangii talii utoqqaangitsi talii. Uvikasijangii taana oqarpoq: "Aa ateqqiinaraluttuvaqaangunulaa unitsiinarnijaruk". Unitsikkamijing nikiverajadjarteq, taamadjaangeeq qaqersoqqutaa aapalikkami orsoq. Nikiverajarman tuversuvasijangi aalaterajardjungu: "Haar, taki utoqqanngivasiidjunga, arnanngivasiidjunga artinngikkikkin. Kingerna taamaalijissanngilati. Taki, una utoqqanngivasi, Umittuungivasi isingivijik? Taasuma pinijalermanga arternaqaaq!" Taamang. Tassamingii taana Sangissartorsuvasi pijivangiinarlini nulijanili anippun. Animmatang taama unnuvaangii sinippijanngivasinngidja aardjerinerming. Taama taamang udjorum'naa qanippangii nunaqqateqanngitsin.

Taamaanijanngivasidjiti, assimi iserijarterpalileqaaq. Isilerijadjart, neqinik orsunik, tamorusa tingussuvasinnik idjuttortoq, nulija. Taanaqangii pajulerpaan. Tassangii suli pajukkijartivinnarpaan, pajikkijartivinnarpaan.

The man wore blue trousers and a black sweater. He wasn't very big. The peak of his cap was hanging so low that you couldn't see his face. It was completely covered. Nobody has seen him since then.

A story

Umittuunguasik and his wife had lived long lives. Now both of them were old, poor old people. They lived in the same settlement as Sangissartooq and his wife. Both couples were childless. All Umittuunguasik could do now was to go fishing. Yes, that poor creature, Umittuunguasik. The big Sangissartooq was a great hunter, even though he was still very young. They had never given the poor old couple even a small piece of meat.

One day Umittuunguasik's wife, after cleansing and rinsing skins to be used for covering Umittuunguasik's kayak, said: "I'll just go to see Sangissartooq's wife." "Why?" her husband asked. "I'd like her to help me tighten the skin." "Oh no, please don't…"

But his poor wife wouldn't give in and went to Sangissartooq's wife. She looked through the window.

Sangissartooq's wife was lying flat on her stomach on the sleeping platform. Then the old woman said to Sangissartooq's wife: "Sweet one, I'm about to cover Umittuunguasik's kayak, I'd like you to help me tighten the skin on the kayak." "As usual he took my wretched *kamik*s with him when he went hunting" said the young wife. "You can use a pair of my old *kamik*s." Then she went to get the pair of *kamik*s since the young woman just lay there on the sleeping platform. Outside their house were heaps of skins waiting to be prepared. But she didn't do anything about them because her husband was terribly jealous. She then put on the old woman's *kamik*s and went to her place; she was angry and sad. They then started to sew and tighten. The old man was outside and once in a while he looked through the window. Once when he looked through the window he said, fearfully: "Sangissartooq is coming around the cape." The young wife got busy, wanting to leave. Then the old woman said: "Stay where you are, my dear." Then Umittuunguasik looked through the window again and said: "He is coming with his lance!" The old man was shaking all over his body; he was very old, you see. Then they heard him entering the house, and then he came towards them brandishing his lance.

When it looked as if he was going to throw the lance at his wife, the old woman got up and caught Sangissartooq's lance and started to break it. She broke it into many pieces and with such ease that one would have thought she was breaking straws of grass.

After breaking the lance she threw the pieces down into the skin prepared for the kayak. Sangissartooq's outer anorak used to be as white as snow. She squeezed the lance pieces in the kayak skin.[26] Sangissartooq tried to get up, but with no success. His anorak was all red. His arms were completely without strength, just as if he were a little child. Then the old man said to his old wife: "Leave him alone, he might want to harm us." When Sangissartooq finally got up, the old woman grabbed him by the shoulders and shook him violently and said: "Listen, I'm a poor old wife, a poor old woman. But I manage. Never again act in the way that you have treated your wife. Do you see that old man over there, Umittuunguasik, do you see him? When he wanted to

---

26. Other Greenlandic variants of this story has the strong woman roll down the mean person into the skins, whereafter she presses him thoroughly into them, soiling his pure white skin clothing. Yet this story teller puts the object for the strong woman's throwing and pressing in the plural. That makes the torn pieces of the lance the object. By replacing the lance pieces with the mean man as object the passage immediately makes sense (ed. note).

PAULINE MATHÆUSSEN

Nappajannguaq

Nappajanngivarii pidjeruutunnguaq silatterpoq nukappiaraadjuni angajeqqaaqarnani. Anganilingeeq ajanili kisija najordjuvin. Tassa perajarami, pererijarterajarami, pererijarterajarami kiisa inuusuttunngorpoq.

Tassa angaa uninngaanangajalerdjinili, ajanili kisi najordjuvi, aamaasinngeeq taana Nappajanngivaq tassa qajartertalerpoq. Tikerajadjart...tassa aataakuluumalerpoq, aataakuluumalerpoq, pisamalerpoq, pisimalerpoq. Tassa pikkiitingilivippaat angaatali ajaatali, angaangii tassa qajarternaveerdjini, tassa Nappajanngivaq kisimi aadjakattalerpoq (laughing), aadjakattaalerpoq. Tassa aadjarneri tamaasa kisi ardjaraardjini. Aamaasinngeeq tikerajadjarteq aataakuloorsimadjuni. Oqarpoq: "Aaqatilassaq". Ajaata suliaripadjarjaramijik perijarami inertareepaa aaqatilijassaralungu. Taama qajarteqqikkami tikerajadjarteq, oqarpoq Nappajanngivaq: "Idjivanik aaqataarserpunga, aaqasinijaringa". Ajaata aqangi qaaman aaqasipadjarajaramijik idjivanik, tikippoq qajartordjuni. Tikerajadjarteq aaqataarserdj(l)ini. Aataakuluungooq amersivasija aaqataarsiinarlini idjukumik nunguppaa. Nunngutaangeeq atidjungulu qajarterami tikinngilaq. Utaqqingalivaramikki angaatali ajaatali. Tassa kingornuvaan. Qijadjuti, qijadjuting.

Nappajanngivaq taamanikki aadjarpoq avammu tamaat. Ingerdjadjuni, ingerdjadjuni tikilerajallaraa sijunermini qatsinganikuloorsuvasing. Tikerajadjaraa qernerassivasi takingamijik ornerijalidjaraa, – ittarmingeeq qatsingaanartorsuvasiingadjarman –, qernarissivasik. Tikerajadjaraa: puvisin! Kujammorsuvasi avannamorsuvasi, avammudju tassa qerneqqatu ippu puvisit. Tamakkungooq qatingaarnerit aqqutissaqqinnerani qoorinnaangi avammu aadjarpoq. Ta inngerdjadjuni, ingerdjadjuni assi qaangidjaramingi. Qaangerijaramingin erserijalidjaraa, tassa qatsinganersivasikku ingerdjadjuni, ingerdjadjuni, erserijalidjaraa qernerassivasik. Tikerajalidjaraa imma eqalussuvasii. Aama idjikangassaangikkalivart taamaateq pidjuvi, pidjuvi kiisami ippikadjaramingin. Ippikarajaramingi, aasii qatsinganersivasik, ingerdjadjuni, ingerdjadjuni sijumu erserijadjaraa aasii qernerarsivasik. Tikerajadjaraa suunuku? Imma kumassivasii. Qanilissava? Ningissanngerserijarami qajamininngaanii taakuva aaqataarsertarnikorsuvasiini, taanaqa qatsilerpaan. Qatserdjivi, qatserdjivi, isivaninngaani aadjarudjuvi, kilidjivi, kilidjivi, kilidjivi, kilittareeramingin paatimini tassa nimilerpaaj. Nimerdjivi, nimerdjivin kisijanngii taaku tinginijaqqissaanani pinnangi tassa; isimannaardjividji, ta avammu aadjakaseqaaraasii tamaan. – Tassa avammu ingerdjadjuni, ingerdjadjuni sijumu erserijadjaraa ililiisarsivasik sinaa qipisivinnaq saqqarnermik. Ornidjungu, ornidjungu tiki... qanilissavaa? Tamaanangii kujataatungaangi pikkiminnarnersijordjuvi qaqinijarsaralungu, sunaakangooruna imma qalasersivasija. Kujataatungaang qaqidjarami. Kisijanaasii qaqikasidjaramiji. Qaqerajaramiji tassa avammu tamaa aasii. Pidjuni, pilluni sijumu erserijalidjaraa qanoruna (?) ajersar (?) avas (inarticulate, MV) avammun nunarsivasik isseqqaarinnarsivasik qerertakuloorsuvasik Qerertakuloorsuvasik naapikkamijik kaajaluvaagalivarmiji tamarmi issor... innaanarsivasing. Kujataatungaangeeq qunnerisaasaaman nijerajarami qajanngivasini piterijaramijik assannili isikkannili qummoqqittaardjivi qummoraataaki, pidjuni, pidjuni kisijanaasinngeeq qaanu qaqeridjarami. Qaanu qaqerijadjarteq: Aa, tupinnaq! Inukuloorsuvasik ataatsimik isilissivasik, pisissarasivasik tingimmijaraa. Aataa qaqinguttuvinnardjinili oqarpoq, taana inukuloorsuvasik: "Kivilerdjiti itikasii tunginnu qilinijaruk!" Kivilerajarami pinassarijarnani itikasinu tungaanu aataa qinngivinnarpaa pisikkami taama sijanidjivinnanngilaq. Ta nakkajaanijarnijarlini. Taama sijanidjivinnanngilaq.

Sijaninani, sijaninani nijaqiva imminik aalaadjarijarami, kingerna kingiterminu uterami, nikiviinarpoq. Nikividjinili Nappajanngivaq oqarpoq: "Nappajanngivaq pitteriitunnguaq. Idjidji iṯersivasii tunginnu qilinijarung! Taanarsivasik, iṯersivasini tungiminu qilimmangi, piserijadjaraa: Nijaqorsuvasija katatsidjaramijik. Katarajarman, isingingalivaramiji, isingingalivaramiji aalasin-

make me his wife it was difficult to put up a fight." The big Sangissartooq turned very humble and quiet and finally he and his wife left. Yes, then they finally left.

The old people hardly slept the following night out of fear of what might happen to them. Next day they didn't see anyone.

Then, finally something happened: somebody was coming through the entrance tunnel. And who was it but Sangissartooq's wife coming with both hands full of blubber, liver and pieces of meat. So now they started to come and give to the old people, they kept on and on giving. Indeed they kept on.

Nappajannguaq

It is said that the boy, Nappajannguaq the Stubborn, had no parents. He grew up with his uncle and his maternal aunt. He grew and he grew, and time passed by. By now he had become a young man.

His uncle was now so old that he hardly ever went out hunting. Nappajannguaq had now started hunting from a kayak. He started to hunt seals. He always came home with a catch, kept on bringing home a catch, caught lots and lots of harp seals. He was now very useful to his uncle and aunt. As time went by the uncle stopped hunting completely. Nappajannguaq was now the only one who went hunting, catching seals. Every time he had been out, he brought home a bag, not just one, but several seals. One day he brought home a harp seal and he said: "This skin is for mittens." His aunt quickly made the skin into mittens, and had them finished the following day. The next day he came back from hunting and said: "I lost one mitten, make me another". The next day his aunt had made another mitten, when he returned from hunting. Again he had lost one of his mittens. The aunt made new mittens time and again. An entire harp seal skin was used only for mittens! When the last of his mittens had been sewn, he went hunting. But he never came back. The aunt and the uncle waited and waited. When he did not return they wept, they wept for a very long time; it was all they could do.

Nappajannguaq paddled out as far as he could. He paddled and he paddled. Far away in the distance he saw that the sea was very dark – In the old days, you see, the sea was always calm – yes, he saw that the sea in front of him was very dark. When he got closer he saw that it was seals, seals in profusion as far as the eye could see, to the north, to the south and far away. There were so many seals that they turned the sea all black. He paddled through the seals, wherever it was possible. He paddled for a long time through the seals and finally he had passed them. And he continued to paddle, and everything was absolutely quiet. Again he saw the sea in front of him turn very dark and when he got to the dark part he saw that it was sea trouts, sea trouts in profusion. You wouldn't have believed it possible to paddle through them, but Nappajannguaq managed to get through. He went on and then again he saw the sea in front of him turn very dark. What could it be this time? It turned out to be giant sea lice. What was he to do now? He loosened his kayak jacket (from the manhole) and from inside his kayak he took hold of his "lost" mittens. Then he started to pull up the mittens, he kept on and on pulling up mittens, cutting them into strips and winding them around his kayak paddle, until the paddle was completely covered except from the part where he had to hold on to it in order to paddle. When he had managed that he paddled further out, being as stubborn as we know he was.

He paddled and paddled on and on. He caught sight of a giant iceberg, around which the current was so strong that the water constantly swirled around it, up and down. He paddled towards it...what was he to do? As it seemed to him that the southern part of the iceberg had to be easier

naangimman, ornerijaramijik nijaqorsuvasija ingerdjaterijaramijik inittaanu tutsikkamijik aataa uumarpoq. Ta toquvikasikkalivarteq. Nikividjinili oqaqaaq: "Qiterarsivuvaq pitteriitorsuaq". Aataamassa tutimmangi uumarteq. Taamaalijertareerijarami kingimu taana Nappajanngiaq tamanna aqqutimi qunneraatsiaq atordjungu, atordjungu kisi naqqanu pidjarami, qajaminu ilingami tunummu tamaan. Tamakkiva aqqutingalivi, aqqutingalivi, tassa angaatalingii ajaatali kingornungamikki qangarsivanngortoq. Unnukkunnguu taamaanijarl'tik iserijarterpalilerpoq, u(dj)llorpassivasinngortun, iserijarterpaliluttoq, iserijadjarterp Nappajanngivaq ilimmu pissiinarijoq. Aa, isertordju ajaali angaali qissaserpu, takidjidjiti, taamaadjiti. Taamaativanngivaq nerisassaanik pinijaralivaraat ajaata,: "Aa, ataatangali anaanangali aalerpakka". "Haar, ataatalli anaanadji ineerdjaa ... suli silatseqqajaanang toqorarpun". "Ila ataatangali anaanangali aalerpakka!" Pisassaangimma, issunngorunarsimmata, taama anikasippoq. Taam, taam, taam qanngerpalaarsivasik qanngerp...Nappajanngivaq ilimmu pisseqaaq. Qanngerpalaasivasik angitaa ilimmu pisseqaaq, qanngerpalaarsi arnaa ilimmu pisseqaaq. Ukijaalussuvasiingii arnanili angitinili ilangivaaj ineeqatingijivaarpaaj.

Esikias Davidsen

(ESDA), 75-ik uk. 1981 (ED qavaalluarpoq, akornatigulli pingaartumik "ll"-mik oqartarluni, akuttusuumilli)
Tasiusaq, siull. Narsarmijit / Frederiksdal Illukasillu

Meeraanilersaarutit aamma misigisimasat eqqumiitsut Ersiorneq

ED: "Qaanakkin ersinera" :Idjikasimmiidjinga saqiinaruttordjunga, Daavi Poorlsenni ajoqingingatsingi. Ukijimi Ilivilerm' taangaminga, aningaasarsijartortoq, saqqikkakku. Palasimi' oorersisareerajarman niivernijarnijarsaringalivardjinga, Ilivileq ineqartanngivartaradjarman, Qajaa-

to climb, he decided to make an attempt. It turned out to be the Navel of the Sea. On its southern side he succeeded in reaching the top. Of course, the Stubborn got up there.

When he had reached the top and stepped forward he saw that there was land, a big square island. When he had reached the big island, which consisted of nothing but soil, he found that the slopes of the island went straight up and down. He figured that it was probably possible to climb up on the southern side of the island and he made fast his kayak there and started to climb. As he usually did he managed the difficult climb.

When he had reached the top, he received a vision! Good Heavens!! A giant man, with only one eye. In his hand he held a little bow. Nappajannguaq had just arrived on the top when the giant said: "Pull down your trousers with your bottom turned towards me!" Nappajannguaq did what the giant told him to do; pulled down his trousers without hesitation and bend forward with his bottom turned towards the giant. The giant shot an arrow and hit Nappajannguaq's bottom precisely so that he immediately lost consciousness, his head fell off and was now lying beside him.

He was unconscious for a long time. All of a sudden his head started to move and it came back to him. He was now able to stand up without any difficulty. Just as he stood up he said: "I, Nappajannguaq, the Stubborn! Let me see your big bottom!" When the big giant showed him its big bottom Nappajannguaq shot it with his bow and arrow. The giant's head fell off.

Nappajannguaq looked at the giant's head which was lying beside him. He was starting to believe that the giant was really dead. Then he got up and said: "Qiterarsuaq, the Stubborn!" In fact, when trampled on he did revive! Then Nappajannguaq went down and back to his kayak. He climbed down by stepping on the small cracks. It was difficult, but he managed. When he got down he climbed into his kayak and started to paddle homewards, in the same direction as the one that brought him here, and he experienced the same things as on his way out.

One night, after they had settled down for the night, Nappajannguaq's aunt and uncle, who thought that Nappajannguaq had died a long time ago, heard someone entering the house. Suddenly Nappajannguaq jumped in. When he came in the old people started to cry. The aunt wanted to prepare some food for him, but he didn't want any food because, as he said: "Oh no, I am just about to go and get my father and mother." His aunt and uncle said: "You were a baby when your mother and father died, you didn't get to know them." The old people knew that Nappajannguaq's parents had died a long time ago; but they couldn't convince Nappajannguaq and he kept on saying that he was going to get his father and mother, and then he left.

Suddenly they heard a tremendous thunder out in the passageway and all of a sudden Nappajannguaq jumped in, and then another thunder: in jumped his father, and yet another thunder: in jumped his mother.

It is said that Nappajannguaq lived for many years with his mother and father.

Esikias Davidsen

(ESDA) 75 years old in 1981 (ED speaks genuine Qavak, and in particular when he splits up "ll"). Tasiusaq. Formerly Narsarmijit / Frederiksdal and Illukasik.

Stories from childhood and strange experiences
Creepy Experience During a Kayak Trip

It was while I was living in Illukasik, and I did all sorts of work, I did not mind doing favours for others. Our catechist David Poulsen had asked me to do him a favour: pick up some money in Nanortalik. It was during the winter. So I left as he had asked me to. I had reached Nanortalik and

saarnijarnerit nalaani – iingivatsijarporng. Unnuukaminga. Unnuttariilerserng taqqajutsikkijartortorng, mangitsiterilerdjingali Ilunnguaq sijoorangilerakku. Aadjalerama... anaanaarali Idjikasimmi mardjivinnanngoruttorl'ta.

Oqarpoq: "Ingilinjaaluuluppoq Nardjusi'ukkoortarnijarin". Tassami pequs'taaj tamaasa naalatsiingakkin. Avannamu Nardj'sukkoorajarama, kujammun. Mangits´rilerilerdj'ngali Ilunnguvasik eqqaangivaralivarpara, sijooranarnera pisassaangitserng. "Avaqq'tissavara", tass mangitseralinga. Kujammu aadjarpunga. Puvinginnginnakku Ilunnguva aqqutingissadjungu sijoorangikulooqingakku. Tassali isimakka mardjiingaming: anaanaarma avaqqutequnngikkaa, nuna' ilivakkooqungaanga. Sordjeq... imminik isimalijitinga avaqqutissadjungu, anaanaarma oqaasija naalassanginga. Noqquukamik isimalijitikka.

Kujammu ingerdjarajarama Ikerasaarsik saaqutiinaleralivardjungulu imminik assortorajarama, taqqajutsikkaa. Imminik assortorajarama, taartimi angalajivaarinnartinga unnuvami, suna ersingissanginga. Assortorajarama, anaanaarma oqaasija naalassavara, naalaatsivadjaasaqaanga. Ikerasaarsimmu pulammakkama. Pulammadjinga ilimmu aadjardjingali, innerit soordju kissarsiidjiinii ikimaseq qulangers'masutut ilerakku. Sijunera tamarmi kissarpaluttuvinnanngerami. Ilimmu ingerdjarajaram, kujammu saasudjungulu, suli qaamalaarterng, appaaraq kingoqquterajaraminga uunganngivarnu mikkami, avanninngivarnun. Qaangerdjungulu tingidj'ni tassali qeerdjivaluttarl'ni. Taana isingijinnaardjungulu, tassali ersijartorlunga nujakka annijarilerdjungulu taarsingami. Saaqaarsiim... appaaraq isingijinnaarajarakku, saaqaarsii nipaata qardjordjuni kaavileraminga. Ersijarterajaram, ersijarterajarama uku nujakka annernarneri kisimik pequleraming. Saaqaarsii' qimakkaangali adja sijoorangijinnaarakku soordj paarajalertaringama paatikku nusussangaanga. Kujammu ingerdjanguttordjunga adja takordjuunginnakkin imma'qaangi qilert nuvinissaa. Tass'tivaq takordjuungakka. Paasingakku taamaanginnaralivarim eqqarsaataaritividjinga, aallartikkalivarama imminik kukkuutileralivarama.

Ersinera ila ingattarpadj..., qilerti imma qaangin nuvisissan sakkort'sijartivinnarm'ta eqqaadjaatingalungu pinngertits'serpun nipikuloornung, taamannakulooq tordjoqqingingakku. Uppertiisaakuloordjungali oqalilerdjinga. Tassa suli taamaaporng.

Sivisoorsuvasimming oqalikkalivarama tassa pissiseq ataaseq takordjuuvinera qilerti imma qaangi nuvisissan. Paatikka mangissadjuvidjiiniin nangaanarsisutu ikkami. Tingineqartutu innissaanu aama aardjerinera ingattaakakku. Ta uppertiisaakuloordjunga assorordjunga oqaludjunga timikku, taamannak oqartarpunga unikkaaringakku: timikku ilingersorlungali tarnikk' taamani assorooqaanga. Nardj'sumu pulammakkama adjamu assersiitinngilara soorlu maanakkin. Taamadjaat sannerdjinga ersikkinga kingimu isingingakku.

MV: Qilertillu nuvinatik?

ED: Ja, immaqami oqaasernun immaqa nuvinnggittoorpun.

Taav nittarsiitingalungu kujammu ingerdjangama, unnukk unnunngit ilivami unnuppijanngitseq, innakaangitsit suli tikikkama. Mangittaajarajarama, jannuvaarimi, jannuvaari aadjartinnerani. Mangittaajarijarama majivarama. Iserdjingali anaanaara oqarami: "Uumaanguujuu nappaleqaatin. Taatu sussaaviv'nngilaq". Oqarpunga: "nappars'manngilanga". "Suvimmiina?" Tassali taamaalidjungali kapitaa saadjungu, ungersimanera piijarajarkkin. Narl'si taama nittarseqqinga sivisilaartingiseq, tujuulunnguvasingali ilidjerali kapitannun nippusumanerming, masamming, kijamming. Nass'taaraluvi mattarpunga, uviniinanngividjinga! Hi, hi, hi, tass taana... anaanaarma aperseralivaraminga malissarnernung. Unikkaarineq saperakku tassanngaanaq, unikkaarinngginnakku, takordjuuvara amiilaarinerming.

Aataat kingernangi unikkaaringakku, naamangilerakku. Juuseqqerajiim tusarsimangamijing ersinera takordjuuvarali. Takingaminga oqarporng:

had picked up the money. I also wanted to buy a little at the store. At this time there were a lot of people in Nanortalik, I think it was the time where they sold home-made articles. Then evening came and it was getting dark. While I was putting my things in the kayak and thinking of my trip through Ilunngua, I got worried about the trip. When I was about to sail from Illukasik to Nanortalik, my mother had told me... we were alone at the time... she said: "There is a little surf, sail along Narlusoq". I always did what she told me. On my way up to Nanortalik I sailed along Narlusoq. What about the trip home? While I was filling the kayak with the things I needed to bring home, I was terrified at the thought of the trip through Ilunngua. "I have to sail around!" I thought, still filling my kayak with everything I needed to bring.

I sailed out, began the return trip south. I had not forgotten that I had to go through Ilunngua, but I was scared, very scared of that trip. Soon I was thinking: My mother told me to sail through Ilunngua.[27] But I thought that I would sail around. Should I do as my mother told me or should I follow my own judgement?

When I had gotten out and was ready to sail home and was about to sail around Ikerasaarsuk, I had many thoughts... It was getting dark. I was not afraid; I was so used to sailing in the dark; what was there to be afraid of? I fought with my thoughts. I had to follow my mother's instructions! Anything else would be wrong. I sailed into Ikerasaarsuk. Soon after I felt heat below me; it was like burning fire from the stove; it was as if I sailed above fire. My head was burning. I sailed inwards, turned slightly south; there was still a little light left. A little guillemot flew over my head, it had come from behind and sat right next to me to my right. I sailed past it. It flew while small droppings fell from it. When it disappeared I realized how scared I was. My scalp hurt, it felt like my hair was standing on end. I could not see the little guillemot anymore, but now there was a snipe flying over my head cackling. I was more and more scared. My hair was standing on end. That was the worst part. When the snipe left I was scared to place my oar in the water. I sensed that someone would pull the oar down, I visualized a head of hair appearing from the water. That was all I visualized.

I realized that I could not keep thinking about that head of hair, which might appear on the surface of the water, and I realized that I could expose myself to danger by doing it, so I pulled myself together, and suddenly I thought of the Lord. I spoke to the Lord a long time, but I was still scared of the head of hair that might appear on the water, and I dared not paddle, dared not put my oars in the water, I was scared of being pulled down. I pulled myself together one more time, swore to my faith, spoke to the Lord a long time. My fears were too great. When I speak of that trip today, I usually say: God was always in my thoughts. My body hurt from the strain. I had a very rough time.

When I reached Narlusoq it was totally quiet and calm, like it is today. I could only look back at where I had sailed.

MV: The head of hair did not appear?

ED: No. It was probably because of my words (prayer) that it didn't appear. I sailed on south, it wasn't that late. People had not gone to bed yet when I arrived. It was at the beginning of January. I got out of the kayak and walked up. As soon as I got in my mother said: "My dear, you are getting ill: You look terrible". I said: "I'm not ill". "Then what is it?" I had been sweating so much that my undershirt and my shirt were stuck to my kayak anorak when I pulled it up. They had been soaked. Hee, hee, hee, and she... My mother tried to get me to talk. But I could not talk

---

27. In order to get to and proceed through the strait between the islands of Narlusoq and Illukasik (Ed. note).

"Ilunnguvani erseqisitin unikkaarsimavutin, issaq qajart'ni ilividj'jaravin, takisakasinga qilertikasiin tikissimangalivarpaati immaqa. Uvanga kuvisaajarternera sakkinginerinnarnung ajinnginaarpunga".

MV: Aa, taana uvijarneq?

ED: Huum. Juuseqqerajik qavangarn'saangami uvijarniingami. Tass taamaalivorng. Takisakasiika Simmaq (immaq') tikissimangalivarpaatin. Qilertikasiin imma'qaangi nuvisi takingalivarpakka. Kuvisaajarternera sakkinginerinnarmik itingaraminga". Tassa taam..

MV: Taama suna?

ED: Asikijaq, sunaanerporng. Ilisimannitsi oqartarpun: immaqangii tupilak. Taamannak oqartarpun ilisimannitsin. Tassa tassinga naavakka. Hi, Hi, Hi …

Ikigaarmiut

MV: Ikigaarmijit kingivaavi naapippigit?

ED: Neej, takinngilakka inortorpakka. Paasinngitoorpakka immaqa. Takisaqanngilanga Ikingaarmiji kingivaavaning. Kisijanni unikkaaluutingisaraat tusaasarpakka, Inngiliijutinngivakki pingasinik erneqarsimangalivaramik. Taava erneri tamarmik toqummata, nulijani alijasippadjaaleqimman, uvija taana niiverterng, qadjunaasimangami. Avalassimangami. Aliikitassaaning aapikaavaqqaming nunalingissisimangami.

Imanna issivarneqartarteq, unikkaaluutingineqartarterng Inngiliajutinngivaq, tusaasarpara: "Uvingeeq tikikkami eqquterajallaraa aapukaavarakasik. Eqqimanng'ngungooq, tupingalungu isinginguttorlungu, uvini qani oqarnijalerpa: "Qanorooq iviviminnguvamik tuninijassagit." Ivivininnguvaminngii tunigamiji, tingullugu qimerleeraa, qimerleeraa, assakaavarujullugu, tungiminunnguu assu milerijikkamijik. Milerijitiinaqimmagugooq, uvini oqaqqippoq: "Qanoruu sukku manngertunnguvamik tuninijassagit!" Immininngeeq sukku manngertunnguvamik tuningamijik. Qimerleeraageeq, qimerleeraageeq, kujakasini pattalaarunnalerujaa.

Tassa ilivarusuttoq!

MV: Tassa Ikingaani niivertuusimangaluvartoq?

ED: Uvija. Uvija. Taana Inngilijutinnivaq kalaaleq. Kalaalijuvoq. Erneri pingasi tamarming toqusimalermata, alijasinneraning taava uvijata aliikitassarsijorsumangamijik aapikaavaqqaming. Hi, hi.

Takusaq eqqumiitsoq

ED: Sijornaang Eqaligaarsinni ukiingatta, Daaverajukkunnu Jakobsennimu kujataarmijukumu pulaartarama, unikkaaluutingivaa saardjermijerng pinijarteq ukijakkin terijanniam tumernijarsimangami. Taavangeeq tumit ativarajaramingi, ativarajaramingin, timerpaqalinili, Eqaligaarsii akija Daaverajii' tikkivarpaa, nadjerdjungulu qutsisseq, qaqqaarsi qaavanu, tassami qaqqaarsi aqqusaarsimangamijik, terijannijam tumisijivaata. Narsaq qum'kajaaq tamaanga aadjarman, ujarassivasingeeq iningasukulooq, kisijan imaateq soordju nakkuvaatim nerinijitaatu itsiming suju… taanakujuuling. Inuttunnngooq its taasuma tungaanu aadjarsimangami. Tikikkamimijungooq, teriannijarii tassinga ujaqqamun kidjeqaramik tumaaj, ujarareeq aaningaseq inuttu' ilisiling.

Tass'tivarii adjaas'taa: nakkuvaati nerinijitaatu itsimik nijingasimik. Taama itsiming, taanarmijoqutiling qanijata nalissaangaliva. Qimaanarnereeq ajeqingamijik tassingarsivasik qangattaarsarami. Tassali kaajadjattaralivaramijing, terijannija'tumeqarnanili nunamu' tunngavinnera qangattaqalaanginnami. Tupingeqingamijungooq, ajaapijani sinaanun nalinaaqitiss'ni ilalerl'ni

about it. It was too creepy. Not until much later did I talk about my experience. When I felt that now was the time.

Juusef had heard about my creepy trip, about my fears. When I met him he said: "You said that the other day, when you were in Nanortalik, you almost saw the creepy head of hair that I have seen. If I hadn't used my faith to defend myself, it would probably have turned out really bad. I saved myself by talking about my conversion.

MV: Oh, the one who has immigrated from the East coast?

ED: Mmm, Juuserf was an East Greenlander and has moved here (to the West coast). Yes, indeed he has. "Maybe those I saw have also (been) seen (by) you. It was perhaps some topknots sticking up out of the water that I had seen ... They did not get me, because I used as protection the fact, that I was now going to be baptized. Thus ..."

MV: What do you think it was?

ED: I don't know. There is no way of knowing what it was. People who know about these things say it might have been a *tupilak*.

It is over. Hee, hee, hee ...

The family from Ikigaat

MV: Have you known any descendants of the family from Ikigaat?

ED: No, I haven't known anyone. They were before my time. Maybe I didn't really pay attention. I've never seen anyone. Bu I've often heard people talk about them. It was said that Inglistinnguaq had three sons. The husband was Danish, he was a trading station manager. When all the three sons died, the mother was so grief-stricken that her husband had bought her a little monkey when he was in Denmark, in order for it to entertain her.

I have heard someone talk about Inglistinnguaq: When her husband came back from Denmark, he brought her a little monkey. She looked at it in wonder for a very long time when he brought it home. Then her husband said: "Try giving it a little biscuit". She gave it a biscuit. The monkey took it and looked at it for a very long time, turning it this way and that. Suddenly the monkey threw the biscuit at her with great force. Then her husband had said: "Try giving it a piece of sugar". She gave it a piece of sugar. It looked at the sugar for a long time, then it slapped its thigh. It liked the sugar.

MV: The husband had been a manager in Ikigaat?

ED: Yes, her husband, husband (he was Danish). She, Inglistinnguaq, was Greenlandic. She was so grief-stricken when all her sons died that her husband had brought her entertainment: a little monkey ... hee, hee ...

A strange vision

Two years ago we were wintering in Eqalugaarsuit (near Julianehåb/Qaqortoq) MV). I often visited the David Jakobsen family, they hailed from the Cape Farewell region. He talked about a sealer in Saarloq whose habit it was to track fox tracks. One day he was tracking fox tracks and made it far into the country, – the narrator pointed at the spot across from Eqalugaarsuit –, the man had made it up rather high, because the fox tracks had passed the big mountain. He was walking on flat ground that slanted upwards, because the fox tracks were heading up that way. He suddenly came upon a big rock, shaped like a human, but with the difference that it had an elephant's trunk. He stopped here, because the fox tracks ended here. It was an old rock, slightly reddish from age. It was shaped like a human, only with an elephant's trunk.

He could not just leave the place, now that he had made it up this high, and then that rock. He

orninnijarimaaramijing, aama tupinginermik adj takinijassammangi, ajaapijani makkussumangamijing uppinnaveersardjungu.

Taava angerdjarajarami tikidjinili nunaqatiminun unikkaarisimangamijik, naapitani tupinnarnera ujarak. Ilalerdj'ni qaamangi takinijarsimangamijing. Tass'tivareeq kisimi ajaapijani. Taanangii peqanngilaq.

Tass taana kidjingalungu unikkaaluttorng, imanna oqarpoq idjardjinili Daaverajik, ataataarma ateringamijik ataataarmaartarakku: taamanna oqarporng: "Immaqa oqqujuukuloorsuvasik". Hi, hi, hi... Tassa tassinga kidjikkamijik. Adjamik unikkaalumm ersinartimik tusaasaqarneq ajerama.

Kunngip ernere pingasit

ED: Hmm, unikkaartivarujuk naatukudjang unikkaartivarissavara. Meeraangadjarama anaanaarma unikkaartivaa, poorsara:

Kunngingooruna pingasinik erneqalerijoq. Pingajiva angajidj aperivaa sumu ateqq'taarnissaan. Taangiverajaraming nukardjeq, aperivaa: "sumu qani'itsimmu ateqq'taasavin?" Nukardjiim akerajadj'raa: "Tidjinnermu ilinn'jassuunga".

All'tu ajern'qimman tidjinnermu angitaata ilinnijartikkamijing.

MV: Kunngim?

ED: Kunngim. Unikkaartivalijarmi: kalaadji unikkaartivalijaan. Ilinnijarajarami pijimasi... angitaata tidjequsaaj tamaviisa ernerata sapinnginnamingin. Isimalijerajarami angitaa: "Palasi sapissavaa:

Unnungu tidjequssavara." "Pijimasakk tamaasa tidjeqqussakka tidjittarpatin. Unnungu palasi tidjikkijartissavan!" Ernera angerporng. Udjukasi eqqarsardjini qanilijernissamining, unnorajarman tapp'ka. Oqalikkimmun. Oqalikkimmu perajarami sujanilerporng, sijanerdj'ni. Palasi itilerporng sijanerpaluttorng. Makiterajarami, anerajardjart, aama innga sunaana niperng? (erinnerlugu): "Qilalijarumasorng, uunga puum..." – tass sujanerdj'nili – "qilalijarumasorng uunga puumu ikiliiiihhh..." Ila palasi qilalijarusoqingami,... tappika. Puumu ikivaani. Ungerajaramijing aqq'tilerpaa. Manna arternerming kasijittardjungu annersittardjungu palasi oqarpadjapporng: "Usiikalunguu qilaa aqqutaa pittaaman". Aam imangers'maanarsimannginami taana tidjitsiva: "Kisijanni uppertunuunnhhh..." Taamak palasi imma uppersimannginnami. (Asi unikkaartivalijarng!)

Unnuvaa angitiminun, poorsuvasing. Qaamaarman:

"Aan pijimasan!" Angitaata puuvijaradjaraa palaserting!...Hi,hi,hi..Tass tassinga kidj... naasarpaan. Hi, hi, hi...

MV: Ilami aama palasi tidjippaa

ED: Massami, hi, hi...

walked round it several times, and there were no fox tracks around the rock, where there were no holes. He was so curious about it that he decided that others should see it and as a sign on the spot he left his walking stick, firmly placed in the ground next to the human-like rock, and he made sure that the stick would not fall over.

When he had returned to the settlement he told the other people in the settlement about the very strange rock he had seen. The next day he went up there with some other men. But all that was left in the spot was his stick. The strange rock was gone.

There he ended his story, and then David said – who was called the same as my father, and therefore I named him "father" – grinning: Maybe it was a great *oqqujooq* (some dangerous being). Hee, hee, hee. There the story ended. And I haven't heard other stories about dangerous adventures.

Three King's Sons

I want to tell a short little story, a sorry story that my mother told me when I was a child. I have kept it inside me.

It is said that the king had three sons. He asked the oldest son what he had in mind to learn, and this oldest son mentioned several things he wished to learn. The youngest son answered the question: "I want to learn how to steal".

So the only thing the King could do was to teach his son how to steal.

MV: The King?

ED: Yes, the king. In the story: The Greenlandic tale. The son learned everything about theft according to his father's wish. He knew everything about theft. The father started thinking what to tell the son he could steal. He had a new thought: "He won't be able to steal the priest! I'll ask him to steal the priest tonight!"

He then told his son: "You have been able to steal everything I've asked you to steal. Tonight I want you to steal the priest". The son said yes.

All day the young son wondered how he should go about stealing the priest. When evening came, he went to the church and began ringing the church bell, it chimed. He kept ringing the bell. The priest was sleeping, but woke on hearing the bell. He got up, got dressed and walked out. What is this? Someone was even singing: "Does anyone want to go to heaven? Then come and get into this bag... dong, dong... dong, dong..." He kept ringing the church bell... the priest really wanted to go to heaven, you see, so he hurried up to the church. He was immediately put in the bag and the bag was tied and corded up.

The young man started walking down from the church, dragging the bag with the priest. The bag was heavy and now and again it bumped against roughnesses in the road and it hurt the priest. Then the priest's voice from the bag was heard: "I thought they said the road to heaven is good!" The thief was apt with his singing answer: "Only for those who are true believers..." Apparently the priest was not so believing.

During the night he went to his father with the big bag. When day came he told his father: "Here is your wish!" The father opened the bag: Their priest! Hee, hee, hee, hee.....

MV: Did he really steal the clergyman?

ES: Yes, exactly that, hee, hee ..

Renethe Thomsen

(RETH), 66-nik uk. 1949. Renethe Thomsen, illukasimmiuusimavoq, inuunini tamangajaat Nunap Isuata / Kap Farvel-p eqqaani nunaqartarsimalluni. Aatsaat ukiut kingulliit Qaqortumi Utoqqarmiunut nuusimavoq. Angajoqqaavi tamarmik tunumiuusimapput, Tunup kujasissuani. Renethe, Alinnaata, qavaalluartuuvoq. Maanna nammineq misigisimasani oqaluttuarissavaa: Imm. M. aamma C.L.Vebæk-mit, 1949.

Utoqqarmiut, Qaqortoq/Julianehåb,

Qivittulersaarneq

Idjikasimminngaani aadjaratta, aall/djaratta umijartordjuta Itidjijattaa akinngivanu pingatta, Akortudjullu Amerdjuttudju akijanu, qeqqaniikatta. Umija amunijarsivaardjungu – itta anginerming – amorajaratsingi, amusareerdjungulu puserajartsingi pisareerdjungulu qummu aadjarpungun quvileqqoordjuta.

MV: Sooq?

RT: Paarman kingitaarnat nipaqqatingimmasik, qulinngivani tappikinga paarmarsijordjutali kingitaarnarsijissangatta. Kingitaarnarsijerajaratta paarmarsijorll/djutali, ammu aterajaratta aataa inganijalerajarl'tali, taama oqarpall/djappu: "Aapile tikilerporng".

MV: Kinaanna taanna Aabile

RT: Taana toqusoq, Mattaliim… Alikkittam idjiva.

MV: Toqoreersimasormassa taamanikkut?

RT: Naakk! aataa sijorna toquvoq. Tassami utoqqarmijini ilang(g)ivarpu. "Aabili tikilerpoq". Oqarpunga: "Qujanaqi aliikitassarpun". Tass oqarpu majivarajarami oqarpoq: "Ila Nanertalimmu ingerdjavunga". Ortooranngguujuk oqarpoq: "Aqissertakka nassiitissavakka", angerpoq. Taakinngarporng, Nanertalimmun. Mululerpu, mululerpu, mululerpu, mululerp, kiisa seqineq taqqipp. Taqqittordju a, ila kiisa isimaalingilerparpun, Juuserfinngivasik, Juuserfili nulijanili Elis'pali, panijan' Eemarajing, ernera Saalumuun, ilaangaming. Kattaliin Kalistijaana panija ilaarajarami, Justiinaraji ilaarajarami, Alipikka ilaarajarami, Eedivi ilaarajarami, Mannarsi panija, uvanganngivasi Eekaliimi qitornara nassardjungu. Unnukk kiisa seqineq taqqissimalidjartordj': "Aajinngaa aggilerpoq". Tikijipporng. Tikimman Juuserfidji Ortoorardj'i aterfingivaan. Majivarajalidjart imassa mardji sukuluusa mardjing majuudjuvin. Eqqimmangi uvangu pujortaatileratta pisassaangitsimi eruning, nerisareerll'tali qaarsill/djakkatta. Pisareersimalerdj'tali taarsijarterajarami, taarsijarterajarami, taana taaku utoqqartavu Juuserfikki qudjeqaraming. Qudjeqarajaraming, adjarami, adjarami, qatsingangami, qatsingangami, asseqarnani nuvannerami, tassami Itidjivatsiaq akerpijartinniikami. Tassaniinijalerajarl'tali, innarajaratta, "A, innakaanijarta, aqangi iterajarnijassuungun". Innakaavungun. Innardjitali tussijataalerpu..

Uvangaasii unikkaartivalerpunga, unikkaartivalerpunga. Pisareerdjingali erinarsulerpungun. Tamarmi immikki nipperl'ti erinarsuleraming, asseqarna'ta tusarneratta. Erinarsorl'ta, erinarsorl'ta, erinarsortareerdj/l'tali oqarpunga: "Ila imermi qilaanaleqaanga". Ortooranngguujuk oqarpoq: "Uvangattaa ila imermi qilaanaleqaanga". Oqarpungu: "Imerajartivinnarnijarta". Tassa kamippunga uvanga, seeqineqaanaramami, anneraangilangaliiniin, aapara aama ilipaqitaanaq ilidjiinaq, kamiinardjini.

Anerajadjartungun qatsilernerpu avannaasalaarti ikeq, qaamatingikkami, qaamatingikkami, oqarpunga: "Qakkuvaakii', aqangi paarmadj' kingitaarnadj' qisissadji artiliviinassavarpun". A, ilunnguvatsinni quvilettaarpadjappun.

Taama Juuserfi oqarporng: "Kangijat'tungaa qaninnerivoq kuumu imerijarternijaritsi". Sunaakami nalisaarulluta oqarpungun: "A, uvangu, qani, aar qani? Kimmun". Sooruna tappinnga

Renethe Thomsen

(RETH), 66 years old in 1949. Renethe Thomsen hails from Illukasik. She has lived most of her life in the area around Cape Farewell. Only in her last years did she move to the Qaqortoq. Both her parents hail from Eastern Greenland, from the Southern part of Eastern Greenland. Renethe speaks pure Qavak dialect. In Qavak her name is pronounced Alinnaata. She will tell something she has experienced. Recording by C.L. and M. Vebæk, 1949
The Old Peoples' home in Qaqortoq / Julianehåb

A Qivittoq Story

We left Illukasik, we rowed in umiak and reached the other side of Itilliattaat, right across from Akorluttoq and Amerluttoq, between those two places. With much effort we hauled the umiak on shore, it was so big. When we had it on shore and upside down and everything was fine, we walked up the mountain slope in excitement.

MV: Why... excitement?

RT: We were excited to see if there would be crow- and blueberries. We were gathering berries up there. And we were just getting ready to start cooking when someone said: "Abel is coming!"

MV: Who was Abel?

RT: The man who is dead, Magdaline Rebeka's cousin.

MV: But was he not dead?

RT: N-o-o-o! Not back then. He didn't die until last year. He was at the Old Peoples' home with the rest of us.

MV: Yes.

RT: "Abel is coming!" And then we said: "How great! Then we'll have entertainment!" He came to us and said: "I'm on my way to Nanortalik". Ottooraq said to him: "I'm sending my newly caught grouses with you". And Abel said it was okay. Then he left for Nanortalik. He was gone a long time. A long, long, long, long time. The sun set. When the sun had set we started getting worried about him. We were: Josef and his wife Elisabet and their daughter Emma and the son Salomon, Kristiane's daughter Kattaliit, Justine, Rebekka, Hedvig Manasse's daughter, and finally poor me, also my child Efraem.

Some time after the sunset someone said: "Here he comes!" Josef and Otto walked to him. When they came back up they had both shag and chewing tobacco. When they had brought those things, mmm, how we smoked! Ah, hm! We smoked chewing tobacco, as much as we could! Then we ate until we were very full. It started getting dark outside. It got darker, darker, darker, finally it was completely dark. Josef and his wife, who were the oldest among us, had a lamp, yes. They had a lamp. Outside the weather was very, very fine, very clear air, and it was totally quiet, so quiet, so quiet! It was really wonderful. As I said we were just across from Itilliatsiaq. And now we started thinking of going to bed. "Let's go to bed, we have to get up early tomorrow". So we went to bed. As was my habit I began telling a story. When I had finished my story we started singing. We sang polyphonically. It sounded so incredibly beautiful!

We sang, we sang, and we sang for a long time. When we had stopped singing I said: "I am so thirsty". Ottooraq said: "I'm very thirsty too". Then we both said: "Let us walk to the river and drink water". I put on my *kamik*s; I had been wearing my pants and anorak the whole time. Otooraq only wore a shirt and *kamik*s. And when we got out, we saw that it was the most beautiful weather. It was quiet, so quiet. There was a light breeze by the fiord, otherwise totally quiet, and there was very bright moonlight. We shouted to the others: "Listen in there: Tomorrow the umiak will be ready to sink with all that we are going to bring, we will gather crow- and blueber-

eqijangeqaarpun? Kimmun! Ha tassa anerajaratta, pisareerdj/l'tali, Elis'pa taana Juuserfii nulija oqarpadjappoq: "Aqajaroq immernijarsiji imerming paarmami nunijaatingisardjungu naamiliinii orununarteqanninnami taniss'malaarnermini, paarman tunguvanik kipputivissimangami".
Tasamunga kimmu ungasinnermu aall/djarpungun. Sunaafami tassa kannaaniitseq taana: Anarijaq, hii! aah! aah!
MV: Anariaq? S...
RT: Tassa Alippikkakki angitaan.
MV: Sun'a?
RT: Alippikkakki angitaan.
MV: Taamani toqunikoq? Qivittoq?
RT: Massami. (isussull. MV) Qivitteq. Tusaasavan! Tassa sunaaka kaannaani nikeqqavoq. Kimmu arparajaratta, arparajaratta, arparajaratta ungaseqingamimi, kuu tikinngitsivaardjungu, tikerajaratsingi imertareerdjitali, taana aqajarorsuvasik kumm'kaalerdj sitserajarakku nuvilaava immertareerdjungulu, akijardjungu kangimu aadjarpungun. Ingerdjarajarattsa, ingerdjarajaratta, umija sinaanu ilidjungulu ardjaa taama oqarpall/djaraaq: "Alinnaata imminnijannga", immitttaraaka. Aapannguujunga quvisareerdjinili isertorl', immitt'raaka. Immerdjuvi, immerdjuvin "Shuu...", taaku kannaavata sijuninngivaniikaming Eemarajudju taas... Elis'pakki panijali, taana ungaarterng, Aabili sunaaka ilangingaan. ilangingaavaan tikikkami.
Taaku imilerimmata kuvitserajarakki tunnijippakka. Sunaak/fa tassa apuvividjungu tunnijikkikka. Ta imermata pisareerdjingali, quvisareerdjingali iserama, isseraq adjorakku, aapassaanik adjordjungulu, ungadjiingaming taakuva Justiinakkin, hii aapassaning adjordjungulu innakarajarama, Eekaliimi iternissaa pinerming, Eetivi ilangingatsingi, Mannarsi paninnguujuva, uva eqqardjinnguujunga. Aataa akisikasinnu tunnijaralivarpung', taama tappavannga kangitsinni Eemarajikki tungaanin: "Ersinerming tikkiveeritiinaqaang". Taamanna oqartordju oqarpunga: "Aabili qanerng?" "Ersinermi tikkiveritiinaqaanga". "A, ila aataa uva iserpunga". Eetivi oqannguujuppoq: "Quumi angiileqaanga". Anerajarami, taana Eliis'parajing oqarp: "Tunumu qivijarnijarin"!, tunumu qivijarneq art'qaara. Kingimu iserporng. Isertordju Eliis'parajim paardjadjungu anidjunili uviminili suvannilerami kingimu saamidjuni, pisassaangitsimi suvannikkami. Kingimu saadjini. Adjaming nipeqanngnninami, soordju nakeqqasutut idjini oqalilerami,...
MV: Silatissini?
RT: Soor..., ila Aabili taana, tassa taana qanerititassaa silamiipoq, isinginngilarpu uvangun.
MV: Tusaavisijik?
RT: Taana tusaangilarpun, taana Aabili oqaluttussaangami. Oqarpunga:
"Aabili qaanijarin!" Isseqqat pingasorsuvasii qulaasimangamingi sijaninginngilaa. Tassami sijanginng.. oqumangertutu ilidjuni.
Ingerdjarajarami tassinga kitittunnu Justiinakkunnu innarporng. Aataa innarnijaralivarp nidjeqaaq, oqumangilerdjini. Aalakkalivaramikki, aalakkalivaramikki innangatidjungu, pingalivaramikki, pingalivaramikki, pingalivaramikki, kiisa ingitippaan. Ingiterajaramikki pilerpu, pidjungu, pidjungu, pidjungu oqidj'qaaq. Nidjers'qanngilaq. Aamaarinnarajardjini: "A, ila uvernaqingamaalaa innalerpunga". Inardjinili aamaardj/lini nidjeqaaq. Nidjidjartordju aalatileralivarpaan. Pileralivarpaan, pilaralivarpaan, kiis ingitippaan. Ingiterajaramikki, pidjungu, pidjungu oqidjidjarami.
Taana utoqqaanertarpun Juuserfi oqarporng: "Takineq ersingeqaajing?" Naak/ggaarporng. Taamanna oqartordju, naggaartordju, taana Juuserfi oqarpoq: "Aar, ukuvaakiin, pissanngilaasi ilissi, naalaanarnijarsiji', tusarnaasavarsi oqaluttoq. Kaluliitu ililerporng". Oqarpungu: "Taana

ries and firewood!" We heard shouts of joy from the others. Josef said to us from in there: "You ought to go to the river right behind us and drink water there. It's closer. It's right behind us, you know. You might as well drink water there".

Apparently something happened to us, to Otooraq and me, like we had been enchanted: We had become knowing. We said: "Ooh... we... aah, what? Let us move forward!" the opposite way from what Josef suggested... How can it be that we didn't want to go to the nearest river?... but forward! Just forward! Elisabeth, Josef's wife shouted out to us: "Bring the seal stomach for water. The one we also use for berries; The berry juice won't come off. The juice is all dried up."

Then we finally went to the distant place. The scary part was, we later found out, that Anariaq had been behind the umiak, where we were lying.

MV: Anariaq?

RT: Rebekka and her siblings' father!

MV: What?

RT: Yes, Rebekka and her siblings' father!

MV: The one who was dead? Did he go into the mountains?

RT: Yeah, (whispering): He had become *qivittoq*! Listen to this: It turned out that he had been standing right behind the umiak, where we were sleeping... Otooraq and I ran, and ran, and ran. There was a great distance, you know. It was a long time before we reached the river. When we had drunk, we filled the seal stomach with water, tied the opening and started the journey home carrying the full stomach. We walked for a long time, a very long time. When we returned to the others, and we had placed the water skin by the umiak, someone shouted out to me: "Alinaata" (Renetha) give me some water." And I gave them water. I kept giving the thirsty something to drink! Otooraq went inside after having relieved himself. Shoo! Emmarajik, Kasper, Elisabeth's daughter, who was an infant, was lying in the stern of the umiak. And Abel had also found a place for himself among them, now that he had returned from Nanortalik.

When I had served everyone who was asking for water to drink, I peed and got ready to join the others inside. I had no idea that I had almost touched Anariaq (the *qivittoq*), when I was scooping water for the others. Nobody had known that he was out there. I went inside, jumped over a thwart and another one close to Josef and his wife's sleeping place. I lay down by my son Efraem, very carefully, so as not to wake Hedvig – my dearest relative. I had barely gotten comfortable when I heard a voice in the direction of Emmarajik's place, where Abel was also lying: "I am scared to death". When I heard that, I said: "What are you saying, Abel?" "I am scared to death". When he repeated it, I said: "But I just came from out there". Luckily Hedvig said: "I really have to pee", and she went outside. Then Elisebarajik said to me: "Look back!" But it was impossible for me to turn my head. Hedvig came in and Elisebarajiks went outside to do the same. After they had returned, the voice from before started scolding very strictly and incoherently; it sounded like a very intoxicated man.

MV: Did the voice come from the outside, outside your sleeping place?

RT: No. It was Abel!, Abel during a séance/trance. The real one was outside. We couldn't see him.

MV: Could you hear him?

RT: Not him. It was Abel who had been chosen to be his mouthpiece... during a séance. I said: "Abel, come over to me". That he had jumped three thwarts to get there, he didn't know. He wasn't himself. It was like he'd had a nightmare. He stopped by Justine's and the others' sleeping place. As soon as he had stopped there, he began wailing loudly and howling like someone having a nightmare. The others tried to wake him. They shook him and shook him, did this and that to him, but he couldn't be woken up. Then they sat him up; and while he was sitting up the

kinaana Kaluliin?" Puttaami pisartangaan". ta oqarpoq: "Kijataangudju isingaangudju akkernijarsijing", ilisimasaalersi utoqqaaneringami.

Kilu, uva taana ininga qimarajarakku, taana ineqanngitseq qeqqaniitserng, qeqqaniiterng kilivart'terajarama, aataa isingaangi attornijarajaralivarpar.., nidjerman qangattangajappunga, tupanni anginerming! Tassami umija tunuva attordjungu issijangama. Innangarajarami tassinga sijumu saadjini kijataa att'raali, taama oqarpadjapp..: "Anerneeripporng!"

MV: Aa! Ila ...

RT: Haar, takivat! "anerneeripporng". Taama, taama, taama, taamang, taam, ila akinni missilingingajaleraa oqarpun: "Taama anerneeritiviinanngila?", "Ila suli anersaangilaq". Taama tidjersijerpalilerpaan. tidjersijertalerajaramikki: "Ila tidjeqaanarporng". Juuserfi oqarpoq. "Naalaanarnijarsiji". Assimi anersaaleraangami...aqissitu aadjarteqqaarp...

MV: Åårh...taanna?

RT: Taana. "orr, orr." Tassa nipaa: aqissitu itterng. Sunaaka aqissi nereqqaarsimangaa.

MV: Tassa taanna aqqutaalluni...?

RT: Aqqutaall'nimi tass taana. Tass taana taama taamaalidjuni sinerajarami, aana umija kiliva. Tassa silataani sunaaf/ka nalerpijaani nikeqqavorng.

MV: Takineqanngilaq?

RT: Soor'oqaqaa takineqavinngilaq. (Tassa taama unikkaarpunga Eemarajiim qatanngitaa Saalumuu taqqava suli ajinngilaq. Sijornaa aleqaa toquvoq. Taasuma ateriva Bannbaangami. Tassa Anarijamik taasarparpu taan...)

MV: Aa, Anarijaq...!

RT: Aa, tassa sinnatserivaa atijata. Assimi hii: Aqissitut nidjerajanngiitingalini, qardjerajanngiitsingalini: "Anerdjiivitsi kitaani unnuvivunga... "Taamann oqaanarterng, ihh.. taamadjaan ameersalaarama. Tassami isingaaj attiimangakku uvanga. "Anerdjiivitsi kitaani unnuvinqama, qeqqini, tasersivasii avalern'ni, qeqqini itinerni unnuvivunga. Unnuvingama qaamangi aterajarama qajakasiga tukkarakku, tukkarakku, tukkarakku ilivinneerudjungu. Qulinngivanu pidjunga ujaqqamu iingardjinga, paaserajalidjarikka qaana ujardjerangaana. Isingiinalerpakka aadjakaarajaraming, tamanu, tamanu aadjakaarajaraming, ataaseq qajaq akkilerporng. Akkerseq, akkers, akkers isimarajaqaanga: "Takiva toraarinnaleraanga, anersaana takissaqineraanga. Takinngnnijassangaanga". Taamanna oqardjinili: Akkerajarami, akkerajarami akinngivarnu nijerajarami, nijisareerdjinili akkerpijaviinalerporng. Akkerajarami, akkerajarami, akkerajarami, kiisa tikilivivippaanga; kiisami takissavaanga. Takinnginnijassangaangaa.

Isingakasimma,... tummaaringama, nikeqqadjunga, isimakasimma noorpijaa tummaqqajardjungulu, sinaanu tummarami... qivijarami qanippa isaaj saarnerin. Qimmukkalivardjinili kingimu uterajarami, uterajarami aadjarporng. Qujanaadjanngivarsi.

MV: Takinagulu?

RT: Takinangulu. Tassaniitivaamersordjunga, Anerdjiivitsi qaqqaata qaani angalaalerpunga. Angalaardjunga, angalaardjunga, angalaardjunga, ukkali udju siisamanngortun, kaanginnaleqaanga. Adjatu ajernaqimma ujardjerdjinga, ujardjerdjinga aqissi takingakku aadjaangakku erisartareerdjungulu, – uvangami ooqanngitortorneq ajerama –, panserserdjungu, panserserdjungu, pannaqanngittorsuvasii nerilerpara seqinningadjunga mikkadjingali. "Taana kinamaana Peqqinngitserng?" Takivan!, nulijani,- atija nalileraa. (Aamaalija takassuma Alikk/giitarajiim...) "Taana kinamaana Peqqinngitserng? Taana kinamaana Peqqinngitserng? aarr, Aamaalija!" imminu naqqipporng. Tassani nerisareerdjungulu aama imermi qilalerpunga. Imermi ujardjeralivarama, ujerdjeralivarama qaqqa qaarsivasija tamaa tunumu, kujammu, avammu pingalivarak-

others tried repeatedly to shake him in order to wake him up. For a moment it looked like he was close to being himself. Nobody said anything. Then he suddenly said: "Oh, I'm so sleepy, I'm going to bed", and he lay down. But immediately after he had lain down, he let out a long and loud scream. And the others began to shake him to try to wake him up again. They continued a long time and sat him up again, so he was sitting upright again. After all the attempts at waking him, it apparently looked like he began to feel just a little better.

Josef, the oldest of us, then said to him: "Are you very afraid to see it?" "No", he said. When he had said that, Josef said: "Listen to this everybody: He won't harm you, not in the least. You just have to listen, hear him out. He is beginning to feel like Kaluliit". We all asked: "Who is Kaluliit?" "She is also called Puttaa", he said and continued: "Lift him up by his feet and shoulders". Since Josef was the oldest of us, he wanted to give advice. I left my spot, crawled over to where there was room in the middle and got ready to be of some use. I hardly touched his feet, when he let out a scream so loud that I almost jumped from the shock! I sat leaning against the inner skin of the umiak and Abel was lying next to me, head first on his pad. Then the others said: "He's not breathing anymore!"

MV: Ooh…

RT: Well, listen to this: "He's not breathing!"… Then, then, then, then, then, then… Maybe an hour went by; then someone said: "You think he's stopped breathing entirely?" "He still hasn't breathed", was the answer. Now they started checking his pulse. "The pulse is fine," said those who had checked his pulse. Josef said: "Just listen to him!" Now Abel breathed with much difficulty and the sound he made sounded like grouse cackle…

MV: Aah, from him?

RT: Yes, him. "Orrr..orr…orr", that's how it sounded, exactly like a grouse. It turned out, that the first thing he (the *qivittoq*) had eaten in his solitude had been a grouse.

MV: He is still in a trance…?

RT: Yes, still someone else's mouthpiece… in a trance. And he was sleeping inside the umiak. No one knew that Anariaq, the *qivittoq*, was right outside the umiak.

MV: And no one saw him?

RT: No one saw him of course, no one at all. – Listen to this: Today I'm telling the story of Anariaq: his relative Salomon, a brother of Emmarajik, is still alive. His elder sister died last year. Barnabas is also named Anariaq after him. We also call him Anariaq.

MV: Aah, Anariaq…!

RT: Aah yes, the namesake entered him, in the dream. Aah, after having howled and cackled like a grouse, he began: "I put up for the night west of Anorliuitsoq …" When he said that, a terrible shiver passed through me … On the west side of Anorliuitsoq I put up for the night between large heaps of stones, by the big lake, between the heap of stones near Itinerit. This is where I spent the night. When morning came, I went down to my kayak and smashed it by kicking it to pieces. Completely smashed… I then went to the big rock and leaned against it. And from here I discovered kayaks out on the water, kayaks that were apparently looking for lost people. They were looking for me!

I looked at them, just looked at them. Then they sailed out in all directions. But one kayak started sailing towards where I was standing. It sailed, yes it sailed towards me, and I thought: Look, it's sailing directly towards me. If only he doesn't see me. I hope he doesn't see me! This he told himself. I kept keeping an eye on it, and I saw that he went ashore not far from me. If only he doesn't see me, I was still thinking. I was still standing in the same place by the rock. He came. He walked right by my feet and looked towards me. When he looked towards me his eyes were like

ku, pingalivarakku sapilivivippara. Avannaatungaani ingerdjangama tikerajadjaringa puvilasi taamadjaa ilissaangaliva qorsooqinn anginerming isingineq ajernarami, sijeraaqat qummun tikkuutun. Imerusoqingama pukkama, naamassidjunga imissangama, pudjunga iiserajarajardjartinga, taanaana suna mammataa...". – Tassa pidjangaangami.- "Ajernaqimma iminngilanga. Iminnginnama tassami, tassani, tassani udjuvata tadjimmiitaani unnukkun, qatserami Nuu, qatserami, qatserami, qaamatingikkami, qaamatingikkami, Nuu Anerdjiivitsiminngaanii udjuvata tadjimmijitaani: "Taama qangattarneq arterpara?, taama saperpara?" Appikkami immerdjini qangattarami, amiilaarnaqaaq. Amiilaarnaqaaq naadjijinnaqaaq una ersinarnera, kingitaata nipaa titeqquluttorsuvasing pisassaangitserng. Ingerdjangami, ingerdjangami, Nuu qaqqaanu portuneranu Nasarsii qaanu missimavoq. Aah, alijannaaqaanga. Takiva qanga qajartertaradjarama soordju unnukkorsijordjunga Nuu idjivi qaamarikkami, qaamarikkami, qaamarikkaming. Qatsingangami, qatsingangami, qaamatingikkami, qaamatingikkami. Takivakasiivunga, qangattarpunga.

Tassaniinguttornijarajalerdjingali, adjatu ajernaqimma qijasunnguumidjungali – aaliina Peqqingitserng qiternaminik pinijissiseqanngitserng. Manilerporng. Tassa qijalerpoq, manilerporng. Ammassakasinnidji paarnakasimmidji nerninijarsarseq, appippoq mamijanaanarmik qissamik pisassaangitsimi. Qijadjarami, qijadjarami imangerpoq...Amaardjini anerneeripporng. Tassa, tassa, tassa, tassa tass soordju puvisi aqqaamanera missilijordjungu, aama aqissitu nidjeqqaarporng: Nuu qaqqaaninngaaniin kajingeriimeqingakku qavanngarnitta nunaan, aadjanngivarami immerdjini, kingitaata nipaan titeqquluttorsuvasiin.

MV: Ilissi tusaavarsi tassa?

RT: Tassami taana qanerititaa tusaavarpu Abili. Pingami, pingami, pingami, pingami, pingami, meqaaq. Eeqq!.qajartordjunga tikinneq ajivarama tikiinaqaara. Qavanngarnitta nunaata port'nerpaavata qaanu pivunga. Peqqinngitsi uvattu imman tinginijaralivarakku, suumi qaqortu assertarpaanga? Anersaana sakijatsijarsivara uvattu ililingisaqinerseq? Anersaana arnakasii oqaasii mamijagilingisaqineraaj! Tassa taana Abili pidjungu. Tusaanijassuusi ukuvaakiin (ta isinginngikkaatungu), tusaanijassuusi ukuvaakiin: Abilim eqqaamaanarpanga, tingivarimaapara uvanga; taana qajartordjuni tikissanngilaq uva tingungukku. Uvatsijaq tikikkassi isimanngilanga: ikani qaqqaarsimmi portunerpaamiipunga unnusserakku taakani.

MV: Ah ila, uku, qani ersitigivisi...

RT: Ilami uva tamarmi aadjardj... sunaaka tamatta taamaatungun.

MV: Tassa unikkaava tassinga killeqarpa?

RT: Naagga. Taakinga perajarami: avannannu qivijarajadjartinga, qaja akkerseq. Akkersi, akkarsi, akkars tassiinakasikki ingerdjarajarami, nuna padjerajanngivarnangi uniinaqaaq. "Taama susorng? Taama sunerserng? Aa, immaqa ilividjijarterng?: Tassani utaqqingalivarakku, utaqqingalivarakku, utaqq... ila unnuukaluttuvaanaqimmangi tingerjanngivarnangi: sakijatsijarsivara uvattu eqqaamaanarmanga, uvattu imman itseerinnginakku tingileralivarpara. Tassanngaani nijerijanngiitsingalinili qajani makisermilijudjungu kujammu arpadjini aadjarpoq. Anersaana sakijatsijarsivara uvattu ililingisaqinerseq! Arnakasii oqaasii anersaaku annijaringisaleqineraaj. Taana kinamaana Peqqinngitserng? Taana kinaanijarpamaana Peqqingitserng? Aap Aamaalija. (Tass kuviss'taa eqqaas'madjungu.) Tassaniidjinga arpannijarijassadjungulu, unnuppijarman tingissangakku, ingijadjiinaraluttuaqingakku, isimarajaqaanga: Qanorooq tassinga ujaqqamu ilinijassangaa qajani. Nalaadjuni ilivaa. Taana sakijatsijarsivara imaakami: puvingerneq ajilertaringanga, tingissadjungu aadjartaringama, ila ardjaani ajernadjaaraaq.

Taamaanerani uvanga ajeqingakku, taamaakinilissangini oqarpoq:- tassa isimaanu adjaan nalinngilaaj -. Ila unnorajarpan ersingilissangakku maanangaatsijaq qamanerani itivinnijassava-

the eyes of the dead. He didn't see me, he walked past, turned and walked down to his kayak and sailed out. Oh, what a relief."

MV: He didn't see him?

RT: He didn't see him – .

"I stayed there a while. Then I began to wander around the top of Anorliuitsoq, the great mountain. I wandered and wandered. On the fourth day I became terribly hungry. I had to search for something edible. I searched and searched and finally I saw a grouse and shot it. As you know I've never been able to eat raw meat… so I dried the grouse, dried it as well as I could, but I began eating it before it was all dry. I ate it with my eyes closed, ate and cut the meat with my teeth. Now who was this Peqqinngitseq?" (RT: his wife! He couldn't remember the name of his wife Amalie, Aliggiita's mother.) "Now who was Peqqingitseq? Aah, Amalie!" he corrected himself. "When I had eaten the grouse I was very thirsty. I searched and searched for water, searched everywhere on the big mountain top. Walked back, went south and north and so on, and when I went a little north again I found a lovely little spring. It was so clear as to be bluish, it almost hurt to look at it. Small fine grains of sand pointed upwards. But I was so thirsty so I lay down on my stomach and began sucking the water in. But the water tasted horrible, totally impossible to drink … (RT: That was his punishment)… so I left again without getting anything to drink.

It was now the fifth day of my walk and I still hadn't had anything to drink. Night had fallen and around the headland of Anorliuitsoq it was dead calm; so quiet, so quiet. And the moon already shone so very brightly..… I wonder if I can't fly? Would that be impossible for me?" He (Abel) started singing an incantation, which was creepy to listen to, it was almost unbearable to hear it… It really hurt to listen to it… his teeth creaked quite terribly. "I flew and flew and landed on the top of Nuuk's big mountain Narsarsik. My, how beautiful it was! Like the time I still sailed the kayak, I could sail homewards and see the houses that shone so brightly, oh, so brightly, it was so quiet, so quiet, the moon shone, how it shone brightly… Amazing: I could fly, I could fly! I stayed on top of the big mountain some time yet. Suddenly I became very sad, felt a lump in my throat: Oh, nobody is helping Peqqinngitseq look after the children". He started crying, he cried and he cried for a long time. "All she had to give the children were lousy capelins and crowberries, nobody to see to it that they are fed…" he continued crying, cried helplessly, quite terrible. He cried and cried. Finally he stopped.

Once again he stopped breathing. As, as; as, as, as… as long as a seal can hold its breath under water he lay without breathing. When he started saying something it was like grouse cackle again: "From Nuuk's great mountain I could see the land of the Easterners and I wanted very much to go there…I flew!" And his teeth creaked loudly!

MV: Oh, you heard it?

RT: Yes, we heard him, the mouthpiece… "I flew, and I flew, flew, flew, finally I landed. Wow, wow, wow, wow, I was in a place I hadn't been before, not even when I sailed the kayak!… I landed on the Easterners' highest mountain… Once again I tried to bring Peqqinngitseq, the two of us have shared so much, but it hasn't been possible to bring her. I really wonder what this white stuff was that always covered her?… I wonder if my dear brother-in-law (Abel) will experience the same as I! I wonder if he has begun believing in the words of a sinful woman! And if it makes him sad. Listen everybody: If Abel keeps thinking of me, I will take him. If I take him, he won't return in a kayak, this is what I thought this morning, when I came to you, when I sat on the top of the highest mountain… and waited for the night…"

MV: Weren't you really scared?

RT: My whole body was shaking. It turned out that all the others felt the same……

ra. Arpadjini aadjarami ujaqqamu ilidjungulu imeralivardjinili kingumu makidjini, kujammu arpadjini aadjarpoq. Kujammu arpadjini aadjartorlu, ingijadjiinaraluttuvaqingakk tinginijassangakku, ajernaqaaq kujammu aadjaanarporaasiin, tingerajanngivarnangi. Akimu aadjarma qivijarajadjaringa: sijumorpijaanaq ingerdjamman, umijanuku taakaniitsin. Qujananngivaraarsik! Sijudjermik ujakkarikku kaatussanngilara. Kingidjermik ujakkariitingalungulu kaatorumaarpara. Adjatu ajernaqimman, a, uvanga tassaniini saperakku, naadjijinnarnersivasija una ilingersiitsingalungu, ilingersivadjaangisaqimman. Ila taana kinamaana Peqqingitserng? Taana kinamaana Peqqinngitserng? Aa, Aamaalija. Aamaalija uvattu imman, tinginijaralivarpara. Umijarterma sijudjermi tinginijaralivarakku, ajernaqaaq qaqortu assertaanarpaanga, (tass panini aaparingamijik Aliikii. Tasaa nanertalimmiitseq. Taamani Aliikii ativarteq). Tassaniidjinga a,unnusserdjunga, unnusserdjungu unnorajarman orninnijalerajardjungulu nuvileraluttuvardjividj naalarijalkidjarikka aa, iih, aah, padjittarijaqanngits nipaartorsuvasiin. Tassa erinarsortu. Tassani nipaaterl'vi, assimi nipaarimmata ornidjuvi tikikkaki sijudjermiing ujakkarnijarijardjungulu qaneraasinina oqarpadjannijarpa: "Ersinermi tikkiveeritiinaqaanga!" Mersernaadjak! Aama innga sunakasingaasinina arnakasi suvaniippalinnijarterng? Immerdjini appikkami, taamadjaa nipaa aangarijarterami.
MV: Aa ila ... Tassa? Inngerlini aallarpa?
RT: Tassami aadjarporng.

Amos Ottosen

(AMOT), 71-nik uk. 1965
Utoqqarmiut Qaqortoq / Julianehåb, siullermik Nuuk v. Kap Farvel

Angakkissaralivarlini

Tassa oqaluttuva tamakkiva, ila sijulivun, tassa angakkissaralivardji ilaan uumanngittoortarsimasin tassa oqaluttuvarineqartarpu'.
Taava uvani Aapilatsi kanginngivani Nigertiini qerrorsuvasiingami qerrorsuvasiigami Aapilatsi kanginngivani Nigertiini. Taava Timorajii arnaa angakkorsuvasiisimangami (Tippualarsiasik). Nunamu tassinga perijaramijaasii qummu ingerlalerpoq, asili ingerlalluni, ingerlalluni qerrorsuvasii avannaa'tungaangi nermallarijaramingi tunuvata'tungaagi ingerlanijarajarlini ujarassivasi qangattarsivasi pularijallaraa ilivani anging panernikoq. Natsersivattaani qarleqarijarami ussuu inalivani anneraaqarijarami, qanga taamaatsining sijalissiiteqartaraming – Ikijaning taasarpaan – tamaateq panersimaanarteq qulaa tappanna saamiitungaani tingimmijarlugu nikerfalluni unerminu taamaalilluni panersimaanarteq.
Tikerijaramijing qaneq innerseq naleqingamijik timaamijiming inorujuuteqaramimi

MV: Does the story end there?

RT: No! When he had arrived up there: "I saw a kayak arrive. He sailed and sailed and sailed, but stopped before he reached shore. What did he want? What could be on his mind? Maybe on his way to Nanortalik. I waited and waited and waited. But night started to fall, and I didn't take my dear brother-in-law, he whose mind is so much like mine, that's why I'm not afraid to take him... should he, like me, have come to believe the gossip of a miserable woman? Now who was Peqqinngitseq, who was she now? Yeah, Amalie! (RT: He had remembered her Christian name.) Here I was, wanting to run and take him, my dear brother-in-law, thinking: If only he would place his kayak on that rock. Unbelievable: He placed the kayak on the rock. My dear brother-in-law couldn't forget me, but he did nothing... so I thought, 'now I will take him, while it is day, tonight I will be scared. It has to be done in the daytime'. My brother-in-law ran after placing the kayak and drank water, but got up suddenly and ran south. And I thought I was going to catch him now, alas, no! He had now gone south before I took him! I followed his path carefully; now that he had begun going straight down I saw that there was an umiak down there. Oh, I was so happy. 'When I reach him the first time I will leave him alone. The second time I'm going to get him!'

Now I couldn't stand staying at the place... it was unbearable!... Oh, who was this Peqqinngitseq now, who was it now, this Peqqinngitseq? Ohm Amalie! Amalie. Amalie and I have the same opinion, that's why I tried to take her. The first time I tried to take her was when she was on her journey the first time, that didn't work out. The second time I tried again, but something white and light covered her... (RT: she had her daughter Regine with her, the one who lives in Nanortalik, who was in school at the time.) I stayed at the place, stayed a long time, waited and waited for night. Shortly before night, I started walking down towards them by the umiak. Oh, what was it I heard? Big incantation. They sang and sang in great harmony. When the song fell silent I looked in... I now hear someone say, (from where we lay under the umiak?): Who is that terrible woman who was scolding?" Now he (Abel) began singing a drum song, while the song became more and more distant.

MV: Aah, was that all? Did he disappear singing a drum song?

RT: Yes, then he disappeared.

Amos Ottosen

(AMOT), 71 years old in 1965

Old Peoples' Home Qaqortoq / Julianehåb, formerly Nuuk by Cape Farewell

A wizened man

These stories, (about) our forefathers, it is indeed said that some did not come alive again, when they tried to become shamans.

Behind Aappilattoq in Nigertuut the place was filled with a massive heap of stones. Yes, in Nigertuut behind Aappilattoq.

Timorajii's mother Tippualarsiasik had been a very great shaman, it is said. One day she arrived at Nigertuut behind Aappilattoq. As she was in the habit of doing she started to climb the big heap of stones. She got to a large rocky cave and went in there. In there stood a wizened man. His skin trousers were made of young hooded seal skin and his anorak was made of dried gut from a bearded seal which had been sewn together. Back then this kind of anorak was used as a rain anorak which they called *ikiaq*. It had all just shrivelled. He was holding the rim of his hood on its left side bending down his head towards the opposite armpit. In this way it had all just wizened.

qernertarpoq tassa qaaqusivorng. Tikijikkami oqarporng: "Unaa qani'innerseq naleqingakku qaaquvakkin". Ikerata tungaangi uummarsaleqaa sijoqqerlugu sulluvartertaleqaa, tassa anersaarfingikuloortaleqaa.
Sijullermi sulluvartillaramijing soorlikijarmi panernikuugami aalasadjivinnanngilaq. Aapassaani sulluvarterfigillaramiji aama aaladjadjivinnanngilaq. Pingajissaani sudjuvarterfigillaramijing aalasadjivinnanngilaq. Sisamassaani uvikkalivardjinili. Tallimassani sulluvarterfigillaramijing uverataar nijaqqerlini uviinarporng. Uvimman taasuma timaamijorsuvasiim pivaa: "Uuma qani'inneri tusarimammangi uumarsarpakkin. Qani ilijerl'ti taamaalingavin?"
"Meeraangallarama ataatanga qajartermi tikinngilaq. Toqutaanersorluunniin qajaanersordjuuniin nalingakku. Aataan angakkisarlinga qani innissaa nalujunnaarimadjungu angakkissaralivartidjinga atisakka tamaasa, talerma paavi qarlerma qardjima tasannali sissunngittoorlugi nalusoorlugi uumanngittoorama. Aataa uumarsarneqarlinga, tassa uumartarpunga". Taamaalidjunilingeeq unerminu palungami soordjikijarmi kingerna oqanngitseq tassa qimaanarpaan.

Qallunaanngivaq

Aamma oqaluttuariniarneqartarpoq Salliip eqqaani, – Uujuum akerarpijaa -, Qallunaangivaq. Upernaakkunngooq avammut aallarpoq sikut soorlu akuttusoorsuasinngortut. Avammut ingerlalluni takeriallaraa tasamannga qajarsuaq, ila kalinniaraluassaqaaq. Tikivillarlugulu paasilerialaraa, niaqini issugiutillaaraa. Issigiutillaraangagu... (tikilerlugu): qanoq inniarpaanna: isai nivingaannartorsuasiit. Issugiuteriaraaramiuk isilerfianut isai ivertillaaraat. Tikillugulu oqarpoq: "Tasama natsersuarpassuasiit, tasamarpassuasiit. Tikeriaruit pulaariarniarna".
Tunumut isigivaa: niaquni issugiutillaaraa. Taama nunaannarmut aanngarpoq.
Avammukariarami natsersuarsuit marluk pisareriaramigit, tunumukarluni. Tikeriarami qajaaraq aapparalugu, taanna aanngarfia ornillugu tikeriallaraat nuugaatsiaq. Illuatungaanut niullunilu aappani pivaa: "Illit angerlaannarniarit uanga taanna illuatungaa ujakkassavara. Ujakkariallaraa, taama inoqarluinnanngilaq. Kisimi tassa iliversuasik. Orneriaramiuk itsuartoriallaraa: iluani natsersuup neqaanik neriuataannguartoq. Iserfigalugu ilivermi nerilluaqqaarlunigooq aatsaat angerlarpoq.
Taannagooq Qallunaanngiaq angakkiinerminngooq unamminanngginnami aamma, Uujuup akerarpiaa.

Sissarissimi nulijariingivasiin

Utoqqanngivasii angiterpaarsivasiin nunaqqatingingamikkin. Tassani angiterpaarsivasiin nunaqqatiting peqaqqingingamikkin, utoqqanngivasiidj/lting pisinnaadjuvarinnaaraming nulijariingivasiin. Aamaasii ukijillarman taava angiterpaan akidjersaan iserdj/lini oqarporng: "Appannijassuunga aaparinijannga!" Utoqqanngivasiim aallarajarami tassinga Kitsissi avannaqqudjuvin ingerdjarajarami ingerlarajaraming, Kitsissi avataani appasijorl'ting, appasijordjuting, appasijertareerdj tunummu aallalerl'ting takanannga aangartikkijartortorsuvasiiluni, nigersivasik tikijitidjarami. Adj'tu ajern'qimman Nunarsivarmu Tunudjermu Kitsissinun. Taakuva tassaniimata illeqarfiin. Tassinga ingerlarajaramik tassinga nunnippun, tassa unnuvilerdjitidji. Nulijanngivasijata utaqqingalivaramij utaqqingalivaramigi, tikinnggiinaqimma uvinngivasini nalerniinaramijing, nunaqqatinni angiterpaarsivasii taava oqarfigivaaj: "Tusarajarnijaritsi toornissuunga! Toornissuunga tusarajarnijaritsi! Uvinngivasinga isimaalingeqingakku, qani'innera paasinijassavara, tusarnaarijarnijaritsi!"
Iserajaraming qammuteqaa. Qammuteqimmangi, tassa anikkissarsijivinnarijaqingami nulijanngivasija tuusaa isivanu aniinaqaaq. Anerajarami uvinngivasimmi aqqutaa ativarajaramijing,

She went towards him; the wizened man. She knew nothing. And as she had helping spirits in the interior of the country she summoned one. When it appeared the female shaman said: "I don't know what this is all about, that's why I summoned you." The helping spirit from the interior of the country started to revive the wizened man. He stood in front and breathed heavily on the wizened man. Nothing happened. Nor did anything happen the second time, nor the third time; he was after all completely dried-up! The fourth time he opened one eye, and closed it again very quickly. The fifth time he opened both eyes, lifted his head and kept his eyes open.

Now that the wizened man had opened his eyes the helping spirit said: "This woman would like to know what happened to you. What happened to make you end up like this?" "When I was a child my father went out in his kayak one day. He never returned. If he had been killed or if he had perished in his kayak was something which I could only come to know if I became a shaman. So I started to conjure. But I hadn't made sure to open everything that I was wearing; the sleeves, the legs of my trousers, the opening of my trousers in front,…I hadn't done everything properly, so that's why I couldn't regain consciousness again. I can only regain consciousness again if somebody revives me." Then he let his head fall down towards his armpit and said nothing more. And the others left him.

Qallunaannguaq

It is said that once Qallunaanngivaq paddled out in his kayak towards Salliit. Qallunaanngivaq who was Uujooq's worst enemy. It was spring; the ice wasn't so packed any longer. He met a big man in a kayak who was towing a large seal. As he approached the man in the kayak he noticed that, once in a while, the man jerked his head back. He kept on doing that. As he got very close to the man in the kayak he saw that his eyes were hanging down on his cheeks. Whenever he jerked his head back his eyes slipped into place in his eye sockets. As Qallunaanngivaq reached the stranger, the stranger said: "There are lots of hooded seals out there. Lots. Come visit me when you have been out there." Then he paddled on and disappeared as he headed towards land.

Qallunaanngivaq paddled home after he had caught two big seals. After he had been home he paddled out again in order to find out where the stranger in the kayak had gone. He went out in the company of a fairly young man. He saw a small promontory where the stranger in the kayak had disappeared, and after he had rounded the promontory he went ashore. He then said to the young man: "You'd better go home; I shall look for him over there, on the other side."

When he got over there he saw that there was no house, no people. All there was to see was a large old grave. He went over there and looked into the big grave: the man he was searching for sat in there eating hooded seal meat. He then went in there himself and ate some meat with the stranger before he paddled back home.

Qallunaanngivaq is said to have been a remarkably great shaman. Uujooq's worst enemy!

The Poor Old Couple at Sissarissoq

It is said that a poor old couple lived in the same settlement as *angiterpaat* (family of brothers). They were now old, could not catch anymore, and they lived off what the brothers gave them.

One winter's day, the middle one of the family of brothers came and said: "I am going guillemot hunting, come with me!" The two then paddled out, north of Kitsissut; and they paddled and they paddled. Off Kitsissut they caught a number of guillemot. They kept catching guillemot, whereafter they were going to paddle back home. Then they saw that black clouds had gathered over Kitsissut, finally it turned into a terrible southeastern storm. Then they had to turn for shel-

qajanngivasini tikissimarajaramiji, tikerajaramijing, ikerajarami, tasama aqqutaa ativardjungu tasama. Avammu ingerlalluni ingerlalluni ingerllalluni, Kitsissi avataanu tamaanga saqijaarsimasin, uvinngivasimmi aqqutaa misissordjungu, ta tunumu aallarsimaqaan. Tunummu aallarsimarajarmata, malidjivin, Nunarsivarmu Tunullermun. Itsivarajadjaraa idjorsuvasiim: angiterpaan akidjersaa ingerajarnerami appativataarterng, uvinngivasini pallorajarnerami, pallorluni illermi appativataarterng. Takisareeramingin, tass isimaalingijinnaaramijing tunumu aallarlini, kijanngartorsuvasidjuningii, sila ajortorsuvaseeqingami. Ulattalimminngaani tassinga tunumun aallarnijarijarlini, soorlu talerpiitungaanit qataakijarpadjatserng tusaramijing, paasinijarajallaraa sijitimi talerpiitungaani taqqava immertaarpaluttorsuvasiin. Kujammu tassa ativarlivi nipaa, tusaasami tungaanu aallaqaaq.

Idjikasi avaqquterajaramijing, tassa kujammu, Narsarmijit avaqquterajaramijing, Torsukattamm ilimmu pulalluni aallaqaaq. Ingerlarajarami Torsukattakki avannamu kujammu ingerdjadjuni ingerdjadjuni, aama tassa avannaangi kujammu saasiterajaramijing, ingerdjarajarami ingerdjarajarami, Aapilatsi qimmorajaramijing, Nuup kitaanngin Itidjikasikki itiverajarami, Ikerasassavarsivasik kujammu ativaleqaa. Tassa taqqava immertaarpaluttorsuvasiin isiva tikinnijarsaralungu. Ingerlarajarami ingerlarajarami, Ikerasassivakki anijoqullarajarami, Nunattu aqqutingerijaramijing, Ali tikerajaramijik, kujatinngivanu qerertarsivasing Aataartiin tassinngaanaq illorsuvasii silataanu midjarami. Silataaniilerdjinili paasinijarajallaraa, ernitivarsivasija utoqqarsivasii ernitivarsivasija, nulijarii taakuva immertaartin ernitivarsivarting ullumi marlinni arfeqimman. Nereqatissaq ajernaqiserng taanaralungu immertaallartunukuva.

Silataaniinijarajardjini, silammun soordj unitsiisaarajanngivartin: Isernijarin! "Ila atisaqannngilang", ta atisaqarnani. "Atisaqanngilanga". "Atisassarnik annisissuugun". Atisalerserajarami, iserajadjarteq, tassa illivata iliva kijakkami kijakkami, qaamarlinersivasing, arfersivasimmi neringami neringami. Nerisareerajarami suli unnuva ilaa. Pisareerajarmi, anerajarami avannamu tingilluni aallarporng. Tassa toorningamimi, tassa taakuva angiterpaan Sissarissiminngaanii utaqqingaan.

Avannamu ingerlarajarami ingerlarajarami, suli taamaanijarajart, iserataarinnariju! Iserlinili oqarpoq: "Uvinngivasinga angiterpaan akidjersaadji takassa Nunarsivarmi Tunullermiipun. Aama Tunumu ikaarnijalerijardjinga taqqavannga immertaartorsuvas tusarakku. Kujammu ingerdjadjunga ingerdjadjunga, Alii kujatinngivani Aataartiini nulijarii ernersivasija ullumi marlinnik arfersimaqimman, neringama. Oqarpun upernarpanngeeq panertivaning ujalivanidj/li pajukkumaarpaanga". Tass, tass innarajarami, qaamangi udjaaki aneraarussumadjuni, uvinngivasini tikerajarman tamassuminnga oqaluttuvaqqingivaa: "unnuvaq, ippassaq unnukku unnuvaq Aataartiiniikama, upernaareeq silaq pittanngerijarpan arferip panertivaning, ujalivanill pajukkumaarpaanga.

Utaqqingalivaramikki utaqqingalivaramikki, kiisa aasaleqaaq. Sallijilivinnalerdjungulu, "umijaaqaan". Taava aggerpun umijarsivasiin. Allami oqanngidjan: "Naang innga ukijaq pulaarterpun, utoqqaq arnaq?" "Aapinngaa!" "Aajukuvanngii pissaaj!" Ateqqijeraming. Tassangeeq arferip panertorsuvasiili ujalorsuvasijangii "aliikitarinijaramikki, pajukkamikki!"

Tassingangii killeqarporng. Hii, hiii, hiii, hiii....

ter towards Nunarsuaq on Kitsissut Tunorliit. There were some inhabited places. They continued, came to shore and they stayed here overnight.

The old man's wife waited and waited for her old husband. And when he did not return, she said to the family of brothers: "I want you to come and listen to me conjure up spirits. I am so worried about my poor old husband, I must know how he is, come and hear me conjure up spirits".

Then the brothers came and she put out the lamp. When the house was dark she headed for the exit and finally came out. Following her old husband's tracks she reached his old kayak. She flew and flew outwards following her old husband's kayak tracks. They had been hunting off Kitsissut, had then turned back and when she saw that they had turned towards land, she followed the tracks carefully towards Nunarsuaq on Tunorliit. She looked in the window of a big house there and saw: the middle one of the family of brothers was sitting on the platform eating guillemot peacefully. And her old husband was lying on his stomach on the platform peacefully eating guillemot. Now that she had seen that they were all right and she was no longer worried, she began heading for land from Ulattalik. But a strong southern wind started blowing and the weather turned very bad. Just as she had begun her journey home, she heard with her right ear a very clear incantation. And she listened and flew after the voices, she flew and she flew, now southwards, still following the voices.

She flew round Illukasik, over Narsarmijit and into the Torsukattak Fiord. She still flew south. And she flew and she flew, past Aappilattoq, outside Nuuk, flew over Itillikasik and she still flew south, through Ikerasassuaq to reach Isua. This was where the incantation came from. She was still flying and now she came to Ikerasassuaq, past Nunattut, came to Aluk, a little south of the place and then came to Aataartiit,[27] which is on an island, and she landed there right outside a big house. Then she became aware that the only son of an old couple had caught two whales that very day, and they wanted someone to eat with them. That was why they were singing the incantation.

She stayed outside the house and listened to the incantation. At a point they sang very quietly, they practically stopped singing, and they yelled out to the old woman: "Come in". "Yes", ..." but I'm not wearing any clothes", – for she was not – "I'm not wearing any clothes..." "We'll bring you clothes!" So when she had got dressed, she went inside, and what a room: there was a clear light in the house and there was a nice heat. And then she ate whale meat. She ate and she ate. When she had eaten, she went outside; it was still night and she then flew homewards. You see, because she was performing as a shaman the crowd of brothers in Sissarissoq sat waiting for her to return. She flew homewards and she flew, because she was expected. Suddenly she had arrived at their house and said: "My poor old man and the middle one of the family of brothers is out on Nunarsuit Tunulliit. I have also been in Aataartiit, a little south of Aluk, because I heard incantations from there, after I had begun my journey home. It was a married couple singing; their son had caught two whales. I ate there. They said they would bring me dried whale meat and tendons when spring comes".

Then she went to bed. The next morning the weather was very nice and when her poor old husband had returned she told him: "Last night, yesterday evening, I was in Aataartiit. The ones

---

28. According to the map in: W.A. Graah: Undersøgelses-Reise til Østkysten af Grønland. Ed. K. Birket-Smith. København, Gyldendal 1932, an island among a cluster of islands north of Aluk is called Arfesiarbik, i.e. Arfersiarfik: The whaling place. That name would underlie the story, and the cluster of islands would be Aataartiit which is in the plural (Robert Petersen pers. comm.). See also note 24.

Mathilte Sørensen
(MASO), 81-nik uk. Imm. 1963
Nanortalik

Unikkaartuaq "Qimuunguujuk"

Qimuunguujuk (iggijagissalaariarluni aallartippoq) allivitunnguu kangerlivani Sijoralimmi angiterpaarsivasii nunaqaraminging. Nunaqqatigigamikkuguu uvillarneq ataatsimik erniling. Erneragii nakiingaarami nakiingaarami, ullaaki aallarini tikinnijalissooq isivi qanittarinngilla kalitai, puvisingaartarigami. Angiterpaarsivasii angimalluti, angimalluting nakivaangaaramik. Pilineq sapingajatsin.

Taasumagii utoqqaap ernini oqaliffigileraraa: "Upernaami qajartorluti aallartarigavin, ullaakin seqineq suli nuvitinnagi imma iliva misissertarnijaruk. Imma iliva pilaartorsuusarigami ukijarnijartorsuusarpoq. Aamma nunamu qaqilluti misissertarnijakkin seqini nuvinerani nunamu qaqerijaraaravin misissertarnijakkin, ivikkalli naasullu sermimik sulloquteqartarigaming aamma ukijernijartorsuusarpoq". Tassa ernini oqaliffigisarpaa taamann. Ernera aallartarigami imma iliva misisseralivarlugu ajern ajerporng. Nunamun qaqigini tamakku ivikkall naasullu misisseralivaraaramigin sermeqanngitsin.

Ilaanijaasii qajartorluni aallarajarami silagikulooq, imma iliva misissilerijallaraa soorlumi imma iliva qannersorsuvasing. Taamaatsi takerijaramiji nunamu qaqerijarami ivikkalli naasullu misissernijalerpai tamarmi sermimik sulloqutill upernaarsivasik taama kijatsigiseq. Taamaarijarmata tass pinijartareerijarami angerlarlini arnaminu oqarpoq: "Uvatsijaq imma iliva misisserakku soorlumi qannersorsuvasik. Aama nunamu qaqillunga ivikkalli naasullu misisserakkin, sermimi tamarm sulloquteqarpun". Ii, arnaa tupapporng. "Tassa sapinngisatsinnik pilinijarsivarnijassuugun ukijorlukkaluttuvaqaaq". Ernera tassa tikijussuvilerpoq puvisining. Arnaatagii tassa pittaasu tamaviisa panerserligi, tassagii kisimi igittagaa sungaali seqijaali, kisiisa igittarai. Ta pililerpu, pililerpu qimatuluvii arlariisivasii immerijaramikki, tassali orsuming poorutsilluti, poorutsilluting, ukijarlivinnarman ilivitsiisilluti, ilivitsiisilluti, iliveqqii immertiterligi ilivitsiin. Angiterpaarsivasii oqaliffigisaralivaramigi arnartai pilinijarsivaqqullugi, soorl tassa tusaasaqanngitsin. Ukijarijarterijarami, ukijarijarterijarami pikuluttaleqaaq. Ukijarissillunili pikuluttaleqaaq. Pikululluni, pikululluni ajorunnaartaringan, sila pittaarijallaraanga ernera aallartaraaq. Angiterpaarsivasii aallassanngitsin. Tassa pilijamininngivartik tassa kisiisa nerisarigaan. Perijarami perijarami perijarami, tassa sikigami, sikigami, sikigami sannakuluu tikillugu aallarijarfissaaritivippun. Pilijaananngivarti neqigilerpaan. Neqigaligi tassa qimatuluvii aapaa nungukkamikki aapaa aallartillugulu, iliveqqivimmiiti tamakkuva tassa nerisaraligi, angiterpaa tassa aama ikijileramikki pissaarimmata.

Ilaanijaasii pikullerpoq. Pikululerpoq pilerpoq, pilerporng, pilerp taamageeq qannguluppali,

down there said they would come in springtime, when the weather is nice, with whale meat and tendons for me".
They waited and waited and now it was turning into summer. They were beginning to believe that the ones in Aataartiit had made a promise they would not keep. Suddenly a shout was heard: "Umiak!" (women's boat). A big fine umiak came. The first thing the strangers said was: "Where is she, the old woman who visited us last winter? ... Here is a lot of dried wale meat and tendons for her". They brought all that for her because she had been such good entertainment for them. This is the end! Hee, hee, hee ...

Mathilte Sørensen
(MASO), 81 years old in 1963
Nanortalik

The story "Qimuunguujuk"

In Siorallit in the Lichtenau fiord there once lived a large group of brothers. In the same settlement lived a widow who had a son. This son was a very skilful hunter. He always went hunting early in the morning. When he came home from hunting he brought home so many seals, seals which he had caught, that the entire stern of the kayak was completely covered, and the last seal he was towing was far behind.

The group of brothers also caught a lot of seals, but they gathered almost none for the winter supplies.

The old woman said repeatedly to her son: "When you are out hunting early in the morning before the sun rises, examine the sea; if the water is quite turbid we shall have a harsh winter. Likewise examine the stems of the flowers and the culms of the grass when you get onto land by sunrise. If the (tubes of) stems and culms are filled with ice we shall have a rough winter. She spoke like that to her son repeatedly. When the son went hunting he examined the seawater, but there was never anything strange about it. And when he got on land he likewise examined the flowers and the grass, but there was never any ice within them.

One day when he went out in brilliant sunshine, he examined the seawater. The water was as grey as snowfall. Likewise he examined the grass and flowers when he got on land. There was ice inside the stems and culms, in the midst of the summer heat. When he came home he told this to his mother. "Yes, we shall have a harsh winter! We had better start gathering all the winter supplies that we are capable of." Her son now started to bring home seals, many, many seals. The mother dried all that could be dried. She only threw out the gall, and the contents of the bowels. They gathered and gathered for the winter. They filled several depots, they made blubber bags, and they stashed away whole seals. The old lady spoke many times to the group of brothers about gathering extra for the winter, but they pretended not to hear her.

Fall came; winter was approaching. Bad weather occurred more and more often. It became a very hard winter with lots of bad weather. When the weather wasn't too bad the widow's son went hunting. The group of brothers stayed home. They lived on what little they had saved for the winter. The sea started to freeze. The fiord was covered with ice, now everyone lived on the supplies they had stored for the winter. The old woman and her son now had to help the group of brothers, since they didn't have any food themselves. They had now eaten what had been in one depot and had started to eat from the whole seals which they had saved.

A horrible time followed, with terribly bad weather. A storm raged and raged for a long time. You

MATHILTE SØRENSEN

Mathilte Sørensen.

qannguluppali, qannguluppaling tassa eqqisimasaqaramik taakuva nerisassaminning arnariin. Tassa taakuva nerisaralivi nerisaralivi, sila nipataarimman ernera oqarpoq: "Anigallarlanga". Torsuuminnun. Perijallaraa sullassimagami, sullassimagami torsuunguvasitsing tassa apumm ulikkaavissimaseq. Kapitalerserijarami qarlippaalerserijarami imminu qiperuulluni aninijarsarilerporng. Pilluni, pilluni, pilluni, pilluni, pilluni unnuutsiinarmani unippoq, aninani silamun. Aqagi qaaman ullaarnani: pilerp, pilerpoq, pilerpoq anijoqullarijallatseq: Iih, taamallaa sila tarpaallakkami. Silagissisimagami, silagissisimagami apisimagami, apisimagami. Tassali angiterpaarsivasii illivisa tungaa qivijarnijalerpaa : taamaliinii takisassaqanngilaq illiming, apu issungaarami. Iserlini oqarpoq: "Angiterpaarsivasii illivaliinii saqq'minngilaq, asiliinaq orninnijarujussavakka, missersiitaanaan". Imminninngii igalaarting aputaajaqqaarijarlugu, angiterpaa tungaanu ingerlanijarsarilerporng. Perujulluni, perujulluni, perujulluni, perujulluni, perujulluni, kiisami angiterpaa illiva tikillaramijik. Tikinngivatsijaramijik missaa tikinngivatsijaramijing, igalaavissarinngivatsijagaan suluttorlugin assamminik piijarligi, saqqimmerm'ta ilummu aperivai: "Qanippisi?" Allaangillannguu serfaarpalorujuttun, kaangaaraming. Tass taamaati taatorijaramigin, ammanera piijarnijarsaralugu, piijarnijarsaralugu aputaaritaasarma iserfissani ajernarinnaarman, iserijallarai: aah! Angiterpaarsivasii tamarmik innanngattun, kaangaaraming perl'palersing. Angerlapallarijarami arnanngivasimminu oqarpoq: "Angiterpaarsivasii perlingajaarti taaka, nerisassaani pajunnijassavakka". Tassa panertiititivanngivaminninngeeq tigijeqqaarijarami orsumilli angiterpaanungaallugi. Nerisassaani tunillugin tass – marlinninngii arnartaqarami angiterpaan, qatanngitaageeq taaku arna marlik aama, angajeqqaaqanngitorsuvasiisimaqigamik

could hear nothing but rumbling. The old woman and her son had some food in their house, on which they were now living. When the weather got better the old woman's son said "I'll try to go out," and he started his attempt to exit the entrance tunnel. The whole passageway was completely filled with snow. He put on his kayak jacket and trousers and tried to wriggle his way out though the snow. All through the day he tried to get out, but he had to give it up when it became evening. Next day he resumed his attempt, this time from quite early in the morning. During the day he succeeded in getting out. Ooh what a sight! : It was wonderful outside! It was very fine weather. Everything was covered with snow. He looked towards the house of the brothers. There was no house to be seen. He went in again and said to his mother: "The house of the many brothers isn't visible; I'll try to go over there." After having removed the snow from their window, he started to make his way towards – he figured it had to be in that direction – the house of the many brothers. Finally he figured that he had reached the house of the many brothers, even though he wasn't entirely sure. Then he removed the snow from the windows – he spent a long time doing that – and when he had assured himself that he had found the entrance he yelled into the house: "How are you?" The answer sounded like a faint bird cry and he went in: all the many brothers were lying on the sleeping platform and because they had starved for so long they weren't able to produce any human talk. When he got home to his mother he said, "The many brothers are starving to death. I have to take them some food." They took some of the last food they had in the house, dried meat and a bit of blubber. That was his gift of food – by the way, the brothers had two women living with them, their sisters it is said, perhaps because their parents had died long ago. They ate, and then Qimuunguujuk – as the son was named – went back home. He couldn't forget the many brothers who were close to dying of starvation. By night time he went to them again. He then observed that some of the brothers hadn't been able to tolerate the food which he had brought them, so they had died in the middle of their meal. They had been that hungry! They were still lying on the sleeping platform. Even though Qimuunguujuk brought them food every day, he didn't succeed in making them come back to life. The entire group of brothers died. Their two sisters lived.

Now winter was ending and spring was approaching. The sun had started to heat up. One day Qimuunguujuk said to his mother: "It wouldn't be good if the two women were also to die alone in the house over there. I'll bring them over here to us. Then you can feed them."

He then went to get the two young women. And now they were lying on the sleeping platform in the old woman and Qimuunguujuk's house. At first the mother only gave the young women very little to eat. She knew that they couldn't manage to eat very much at first. The old woman was very careful in looking after them, making sure they got the suitable amount of food. But the elder of the two women couldn't be saved after all. She died shortly after. Now there was only the one young woman, who was by now completely recovered. She stayed and lived with Qimuunguujuk and his mother.

Now spring was truly arriving, the ice receded. By now it only reached Nuugaarsuk. Then Qimuunguujuk said to the women: "It isn't good for us to continue to stay here. Let's try to get out of here, out of the fiord." He made a sledge; and their umiak (women's boat), which was still intact, he placed on the sledge. Then they fetched food from their food supplies; there was dried seal meat, dried fish, ammassat (dried capelin), and blubber. When Qimuunguujuk had placed the food in the umiak, he said to the women: "Get into the umiak! I'll push you." He pushed the sledge and the women until they reached the ice edge near Nuugaarsuk and night was falling. The women got down from the umiak and they sailed towards Lichtenau / Alluitsoq, with the

imm'qa. Nerrippun. Angerlarami imminnu taana Qimuunguujuk, Qimuunguujumminngii ateqarami taana ernera.

Ila isimagiinaramigin, unnukkijartilerseq ornilligin. Nerigalivarliti ilaan ingerlaanarliti toqusimasin. Perlilerneq anginerming! Tassa illermi aalarijarneqanngitsin. Perijarami, nerisassaani ullu tamaasa pajuttarnijaralivarligi ajern'qaaq toqorarijartivinnarijaraming, angiterpaarsivasii nunguppun, toqorarl'ting. Arnartaa marli kisinngoruppu, tassalugooq upernarijartilillarlinili. Seqineq kissatittalillarlini. Arnartai taaku kisinngorummata arnanigii oqarfigivaa: "Aama taakuva arnartai taakani perlerin ajernerissaseq, tassingaatissavakka illi nerisaqartinnijakki tassinga pisill'gin". Tass, aarijaramiginngii taakuva arnartai, aama innangaanalersin. Arnaminu eqqiterijaramigi, arnaata tassa nerisaqartilerpai. Peqqaatanningii suungittooqami nerisittarligin, angisiimi nerigalivarining ingerlaanassammata, taama perlingajaartigimm'ta. Tassa nerisaqartilligi, nerisaqartilligi, angajillereeq nerisarnijaleralivarlini, ajilerijarterijarami toquvoq. Nukaa kisimi tassa taana perijarami, perijarami ajorunnaarpoq. Tass taana ilagilerpaan.

Upernarijarortoruu, upernarijartortoq Qimuunguujugooq oqarpoq, – Nuugaarsugooq sinaavata killigileraa – Qimuunguujugooq oqarpoq: "Ilaalaa tassaniiginnaralivaritta ajernaqaaq, umijami kimmukarnijarsarinijassuugu", – umijaqaraminngeeq -.

Qamutilijerijaramigeeq, umijaq ilerijaramikki qaavanun, qimatilivimminni aallerijaraming taqivassaminnik, nikku, missi, ammassan orsun immiitilerpaan umijamu.

Immijitereerlugilluguu taakku arnartani pivai: "Umijamu ikinijaritsi qamutassavassi". Tass ikerijarami, taakuva ikerijarm'ta, qamutarligi aallarippai, angititaata. Pillugi, pillugi, pillugi, pillugi unnuutilillaraatillugooq, Nuugaarsii sinaava tikillaramikki. Nuugaarsii sinaava tikerijaramikki, aqqarijar...tassa umijaq inis'rijaramikki: Allivitsimun! Arnaaluguu taana angiterpaa arnartaalli iputtun, Qimuunguujuk aquttuusoq. Ingerlarijarminngii, ingerlarijarami, ingerlarijaraming Allivitsimu pijartilerlitik tassami taarsisimalersorooq, Allivitsimu pijartorlutik, ila illi qaamaneqanngitsin. Pilerijallaraan illi ataasitivaq kisimi qaamaseq. Ataanu tularajaraming, tassa umijarti usingijartareerijaramikki, asiliinaq majivarfigaligi taaku. Iserijallarai nulijariin. Ih, angernijaraminngii iserfii sippulimming. Oqarpunngguu: "A, ila ukuvaakii nunaqqaterpassivasiipu" – Allivitseruu inuttoorsuugallarma qanga – "nunaqqaterpasivasiipu perlikataleramik tassa kisitta uvagu peqartertaaleratta agguvaatarnijaralivarligi, ila ilingersiisaanalerpugun". Tassageeq Qimuunguujukku taaku nassaqigamik tamakkuninnga panertinilli. Aqagi qaarijarmannggeeq Qimuunguujuu arnaata illerpassivasii tamaviviisa agguvalerpai: inii ataats ammassa ataaseq orsussalerlugu aggorsernermi orsumi ataatumik, nikkuminaatsijaaqamilli, oqummigassarpijaanarming. Perijaramigi, perijaramigi iih allivitsermiji qujamasiitilerpu, qujamasiitilerpun. Tass taakunaniilerpun majivaqqaarfimminnun. Tassali taaku peqaraming, ah, ila pittaanerming, tassali Qimuunguujukku pii ilanngulluugi pigilerligin; tamaani, tamaani tassa agguvaatarligi, ullorpassivasii Allivitsimiilerpun. Agguvaatarligi, agguvaatarligi, taamallaat all'vitermiji tukummakkijarteraming. Ilaanigeeq agguvalissavai inii ataatsi ammassa marlik, orsoq ataaseq. Aqagivani ammassa ataaseq orsu marling, inii ataasim, tass taamaalijorlugi nikkuminaatsijaaqamilligeeq tunisarligi.

Perijarami, perijaraming, ilagii upernallartorlu tass suli all'vitsimiill'ti, oqalilerpunngooq: "A, Akilijaritsi saavani soorlumi malersuutun". Qimuunguujuguu pikerijarami ornilligin. Tikilerijallarai: akilijaritsermiji angitai avalakaasimagaming natsersivarsivasi pinijarsaarigaan. Usuusaatagii sinaagi puvippan naakijaralivarinikki tungaanaanu tutsissavaan, perlikatanneq angingaarami. Perlikatassimangaaraminngeeq qajaminniitsi kakkissivasijat masijata qaavanu toqqartaarteq. Qimuunguujuu tikerijaramigi, natsersivarsivasi naalerijaramijing. Iih: akilijaritsermijunnguu nuvannaangaaraming tass niperujunnguvasitsing tamaan nipaaleramik. (immaqa

mother and the young woman rowing and Qimuunguujuk steering the boat. And they rowed and rowed, until they had now reached Lichtenau and it had become quite dark.

They looked at the houses, but what had happened to the village? There was no light in the houses. Only in one single house were there lights burning. So they stopped outside the house with light. They took what they had in the umiak and quietly went up to the house. Here was a couple sitting all alone. They were tremendously happy to receive the guests who arrived. Then they said: "Now listen: All our fellow villagers are starving. By now we are the only ones who have food left. We try to share it with our fellow villagers, but it is very difficult." – At that time there were lots of people living in Lichtenau. Qimuunguujuk and his mother had brought plenty of food, so the next morning the mother started to distribute food to everyone in the village. She apportioned the food in the following manner: one person received one capelin with a small piece of blubber and a very, very small piece of dried meat. Time passed by. Little by little all the inhabitants of Lichtenau came back to life, and they were all very happy and grateful to Qimuunguujuk and his family. Qimuunguujuk and his family now stayed living with the couple whom they went to see when they first arrived. That couple still had some food left, and along with the food that Qimuunguujuk had there was food enough to share with everyone. They shared and shared and everyone in Lichtenau revived bit by bit. The old woman now gave one person two capelins and a piece of blubber. The next day, two pieces of blubber and one capelin. And every day she added one little piece of dried meat.

Time passed by. It was spring. One day people started to mention that it looked as if some kayaks were trying to hunt off Akuliaruseq (a small village on a promontory opposite Lichtenau / Alluitsoq, MV). Qimuunguujuk prepared himself and paddled out there. When he got out there he saw that the men from Akuliaruseq had paddled out in their kayaks and were trying to catch a large hooded seal. When the big seal appeared in front of their kayaks they tried to harpoon it, but they didn't have the strength to throw the harpoon far enough to hit the seal; they were so weakened by hunger. The snot was hanging from their noses and down to the front of their kayaks. Qimuunguujuk came and harpooned the large seal. Everyone in Akuliaruseq was so happy that they howled as loud as they could. Qimuunguujuk now took off his sleeve protector, filled it with blood and said to the people of Akuliaruseq: "This is for me, you can have the rest of the blood." Then he gave them some of the blubber and the meat as their share and brought the rest home to Lichtenau. When he got home his mother said: "In order to let everyone in Lichtenau have a taste of the hooded seal I'll first make soup from it." When she had made the soup she gave everyone in the village a mussel shell full of soup – they used mussel shells as spoons. In the evening everyone in the village had muscle cramps. Ha-ha… Afterwards she cooked the meat and gave each person a piece of meat and a piece of blubber. In the night people lighted their lamps! They were now so fond of Qimuunguujuk and his family that they didn't want them to leave Lichtenau at all. Qimuunguujuk's mother continued to feed people and finally everyone got a regular, whole piece of meat.

But now it had turned into summer. Qimuunguujuk had married the young woman they had brought with them from their old settlement. He then said one day, when they were well into the summer: "Let us go south; after all, we have to hunt." When they left in their umiak they acquired some female rowers from Lichtenau, so his old mother could just sit in the middle of the boat. People in Lichtenau regretted their departure.

They rowed far south and arrived at Kitsissut, at Southern Kitsissut. Then Qimuunguujuk said: "Let's settle here." And they built a house there. Here they had a son whom they named Qimuunguaq. The father's name was Qimuunguujuk, the son's Qimuunguaq. Ha-ha…

horraartuutut, ha, ha, ha...kalaallisut horaartuutu, ha...) Pilarijaramikki, pilarijaramikki immininngeeq Qimuunguujuum aarani peerijaramijing ingerlaterijaramijik aamik immerijaramijik, akilijaritsermijunngooq oqarfigivai: "Aava tamaa ilissi pinijarsijik, uva una tassa angerlaatsissavara taakinga". Orsumilligeeq neqaanilli tinijortorlugi tamaasa, ningertitertilligimmi. Sinnera tamaan. Allivitsimu angerlaatserijaramijing. Tikissullugulugooq arnaa oqarpoq: "Har, allivitsermi tamarmik nerinijassammassing, sijullermik kuuvigalijeqqaarallassuunga". Tassa kuuvigalijerijaramigeeq allivitsermiji tamavivivissivasiisa agguvaapai, qalitaateqarsimannginnamilliiniin: uvilukorooq. Uviluku immerlugu Allivitsi inivi tamaviviisa oqummersijortorlugi kuuvigakkamik. Tassagii allivitsermiji avasereq! kuuvigartuulluti uvilli imaaning. Ha, ha, ha... Aataangeeq kingernatigi neqitaa oorijaramijing, uutareerlugulugooq aama oqummigassaq ataaseq, inii ataatsim. Tassa agguvaaterijaramigi, agguvaaterijaramigi, orsumilli tunijeqqarligi. Unnummanngeeq qulliti ikitsiterligi allivitermijin. Tassa nuvannaarnermi suujunnaaramik, Qimuunguujukkullu aallaqqujunnaarligi erligileramikki. Allijartivaartillugguu tunnijittagani neqeq, tassa kiisa uullijamik tunisalerpai.

Perijaramik, perijaramik ila upernaapallaaleqimmatinngeeq Qimuunguujuk oqarpoq, tassaliguu taana angiterpaa arnartaa nulijartaaralugu, annaasartik; upernarpallaaleqimmanngeeq Qimuunguuju oqarpoq: "A, tassa kujammun pinijarijarnijassuugun". Umijaminngii aallalerijaramik allivitsermiji ilaanik angivartilerliti, angivarterti ilalligin. Arnanngivasija qeqqanu piinarlini. Angivartertik ilarijaramikki kujammu aallarpun. Allivitsermijunnguu erligigalivaraati tassa. Ingerlarijarami, ingerlarijaraming Kitsissunu pippun, tasamunga. Kitsissunu perijaraming, Kitsisununnguu Kujallernun pigaming. Qimuunguujuguu oqarpoq: "Ila tassinga tassa nunasiinassagalivarpugun". Tassinga perijaramik illilijerijaramik, nunasigaming. Tassa tassaniillitinngeeq ernertaaraming. Atserpaangeeq Qimuunguaq. Angitaa Qimuunguujuk, ernera Qimuunguaq. Ha, ha...

Tassageeq Kitsissini Kujallerni iliveq iserlerpaarpaaq, kujallijullunigii iserlerparpaavoq Qimuunguujuu ilivija.

Mathilte Sørensen nangippoq

Hi,hi,hi... Ukijutoqqami ullaakin, Qernerteq ineqarallarman, taqqanna. Ukijutoqqami ullaaki taqqavannga qaja aggilerpoq. Tusaalerp Aalu, Aanaangivamik pisartagaat. Illorsuu ataanu sisserijarami, majivarami tass iserpoq. Isertorlu anaanaarma iffiassaanik tunerijaramijik, kaffilijiiterijaramijik, kaffisertillujulu, Ujuvaat immijaateqarami immijarterfii imaaning immijami tunivaa. Imerpaa. Ullaaki maani arfineq sisama eqqaani. Imerlugulu nakivoq.

MV: Immiarterfik ataas?

MS: Immijarterfi ataaseq, nakivoq! Tassa naleeritivillini anivoq. Tassa kangillernu ingerlassalluni, ungasilaartikasiigamimmi kangilliit taaku, hi, hi, hi... Tassa ukijutoqqami, pigami pigaming, unnukku unnuleqiseq, ataataara oqarpoq: "Tappavunga naalagijarijaanarnijarta, immaqa aggerteqarnavijanngilaq tassinga".

Tappavunga naalagijarijakaagatta. Hi! Matiinangisakkulukku illivani naalagijartin. Naalagiartarami, Matiinangisakkulukku illivani, Ijaakunnguvasing ajoqerigaan, utoqqarujunnguvasi aasii tigivinnagaq, qanippa napatarijaq, amingaaraminngivasik suuva, salliingaarami; ajoqerigaan. Oqarpu, inivinngeeq atiinik taagiigaluttuvarti, tass ukijutoqqami unnukkun. Naalagijarlita iserijallartugun: uumaang! Qissijarsivasik eqqussumarajaramikki, qisussuvasi, ila qisussuvasik qissijarsivasik eqquss'marajaramikki, natija naangajassimagami, taana qissijaq eqqussumagamikki. Angitaa tassinga issaasimarajaraming, akinnerani Aanaangivaq! Nakisimagami, haar, haar, unnuukaa! Ullaaki arfineq sisamanullu. Unnuukaa, immijarterfik ataaseq! Nakusumagami sila-

It is said that in Southern Kitsissut lies the grave of Qimuunguujuk. It's the grave lying furthest out.

Mathilte Sørensen continues

Hee, hee, hee…. Early on the morning of New Year's eve, back when the settlement Qernertoq[29] was still inhabited, a kayaker appeared from down there, heading our way. The kayaker was recognized; it was Aalu, who was called Aanaangivaq. He headed straight for our beach, right below this house, and he got out down there. Then he came up to the house and entered; my mother immediately gave him rye bread and made him coffee.

Johan (the trading station manager, MV) had beer. He gave Aalu a glass of beer that he drank right away. As soon as he had drunk that glass of beer, he got drunk. It was about nine in the morning.

MV: One glass?

MS: One glass! He got very drunk. And he became incredibly happy and left. He was going to the settlement neighbours, who lived a little east of the house there. It was some distance, hee, hee, hee… Yes, it was New Year's eve. Time went by.

When it was late afternoon our father said: "Let's just go over there to the others, I don't think anyone is coming here; we can go to the service over there. Then we all went there. Hee, hee, hee… They had already begun the service at Matiinangisakkuluks's when we arrived. They sometimes held the service there. Their preacher was Jaakunnguasik, a sorry old man who had never learned anything. He was so very skinny, so very thin, why he looked exactly like a thin stick. That was their preacher. It was New Year's Eve and they were having a roll-call.

Then we entered the house. People had dragged a piece of driftwood into the house, a big one that nearly took up the whole floor. The men were sitting on it. Among the men was Aanaangiaq. He was still drunk, very drunk, hah, hah, hah… yes, still drunk, from nine in the morning, from one glass of beer!… and now it was evening! He fooled about, fooled about indescribably. He did not even look at the preacher. He had his back to the other men, but faced the women. Hah, hah, hah… The women were all sitting with suppressed grins, ha, ha, ha … what else could they do? With his hands in his pockets Aalu now and again spat on the old blubber lamp on the side platform so the blubber sputtered everywhere. He did not even look at it himself, but still continued fooling about with his hands in his pockets.

We children had taken off our *kamik*s and had crawled up on the platform together with the big dog called "Ajorneq", Matiinangisakkuluk's pet dog. It was like one of us children, the big brownish dog.

And Aalu was still very drunk. And now the preacher began – with his strange voice – by mentioning the names of the children, he, he, he… Kaluliit, Balantine, Aamaalija, hee, hee, hee… but no more, and only a single boy's name Satsi (Ilingvakeeq's father), then he didn't mention any more.

When the service was over and we were done, we went home. Aanaangiaq was still drunk. The others told what it had been like the next day during the role-call….. they said that when Qisuk's deceased daughter's name was mentioned, he scattered everything he owned, even some coffeebeans… And Aanaangivaq had gotten more and more drunk. Hah, hah, hah… I remember that, and I can just see it all clearly.

---

29. This settlement is is said to be situated in walking distance from Illorpaat and thus not identical with the Qernertoq on the map of this publication.

qaviviiivinnngitserng! Ajoqiliinii samminngilaa: tunummu saallini, arna saalligin, haar, haar, har, har, har... Naalagijarti arna qungujukkalivarl'ti, qungujukkalivarl'ti, tass qani ilinijassava? Maliangisakkuluu qullinngivasija qisertarigamijik, taamallaa niperaaluttarigami, tassa asili qisikattaarteq. Tassa atataqavinngilaq, kaallini. Tassa qininngilaq, qininngilaq, uvagut meeqat kamillartuulluta illermi. Qimmersivasik "Ajerneq", Ajernermi pisagaat, Matiinangisakkulukku qiternaasaarsivasijat, uvagu ilaliullugu tassa. Soorlu tassa meeraqatigigippun. Qimmikulooq kajortorsuvasik. Ilaalaa tassa nakusumagami sumu atanngilaq. Ta, ajoqijat taagivileqaaq meeqaning. Imanna oqalittarami: (MS-p allatu nipilerluni issuarpaa, qatituumik ilorpasissumik). Hi! Kaluliit, Balantiina, Aamaalija, (har, har, har...) taagerai, tass taakuvinnaan, nukappiaranngivarli Satsi, Iling'vakkii angitaa. Tass taakuvinnaan taagaan.

Tass naalagijaratta, naalagijaratta soraarpugu, suli Aanaangivaq nakijartivinnarteq! Har, har, har... Angerlarpungun. Uvagi angerlarsimasimalers... Aqagivani unikkaarivaan Qisuungooq panimi atija, paniigalivami aqqa, taaneqarman, – uvagu kimmukarsimaleratta – , kaffiitinngivasiminunnguu allaa tamaasa eqqaajaraligi nunguppai. Pijarsuutini eqqaajaraligi, eqqaajaraligi, tassa Aanaangivaq eqqaani atavivinngitseq! Har, har, har... Tassa eqqaagijara taana. Tassa takorloorpara.

Kristen Mathiassen
(KRMA), 80-nik uk. 1981
Nanortalik

Aqissiaq

KM: "Aqissiaq" (oqalutt.) unikkaartivarineqaleraanga taalliarineqaraangalli, taallatullu tusarnaalertarigakku, eqqatsinni tamaani Tasermijuni pisuusorineqarami, taamaalilluni uvagut inuusuttuaraanitsinnit meeraanitsinnit utoqqartatsinnit oqalippalaarineqarnera – Tasermijunummi pulasartugut – amigarisarpara.
MV: Aap, illit allatut, suli naammannerusutut eqqaamavat.
KM: Tassami ataaseq, ataaseq, annerusumik. Apeqqitigerusuppara imaliinii tusarusuppara kinaana taana Quloqutsuk? Qulequtsummik uvagut oqaluttuamik nalivugut. Taamallaat oqaluttuarineqarnerani taana Qulequtsuk – Qulequtsummik taasaat – kujammut qavunga, immaqa Aappilatsi eqqaanut, kujammut pisorujoorsimavoq. Tassa Ikermijorsuvasik taana, allamik taaneq ajerpaat Ikermijorsuvasik.
MV: Qulequtsummik pinnagu?
KM: Qulequtsumik taanagi. Aatsaanuna Qulequtsusuup ernera Qulequtsuvaraq, ammalortormijeq aatsaat unammimmagi Aqissiap, aatsaat tassa Aqissiaasusija, (imaaterpara) Aqissiap unammisaa taana, kalaalivik, kalaaleerakasik. Qulequtsussuup ernera Qulequtsuvaraq, taana oqalippalaaritillugu, uvanga nuannarisiigakku. Unikkaartivaatsillugulu. Unikkaartivarissavara?
MV: Aap, unikkaartivariniaruk
KM: Aap, takivammi pisarijaqavippoq taana aama tusassallugu.
Tassageeq taana kuusuu timaani, qulaa- timaani tassa Aqissiaq nunaqarlini, aamaasii ullaaki ukijarsalerlinigeeq nuna qerisalerseq, pisuttuvarfigijiminarseqiseq, pijukkuminarseruttortoq, Aqissijamut qiimanarteq, eqqarsalerpoq puvisini sumut nigartarijartissalluni, nammaasanijaasii naamatsissallugin.
MV: Tassa qanoq isumaqarpa nigartoriartusalluni?
KM: Tassa soorlu, qani oqassuunga, nassumik taasarpaat ilaa?

Kristen Mathiassen
(KRMA), 80 years old in 1981
Nanortalik

Aqissiaq. A Giant Who Lived Inland

KM: When I hear the story Aqissiaq as a story or as a poem – it is believed that the main character in the story Aqissiaq lived here around Tasermiut. We all know the story from our childhood/youth, yes, those of us who listened and those of us who so often sailed into Tasermiut, but I've always felt that something was missing in the story.

MV: Do you have another theory?

KM: Yes, especially one thing: I would like to ask, or I would like to know, who is Quloqutsuk really? We don't know any story about Quloqutsuk. But the mentioned Quloqutsuk carried out a long journey down there, perhaps down by Aappilattoq. The mentioned person was called Ikermiorsuasik, was never called by any other name than Ikermiorsuasik.

MV: Not Quloqutsuk?

KM: Not Quloqutsuk. Not until after Quloqutsuaraq, a small, real Greenlander from Ammalortoq, son of old Quloqutsuk, not until after he had fought with Aqissiaq, only then do we hear about Quloqutsuk. I really like hearing that story. Do you want me to tell it?

MV: Yes, please tell it.

KM: Yes, you see, it is very important to tell it.
According to the story Aqissiaq lived inland behind Kuussuaq. One time during autumn, when the frost was in the ground and it was very nice to walk on, Aqissiaq was immensely happy, and he felt like going to the coast to catch seals in a snare. He could catch as much he could carry on his back.

MV: What does it mean, to catch with a snare?

KM: Mmm, what shall I say, isn't it called, or doesn't it mean to catch with horn, – with antlers?[30]

---

30. Most probably made from split baleen (Robert Petersen pers. comm.).

KRISTEN MATHIASSEN

MV: Aa, tassa tamakku

KM: Aa ilikkarpa... toqungasi tassa, tamakkuva taama taaginnarnijartigi taamannang, hi...

MV: Ajunngilaq, uva' paasigukku, paasisimagukku tassa ajunngilaq.

KM: Tassa. Tass taana, imaateq, taamaalijerijartissallunijaasii tassa nigartoorussuasini tigerijaramiji allunaarsivasii soorl'kijarm aama sakkilerijarl'ni.. .A! Sunijarpunga massakki ooqattaarlugu avannumu pisorujuus'qaanga!" Tasermiji qinngerijaramigi avannamu ingerlarijarami, ingerlarijarami, tappanna – imaateq – Perserajik, Perserjik tunoqqullugu ingerlarijarami, ingerlarijarami Amitsi akijanut, imaats, Nijaqernakasii qaavanut. Nijaqernakasii qaavani tassani issijalerlini pinijalerpaa atinngivamini qajaq ingerlaseq. Qajaq tamaani kiserrataami ingerlaseq. Takisareernikuugamiji taamanikki arferming utoqqanngivasing majerarsisi ilikkartareermijing, a, kiisali sinaamijimik misilikkalivass'qaara. Ammu ingerlarijarami qaarsittaa qulinngivanu perijarami, qerri akinneranu perijarami, nasarijarami sijitikasiini tunoqqullugit, taamaataraminngeeq, tas majerarsisit, taava tassa qani majerarsisarnersi uva ilikkarusukkalivaqaara! Hi, hi, hi (also MV). Tas majerarsilerpaa. Tungiminu saaginnarijoq. Aggerijarami, aggerijarami, akinngivaminu nijivoq. Qummu aallarpoq, tungiminun. qullangaatsijarteq qullangaatsijaqimman, taama mikitigisikasiimammi – immining suvanngaruttorluni. Taama mikitigimman, imaatortu annaasinnaajunnaaramiji, amm arparijallatsijaanaq qangali tigimmijartivaarpa.

Tigerijaramiijing peqilasunnguvasing kis'missijiterijaramiji qummu aallarpoq. Ingerl'rijarami, ingerl'riaram qullangaatsijarl'ini talers'ivasini ippin, jallannijariarteq: naak? taavaann amm'kartariikasillarteq. Arparijaramijik tigimijart'ivaarpa. Tassageeq pingajissaanik – marlinninngeeq tigisaralivarpa. Pingajissaaninngeeq qulla...qull'ngaat'ijaqalini, qullangaatsijaatigeqalugu kiisami pinijaqatissaminik sinaamijimik ajersarlini. Tass ingerlarijarami, qullangaatsijaqalinili, talersivasi ippin'jallann'jarijart naak? Tavaana qajani tikitt'areeraa. Ammu arpann'ijaralivarpaa inortorpaa. Tas all'tu ajern'qimma, kanngusuusaanarujulluni ulloq.. kisijanniin nammaasani taaku, tass. Puvigginng'laa soorll'karmi eqqaasartagaar'vaa.

Aamaasiin ukijeq- ukijerijarterijarami, ukijerijarterijarami ukijerami illivanu sammilersorlu, peqqalaarnanijaasii tamanna kujataa qaqqarsivasii akinneri avanna kanaanaq piteraqigami pujort'uvinnarsivasinngorluni aasiit aneerfijijinnaarlini ilivaming – nuliaqarsimavoq Aqissijaq! Nulijamigeeq sinaani nalaasaarlini. Nulijami sinaani nalaasaarlini illimini eqqisilluni, nerereerl'ni, taamaan'jarlini qaninn'jarpaana taanarerpalikkaaniina! Tassa angakkiim, angakkiingii, taanarerpalill'raani. Illimi isimanani pisserijarami, innittaniit qaatigoorsuvasiini atipallann'jaramigin, tuuviinnarsivasik aterijaramigi, sakkinik tigijeqqaramigin, katakki anerijarami, katanninngaaniin anilluni naalaarnijalerpaa, sumiina? Avannaminigii taavani, avannarleralugu taanarerpalill'raani. Ta avannamu tamaat!

Ingerlarijarami, ingerlarijarami (ugguu) tassiina Perserajii tunuvatigin ammu aallarlinili qaninn'jarpaana soorl'kijaq amitsermijit qaaralutt'vallarti – Amitseq illeqarallarman. Amitsermijit tassanngaarpalussoraa. Ammu ingerlarajarami – sikisartorsuugallarmanngii samungarsivasik -. Tassa oqalippalaavu malligit, uvagu nunatta avannamu isivaninngaaniit Maligissaninngaaniin akimut Avatarpaan tungaanu, unnija sikisarallarman, qanga. Issittartorsuugallarman. Tas taamaalilluni sikusumaleqiseq, Amits'miinijarlini pinijalerpaa ungataaniipalillartoruna. Avannamu ingerlarijarami, ingerlarijarami, Amitsim illorsuvasija sarsitilerlugu – illivata – avannaa'tungaatsigi tassinga qaqinijarpa taam tarrajuttuvinnarsivasiiv Ammalortup illorsuasija.

Ammalortormijimina qaaqqorpalillaraani. Ornerijaramigi, ornerijaramigin iserijartorluni, iserijartorluni, katakki nattuulluni isernijarsaralini pilluni, pilluni, kisija tassa isikasillarami.

Iserijallart ilisariffaarillugu taanangisakasik akerpijanngivamini issijaseq. Timaani nujaaj qaqortuinnarsivasiit utoqqarsivasik, qitermijorsuvasik. Tanageeq oqaqqaarpoq: "Tassa uvanga Qulo-

Kristen Mathiassen,

MV: Oh well, those...
KM: Well, that is... well, withered (dried out), we could call them so... hee, hee, hee ..
MV: Well, that's good. I understand it's okay.
KM: Yes, that one there... what was it now, well, to catch with, he brought his big snare and a lot of straps – well of course also hunting gear... "Aah, what now, well, let me this time try to go towards the North." He walked and he walked, he could now see Tasermiut, walked behind Perserajik, came opposite Amitsoq and walked over Niaqornakasik. While he was sitting there, he spotted a kayak right below him, a lonely kayaker. Earlier he had seen how an old man made the whale come on land by magic (I shouldn't mind being able to do some magic as well, hee, hee ...), so he figured he would try the same with this kayaker. He thought that he would try to take an inhabitant of the coast this time.

He walked down and reached a rise on the beach between a heap of stones and he started getting ready for the magic by placing his hood behind his ears, which is what you did when you performed magic, and he thought that the kayaker would feel it and come up on the beach. Now the man in the kayak turned around and faced him, and went ashore on the beach and started walking upwards. It was a very small man. Aqissiaq figured that he could easily take on this little person. You see, he was big and strong himself. The little man walked up to him. Aqissiaq had no doubt about being able to handle the little person, he took a few steps towards him and immediately had him in his arms. The little man hardly put up any resistance, but nevertheless Aqissiaq kept walking up with the little man in his arms. He had gotten fairly high up, suddenly he felt a very small jerk in his arm from the little man and at once he was gone. "Where did he

quttusuuvunga, aanaa ern'kasiga tass taana Quloqutuvaqqami taasarpaan". Sunaafagooruna Quloquttusuu ernerata Quloquttuvaqqap qaaqularaani. (MV: aah) Tassa angakkissarsijorluni. Misilinnijarsarigaa...takitinnijarsarigaani. Ta, all... : "Qaamaanijaqisijik, qaamaa...qaamarijallartermi: Tassa inik! tusarijaq!

Tass taamanikkunngooq taanangisakasik oqarpoq: "Qaaqunijarpakki, unnuppalaaqimma, misilikkalivartareernikuugakkin(gamma), misilikkalivarnikuugamma, tigimmijaralivaramma peqilarajarama qimakkakkin, unammissall'ti misilerujussallugu, tassa qaaqqorujukkalivarpakkin". "Tassami ajern'qaaq taamaalijernijarta" "Massakki unnuttareerpoq, aqagi misilikkimaarparpun, nerereernijarallaan".

Avalanijalerpaangeeq tassa nerisassarsivasiin. Nerilluni, kisija tass naamattivikkami! Aqissijareeq tass – isaasimasi, ta takinijaasut isaasimasin, takinijalerpaan angitissaarsivasii sisaman tuvijani issijalerpun.

MV: Angingaarami...?

KM: Angingaarami! ill'vatungaani marlik, ill'vatungaani marlik. Taamageeq Aqissiaq suvangatigivoq! Angitissaarsivinngeeq sisaman tuvijani issijasinnaaput.

MV: Timaamiorsuaq?

KM: Timaamiorsuuvormi! Sinaamijining takineq ajerpoq. Tass aataat tas pernaqalini! Kisijat tipaa allaginarteq tipeqaqaangooq. Taaku kalaalersin'qigaming. Timaamijorsuvasiigaming immaqa ipiitorsuvasiigamik.

Tas taakunani: "Aa, innarnijara.. sininnijarallarta! Sumi isimaqang... aqagi misilikk'maarpugun, sininnijarallaan, siningiverl'ta aqagi misilinnijarimaarparpun, ta misilerujunn'jarimaarpugun. Naala... tassamigeeq qaaqusisiiman naalaqatsiinaramijing. Innarfiss'jernijalerpaani: Nanuvaqqat amiinnaanik! Nanuvaqqa amiinaaj, kisija qaalluvalunng'vars nanuvaqqat amiining qipillini! Taamallaa innarami maavaallarami! Pigissaarteq! Pigissartit! Ta, tass'niillini, qaamagi ullaakkin tupaqigami iterl'ni, sinilers'magalivarl'ni iternijalerpoq, qangali pallungajivaarpoq qaaqqusisikasik. "Aa, iternissa utaqqivara, makinn'jarta! Nerereeqaarl'ta, taamaatarallarmata .... misilikk'maarparpun. Ullaangisakasik tassa suli qaamarppijanngitseq, nerigami nerigamik, naamat'vikkaming – qaarijarm tass pisareerl'tilli oqarpun: "Aa taamaateq aa misilinnijarta!" "Soqqaasuugun?" "Illin! Illi qaaqusisiigavin, illi qaaqusisiivuti, ill aalajangern'jarung suna misileqqaasagippun!" "oqilanijiikallarta! Qarseq, pisissimi qarserput aanijaqattaarnijartigi!" Ila piserijartarsimaqaat! Tassageeq taamani ataatikki sanileriifaarl't soorlu tass pisissijat aallaram soorlu qarseq ataaseq sanilerill' aallarput. Aangarsimalersullu: "Aat, arpalijulluta tigeqqaasaanijartigi!" Arpall'ti arpall'ti naak? Takissavaa takissiva Ikaarissi sijuninngivani, taamaliinii kingileqanngillat sanileriifaarill'tik. Taamallaan.. Aqissijaq immining sijull'jiniassagami pisserijarnijaralivarpaa, qangali aama aapakasimmi tigimijartivaarpaa. Ilaasakasingina! Uterijarami pingaserijarpunngooq.

Pingajissaaninngeeq tassa imaatiming, tassinga: Nunatta avannamu isivata sijoranngivanun, Maligissa avannanngivanun, qarsaarii tamaan nalinngivanu tussimapput. Aasannakkaarsivaseeqaaq! Tamatigunnguu aapaarakasijat' sijull'julluni tigivaaj! Arpalijulluti nunamu pigining, pigining, pigining... nunamu pissill'till naamiliini tungaan nikinganeqarneq ajerpun. Tassani oqarput.. qanoruna taananngisakasik oqarpoq: "Allaming unamminngiinarnijarta!"

MV: Aa..

KM: "Tassa paasivugu naligiillita. Unammiinaralivaritta arlatta ajo.. allarpu ajoqusiinnarnijalequaaq".

MV: Kisiannimi taanna minneerakasik sijulliusarpoq?

KM: Tamatigummi sijulliisarpoq! Pissiffijagii tassa aama qulliilaartarp.. qaangiminngaaniin

go?" Aqissiaq thought, then saw him, chased after him and caught him, but the little man got loose again and ran. Aqissiaq caught him twice, the third time he had to give up, the little person was too fast. Aqissiaq chased after him, but by then the little man was already down by his kayak. Aqissiaq was looking forward to having a playmate, you know. The rest of the day he was somewhat embarrassed about the incident. Now all that was left for him to do was catch seals, lots of seals, and carry them home on his back, which had been the plan to begin with.

Then winter came, a really cold, South Greenlandic winter with storms, strong northern winds, which produced such a strong snow storm between the tall mountains that you could not see a thing. It was impossible to be outside. They say that the winters were harder in the old days.

One day after mid-winter Aqissiaq was lying peacefully on the platform next to his wife, resting after having eaten. Suddenly he felt a shaman speaking his name repeatedly. At once he jumped down, got his overcoat from the clothes rack and put it on, went outside and listened. Where did it come from? It came from up north, north of their house. And he ran as fast as he could towards the sound. Went behind Perserajivit and down. He could now see a strong light from the houses in Amitsoq. At that time Amitsoq was inhabited. He thought the voice came from there. He walked down. There was sea ice all over the fiord. He thought the voice came from Amitsoq, but it came from somewhere north of Amitsoq. He kept walking north, walked from the longhouse in Amitsoq towards the Ammalortoq house, where there were no lights. It was totally dark there. This was where the voice came from. This was where he was being called from. He crept in the entrance tunnel to the house. He could hardly make it through the narrow entrance, but he managed to get in finally. The first thing he saw when he entered the house was that same tiny person he had once tried to catch. He recognized him immediately, without the slightest doubt; he was sitting right across from him.

Inside the house was a very old man with white hair; he was sitting in the middle. And he was the first to speak. He said: "I am Quloqutsorsuaq. This is my poor son. His name is Quloqutsuaraq". It turned out that it was Quloqutsorsuaq's son Quloqutsuaraq who was calling. He was looking for a shaman. He wanted to try Aqissiaq; he wanted to be convinced that Aqissiaq was a shaman: "Light the (blubber) lamp!" someone said. When the lamp was lit and it was light, Aqissiaq saw a lot of people in the house, they had come to see him. You know, Aqissiaq was so big and so strong that four men could sit on his houlders. Two on one shoulder and two on the other. Then the little man said: "I called you to test you. You had already tested me, you see: the time you carried me. I tore myself loose. Now I'd like to see if we can compete in strength". "We will have to try that then", Aqissiaq said. "It is evening now, it is too late. We will try tomorrow. Now you must eat", the little man said. Plenty of food was served. Then there were all the people who had come to see the giant Aqissiaq. He was a real inland dweller, you see.

It was usually not very often that Aqissiaq met the coast dwellers.

Now that he had entered the house here, he felt the bad air, thick Greenlandic air. The inhabitants of the inland were, as far as we know, very clean.

"Oh, let's go to bed now. You just sleep now in peace. We'll try tomorrow. We need to be rested when we compete". He was the host, you see, so Aqissiaq had to do as he said. A bed for the night was made for him: the bedding was all made from young polar bear skins, only baby polar bear skins. It was completely white and it was very soft when you lay on them. He was well-to-do. The family was prosperous.

Early the next morning Aqissiaq awoke and saw that his host was already lying flat on the platform, awake. "I'm just waiting for you", he said. It was so early in the morning that it wasn't really light yet. Then they ate; after that they both said: "Let's start now". "What should we start

qummu pissinnera! Tassagii paasivaa .. paasigamijik Aqissiap saperlugu, tassami tamavijaarijarteramik pingaserijarl'tik, ta pingajissaanik tamavijat, ilaanaarinnaarlugu! Qummu pissigaateqigamik qaangukku marluulluting, a taanangisakasingaasii qull'julluni. Imminimmassa tamavijaarlini. Paasivaageeq unammisinnaanagi. Taamaalillutinngii paangillat. Allatigullu pakass'mmingillalluunniit. Tassa ull'qeqqaavormi. Tamakkuninngagii naamik, allamik ooqqataanngillat, oqilaniitiinnarlitill qarsiminnik aallarneq'saatiinnarp, taleriss'nermilli nijerinnermill paasigamikki.

MV: Aqissiaq angerlarsimava?

KM: Soorunami Aqissiaq ajersarsimavoq, hi, hi...

MV: Angerlarlinili...

KM: Soorlikijarmi isimannaarlinili angerlarsimavoq.

MV: Taanna tusarneq ajerakku?

KM: Taana tusarnerineq (?) ajerakku.

MV: Taanna Aqissiap oqaluttuvaata ilaa?

KM: Aap, Aqissijarmiina oqaluttu... Aama taanna tusarallartigi! Tusartinnijarallartigi taana Aqissiarli sumi oqaluttuarsimaseq. Taamaalillunili uvagut kalaallit oqaluttuvaatsigileripput. Imanna unikkaartivaatigileripput qani ililluni, sumi unikkaarsimamman, tass taakkuva unikkaarfiisa sijammarpaat.

MV: Aa, tassa maani ilissi eqqasinni?

KM: Aap, uvagu – uvagut tassami qavani Taaterraakasii, uva isimaqarpunga Taaterraakasii eqqaaniisaseq. Tassa isimaqavippunga saqqaani uvani imaati Ikerasaarsii ilimmu ilaani tamaani nunnisimassasit.

MV: Aa..

KM: Tass tassanngaanii tassa kuusuu qulaaninngaaniinnaasiin paqqillini Pujort tass tassamani, imaat Naaja avannanngivani tasamani takigamigin Pujortat – eqqaarijaramigi nukani, imaat angajinili aaparal.. ilagaligi marlik tasamunga Pujortat ornikkamikki, sunaaffami sunaafaa...tassa ingerlalluti, ingerlall'ting – imaq nuna qaqqarsivasii pukkililillartullu, kiisami pujort pujortu seqqimmillarlitilli. Orninnijalerpaan, tikerijallaraan aagoorpassivasiinngooruku ammatitaat. Taanaqagii nigalerpaat. Tassa nigarligi, ningarligi, nigarligi, nigarligi, nammaasati naamaasatikkamikkik – aagoorpakuluut. Tas tunumu, tunumu aallarpun. Ingerlarijaram, tunumu aallalereersitilli, qanoruna pinijalerpu taakanga takananga taartorsuvasik nuvilillarlinili. Nammaasijernijalerijarl'tik – . Anerisataqanngitsuusananili taakani, takanannga pujortoq saqqimmerini.

"Nalluukaluttuvaqaatugun naammatoornijarnijassavarp tunumukarnijarta!" Tassa tunumut, nammaarsivasitti artersaatigeqaligi, ingerlalluti, ingerlallutik nuna ersillatsijaanartarteq nalluutilillaraatilli, nuna tikilillarllugulu. Nuna tikilillarllugulu, nallorluni, tassa sikivarsivasik tamanna nallorluni. Nuna tikilivikkaali, tikilivillugulu, ataasersivasimm pigaming. Tunummunngooq pisarsivasittik Aqissiap eqqaqqaaralarijaaj.

Tassa Aqissiaq oqarpoq: "Uvanga siulliullunga pississuunga, uvannunngaaniin nukaneri... nukanganikasiigassi, tunisarnijassagassi, uvanga annaasinijartissaasuunga". Arpaasarijaram innaarsussuvasikkit – tassa qularnanngilaq Taaterraakasikkit kujatinngivatsinna. Qularnavinngilaq! Innaarsussuvasik, ta tassiina qummu pissigaakamik. Ajinaarnatik qaqillarlitilli.

MV: Aqissiaq timaamiorsuulluni sinaanut piniartarsimagami?

KM: Aap, tassami pinijartorss..tamatigi timaani pinijartarpu iih avammut pinijartarsimappu, puvisinik ajorsaateqanngilaq. Tamakkuninnga aah sumi ajersaateqarpa? Taamani nuna pinijagassaqaqqissaanginnami kujataani. Tuttoqanngilarmi taamani ilivamik. Immaqa! Tassami pinija-

with?" the little man said. "You were the one to invite me, so you decide", Aqissiaq said. "Let us race. We shoot our harpoon arrows and then we get them". Then the arrows were shot so far that you could not see how far they got; and the two men ran for them. Aqissiaq thought that he would probably be the first. Alas no! The little man was already there as first. They tried three times. The third time the arrow got all the way to the northern tip of the settlement, a little north of Maligissat. Everytime the little man's arrow was the first. While the arrows flew in the air they stayed right next to each other, and when Aqissiaq and the little man ran, they ran together, right next to each other. Then the little man suggested that they should no longer compete about anything. – what was it that the tiny man said: "Let us stop competing…"

MV: Well …

KM: "Now we know that we are on a par. If we continue we may risk one of us getting badly injured".

MV: The tiny man was always a bit ahead?

KM: Yes, every time they rushed off, he was in front. They rushed up to the ice-foot from their kayaks. Aqissiaq now understood that he could not hold his own against the tiny man, even if he had tried everything, and the third time that was all that he could do. But the tiny man was always ahead. Now he was convinced that he could not defeat the tiny man, and then they competed no more. They didn't try a wrestling bout. Not at all. It was the middle of the day. The only thing they tested was, who could run fastest and shoot best with bow and arrow. They had both realized how strong their arms and legs were.

MV: Did Aqissiaq go home then?

KM: Of course, Aqissiaq lost the fight, hee, hee, hee…

MV: And so he went home…

KM: Quite clear, he was defeated and went home.

MV: It's just so, but perhaps you haven't heard anymore about that part of the story?

KM: That part of the story I do not care for.

MV: Some part of the story?

KM : Yes, the story about Aqissiaq is, well… So let us just hear that! Let us just hear that too! Let us hear where Aqissiaq was located, when he told this story, or rather: How did it come about that we now have the story, because his listeners have told the story and so have spread it to others.

MV: Was it just about here?

KM: Yes, here in the neighbourhood, out there at Taateraakasik, I think quite certainly: just about there on the sunny side of the approach to Ikerasaarsik, where they (Aqissiaq and his brothers) had landed.

MV: Yes- (Aqissiaq had told about his life and doings to a couple of elder people that he met during a visit on a hunt.)

KM: Yes, together with his two brothers Aqissiaq had gone to the coast to catch birds with snares. They walked for a very long time. They walked and they walked until they came to the frost smoke, a little north of Naajat. Here they came upon seawater kept open by a great number of eiders. They caught a lot of eiders, as many as they could carry when returning. Now, however, they saw black clouds appear right where they would have to pass through to get home. "Let's begin heading for land before all the ice breaks", Aqissiaq said, and they started walking towards land. Just before they reached land, the ice started breaking up and they were all standing on one single ice floe. Then Aqissiaq said: "I'll jump on land first, then I'll pull you up, just give me your

gassaqann.. soorunami imaani pinijartarsimavoq, tassali aa ukijissami peqqimaatissaminnik naamatsining pisarsimallutik. Qularnanngilaq taamaasimasit.

Tassa tunumu aallaramik, nutaartorusuleqalitimmi, aagoorsuvasiin mammalligi, perseqiseq. Tunumu ingerlarijaramik, aataat tunumu aallaannaq...erininanngilaq, aataa aallarn.. sijunermini ill qaamaallassivasiinaavoq. Illukuloorsuvasik, marlinnik igalaalissivasik. Illorsuvasik, sinaamijit illorsuvasian. Uperer.. "Tassa tusarlertareeqaarpun, iserfi.., tikittareeqigamikkimmi. Tusarlertareeqaarpu iserfiginijartigi. Tassageeq – uvanga iseqqaasuunga malinnijarsinga. Sakkeqassanngilasi, ersitinnijaleqaarpun. Tassa annannijarsivarnijaratta maniguull'ta iserfiginijassavarpun. Annannijarsivaqaagut, persi taama persertigisi taama, timaa perseqigami anersaarfiinavijanngilaq ilivamik, iserfiginijartigi, immaqa aqagi persiverinnerijimaarpoq". Tassamigeeq angersaatiinnarijaraming Aqissiaq taanna nukarlersarsivasiigami, ta, sijullijulluni iseqigami. Iserijallart taama tipaa allassivasiinaavoq, kalaalli illorsuasija. Tassa inik! Uku isertin aneerussuvasits nassaramikki, inivinnaangitorsuvasii iseqigamik alinnartorsuvasiin. Ataasersivasik sunaafa nukerlersivasik, tas ajernaatorsuvasik inissijarnersorsuvasik.

"Anna..annaqqalaaleqigatta annannijarfigivassi!" Taama qani akissas... Qujamatiinalerippun. Qujananngivarsi. Taama taaku pisertaasimasi oqarpun: "Qaatigoorsuvasiisi peernijaqiisigik aputaajarnijassapput". Qaatigoorsuvasitt piijarijaramikkik, kiluttunnguvaranikkin, taamallaangii tassa natersivasija tassa matillarami apussuvasik! Qujamasullutik.

"Ajernaqaaq taama sikivarsimajivaartigigami nerisassaqartinngilassi"...iserfiisa. "Nerisassaqartinngilassi, allami nerisassaqartinngilassi sutugassaqartinngilassi, panertiminiiteqaralivarpugu..." "Aa taaku, ajereqinasigin, naamatsillisi aaguunik taqqamannga, naammatillisi qulissernijaritsi kilijorlusili orsortornijaritsi!" Tas qujamaseqaat, "Ikinaarnagi errinnijaqiisigi, eqqussuvinijaqiisi. Tassuuguinnaq nungutassaangillat". (KM: Qanermi amerlat..ha ha.) Tamarmik pissaanarsivasiigamik taakuva, qatanngitigiit pingasorsuvasiit. Nukarlersarsivasijata Aqissiap taasuma nammaavi ikinnissaj ilimananngginnamik. Ikittooraanavijannginnamik. Tas tassani kiliorlutill amijanik, ilai erisarligi, qulisserl'ting nererijarliti qujamasuutut tassani isersimaleramik.

Tas, "Qujananngguujuvinuku..." Pinijalerpaangeeq qeqqani utoqqaan utoqqaviviingillanngooq, utoqqarsiingillanngooq, utoqqaan naammaannartimi utoqqaall'tilli... aappariit qitermijin, tassani issijasin. Nillissanngitsin, ukuluuku qungujulaangivarl'ting. Ta, nerisareerl'ting uvija qanoruna oqarnijalerpoq: "Qujananngguujuvinuku taama aliikitassaq sapertigalugu aliikitassatsinnik naamattuukasippugun. (hm) Uvagununa ernersivarpu kananijaa isaarijaata, (immaqa tassa Ikerasaarsiip), takassuma pularijaata takassuma paangivaniikami ililijarsivasik. Ililijarsivasik tassa kananiitseq aamaasii qajartorluni tikinngitteerami ukijarmi, tassa qerinijarsarilerseq. Tassa pisarsivakkuluviaasii ta piginijakasikkalivarparpu suli, tass maana. Tassa taamanikkullu taana ernersivarpu qajaagami, qularnanngitsimi sikimin ililijarsivarm asererfigitillini, tas taana. Qujanaqaasi aliikitassarsigatta. Oqalippalaarniisaritsi ilissi inivinnaanngittorsuvasiivusi, tusarnaarnijassakasippassi".

Anersamijaasiinngii Aqissiaq appippoq. Tassagii maana Aqissia oqaluttuarineqarnera taakunannga aallartippoq! (Aa) Kalaallit uvagu pigilerparput.

MV: Aa, taakkua tassa unikkaartivaat.

KM: Aap! Tass taaku tamakkuva immini unikkaarisartagaj qullugissat all eqalukuloorsuvasiin tamakkuva Ikermijorsuvasikki Quloquttorsuvakkin, ta tamakkuva unikkaarisimavai tass. Aama sinaalijakattaarsimannginnami, taakunannga tassa oqaluttuvaatigut tassa taakunannganinnggaaniin sijammarput.

MV: Taamani qullugiarsuaq pisarillarmagi nunaqatini perlertussaagaluit annaapai.

KM: Aap. Tassami taamaap tamakkuva arfersivasinnummi allaat.

hand. I'm the one who will save you". Then he threw the many eiders they had caught on land. He then jumped on land and pulled the others up.

They struggled their way through the storm with the many eiders on their backs. Suddenly they saw a big house in front of them, an enormous house with two big windows, a house owned by an inhabitant of the coast. "They've already heard us now, so let's go in", Aqissiaq said, "I'll go first. You can't carry weapons. We can't scare them. We must be humble; we only come to save our own lives. Yes, we must do all we can to survive." Then they walked in, Aqissiaq in front. It was a Greenlandic house. When he got in he once again felt this bad air.

What giant people that came in, not ordinary people. And they were even wearing their huge outdoor garments. The youngest was very friendly and very talkative. "We just had to find a place where we can rest and survive", he said, and he was curious as to what they would reply.

They showed a lot of kindness and said: "Please, take off your outer garments and remove the snow from them". They then took of their outer garments and the floor was filled with water and snow from the clothes. The residents of the house expressed their joy at seeing the strangers who had arrived, and they said: "We are sorry that we have no food to offer you. There has been ice on the water for so long, so we have been unable to catch anything; to be sure, we do have some dried meat…" "Oh, don't be sorry; outside the house there are plenty of eiders that you can just have, as many as you want. Boil all the eiders you want and scrape the fat from the skin and eat it. There are plenty of them, there will still be plenty of them left". (KM: ooh, sure, there must have been plenty, ha, ha …) The women of the house got busy plucking the feathers from the birds, scraping the fat from the skin and while boiling the meat, never stopped saying 'thank you', 'thank you', and they kept repeating how much they liked the strangers.

Then they became aware of an older couple, not quite old, not quite young either, sitting in the middle of the platform. They were smiling, but had not spoken. When they had eaten the man said: "I'm so glad you came. We so needed some distraction, I'm so glad you came. To think we should experience it! Our dear big son was killed down there by the entrance (maybe at Ikerasaarsik), by the big iceberg. He was out sealing but never returned, the big iceberg got him. However, we still have some of his catch to eat. Now we're really glad that you've come to entertain us". Then Aqissiaq started to tell a story.

He told about the great worm, about the giant salmon, the Ikermiut and Quloqutsorsuaq's and more, also about the giant whale. Yes, that time when he caught the giant worm and thereby saved everyone in the settlement from starvation. From what I hear it was the married couple who passed Aqissiaq's story on. Everything he said comes from that married couple. And that's where we have our stories from.

MV: At the time when he caught the giant worm and let the people of his settlement eat of it and in that way saved them from starving to death.

KM: Yes, that's true. And (the one about) the giant whale.

MV: You have perhaps other stories?

KM: Ha, ha, ha, which others should it be then? It must be enough now…

But otherwise it is my dearest wish that the great men of South Greenland should be honoured, for instance as in the book Qooqa.[31] Great men, famous! Why don't they tell about the great men in South Greenland? In my opinion they should be described, told about. That is a big deficiency in our history. It is my great wish that these splendid men should be praised and become known.

MV: Yes ….

---

31. Much loved novel by the Greenlandic writer Ole Brandt, 1971 (Ed. note).

MV: Immaqa aamma allamik

KM: Ha, ha..ha..suna allat! Taana unikkaartivaq oqaatsigissagikku .... Naamagaara taana! Kisijanni uvanga pisarijaqartippara kujataani angussuit – soorlu massakkut atuvakkijaq "Qooqa", taama tusaam.. Avannaani tusaamasaatigisit, kujataani angussuit tusaamasat maana oqaluttuarineqarne ajortut, ilivatigigalivaqaaka aama sijammaatissallugit.

MV: Aap ...h

KM: Taana Otto Sangreen-ip oqaluttuvarigalivarpaa Akamalik, - uvaneerangisakasimmiiput tamakkuva. Kisija tassa kuvisimalernerata nalaani. Tassami tamanna tikillugu pissarsivarsimasiigami – uvanga allaat angimerisakka! Soorlu taqqavani Narsarmijini, samani Sissarissimi taqq angimerisakka qajapalaannginnamik! Tassami oqaannarnijarta: Anerriming saperfeqannginnaming! Qaanaming tassami qajartivinnaraming – imaats qani oqassuunga "avannaamijutut" ukijimi nijineq ajeraming qimussissalluting ...

MV: Nigikulooq ingijilikulooq.

KM: Suna nuna, piterallarpa tassa! Uvangaliiniin tassa immining unikkaarnijartinga aama uvanga qajaasert – qaneq annaasinijartunu aama ilaasimasinga. Atamannami qajartertarti taamanikkit, qaanat tusaamasat!

Akamalik

Taana Akamalik illorsuatsijarmijuusimavoq. Tass taamanikki oqalippalaarinera naapertorlugu. Taamanikki tassa Sissarisseq niiverteqalermat, imaati Sissarissumu savinnannijartarsimavoq, taamanikki kujataaninngaaniit savippassivasiitilli usornarallarmata. Tas tamakku angussuvartut isigineqarallarmata.

Akamalimmiina taana tusaamasavissivasik, tusaamasavissivasiivoq. Taana tusaamasaasutigeqqaarpaa Usulissivarmik toqutsisunut ilagami. Imaangilaq toqutsijarterami. (Usulissuugooruna) Akamalinngooruna Usulissivaq eqqarlerigaa, qanitsimik. Taavali kipparsimalluni, kipparsimalluni Usulissivaq qanga pinijartorsuugami, pissarsivasiilluni, utoqqarsivasinngoruni Illerpaa akijani tuperfeqartalerseq. – Uva takivara taana tupertarfija. Aamamijaa takinijarsarivara. Uppernarsinijarsarigakku. Tassa tupersivaqarfija takivara –. Tassa tassaniillini, tassaniilerseq, Akamalinngeeli ileqqerigamijik, Akamalinngooruna ileqqerigaa natsersivi soraartaringata, natsersivi kipisaringata, kujammukarini taqqavunga tiffarini Illorsuvattaanun. Illorsuvattaaniilerlini nulijani pissavaa: "Mamarnersijivillitit, illinnarnersijivillitit eqiterinijarit aqagivaasii, eqqarlinngivakkulugaasiit, aqagi pajunnijarimaarpara". Tass taana Usulissivaq. Ta ingerlarijaram pikkiterijaramijik avannamunaasii aallarpoq. Perijaramijik pinijalerpaa tassa tassani tupersivaqarfimmini, tupersivaqarfimminiitunnguvakkuluk. Tupersivasijageeq soorlu tassa, qaneq? akisi alittern'kupajaarsinnngortoq piseqalinerming. Piseqalinermi alittortorsuvasinnik qalereqalerseq. Aamagii umijaa qernipaartorsuvasinni ameqaleqalerlini aama ilaartoorsuvasinngortoq. Tassa utoqqarsiigamimi. Akamalinnguu ileqqerigamijing tikeraarfigiginijik ulloq ataasiinaaneq ajerami. Aataa atigassaani ukijimut katersiiteqqaarlugu, aataat angerlartarami. Ta tikinnijalerpaa tassani tupersimasit, Usulissivareeq qiternaqannginnami. Ernersijakasija Uujooq, tassa taana inerersorsuaq, tusaamasanngortoq. Tass taana Uujooq nukappijakasinngortoruu suligeeq qajaninngitseq. Ta tupermijeqatigigaa.

Takulluvakuloorlutinaasiit imminnu, aalisagaanarnik pinijaqartalerseq, taana utoqqarsivaq, Usulissivaq. Ta taamaalillutik unnukkut qiisanngigisamining: ammassat, missit..."A, taamaateq kuvannini nutaani pissaqartinngilakkin, aqagi kuvannilijaakimaarpakki Qerrortuunun. Taana kuvannilijartarfiga Qerrortuu alanngiigami, aataat aasarissisaringan, kuvannii mamarsillivartarpun. Quumiitsitsinijaralivarpugu utaqqissullugit, aqagi nutaarsivarnik kuvannertertikkimaar-

KM: It is true, Otto Sandgreen has related the story "Akamalik" ... (that is) about people who lived quite near, but according to that book the events of the stories took place in Christian times. Yes, I myself have experienced that sort of thing. For instance, the great men in Narsarmijit and Sissarissoq, whom I was in time to meet. They were no simple kayak men. Never afraid of a storm! They had to stay in the kayak all the time – they couldn't get out of it, like the North Greenlanders on their sleds, who could always take a break during a trip.

MV: During a violent storm from the South East, violent surf...

KM: Just to catch sight of land during violent surf. Yes, indeed I myself have taken part in helping the distressed in a kayak accident. Well, what shall we then call the great kayakers of that time. Famous kayakmen!

Akamalik

The story goes that Akamalik lived in Illorsuatsiaat. After Sissarissoq had opened a store, Akamalik came to Sissarissoq to buy knives, to get some. Back then men with knives were considered big and wealthy men. That's the way it was.

Akamalik was a famous man, a really famous man. To begin with, however, he was mostly known for a false accusation: it was believed that he had participated in the murder of Usulissuaq. He had been present at the scene of murder, but he had not participated in the murder. Usulissuaq was a close relative of Akamalik. Usulissuaq had been a great hunter, and he spent the summers on sealing grounds. When he got old he pitched his tent across from Illorpaat. (I have seen his old tent ground. I wanted to see the tent ground. KM.)

Amakalik had a habit of visiting Usulissuaq, when the hooded seal migration was over and he had returned from the hunting ground. Once when they had returned to their settlement, Illorsuatsiaat, he told his wife: "Find and gather the most delicious and best food for me to bring tomorrow. As always, I am going to visit my old relative Usulissuaq". His wife then gathered a large portion of the most delicious food she could find. And Akamalik left. He then arrived at the old man's pitch and found him there, the old man. His tent was very torn with age. And the skin on his umiak was also so old that it had become all dark and was very patched. When Akamalik visited his old relative he stayed for some time. Not until he had gathered some meat and other things that the old man was to eat and store away for the winter, did he return back to his settlement.

Usulissuaq had no children. He had a foster-son, Uujooq. As an adult this Uujooq became a great killer; that made him very famous. At this time he was merely a big boy. He still had no kayak. He lived there in the tent with the old Usulissuaq.

When Akamalik arrived there was the usual joy of meeting again. The old man was not a sealer anymore. They lived off fish. When evening came the old man ate everything he had longed to eat: Dried capelins, dried cod and much else. "It's a shame I don't have fresh angelica for you in return for everything you have brought for me. Tomorrow I will go to get fresh angelica in Qerrortuut. My place to find angelica in Qerrortuut is in the shade. Angelica are not really ripe until at the height of summer, then they become very tasty. Admittedly we do have a little that we keep in water, but you need fresh, tomorrow I will gather some". "Tomorrow I will go sealing. I will gather some meat for you, I will catch seals", Akamalik said. The next morning he left for Isua to go sealing. It was very early in the morning; the sun had just appeared on the horizon; the sea was dead calm; totally, totally calm.

Suddenly he heard something, a splash of water, and he looked back and saw a kayaker come towards him at great speed. The kayaker was going at such speed that the water was splashing

pakkin". "Ah, uva aqagi katersiiterujunnijassagassijaasii takinijaat qamarujukkumaarpunga". Qaarijarmagi ullaangisakasik avalerijarami, Akamalik, tamaanga Isivata sijuninngivanu, a, ullaaqiseq suli, seqineq qaffaanalerseq, qattorlini, qattorluni, tassaniinijarlini timimini imarpalileqimman, timmu qivijarnijalerpoq qajaq aggers qatsinganikulooq, tuvii qarsullugi taamallaa imarpalikkami, asaleraasaaninngaaniin kussarsarlini paartivataarteq sijuni, kaasalilluni. – Tassa sijuva morsulluni. Tass taamatut unaarangisakasi tikillugu taamaateqarpoq.-

MV: Sukkangaarami?

KM: Tassami sukkalisaataat. Soorlu akkassivasiga Andaliarsi, taana ajeqiiteq, oqartarpoq imminnik pingasuullutik unammisarlitik, imminnilli Unoorsili Ujuvaarsivasilli taqqavanimijeq, tamarmilli saperlitik. Tassa imminik imminigeeq imminik qajakasini puttallatikkijartertaramijing. Tassa kussassapajaartarsimagami. Paarijarlini, talerillinigeeq qiterillinili paati ippuvinik kingeq, qaja kingiva, akkerijaqattaaraani qajareeq kingiva morsukkijarternavijannginnami. Taamaalillutinngii, taakuguu imma talerissivasinnermik Unoorsili Ujuvaarsivasilli kingorsuvasittik morsukartillaraaramikku, taamaalillutinngeeq ikkullutik unillaraaramik. Qani taamak sukkatigisalalivart... sanijoqquttarpaageeq.

MV: Taanna Usulissivarmukartoq?

KM: Tass taana taamaalilluni kussarsarlini taavaana tassa tikileraani, nipi naamaginerAA suvaarpoq: "Eqqarlitivarsii, eqqarlitivanngivakkulupput illerpammiji angiterpaat toqukkijarterpaan naamattornijarnijaruk!" Tassa: "Qaneq?" "Eqqarl'tivanngivakkuluut eqqarlitivanngivakkulupput illerpammijeqaterma toqukkijarterpaan Qerrortuunu, naamattoornijarnijassavarpu, naamattoornijarnijartigi.". Ta tunumu aallarsimappu tamavijat! Taamaatoruu taana kussarsarsimasi, taama sukkatigiseq, Akamalim sanijoqqullugu sijuvarpoq. Taana ilivamik paarijartarsimagami. Tassa inortullatsijaanarpaamigeeq! Tassamigeeq Akamalik nuvillarligilli, nuvinijalerpaa suli nipi naamagilinngikkaan, nuvinijalerpaa akivilisani kuvannini immersimarijaramijik, savinngivasijagii tikertu takitigivoq, kimmijaraa. Taakuva kuvannersaani nammakkai. Pinijalerpaa ippii qaavanu pillunili atinngivarmini: tassa qajaq!

MV: Illerpammiji?

KM: Illerpammiji sorsukkaani! toqukkijarteraan, taamallaangivakkuluguu kaaverujakkami. Tass, ilai kimmukarserijaraming akinneranni, ungasiginnaarligilli tunumu alligarijaqaa qiteravillugu, taamalla tassa nammaavinu ilaallunu uppikkami, utoqqarsivaq taana. Tass nipilli naamagileraan: "Suvisijunguna?" Akamalik. "Suleqaasijunguna? Eqarl'tivarsivasiga, eqqarlitivanngivara suleqaasijunguna? Sooruna toquppisijik? Qaanijaritsi, aataa uvagu toqutsisarpugun nerisassannguvatsinnik! Pinijartarpugut uvagu aataat nerisassannguvatsinnik. Qaanijaritsi, pilannijassavarsi, nerijassavarsi!" Tassa paasillugu Akamali nalleraatik, kingineragullu Matiisinngivasik nallijitillarlini. Taanageeq aallerseq Matiisinngivasijuvoq. Kuvisimanerata nalaaniisimagami. All'vitsim...Ajeqersivijartertitammi sijulliiput.

Tass taamanikki tassa Akamalik nunamu pisseqigami, nunamu pissillini: "Qaanijaritsi tamassi savilerlisi. Pilannijassavarsi nerinijassavarsi!" Tass ornerijaramiji, "Uvagut kisija aataat nerisassannguvatsinnik pinijartarpugun". Pallorterijaramijugooq, qarlii alerijaramigit, Usulissivarii puvalasoorsuvasiigami. Nulorsuvasijani orsortalerlugu peerijaramiji, ammarijaramijik – Akamaliip – eqqarlinngivakkuluni. Tingussuvasija peerijaramijing tinguvanik avisserijaramijik, taamanikkunngooq tassa niiverteqalerlini pananing, pannat killorlugi savigisaleraat. Panarsivasimminngii savilik taana Akamalik, orsorlu tingullu kaperijaramigi, savija inngigissorsuvasik qissallannijarlinili taakununnga toqutsisunut tullermut, qanija tikittariilivivillugu: "Kapissaqaaki nerijimanngikkiki kapissaqaakit nerinijaqiijik. Toqunnijarnijarparsi nerinijaqiijik!" Taamallaangeeq aatarami, hi, hi... Taamaalilluni nerisissimaqai.

over his shoulders. It created a very loud sound of water splashing. The front tip of his kayak was under water, that is how fast he was going; how fast he was paddling.

MV: That fast –

KM: That fast. He paddled furiously, even though the front end of the kayak all up to the line rack lay deep in the water. The front end was pushed by the waves, so that the tip of the kayak lay under water. It was in this way they increased their speed. – Just as my uncle Andaliarsi, who was a catechist told me, that they used to be three of them competing, and that was himself, Unoorsi and Ujuaarsuasik, who came there from the South, and none of them could manage it. And it was because just calmly and quietly he let his kayak float up. For the kayak tip had come to lie just deep enough. He paddled a little and used both his arm and his body, so the kayak lifted itself, and the paddling strokes counteracted the kayak's end diving down under the water. In this way Unoorsi and Ujuaarsuasik perhaps used their arms too much, so that they made the rear end of their kayaks push down under the water. And when the rear end of the kayaks in this way stuck down into the water, they would stop. And no matter how fast they were, he overtook them. –

When he got closer he yelled: "Men from Illorpaat are on their way to your old relative, your only old relative, to kill him. Hurry so you can prevent it!" "What are you saying?" Akamalik said. "Several men from Illorpaat are on their way to Qerrortuut to kill your old relative. We have to hurry so we can prevent it", the other continued. Then they set out for Qerrortuut at such a speed that the tips of their kayaks were under water. Akamalik was slightly ahead. He had his kayak oars pulled way down! But they were too late! They arrived at the spot and saw that the old man had filled his kayak half jacket with angelica and had his old knife, no longer than an index finger, stuck between his teeth. He still had his bundle of angelica on his back. He had come up the cliff and had then seen the many kayakers. Men from Illorpaat who had come to kill him. Right away the old man turned around out of fright. The killers came closer, one of them broke out from the rest and threw his bladder dart at him and hit him at once, and he fell. His bundle of angelica was still hanging from his back; and here he lay, he had his old knife, which was no longer than an index finger, in his mouth between his teeth.

Now Akamalik came out from the headland and shouted: "What in the world are you doing to my old relative, my only relative? Why did you kill him? Now listen to me: We only kill to get food! We hunt for something to eat. Come on now, so you can eat him. Come with your knives and cut him up and eat him!"

Then they realized that it was Akamalik who had arrived, and later also Matiisinngivasik appeared. For it was Matiisinngivasik, who had gone looking for Akamalik. So it was about the time when he was baptized. In Alluitsoq... For it was there that the missionaries first came. Akamalik jumped up and repeated: "Come on and cut him up and eat him! As you know we only kill animals we are going to eat". Then he grabbed the old dead man, turned him around and placed him on his stomach. He cut up the old man's trousers – as you know Usulissuaq was very fat – Then he cut a piece of meat with blubber from the behind, then he cut the stomach, cut a piece of the liver and blubber, stuck his long pointy knife in it to keep the pieces together and held them by the mouths of the killers and shouted: "Eat it now! If you don't I'll stick the knife in you. You killed him, now eat him!" All the killers could do then was to open their mouths.

MV: He let them eat human flesh?

KM: He let them eat human flesh. Let them eat human liver with human fat added. It was for that reason Akamalik had wrongly been accused of participating in the killing.

MV: Did people later realize the reason for the manslaughter?

KM: That is what I'm not aware of. I have asked several storytellers about it.

MV: Inuttortissimavai?

KM: Inuttortissimavai. Tinguttortissimavai orsuvanik orserlugu. Taamaakamigooruna toqutsisunut ilaasorineqarteq.

MV: Aah, paasisimanerpaa suna pillugu toqussimagaat?

KM: Paasisimanngilara, uva oqaluttuvarti aperseralivarpakka. Immaqaana qanga pinijartorsuuneranik sinngagalugu, sinngagalugu una utoqqanngorluni aalallivarinnaarman, toqussimagaat. Tass taamaalisimavoq, taamani taamaatarallarmata.

MV: Atuakkami tassani taanna oqaluttuaq ilaava?

KM: Aap, naamik. Tamakku ilaangillat! Tamakku oqaluttuva…uvanga tusarneq ajerpakka

MV: Tassami Akamalimmik?

KM: Aap, Akamalimmik aap

MV: Tassaniippa?

KM: Naamik tamakku ilaangillat. Tassa uva imminik oqaluttuvaraara. Imminik unikkaarivara, tamakku ilannginneqarneq ajermata. Taamatimingina oqartinga naamagittaallijortunga. Tamakku ilumuuvivissit ilannginneqarneq ajermata.

MV: Aap, allamik immaqa aamma eqqaamasaqarputit?

KM: Tassaalaa taana suli naanngilara

MV: Aap

KM: "Suna pileriginerparsi qaanijaritsi!", nijaqorsuvasija tas aggorlugu, tamaana aama nijaqorsuvasija qerri akinneranu ilisimarijaramikki, tassa angerlarsimarijarami… "Qaanijaritsi pilerigisaqarassi kisijat tassa toqunnijarnijarparsi, ilaginijarsinga tupeqarfijanut". Ingerlarijaramik, ingerlarijaramik tupeqarfijanut pilernijalerput, tupi ammarnani ernersijakasija Uujooq, suligeeq inortoq, illiva tungaanu qumillini, natsinngivasimminik qumillini, kisijanniina avammu, qajarpassivasinnun. Akamalik sisserijarlini tunumu suvaarpaa: "Aalimanna puvijigassat, angitisijanngivakkuluut ungagisanngivakkuluut, ukuva, makkuva qajarpassivasii, ilama, ilarsivasimma toquppaat. Aalimassa puvijigassat kingornussassat, puvigissanngilat!" Tunuminunngooq iginnijalerpaa savinngivasiageeq tikertu takitigiseq. Ujoorooq tassa taamanikkit tassa inereroruttorama, imannak ininnik toqoraaruttorami, tassagii inunnut pillatigivaa. Taasuma. Tass taamanikkit tassaniikami Uujooq taqqavani kujataani nunaqalersimavoq, qularnanngitsimingina Akamaliip aasimagai.

MV: Tamakku qajarpassuit tikikkamik?

KM: Tassa tikimmata, Akamalik majivarijarami umija ataanun. Taama isersimalerseq, taamanikkunngooq pinijitit akisinerpaartarigaat soqqaq aalisaatissaq: aalisaat soqqaq, itiseernijiteq.

MV: Soqqaq tassa qani ippa?

KM: Soqqaq aalisaatiliaq. Arferip soqqaa, itiseernijitiliaq. Tassagii taana akisinerpaasoq taamanikki pinijarti piinik. Ta taamanigii taana: "Una pilerigeqinerassijik arlaata tiginiarliji, immaqaliiniit tassa taana pillugu toqunnerparsi?!" Sunami pillugu toqukkaat aama paasisimanngilaa Akamaliip. Tassa taamaaliseq tassagii tiggiteqigamikki, taamanikkunnooq Uujuukasik imaaginnarinnaarsimavoq. Angiterpakuluunguu akinneraninngaaniit anniseqaa angitisijanngivakkulummi aalisaataa. Tassa taamaalilluni allatu ajernaqimma tassa Akamalik kujammukaanarpoq, qularnanngitsimilli taaku ilaqitanngivasii aasimagamigit taqqavani Uujooq tusaamasaaqaaq, kujatitsinni. Inerinnerminik.

MV: Taana aalisaasivasik?

KM: Tassa Uujuu pivaa

MV: Uujuu pivaa, aa…soqqaq?

KM: Soqqaq

Perhaps it was due to the fact that they had been so envious of this man (Usulissuaq), at the time when he was a great hunter, that they now killed him, when he had grown old and no longer could move around so much. It must be so, for that sort of thing was not unusual in former days.

MV: Have these occurrences also been put into the book?

KM: No, they haven't. I haven't heard that these stories were in books.

MV: What about Akamalik?

KM: Not Akamalik either.

MV: Not even him?

KM: No, not him either. Now that I am telling all this. I tell it myself because these stories have been suppressed. It is for that reason I am dissatisfied. People suppressed the truth!

MV: So you perhaps still have another or even several stories?

KM: Well I haven't finished this one yet.

MV: No ...

KM: "What is it you would so much like to have? What is it you want? Come on!" he continued. He cut Usulissuaq's head into several pieces and placed the pieces between heaps of stones and left. Then he walked back to the killers and said: "Come on, walk with me to his tent ground and show me what it is you want! You killed him because there's something you want, show me!" Then they came to Usulissuaq's tent ground. Here his foster-son Uujooq sat, he was not yet fully grown. He sat hunched in his old skin fur and looked at the many kayaks arriving. Akamalik came to the beach and shouted to Uujooq: "Do you think we will ever forget this? Your old foster-father that you loved so much, these men have killed him! Do you think you will ever forget it?" And he threw the dead man's small knife, no bigger than an index finger, up to him.

It is said that when Uujooq killed people, he killed a lot of people, he always used the small knife to cut up his victims.[32]

When all the kayaks had arrived at the tent ground, Akamalik went under the umiak which was turned upside down and came back out with the most precious utensil: a line made of baleen to be used in deep sea fishing. "So, is this what you wanted? Is this the reason for the killing?" Akamalik did not know the reason for the killing, you see, but he was guessing. The men tried to grab this fishing line. Suddenly Uujooq jumped up, jumped up and down among the many men who fought over the utensil and then jumped out with the utensil in his hand. From then on the utensil was his property.

Akamalik then returned home to his settlement, Illorsuatsiaat. I think it was in the Illorpaat region. Uujooq later settled down in the southern regions. It is believed that Akamalik had taken him down there.

When Uujooq, Usulissuaq's foster-son, grew up, he became notorious for his hunting of people. He killed a number of people.

His descendants are still alive. There are descendants of Uujooq here in Nanortalik, who know very well that they are his descendants.

MV: Who got the long fishing line?

KM: Uujooq got it (the foster-son, MV).

MV: Well, Uujooq got the baleen?

KM: Yes, the baleen.

---

32. Being the only "son" of his murdered foster father Uujooq would – like any close kin – have felt obliged to take vengeance on all the murderers (Robert Petersen pers. comm.). Accordingly, in oral transmission Uujooq got the bad reputation of a mass murderer.

MV: Soqqaq taanna suvaniitarpa... arferup?

KM: Arferi tassa taana soqqarsivasija kigitaasarivaa.

MV: A, kigitaasaq!

KM: Aap, taakuninnga tassa tamakku uumasivararpassivasii unnija nerisassani soqqarsivasimmu, tassa imertaa imeqqaarsinnarlugu...

MV: Tassa taanna soqqamik pisarpaat, aah...

KM: Tassami tamakku nunguppu. Tass taana taamaalilluni oqalippalaa tusaasarpara uvanga maana aama Ortup oqalippalaarigalivaramijik allaaqigami. Allaalliinimmi Akamalik naggataatsigi Uujuusangatikkalivaraa.

MV: Aah, naamik?

KM: Naamik Akamaliimuna ernersijakasija Uujooq! Uujuumi kingivaavi suli tamassa uumappun! Ilisimallivarlugu sijuvaasarigitsik.

MV: Ilivilermi maani?

KM: Ilivilermi maani! Nalinngivivippaat sijuvaasaralugu.

MV: Akamaliip ernersiaata?

KM: Akamalii ernersiaata. Taana Uujooq kia kingivaarineraa aama uva naleqaara. Aam tusanngilara.

MV: Akamalik taanna sumit nagguveqarpa?

KM: Uva aama taana tusanngilara. Tassa oqaluttuvarnera, taasuma Ortu oqaluttuarnera malillugu, Illerpaat eqqaaniiisimanerpoq. Taqqavanimijimik nulijarlini taqqavunnartippaa. Taamaasinnaavoq immaqa.

MV: Sumimaanna nunaqarteq oqaatsiginiarpiuk?

KM: Illorsuattaani. Akamalik taana illorsuatsiarmijeerpalippoq.

Therkel Petersen

(THPE), 58-nik uk. (tappiitsoq) imm. 1965
Ammassivik / Sletten, siullermik Ilivermiut

Qasapi aamma Uunngortoq

TP: Tass taana aam imaater – ' ila tappavanimiji taamanikki aama oqalippalaarisarsimagamikki tamakkuva Uunngortukkun, aam ativagaatinnagi, kisijanaasii taqimanartertaqarman, ilanngittarsimannginnamikki tamakkuva, imaat...

MV: Qaa, illit unikkaariniaruk taanna

TP: Paqimanartertaa taana, imaats tassa unikkaarisarpaa tassa taamatu soorlu ativartarnitsitu, taana Qasapi imaatort, Qasapikki Uunngortullu toqunnijinnera ativartarparpun tamakkuva tassa ilagiinarpaan, kisija taana: toqutsinijarnera imaatsiim Qasapim, tass taana paqimanartertaqarman ilanngineq ajors'magamikki, tass taamanili tusarakku kingerna tusaqqinngilara. Tassa taamaalillugu taakuva imaatsinni, nulijanili ernertilli toqummagi taasuma qall'naataa toquss's'mammassing akeqqaruttorl'ni, tass taana qimaaseq, qimaasimaserng kujammum Uunngortoq, malillugu. Tassageeq qallunaan ima ajernars.. qallunaatsija ima ajersisimatigaaq illorsuvarmi silataani piserataalertaringan pallilertatigamijing allaanerii ajerpoq eqalik kuumu qapummun, imaatortoq, tarreqattaarteq. Tass arlaatsigi saqqimmernijaraarami, perijarnijassallugu peerutt, arlaatsigi saqqimmernijaraarami, tassagii taamaalill taamaalimman toqukkumaqqarnagi pisaas'-rijinnaaramijing, tass ikijortussarsijorluni suli tassa taamaalill'ni pinijarsarinijarlugu nukani aama toqummagi, toqutaaqimm taana nukkani, tassali taasuma Uunngort aama kamassaarin-

MV: Where is the baleen found?
KM: Oh it is the whale's – sort of – teeth.
MV: Sort of teeth?
KM: Yes, all the many small living animals get caught there, when the water has seeped out, after the whale has sucked the water into his mouth.
MV: Yes, true enough, it is called whale baleen.
KM: All the stories have gone now. Certainly Otto (Sandgreen) has related it, but it is a very different from this version here. Finally he even mistook Uujooq for Akamalik, thought that Akamalik was Uujooq...
MV: That was not so?
KM: Uuujooq became indeed Akamalik's poor foster-son. Indeed, Uujooq's descendants still live here, and they know perfectly well that Uujooq is their forefather.
MV: Here in Ilivileq (Nanortalik, MV)
KM: Yes, Akamalik's foster-son. I don't know, – do not know Uujooq's forefathers. Have never heard about them
MV: Where did Akamalik come from?
KM: I haven't myself heard about it. But according to Otto's tale (Sandgreen, MV) he was most likely from the Illorpaat-region. He thinks that Uujooq got married to someone from that region and went South. It may well be. Perhaps.
MV: Where was his birthplace then?
KM: Illorsuatsiaat. According to the stories Akamalik was from Illorsuatsiaat.

Therkel Petersen
(THPE), 58 years old in 1965 (blind)
Ammassivik / Sletten, formerly Ilivermiut

Qasapi and Uunngortoq

Also there was this ... (my grandmother told) that the Easterners had many stories. ... such as the story of the Norse, about Qasapi and Uunngortoq. It can also be read, but because they (the editors) were embarassed, they made it shorter.
MV: Tell me that story
TP: This "unmentionable" thing, we know the story from the book we read about Qasapi's and Uunngortoq's death struggle; we know it. But in the book they haven't mentioned Qasapi's tool that finally killed Uunngortoq. They were embarassed to mention it in the book, since it had something to do with the female genitals. They had not mentioned that. They probably thought it was disgusting to read. I heard the story as a child, I haven't heard it since.
The Norse had killed Qasapi's wife and son, so he was Qasapi's worst enemy, and he followed Uunngortoq, who was fleeing south. It was difficult to pin the Norseman down: When he walked back and forth in front of his big house, he was like salmon in a gushing river, who appeared and was gone again immediately. He came forth one time only to disappear again right away. It was Qasapi's greatest wish to kill him, you see. Uunngortoq had also killed his younger brother. To make Qasapi mad Uunngortoq had said: "As long as you live and as long as I live, you will

narlugu pisimagamijing: "Tass'qaana iniitill'till iniitillingali nukarsivarpi talersiva puvijiss'qaajing!" Tass taamaalisorlu, tassa taakuva tusartarigamigi angakkeeqisin ajigaqanngitsi ikijortuseraligi, tass pigalivaraaramiji ila taamaataraarng. Tusaamaleramiji arnaqquvassaaq tass pisassaangitserng ajortuun'ra. Tass taana kiisa ilivassamman ornikkamijing. Oqarfigivaa: ikijersinnaasoralini taana akeqqani qallunaa toqunnijarsarigamijing. Oqarporooq: "Tass pijimanngikkalivarivilliinii toqukkumaqigi nalinnginnakku, toqunnijarsivaqigi nalinngnakku, kisijanni uvanga toqoqqaasavarma!" Tassa aama taana pisiingimman nangaasiilerlinili, nangaasooruttulerseq, taana oqarporng: "Imaalillut'naa kisija pisarisinnaavan: Tassa sakkimi pigalivarikki kimeeritissooq, sakkimi per'jaralivarikki. Uvijera kiillugu mikkissavan! Kiillugu mikikkikki, taana imaats qarsernun naqqulijukkumaarpan, suuvalijukkumaarpan".

MV: Tassa taana uvijera suna?

TP: Tass uvijiva, tass arn...hi,hi,hi, arna attataan. Ta tass oqarpoq: "Kiillugu mikissavan, aaverling toqussuunga. Tassa taamaaligima, toquguma ummasunu pinaveerlinga mateernijarimaarparma. Atamijaa ooqattaarimaarpan arn qisivanik,[33] – kisijat tamakkuva qisivi aqittukujuun arna qisivini pisaratsigi uvagu, tassa tamakkuusappun. Qissijarisartagarpun. Pineqqijarisarpaan tamakkuva, qang ann'raamineq ajern'rallarm'ta aaqatiminnu pineqqarisarpaan sannaku sannarlukun –. Tass taamaatimik qarsilijern'jassuuti taana naqqulijullugu, aataa taamaal taasuminnga sakkeqalerivin toqukkumaarpan". Tassaasii taamanna tusarami, ajernaqimmammigii tassa toqutsijimanngikkaani, tassa kivilerlugu kiillugu taana nusunnijarallarijaa. Tass pisaarerijaramijing, pisaarerijaramiji naqqulijullugu ornikkamijing, palleqqijarnagi. Pisissini qilerajaramijik tassaasinngii taamaalilluni illorsuvarmi silataani piseqataaqisi, tassamigii akinijaasisissa imaataraming: unnuvami toqutsigining tassa toquts'nertu naatorsuutaramikki. Kisijan ull'qeqqani akinijissisissa toquts'jimasaramik ull'qeqqaatillugu, ta unnuvami toqukkalivarinikki terlinganeerlugu toqutaanartu naattorsuutissagamikki akinijissinating. Tassa akinijissijimasi kisimik tassa ull'qeqqani toquts'jimasaraming. Tassa qaqq qaavani taamaalilluni ujakkarinijing illorsuvarmi silataani piserataart qaqqi tamakkuva inngiisa akernatigi ammu ujakkarinijing, ujakkarnijarlugulu, tass taana nuviffini tikkivartilissaavaa, piserataarteq. Tass taamaalimman toqussangajinnaaralivaramijing. Taana sakkigilerlugu, ta tassaasii ajiss'kasippu, tass taana mateertareerijaramijik arnaqquvassaaq, aaverlinimi toqoqimman. Tass tass, nalaartillivarijarlugu piserijaqigamijing. Tassa soorlikijarmi pisissiinaagami, ta ingerlarajarami, tass aallangaatsijaan nakakkijartilerporng, tassa tungaanarnijarajarmijing. Tassa taasuma aama pigamiji arnaqquvassaam: "Qarseq taana aallartikkikki sapinngisa tamman malinn'jallarimaarpan, pilaaralivarivin inortussavan talijan imaats peers'nissan". Tass aallartillugulu kingernani malillugu kingernani malillugu, arpallugu aallaqigami. Tassa ingerlarijarami, aataa ingerl'ngaatsijaanaq tassa qarsiva nakakkijartertalerpoq nunamu tulerlini. Tassami nunamu toqq'jarlinili kakkakkaarterijanngivart qiillaallang! Aamaarl'ni aallaqigami! Tassa kingernani Qasapi, tassa malinnits qarsiminik. Tassa perijaramiji, perijaramiji taana qall'naarsivasik pasittakkijartors'malluni kakkakkaarterpalittartiming, tassa qarsiva ingerlagini ingerlagini, nunamu toqqajarlinili kakkakkaarteriitigalugulu, tassa, sakkortusijallaqqillini aallaqqittaraaq. Taamaalilluni tassa perijarami, taana qallunaarsivasi ilimattalersimalluni qinerlileqigami. Qinersilersorlu tass oqilaatunnguvannginnamili iserijarnavijannginnamimi illorsuvarminu, tass qimaalluni aallarsimaqigami. Tassagii arpallini aallaqiserng, aamaasinngii qarsivata taasuma tikeqqijarlugulu, aamaarlini kakkakkartorlunili aallarfigeqigamiji. Tassa massakki sukavillini taana qarsiva: Tassagii arpaqiseq, qimaalluni aallarteqiseq, tas-

---

33. W. Grl. arnat qisuat. The sources do not agree on the meaning and species of "female wood" (Robert Petersen pers. comm.).

Therkel Petersen.

remember your brother's huge arm". Qasapi sought out the greatest and most powerful shamans to get help. But there was nothing they could do for him.

Then he heard of a hag, whose evil knew no limits, and he went to her and asked if she could help him, because he really wanted to kill his enemy, who was a white man. The hag then said: "Yes, I know how much you want to kill your enemy... Listen, even though you don't want to, you will have to kill me first...!" Qasapi was a bit uneasy about it, because the hag had nothing to do with this killing, but she said: "The only way you can kill him..... since you can't use weapons, they will lose power on their way to their target. The only way you can kill your enemy is this: You must bite off my *uioq* and pull it out, and you must use it as the arrowhead of your arrow ..."

MV: What is uioq?[34]

TP: Well, that's what women have on them.. Heh, hee, hee..... clitoris... You must bite and pull it out and I will die from the loss of blood. Then, when I have died from loss of blood, you must cover me, so the animals won't eat me. Try it! You must make arrows from soft wood (driftwood, MV: That's what the arrowhead should be. Not until you have that weapon, can you kill your enemy!" She would not change her mind... well, was that not his one and only goal: to kill the enemy, well, then he had to do what the hag said. He pulled down the hag's trousers and bit off her clitoris and pulled it out, as she had told him to. Then he tied it to the blade of his arrow.

As usual the Norseman was walking outside his house: walking back and forth... The custom back then was that when you killed out of revenge, you had to do it in the daytime. If killing out

---

34. Perhaps W. Grl. uiloq, literally mussel or clam, in accordance with the East Greenlandic myth of mussels' origin from the genitals of an elderly woman (Ed. note).

siina kimmijata ujalivatigi taamallaa tass tuffiginngivaramik naalivallakkami. Tass taamaalisorlu inussuvasi taana orl'qigami. Tassa arpallugu, arpallugu, tikikkamijing tikinnijarlugulu alla pakk'tinngilaa talija! Tassa tikinnijalerpaa anernera akuttortitt'reerseq, talija peerlugulu inivanu nittarteramijik. "Kiisami nukarsivarma talija puvijiss'qaarterfigijaralivarpaa", tass'qalinngooruna tusaagijaa. Hi, hi, hi... Tassa ilisimajinnaart'reerseq qularnanngilaq. Tass taasuminnga aama unikkaarterng ...

Martin Mouritzen
(MAMO), 47-nik uk. 1965
Alluitsup Paa / Sydprøven, siull. Illorpaat

Ukuamaaq

Tassanigeeraasii Kakilisami, uvani Allivitsi Paa avannarpianngivani
maanakki Tuumaarakasikki nunagilerpaat, tass'n Ukuamaat ill'qarfeqarami. Ill'qarfeqarlini tass ernini uvillarami ernini kisija pinijartigilerlugu, ernini pivaa nuliarnijaqqullugu, taama imminik pilakatatsigilerami, paffini sangilerman, pilatsisaming nuliarnijaqqullugu. Ernera sulluni akissava.
Pivu, pivu, pivoq, arnakasini qatsiterajarmijing taamaalerpoq, nulijarsarl'ni aallarami, aallarnijalerpoq Akiliaritsimun. Angiterpaa arnartaanik nulijassarsijeriartortorng. Tassani tigerijaramijing tikissillugu nulijarilerpaa. Nulijarivaa, nulijarivaa imminnu tassa peqqammi soorunami takernapalaarnijaralivarpun, tassa pingaatsijalerijaramik imminnu saatarijartileraming. Aapariipallalliti imminnu saasimalaalerp'ta tass taanna ningijertakasiat, Ukuamaaq, tassa sulluni tass ilaqitaminu tikillini taama katassava.
Tass ernerata uumittaakijartivinnarijaramijing taluvaa illisimik. Talunijarijaramikki unnukkut innarl'ti, tamaana umi qulaatugu ujakkartortoq. Tas mamivillugu qumm ilarijarfissaarullugu ammullu tass tassani imma aapariipallall'ti sammerujuulernijalissagalivaraa, avalernatugun illivinnaa kiinaanarmi ill'vinnaa nuvisatillugu, tass isigilissavai.
Ernerata uumittaakijartivinnaqigamiji, ta ajernaqigamimi aamma utoqqartarinijaramijik, soorunami arnarigamijing, ajernaqaaq taamaanijarli. Tass isimaminik, arajits'jaanikasija, taam. Hii, Hii, Hii. Ilaanijaasiin sakijatsijaa tikeraarpoq. Sakijataanili ningaanili... sakijatsijaata ningaani

of revenge took place at night, it didn't count as revenge. Only those who wanted to avenge killed in the daytime.

From the top of the mountain Qasapi watched Uunngortoq walk back and forth outside his big house. Now and again Qasapi looked from a crack in the mountain, and Uunngortoq pointed to the spot where Qasapi was. And Qasapi started to believe that he would never be able to kill him. He had the weapon from the hag now. He could only hope that he would succeed. When the hag had died from loss of blood, he buried her. Then he aimed his arrow very carefully at Uunngortoq and shot. What he feared happened. The arrow went down before the target and hit the ground. The hag had also told him: "When you have shot the arrow, you have to run after it as quickly as possible. If you're not fast enough, you won't have time to cut off his arm".

As soon as he shot, he ran after the arrow as fast as he could. Many, many times the arrow went down right before it reached the target and hit the ground. After the arrow you could hear "Kakkaakkaaq"... (barking of a fox) and it resounded in the air. And the Norseman heard it, stopped and listened. And he ran. He ran fast. Not towards his house, but in the opposite direction. While he was running like this, running fast, Qasapi's arrow was flying with the usual strange sound "Kakkakkaaq", "kakkakkaaq"... and this time the arrow went down with great force and hit Uunngortoq in the Achilles sene, so he fell down. Qasapi ran and ran towards the lying Uunngortoq. He was only breathing slightly now. The first thing Qasapi did was to grab Uunngortoq's arm, cut it off and hold it to his face with these words: "Finally it should be possible to forget my brother's big arm..." It was not very likely that Uunngortoq heard it. For he was I think already unconscious. Hee, hee, hee... That was then the story about him.

Martin Mouritzen
(MAMO), 47 years old in 1965
Alluitsup Paa / Sydprøven, formerly Illorpaat

Ukuamaaq

It is said that Ukuamaat lived in Kakilisat, a bit north of Alluitsup Paa, where now Tumaarakasik (Little Thomas) and his family live.

After her husband died she continued to live there with her son. She encouraged her son to marry, so that someone else would come and take over the flensing of seals, as she was getting tired of that. Her son never responded to her suggestions.

Time passed by, passed by, and passed by. The son was now getting tired of his horrible mother and went away to find a wife. He went to Akuliaruseq. He wanted the only sister of a group of brothers. He took her and she was now his wife. At first they were, of course, a bit shy with each other, but as time went on they got used to one another. The horrible mother, Ukuamaat, wouldn't leave them in peace. The son made a partition on the sleeping platform between himself and his mother. When he had made the partition and the young married couple started to caress each other, they saw the horrible mother looking down on them from over the partition. Then he enlarged the partition so that it covered them completely. But just as they were about to make love as husband and wife, the mother looked at them from the outer side of the partition, showing only the one side of her face.

The son was very annoyed with his mother, but there wasn't really anything he could do; she was the elder, and after all she was his mother. But she was terrible. One day the son's brother-in-law came for a visit. The two brothers-in-law were very fond of each other and spoke eagerly togeth-

nuvannaringaaramikki ingattarlitik sumik ajortuminaataami isigisinnaangivikkamikki. Taasuma angitim arnakasij oqarpoq: "Imma taamak imeraani Amitsissa tasijani. Immaqaasii taama imerlugu imi tipiginnera. Imertarnijarit!" Soorunami ukuvaa nangaasussaanginnami peqqusaagami imertarlini aallarpoq. Ingerlalerpoq, ingerlalerpoq, ingerlalerpoq Amitsissamun. Amitsissamu perijarami, aataa qallissilluni ammu aallarlivaanaq, tasamannga sakikasini, nukingiinavik qummu arpaqiseq. "Aa, tass uviilli sakijatsijanili kapuutileqimm'ta tassa qimaavunga. Tassagii aama iserivi ilanngussavaatin. Tass uva ilanngukkaluttuvaleqimmanga tassa qimaallunga anivunga". "A, ilaalaa, qani taama inivi asaqatigiitigisin taamaalersinnaapan". "Ilumoorlunga oqarpunga, sallinngilanga. Ta qimaanijarit, tass isersiinarpaatin toqussallutin. Tassa kapuutu anivunga". Pivaa: "Ila uvanga tass aama soqutaangilaq tassa, uviga taama asatigigakku aama sussa toqutaagalivarima". "Aa, ila iniinijarnarnera ajertigiseq qimaanijarta". Tassa paffimmigi tigitserijaramijing tunummu aallarippaa. Ingerlalerpu, ingerlalerpu, ingerlalerpun, tassa nukingiinaq, nukingiinaq, nukingiinaq sumorsuvaq maanga pigamik.

Uvijata nulijani utaqqigalivaramiji, arnakasini utaqqigalivaramiji, utaqqigalivaramiji unnuupaa pitaruttoqanngitseq. Illutuvaan qaqatigi illi qinertaralivaramigin tam. Unnukku qinerligi aallarporng. Soorunami taarsilluni aama takisassaqannginnami ingattarlini, imertaata tassa imertarfijata ateqqijanngivani ilisimallunili, inittaqanngittin. Uvija pijimassiserinngisaanavikkamining aserersalerporng. Aserersarlini pivu, pivu, pivu, pivu tassami aputeqanngittorsuvasik tammarm'ta.

Aserersarl'ni, aserersarl'ni, aserersarl'ni naamatsikkami, suumakku sulijaqqassanngginnngivatsijarami tumisijorlugi aallarpoq, illivanik terijannija tumaaj, illivanik inii tumaaj atorluvin. Sunaafa arnakasimmi tumaaj teriannija tumeritilligin. Nulijami tumaaj inimmu tumigitilligin. Ingerlalerpu, ingerlalerp, aallartingaatsijaralivarligilli paatsiveerikkamigi uterpoq. Ilerijaqqisinnaanginnamigin. Angerlarami ilaterlivaanarlugu aserersarnini soorl ajortunngorsarnini ilaterlivaanarlugu tassa naamatsinngivatsijarami aallaqqipoq.

Ingerlalerpu, ingerlalerpu, tammaasarigamigi qinerligi, qinerligi nassaarisaraaj. Pilerpu, pilerpu Amitsivarsik qinerlugu, tappanna Amitsivarsissivaq qinerl'gill, kiisa Sijeralli tappava timaanun. Sijeralli timaani narsarsivas tikillugu alakkarnijalerpaa: aapinnga soorlu tappanna kangijani timimini kangimini illeq, qernerteq ujaraangikkini. Ornillugu. Pinijalerpaa: tassamiina illeq. Tungaalinnijalerpaa, illivata silataani ikaarsivasii, makku inijeqqatin ikaarit allunaaning allunaartalersorsuvasiin. Pigami, pigami, pigami, pigu, pigu, pigu, pigoq tikilligi tupigusuutigaligin, tassali inimmi takissaasoqarnani, igalaaki itsivarligin. Pinijalerpaa nulijani ill arrissagavin. Nulijani illermu kilivarlini mersortorng. Suliliinii tunum avammu qivijanngittorinijarlugu, qanoruna oqarnijalerpoq: "A, nalinngilakki, takusoqaaki isernijarin!" Iserijarfissaqanngilaq, sukku taama isissava? Isernijassagalivarpoq, paasaagaliva qaarseqqimming, Ukuvamaangeeq paaqarami, paalijorsimagami. Qeqqa kuutorng. Ujaqqa qunneq, kuunera kiisaarteq, aatartaarterng. Taama unikkaartivarisarpaan. Aataa inik ajortunngorluvarsimagini isersinnaasoq, illumu tassinga. Ilivarterijaramijing iserami. Iserlinili pivaa: "Hi, uumaa sooruna tamaani nunaqarpin? Taamanikki imertarlitilli anigavin aama kingineratugu arnakasiga anigami, sooruna ila uumaa taamaalijerpin?" "Uumaa unikkaarissavara tusarnaarnijassuutin: imertarlinga ammu atilerlinga arnakasiin nall'jikkami oqarpoq: illillu sakijattaallu kapuutusi. Tassa imminigii ilannguunaraluttuvaqimmani, qimaalluni anigami. Aam tassa uvangagii toqukkumavarsinnga. Uva pijimanngikkalivarama, tassa uvanga tassa taamaatsiinartert'qaanga. Ajern'qaaq tigilersiimanga aallaanarpunga. Kiisa tassa tamaani sumersivaq nunamu nunaq...". "Sumi nerisaqarpisi?" "Arnakasiin imaanaangilaq. Ata taamaallinijaasii tikikkimaarpoq, aallarami ullaarli suli pitaritinngilaq, aggernissaa tusarnaarnijassavat eqqissimalluti tusarnaarnijarit. Ata arnakasii imannangaa

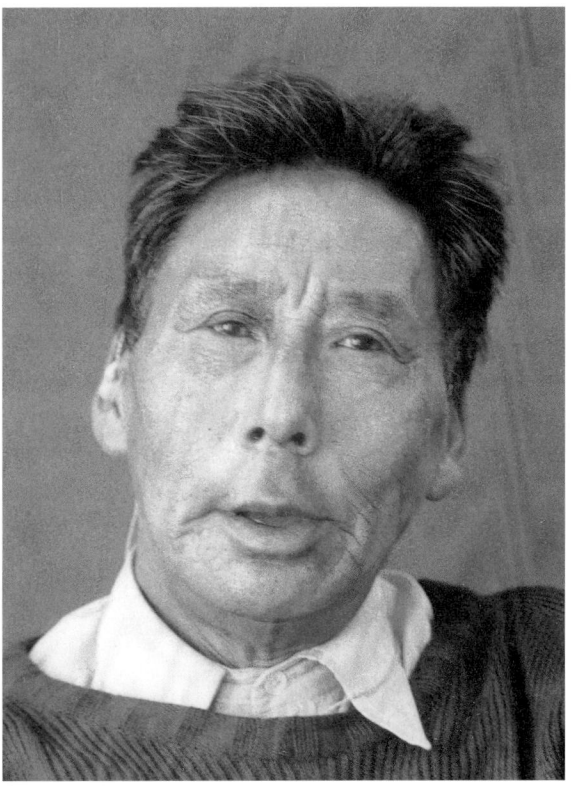

Martin Mouritzen.

er. Nobody had anything evil in mind. The horrible mother said: "If only one had water from the lake at Amitsuaq to drink. Hmm, it usually smells so wonderful. Get some water from there!" she said to her daughter-in-law. The daughter-in-law had to obey her mother-in-law, so she went off. She walked to Amitsuaq. She walked, and walked and walked for a long time. When she had gotten to Amitsuaq, she filled her bucket and started to walk towards home. But now she saw her horrible mother-in-law come running towards her. "Oh, I've run away from home. Your husband and your brother were fighting; they are sticking each other with spears. They say that they'll do that to you as well when you arrive. I hurried out of the house before they got hold of me." "Oh no, can it really be true? The two who love each other so much! They wouldn't do that." "It's true what I'm saying. Hurry and run away, they're only waiting for you to arrive! They stabbed each other with spears." "It doesn't matter much what happens to me, I love my husband so much, so it won't matter if I'm killed." "My life has become miserable, let's run away together!" She took her daughter-in-law by the wrist and ran with her far into the country. They ran and ran all that they could and they got far away.

The husband waited for his wife. He waited for his terrible mother. It was getting dark. He went by the other houses of the place to look for them. They weren't in the other houses. He started to search for them in the interior of the land. It had become difficult to find them now as it was getting dark. His wife's water bucket stood by the well, no human being.

Much against his will he started to have evil thoughts[35] in order to gain supernatural skills. Time

---

35. Euphemism for (heathen) thoughts prohibited by the Moravians. Used among other things for entering a shaman's apprenticeship (Robert Petersen pers. comm.).

sapigaaritsigaaq. Illi tunuvanu pillutin, illi tunuvanu pinijarin arnakasippi ileqqivi isiginnaarnijassavan. Ata uuminarnera". ill... Perijarami, iika tunuvanun, tuttuni qallerlugu iikersorsumagami, tassa qulissiisivasik ikimanngivarlinili. Ill'tunuvanu pig "Isaanaan, iserpi naleeraanaan kisija putulissavara, tass taana isigiffissat. Tamakkerliti kiina tamaanga illuttuu isigaliti isivi nalaagi iserlinili takissavaatin. Ata putoorassavara, naamagissava taana".
Aah, taam, taama, taama, taama', anersami erserpoq, ata taama kisimi nipaa: ernini nipilijitigigaa. Ernini kisijat napass'tigalugu.

Ernera, ernilijarsivara
tuugaaning assaqqoruteqanngitserng
Ernera ernilijarsivara
tuugaani nijaqorutaasaqanngitserng
nulijaaning assaarmigakku
taamalli ajunnguvarminaan.

Uuminavikkami. Tassa nipaanaa erserpallappoq. (Matinnap erinnerlugu appippaa):

Ernera ernilijarsivara
tuugaanik assaqoruteqanngitserng
Ernera ernilijarsivara
tuugaanik nijaqorutaasaqanngitserng
nulijaaning arsaarmigakku
taamalli ajunnguvarminaan.

Tassa taana kisijat nipilijiitsigalugu. Tikippallakkami taamang isernanili. Taam, taam, taam, taam, taam isernijalerp: taam makisaanaavoq. Isernijalerp angiti makisikasii. Pinijalerp, taamallaa aataakuloorsuvasik tassa saqqimmeramijing, amugamijing, naarsivasii qaalluvaassaluting, kusijallatsinnijaralivarpaa qarlissivasii... "Sumijaasinina pisarigakkin?", ukuvata, nulijata, pivaa: "A, sumijaasinin, taam pisarigakku!" "Sumersivaq, sumersiva, sumers'varmiip pinijarfiga! Imaanaasuugalivarima, ima taana pinijarfigeqqajanngivarnagi, imaanaanginnerma pinijarfigivara". Taam, taam aah, massiinarlini: "Inussunnippoq!" Ukuvaata, nulijata pivaa: "Aam uumaang susunnissamman, qani aama inimming tamaani eqqaamijitsinning qanga takivugu, aama suli takilinngilagu taamaatsiming. Uvatsijaruna tulugaq qulaaqulluni ingerlaseq, nal'jikkijartunnguvatsiarlini ananngikkini, kimmijani nakkartinng'vatsijarpaa, imma tamanna pivan". "Aa, tamann pivara. Imm'qa tamanna". Ila tassa massikkami, ta inussunnigillaaraa. "A ila tas tass tulugaq ullumi ingerlavoq, ananngikkini kimmijani nakkartinngivatsijarpaa, tamaan qulangilerlini". Aah, sumik isimajinnaarpoq. Ingillini eqqissilluni sikingaseq, ila tassa massittarigami: ila tassa inussunnigillaaraa. Ernera, ila eqqattakkalivaqigami, aama taamaat taama sivisitigisimi immining taama puvisi angitigiseq nammaaviss'varnissaa sapissangagamijing, kisija ernikasini imaanaanginnami, taama puvisi angitigisi tikissikkaa nammallugu, sumorsuvaq nuna timaani. Qanoruna: "Qaalaa igasarlugulu".
Ukuvata, pilarijarami qulissiiti qull'qaa. Qulissiiti qullarnijaramijik, pujoq illi ilivani, pujorujuk qiteqqaalaarnijassagalivarpoq aalaq qulissiiti pujuva. "Naak qijerfik?, naak kammeriseq? Qajartussuunga. Natermu iligaaj ukuvata nulijata qijerfik iligaa kammersimill tunillugu, soorlu aataa immijallarijarnijassagalivarpoq, qangattarporng. Ta tamaanga qangattarlini, pujorujuu

passed by. It passed by and passed by. When they had disappeared there was still no snow. Evil thoughts wouldn't leave him. He went after them again. He followed their foot steps. The one set of tracks were those of a fox, the other set those of a human being. He imagined that the fox prints were the tracks of his terrible mother, while the foot prints belonged to his wife. But when he had walked for a while the tracks became faint and finally they disappeared. When he had gotten back home, he continued to think evil thoughts. When he figured that now they were evil enough he left again.

He walked and he walked. He found the tracks, but once in a while they disappeared. He looked for Amitsuarsuk and got as far as Siorallit, far into the country: What was that? Back there…yes, it was sure enough; it was a house, a black house, or was it a rock? he thought…Yes, sure enough, it was a house! He went towards it. Outside the house there was a big scaffolding, tied together with straps. He stood and wondered; like that, like that and like that…When he got close to the house he wondered for a long time, a very long time. There were no people to be seen. He went to the window and looked in: Imagine, in there was his wife, apparently quite satisfied. Yes, his wife sat on the platform, sewing! He thought she wasn't looking, but she said: "Oh, I know you're standing out there. Come in, I long for you very much!" But how was he to get in? The entrance was covered by a huge rock. Ukuamaat had made the entrance! The passageway went up and down like a chewing mouth. Water ran through. Only a person who could do magic could get in. He succeeded in getting in. When he got in he said: "Alas, why do you live here? You went for water, after you went my horrible mother…Why did you do that?" She answered: "Now listen: As you know, I went for water; I had filled my bucket and was about to return home, then your terrible mother arrived and told me that you and your brother-in-law were fighting and that she was afraid that you would hit her too; so she had to run away. I didn't want to go along, but I had to, and in the end we got so far away, so very far away…"

"What have you to eat?" the man asked. "Your mother isn't an ordinary person. Wait, she'll come home and then you'll see. She left this morning; she hasn't returned yet, you just wait…Stay at the very back of the platform, then listen and watch…You'll see how terrible she is." He went into the very back of the house, behind the platform. The walls of the house were covered with reindeer skin. The big blubber lamp was alight; a pot was hanging over it. "You have to be covered, there must only be a hole for your eyes, I'll make the holes; you have to look through the holes. If your entire face isn't covered she'll see you immediately, as soon as she comes in. You must accept that you'll have only two small holes for your eyes."

Yes, now they could hear her coming. They could hear her voice. She was singing, she sang about her son:

> My son, the son I made myself
> has no tusk-ornament to decorate his upper arm.
> My son, the son I made myself
> has no laurels of tusk around his head.
> I took his wife from him,
> That was quite a feat.

How infuriating, there was only one voice (M. chimed in):

> My son, the son I made myself
> has no tusk-ornament to decorate his upper arm.

qaavani qajartilerami. Ukuvata pivaa: "Aa, ilami tassa naamatilerpu tassa, qajarternerin taamaatoornijarin".

"Aa suli naamatsinngilara". Suli kinng'qattaanginnami. Tamaani ikerinnarmi. Tamaani ikerinnaam kinngerijanngivararaaq, illi ilivani. Oqarpoq, kinngigini makerijassananilini. Taana makittarni nalusumaqigamijimmi, immaqa illi ilivani, tassami immaqa imermi makittarsimassagalivarpoq, kisijann illi ilivaniisimagami makinneq sapersimavoq, taamang ajigaqanngitsigigalivarlini. "Aa, ukuvamaa, nulijamaa makitinnijarallannga!" Ukuvaata, nulijata ornerijarlugu makitillaaraa, kinngeqqamammi. (Tassagii naamattunnguamik)

"A, quvinijarallassuunga". Taama aqivillini quvinijassasi, arnaamammi. Taam qorfissivasik, tassa. Ornerijaramijing, qulangeramijik, taama aqivissaseq, arnaamammi sijorn'tugu uninngagallarami aqivillini quvisarman, pivaa isiginaanarlugu; ippanni, – tassami sijornatugu qarleqartarming ippallin ukuva saava ulittarteq amm -, ippani attataajallannijarajaramijik, attataarnijarajaramijik qulangerijaramijik, taama imarpalivinnarpoq nikivillini quvijivataarteq. Taamallaa tassa serpalikkami, ha, ha.. Tassa, tassa serpalikkami, ilivamilliinii torarfiginngilaa, eqqaanaan annerusumik serpalikkami. Tass'qaliiniin imaqarlivarpa taana qorfija, serpalulluvangaarman. Tass aamaarlini qajarteqqillini – tas ilivartinnijaleqigamijik ernerata –. Tamaanijaasiin tungaalisaarl'ni qanill'jarternijalissagalivarpoq, ill'vata ilivata iigakuluuva assanni taputigalugu, arnakasini tukeqigamijik, tassami nakkaqaaq !

Natermu nakkartorlu pissiffigalugu tiginijarlugulu toqunnijarlugulu. Toqukkamijing ilerasiitiginngilaami, taama pijimaqigamijing. Natersivasija mapperijaramijik iliva assarijaramijik, assarijaramijik, assarijaramijik samungarsivaq pisillugu. Nulijanigeeq tikikkalivarpaa, tigigalivarpaa aqqissallugu, assaageeq qiteqqaarsimasareermata aqqitassaangimman aqqinngilaa. Tassa assaasageeq inivattaa tamarmik timeqqussumagamigi aqqittarijaarissimagami. Tassa ajortum pulavittareersimagamijing. Illivimm inivi akernaniitissaajunnaarsimagami, tassa nuna timaani ineqartissaasimagami, tassa taamaalimman aqqinngilaa. Uggaliini toquss'massagaa nulijanimi taam… Allinngorlugu arnakasimminik qallerlugu, qaavatugu saangutikuluunik ilijeqqaavigalugu, qaavatugullu perullugu. Isimaqarporooq ilisareerligim ilivilijertareerligi anissagami, anissalluni nikivikkami anissanani. Iniingooq peqqakitsim aniffissarinngisaatugu anivoq. Pinijanngivaralivarpaa igalaa saavi tamarmik qaarseqqinngorsimasin. Paasaagalivali ta imerm aatarnera, avissaarnera ann'killijartort, ilivartillugu qujanaqaaq anisimamman. Ateramigeeq tassa oqartarpoq: inuungooq aserersarsimanngitsim arnakasimmi ill'qarfija tikissinnaangilaa. Aataangeeq inik aserersarsimagini arnakasimmi ill'qarfija tikissinnaavaa.

MV: Angakkunngorsimagami il…?

MM: Angakkunngorsimagami ilivaming. Tas aataa inivi angakkunngortu tamakkuninnga torsuuni, torsooqartarsimagaming qaarseqqimming. S'qinnera isertarfilijullugu, tassa kiikattaartin.

out due to his unusual skills. When he had gotten out he saw that the house was turning into a rock, starting at the windows. From the entrance water was flowing. He succeeded in escaping from the place.

When he got home, he said that only people who are possessed by evil can get to the dwelling place of his terrible mother.

MV: Had she (really) become an angakkoq/shaman?

MM: An ordinary person cannot get near the place. She had become a great and evil shaman. Because only shamans had such an entrance: a rock which opens and closes like a fox trap; open and closes eternally.

Juliane Mouritzen
(JUMO), 66 years old in 1965
Qaqortoq / Julianehåb, formerly Illorpaat

Qivittoq Qilertilerraaq

My aunt also told me that there was another woman in Illorpaat who also became *qivittoq* while my aunt was a child. My aunt didn't know her real name, she was called Qilertilerraaq. She was catechist Salomon's wife. Her husband was called by his real name: Salomon, catechist in Illorpaat. My aunt and her family lived in Itilleq Saqqarleq with the father. Her father's brother lived in the same place. At this time the missionaries, the Moravians, were in Illorpaat.

One autumn day catechist Salomon came to Itilleq to give a sermon. His wife Qilertilerraaq was with him. Qilertilerraaq was a rather pretty woman with fair skin and red cheeks. But her eyes were very bad, so inflamed that they were red all the way around, the skin around the eyes was all cracked. Towards the end of winter, we heard that Qilertileraaq had disappeared. She was gathering seaweed on the beach right below their home. Our house was in fact situated there too, when we lived i Qaqqannguit, close behind the new salting house (build later). It (our house) almost came up to the corner, or perhaps to the entrance door (of the salting house). Of course our house is entirely gone now. When they repaired, improved the floor of the salting house, they removed the remaining stones and peat. Quite close to the beach, in front of our house, that's where the house of the Salomon family stood. I can recall from my earliest memory that it (Salomon's house) had collapsed entirely, only low fragments of the wall remained and the peat was used to insulate the salting house.

When catechist Salomon and his family lived there, a relative of Qilertilerraaq gave birth to a baby. The new mother was all well after the birth, very well. Back then there were still witches and sorcerers. She was very well when her aunt Qilertilerraaq visited her niece to look in on her and the baby. She came and sat on a wooden chest. After she had been sitting a short while she said. "Let me examine your abdomen, my dear". She felt and examined the niece's abdomen very thoroughly. Shortly after she said that there was something she had to do and left. After the aunt's examination of the abdomen, her *nuvaralivaq* (niece) began having terrible pains in the abdomen. – As Qiletilerraaq was her mother's sister (*aja*) they called her *nuvaralivaq*, that is, when people were so closely related. – The pains got worse and worse, she got very ill and died. (Even though the Moravian Brethren were there), the Greenlanders still practised witchcraft (at least they believed in it). Qilertilerraaq was accused of practising witchcraft. She had perhaps heard the rumours, that was maybe the reason that she went away.

After Qilertilerraaq had disappeared, the catechist's harpoon tip was found on the beach, down

JULIANE MOURITZEN

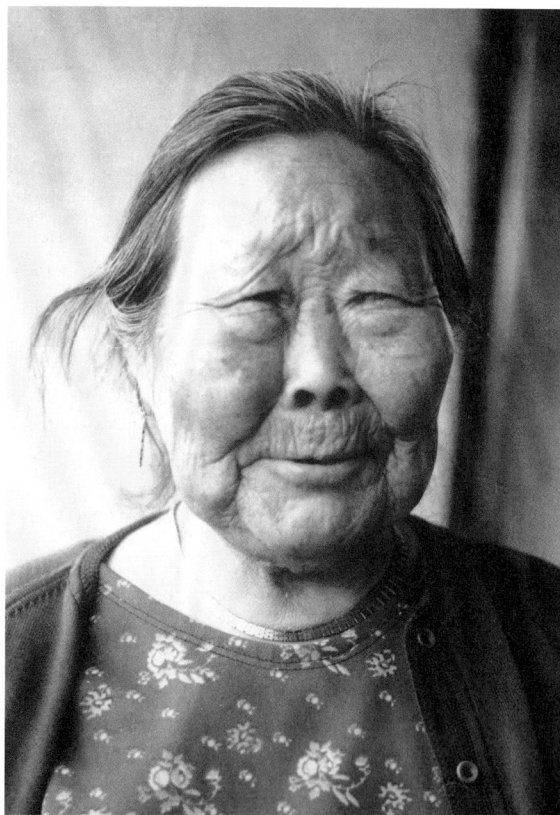

Juliane Mouritzen.

rijarlinili siniffissani ilivarsarlugu, taava tikijuttoortaraa qivitserng. Oqalitsikkiniji oqalitsikkinijik, oqaasissani naamatsisimaginigi qimappan, eqiisooq uvern'rinnaasuu; ajernall'raangan qajani ornikk'niji aallassooq. Taamanigeerngaasii aasami, immaqagii ila sittimparimi aggustusimiliiniin, Malijarsivasiim eqqartertarpaa, Juukersivasikki ajanng'vakkuluvata, ippimmijim. Taamanigii paartutoqa pulaartigivaan immining meeraall'ni, iterporooq oqalippalinnerining. Tass'gii paartutoqaatittarpaa immining.

Paartutoqaq Narsarminngaaniin All'vitsimu paarl'ni, Illerpaa tunoqqunneq saperamigi, avaqqulluvin. Sallijaninngaaniin Nuusuu tungaanaanu ikaarlini, ikaarl'ni tass unn'vars'jorluni, ullaakiminngaaniin taqqavannga aallarl'ni tassa naamattoornijarl'gu. Ingerlarijarami ingerlarijaram, tass Illerpaan avatangerligillivaasii uvernarnerm sapilerpoq. Tassa assortorlugu ingerlarijarami, ingerlarijarami tassinga: Naajaarnernu perijarami. Naajaarnernu pill'nili ila Qerertaarsivi tungaanu ikaarijarneq sapeqigamiji, qajani amorijaramijik, ilivarsartiitserijaramijing ermalasiminik all'qitsersorluni nallarpoq nunamun. Nallarlini aataa sininn'jarnijaleralivarp, una sunaana nall'juttoq? Arnarng! arnaq timmiinaq, qimmimi aapalik, tikijipporooq. Illikasimmi nalernijivaarinnarm'ni, oqartissanngorlugu ornikkaa. Illersiss'maatissaagii imma qimmi taana. Unikkaalerpoq: illerpammiji qani qujatigimmata inivijaasuverulluti immini peerulluni, peerikkami. Illikasimmi nalernijivaarinnarm'ni Sijuum, ippimmijim Saamuvalim, Juukersivasikki ittuvata. Illikasimmi Sijuu nalernijivaarinnarm'ni oqarfigijartoqull'gu akissarsijimaqullugu Nalern'jinnaasaginimi akissarsijimaarteq erl'giinavijanngimmagi akissarsinijaqullugu. Tassagii avannamu ingerlaneq saperami, qimakkaanili qajamu ikigami Illerpaan alanngoqqullugi, Ippi alanngoqqullugu Itill'janngivatigi itivissimagorng. Malijarsivasigii immini meeraalluni oqalippalinneriningii iterij-

where the fishing house is situated now. But Qilertilerraaq was gone. It was said that people who lived in Qerrortuut had seen a person walk on the beach at the low tide towards north. It was assumed to be Qilertilerraaq.

The old kayak postman from Narsarmijit maintained to have seen Qilertilerraaq. In the time of the Moravians he many times brought mail from Narsarmijit to Lichtenau (Alluitsoq). He maintained that he had been a shaman. He hailed from East Greenland. He told that many times while he paddled the mail on, he could be overwhelmed by an irresistible sleepiness. When he could no longer paddle on because of a violent sleepiness, he had to go ashore in order to have a little sleep. He made a berth on land and wanted to sleep a bit, but immediately after he had laid down to sleep, a *qivittoq* came and told him a lot. He then got quite awake, was no longer sleepy. There was nothing else to do but that he had to go down to his kayak and sail on.

A woman, Maliarsivasik from Ippik, liked to tell what she experienced while she was a child. She lay asleep on the platform, but woke up at the visitor's talk. They had a visit by the old kayak postman.

The kayak postman had once paddled from Narsarmijit to Lichtenau, so he told. He did not paddle in sheltered waters, he wanted to sail round the skerries and would from there sail to Nuussuaq. He told that he had paddled from Narsarmijit in the morning in order to reach Lichtenau the same day. When he had come off Illorpaat he got very sleepy. All the same he sailed on, defying sleep. When he had come to Naajaarnerit he could not paddle on all the same, he was afraid of capsizing. So he went ashore and pulled up his kayak. He made a good berth, putting down the skinmat of his kayak on which he was to lie and immediately lay down. No sooner had he laid down when a woman came floating through the air, bringing with her a dog. She came to ask the kayak postman to tell something to her cousin.

That dog was perhaps her protector. She talked angrily about people in Illorpaat: "How glad they must be now that they no longer have a murder in their midst." She was very angry with people in Illorpaat. He was to carry a message to her cousin Sion who lived in Ippik. (Samuel from Ippik was the elder of the Juukersivasik family's household). The cousin wanted to have news of her, she had said. And when he had delivered the message, he was to ask for a reward. He should do so by all means; noone would refuse to pay. After the woman had been there, the kayak postman could not sleep, and went down to his kayak, sailed behind Illorpaat and Ippiit. He walked across land at Itiliannguaq.

Maliarsivasik woke up at the two men's talk. The stranger was not from the Illorpaat-district, he spoke Cape Farewell dialect (Qavak).

She heard her father saying to the kayak postman: "What then are you to have as a reward?"

The stranger said: "Five dried trouts (arctic chars)."

He was maybe to have more, thought Maliarsivasik, for the two men went out. Later her father came in alone. The stranger no doubt had sailed off after having delivered the message that the woman asked him to deliver.

People thought that it was Qilertilerraaq, who was guilty in the young mother's death. This had, I think, been brought to Qilertilerraaq's ear, someone had possibly told tales. People thought that this was the reason why Qilertilerraaq went away into the mountains.

MV: So he had paddled off (only) to give the message?

JM: Yes, not because of those five arctic chars.

MV: She wasn't seen later on?

JM: She was not seen, I have heard nothing about her being seen.

artorluni iterijallarterng, angitinngivasini tass angitimi allamik pulaartili. Soorluguu tamassuma Illerpaa eqqaamijiingitseq qavaasorng. Imannagii oqart angitinngivasini tusaavaa: "Sumi akissarsissavin?" Taanagii oqarpoq: "Eqali missi talliman". (JM: Sussan. Imm'qagii taanaanaangilaq, aneqatigijimavaageeq). Anippunnguu marluull'ti, kingernatigunnguu angitinngivasini kisimi iserpoq, taanali isernani. Tass'gii imm'qa aallarijarterami. Imminigii tassa Malijarsivasiim taamaalillugi takivai taakuva angitinngivasinili paartutoqarli.

MV: Tass oqarijartorsimaseq?

JM: Oqarijartors'maserng. Sussa taakuva eqalivi talliman! MV: Kingerna takineqarsimanngila?

JM: Takineqarsimanngilaq, takineqarneranik nalivara.

Qivittoq Alinnaataaraq

Alinnaataaraq illerpammijeq. Massakki erngitaa suli ajinngilaq. Ukuvakuva suli ajinngilaq, Ussijarseeqa nulijarivaa ukuvakuva, ernerata angajillii nulija. Erng'taa tassa massakki Suffia panija Uss'jarseeqa paniss'jaa taqqava. Ernerata angajillii Alinnaataaqall Kaliggaarsivannguullu, ernerata angajilliim Alaabaarsii nulija Suffija. Nukaa Innanngivakkulung, Piitakuluugalivakk qatanngitaata imaati uvigigalivarpaa Aliiggiim, Innanngivakkuluk. Tassagii taana suli miluttoq arnaa qivippoq.

Ajanngivasimma unikkaarisarpaa imaati illerpanniill´ni, tas Alinnaataaraq nunaqqatigalugu. Kaliggaarsivanngivaq aallarsimasi, uversivasija ullaatungaa aasami upernaakin. Immaqa maaji naasoq? imma juunimiliinii maajimiliinii, kisija taakuva qaamati uva nalivakka, imaateq taana, unikkaarigaan tusaasaralivarpakk. Imaateq taana Kaliggaars'vanngivaq aallarijarman aama uvinng'vakkuluni aallarijarman, Tittu, qullernungarsimagami, uvagu samani Qaqqanngii avalernani illeqaralivaratta. Taava Alinnaataaqakkunnu isers'marajallarteq qiternaa suli sinitsin, arnaa uvim kamija atinngerai Alinnaataaqam. Allanngii iserami imminik isiginnginnamigi: ippati ataani puuguta neqinik imalissivasing. Tassanigii mersorluni oqalilerporng kaanerarl'ni, taana nulija. Taava ajanngivasimma (JM:tassa uva malikkakku pijallallingali oqartuuvunga) ajanngivasimma pisimagamijing: "Haar, kaakusuttornguna una ukuva neqersivasii, ila nerinijarin!" "Aa, Kaliggaa uvatsijaq aallassallunili uullija kisilligi aallarman, nerineq ajeqigakkin". Immaqagii uversivasijata taamaalijertuusimagamiji, tass innimigivai nerissallugin. Taavagii imminin atilissarijarami pivaani kuvanni illigisoraligi. Kuvanninginnngii tunivaani, imm'ni aterpoq.

Ilagii sivisinngilaq. Immaqa nammakkijart qanga aama pijimasaramikk makku Illerpaa uumaseqanngikkallarami sorlaan, asorutin; nerisaramikki orsersorlugi, tuggarligi pisartarami tamakkuninnga. (JM: uva sorlaa aama mamareqaaka, kisija asoruti saperpakka sungarninnerini). Tass aallarsimavorng.

Taamanili tassa tikinngilaq, noorleqarallarman, ajeqersiviseqarallarman. Ajeqersivisi qinertitsivarsimagalivarpaa, ajern'qaaq nassaarisinnaangilaan, akissaa all'jartertillugu. Qanoruna imman? Aallarnerata ippassaanijanilliiniin ull pingasi qaangiuttulluuni pinerpoq, Naatanngivasi Inivarmijeq, (uva tassa takinikuuvarami meeraall'ta, panija ilitigigatsigi inivarmiitaratta takisarpara.) Kitaaninngaanii kangimukarl'ni ullaarngisakasi, ullaarangisakasing Qernerti Killermi Alinnaataaraq takusumavaa, tikisimasimavaa. Tupigisimanngilaaliiniin taama ullaarertigalini tamaaniimaan. Taava Illerpannu perijarami paasinijalerpaa tassaana Alinnaataaraq ippassaaniimall suli tikinngitseq, imminimmassa tikisimallugu. Apersiitigimmassi inimming, sumi takusoralugu apersivimm'ta tassa paasisimavaa, imm'ni Alinnaataaraq tikisimallugu, ippassaaniimall tikinngitseq.

Ajernaqaaq tassa noorllii aningaasat allijartertilligu qinertikkalivaramikki, tass takisinnaangimmass unitsiinarpaan. Tassa unitserijaramikki, kipparsimajivaartarallarami qanga, aggustuseqa-

Qivittoq Alinnaataaraq

Alinnaataaraq from Illorpaat: Her grandchild is still alive. Her former sister-in-law, now married to Ussiarseeraq, is still alive.. The grandchild's daughter, Sofie, a foster-child, is still alive down there in the South and is married to the eldest son of Alinnaataaraq and Kaliggaarsiannguaq, Alaabaarsivasik, who is (thus) married to Sofie. Aliiggiit has formerly been married to Innanngivakkuluk's brother, now deceased Piitakulooq. It is told that Alinnaataaraq was still suckling her son Innannguakkuluk, when she disappeared and became a *qivittoq*.

My mother's sister told me that when she lived in Illorpaat, Alinnaataaraq also lived there. One spring day, was it in May? – either in May or June, I don't remember it exactly, but like this is the story I have heard:

She (my mother's sister) went up to Alinnaataaraq, while her cruel husband Kaliggaarsuannguaq was out hunting. My mother's sister's own husband, Tittu, was also out. Our house at that time lay out near Qaqqannguit.

The children were still sleeping when she came in to Alinnaataaraq, who sat sewing her husband's *kamik* soles. When my mother's sister came in she saw a dish full of boiled seal meat under the side platform. While Alinnaataaraq was sewing she talked among other things about how hungry she was. My mother's sister said (JM: I am just like my mother's sister, I say immediately what I think.): "Can you be hungry when there is a dish full of meat there? Do eat!" Alinnaataaraq answered: "Oh, Kaliggaat counted the pieces before leaving this morning, so I cannot take and eat any of them." Her husband was evidently so terrible that she dared not eat. When my mother's sister was about to leave, Alinnaataaraq gave her some pieces of angelica (*Archangelica arctica*), a delicacy. Then my mother's sister went home.

Not long after ... perhaps gatherers of firewood used to bring plants of roots home in order to eat them with blubber, at that time before there were sheep at Illorpaat. (JM: I like to eat roseroot but I don't like dandelion, they taste bitter) ... Alinnaataaraq had walked away. She did not come back. She stayed away.

It was at the time of the Moravian missionaries at the place. They immediately started a search. They promised a sum as a finder's fee. No one could find her. The finders's fee was raised. It was impossible to find her. A couple of days, maybe three, after her disappearance, one very early morning Naatanngiasik from Inua (I saw him in our childhood. His daughter was of the same age as the rest of us. We often visited Inua. That's where I saw him) was going inland from the coast when he saw Alinnaataaraq at Qernerti Killeq close by. He was not even surprised to see her so early in the morning. When he then came to Illorpaat he was told that Alinnaataaraq had been away from the settlement since the day before yesterday. The very person he had seen close by. When people asked where he had seen her he then realized that Alinnaataaraq had been gone for two days.

They continued the search, and the missionaries raised the finder's fee several time. But in the end they had to give up looking for her and stopped the search.

It was at the time when people staid long at the sealing sites in summer. As a rule some did not return home until the beginning of August. On their way home they saw two people on the top of the mountain in Nuussuaq. One tall and the other smaller. Both those in the umiak and the (accompanying) kayaker saw them. They had heard that Alinnaataaraq had not returned home and perhaps had disappeared.

To be on the safe side the umiak turned towards the land, and they went ashore and continued upwards to look for the two figures. It is said that it was only from down there that they could be seen. When they had moored the boat they walked upward, and they walked and walked, and

lersi ilaa tiff'kaasaramimmi tassa. Tiffarti ilaasa takusumavaan Nuusuu qaavani inivi marling, aapaa anneq, aapaa minneq, umijan qajallin. Ta ingerlarijarami tassa tusartareerlugu Alinnaataaraq tass tikinngitseq, tammart nalinarterng. Ila asiliinaq ataanu umija tularijaraming, qaanu nijerijaramik qumm ingerlasimappun takinijarligin. Tassamigeeq ataaninngaanii saqqimiinaramik, umijami tulass'malluti. Perijarami, perijaraming, taakuguu qummu majortu atingaatsijaa tikikkaalli, tassingagii sukkalinngillanngeeq, kigaatunnguvaminngii tassinga tunumu tarrikkijarterpun. Tass taakuva angiti nuvisimanijaralivarpaan peqanngitseq.

Ammu suvaarsimapp nalullugu peqanngits, ataani pisimavaan: "Tassa ataatungaa tikikkassiji tassinga kigaatsimi tarrippu tunummun". Imaati, ateraming unikkaarpunnguu, tassa ataa'tungaa tikillugulu tarrissimagamikkin, ta ilull'jumaniisamu imma pill'tilli. Tassa takinngilaan tikippun, tassami tiffartiigaming.

Angajivata Biiberujuu tusarsimavaa inivi marling Nuusuu qaavani tiffarti takigaan. Angajiva oqarsimarijallart peqingaseq, Biiberujung soorlu peqingasiigami imanna oqalikkami.(J.-p oqalunnera issuarpaa: sorlummigut oqaluttutut): "Aa, Kaluliin isimaaligigalivarakku, isimaalugijinnaarpara, illivata ilagissappagi". Imm'qagii illiva qivituus'magami. Tass soqutigijinnaarpaan.

Taava ukijalikk ukijarlivinnakki, immaqa sittimparimi, Innaatikki angitaa Juuntaan, illiva Ammorseeraq, illiva Kunnalaat, Appulooqakki tamakkuva angitinngivakkuluvan. Illeriiginnaa qajartors'mappu, qamasimappun. Taamanikkimmi aalisagaq soqutiginnginnamikki, kisimi makku ajortu aalisartiigaming. Tunumukarl'ti Nuusuvarmu perijaraming, Qernerti tungaanu ikaasagalivarliting, "aah, Tuluvattaa paarmarittartivatsijaq, Tuluvattaan paarmartern'jaatsigalugu". Sissaq sinerijaramikki ingerlarijaraming Qilalukka Pilattarfija avatangerlugulu, tassa Tuluvattaanu ikaaratarsinnaangorl'ting, pilerijallaraan: imma ikijaa ikijaa tamarmi soorlu ikijaqitilittu itseq, soorlu tassa qatitivalaartorsuvasik. Soorluminiiliigii igittaa imangasill'ni nipaa. Tass tusaalerpaan. Sunaafa ugga Amoorseerarl Kunnalaalli tiguttuveeritivittin. Ill'kasiat Juuntaan eqqarsaateqanngilaq, ersinngilarng. Tuluvattaanu perijarami, ataanu perijaraming, taakuva illivisa pisimav: "Juuntaa illi paarmani takinijassagi, paarmaqarpan paarmartussuugun". Juuntaa qajani amorijaramijik qummu majivarlini, ippii qaavanu qaqinijalerpoq: ippii qaava, haar, paarmaqiti saggarliti, saggarll'ti saangutersivasiinaavorng. Kijalluunii Alinnaataaraq eqqaavaa. Tass paarmani taamaalilluni qiner...una sunaana takililerijallaraa takis : arna kamija. Kamittaa ulillugu, ulillugu singernerata qulaatungaanu ulinnera unill'ni. Alers'taali kamittaali immikki. "Haar, arna kamissivasii!" Kijalluunii Alinnaataaraq eqqaavaa! Tassa atigai taamaalilluti nassarijortorsumavaan: seeqinija illiva ulinngasi, illiva ajinngitserng. Timm'jaa ann'raava ulill'ni ilipaarisaanu ats'paanu akimmill'ni. Tass taamaalill'nili ilimattall'ni, ammu aallarlini tuvavijorl'ni, tappakkuvali illivisa tuvavijoqqugaani, ammu aallarl'ni qajani tikileralivarlugulu, kisijanngii avannermini oqarmata, soorlu qijasivarpallall'ti: "Juntaanilaa inittakasija tummass'qaan!"

Uumaang unnija mattaangavitserng. Soorlumimigii takeqqaarlugu: uumaseq! Illivanik seeqimijartortorng, illivani putuguvinnarmini, nijiva sijaarlini putuguvinnarminik tulluni. Illivanik talimini taamaalill'ni, illivanitungaa talini taamaalisillugu. Soorlumigii tass kingimu unimi ataatsigi isigiserng. Nujaqaqigamigeeq Alinnaataaraq. Nujarujuuni tassinga ilillugi uunga, qaqortuminaataamik qilerligin.

Qajani allamu avalernatigi nusullugu allamu nujutsillugu, aataa ikivoq. Ugga qaana marlik avalernani isiginnaartissa ullunnissaanu soorlu sijanigissagaan, qaja ataaseq oqarijartortuss Illerpanu. Tamarming! Ersinerinnarminning.

Tassa angajiigalivarma Tippu tassa nalinngilaa aam imminnu paarmarternijarliti meeralluti, Napasorsuu eqqaani inivi kimmu ingerlakaasun, qanorunagii oqarnijalerpu: "Alinnaataaraq nas-

when they had come to the very top, the two disappeared without any haste quite slowly towards the East (the Inland, that could be seen from below). That is to say that these men arrived up at the place where they had been seen, but then the two had disappeared. When the men had cried down without knowing that the two had disappeared, people from below answered: "When you got up there, just below them, they disappeared slowly towards the East." And it is said that when the men came down again they said that when they had reached a spot beneath the two (*qivittut*), the men could no longer see them, and that perhaps was just when the men reached a sort of overhang.

Then they went home. For they had been on their way (along the fiord) further inland.

Biiberujuk, Alinnaataaraqs elder sister, who was a cripple, then said in a piping voice (JM imitates B's voice): "Oh, I have been so worried about Kaluliit. But no longer, if her cousin is together with her." Her cousin was perhaps a *qivittoq*. After that people thought no more of that incident.

Then it happened one late autumn, no doubt in September, that Ignatius' father, Juunatan, with his cousin Ammorseeraq and another cousin, Kunnalat – the father of Apulooraks, – three cousins were out hunting seals. At that time they didn't care for cod. Only the useless ones would catch cod. On their way home they had come to Nuussuaq and were going to paddle on to Qernertoq, and they then agreed on the following idea: "Oh there are always so many crowberries at Tuluvattaat. Let us go to Tuluvattaat and eat crowberries (*Empetrum nigrum*)." They paddled on along the shore, and when they were quite near to Qilalukkat Pilattarfiat, close to Tuluvattaat, they noticed that the water here was not clear and a slight breeze made an odd sound. Like the sound of a swarm of bees. It sounded like that. Suddenly Ammorseeraq and Kunnalaat were beside themselves with horror. Cousin Juuntaat didn't speculate on anything, he was not afraid. When they came to Tuluvattaat and on to below the place, these cousins said to him: "Juuntaat, go up and see if there are any berries, and if there are any, we can in fact have berries to eat." Juuntaat drew his kayak up and began walking towards the top of the cliff. And up there on the top, oh my goodness, how there had been rooted in the crowberry heather, so that only the bare earth was left! And no one at all thought of Alinnaataaraq. So the man was searching for berries … but what was that? He had caught sight of a woman's *kamik* (skin boot). The *kamik* had been turned inside out so much that it had been turned out up over the arch, so that the stocking and the *kamik* had been separated. That was unbelievable, a woman's *kamik*! And nobody thought at all of Alinnaataaraq! And in this way he also found little by little her clothes. Her sealskin trousers, where one leg had been turned inside out, but not the other. Her inner bird's skin clothing had been turned inside out up as far as the cuff.

Then he began to have evil forebodings and hurried downwards, and down there his cousins called to him and asked him to hurry, and on his way down he was just reaching his kayak, when he heard his cousins crying loud in voices stifled by sobs: "Juuntaat, take care you don't step on her!"

Yes, she was quite naked. At first sight she just looked like an animal. She supported herself on one knee and the toes of the other leg. The arms were bent in different directions. It looked as if she was looking back under one arm. Once Alinnaataaraq had a lot of hair. The little that now was left of it she had gathered and tied together with something white.

Juunatan now dragged his kayak along the beach in order to get into it. So one of them would be off to the settlement to tell about the find? No! Off they paddled, all three. So scared were they.

My deceased elder sister, Tippu, remembered: One day as a child she was out with the other chil-

saarivaangeeq, takisarparpun". Imminninngii kangimu arpalijull'ting qimarrall'ti, Alinnaataaqa tikinnijaleqimm'ti, uff'massa sunaafa toqungaseq.

Ajanngivasikkimmi unikkaarisarpaan: Tikikkamikkugooq: suna tigiffissav... mattaangavitserng. Natsersii amija nassartikkaan allagartalli, qallunaa noorlii tunnijissai. Uumaang, tikikkamikki: Kijannguu tigissavaa? Tassagii Uluutuvinngivakkuluu taasuma Biliggiim taasuma ningaangivakkuluvata, Uluutuvinngivakkuluu tigivaa. Aam Biininngam uvinngivakkuluvata tillinnijarsimasiigami noorlerni. Imannagii oqarl'nilu tigivaa: "Kina silarsivarmi inimmi allamik ajortulijort'qanngilaq, uva kisima ajortulijortuuvunga". Taamannagii oqarlinili allakki tiguttuvissaqartiss'mannginnamijing, allakki tiginngilaa nujarujuvisigi tassiina. Ajanngivasiga oqartarpoq: Tassiinagii tigullugulu nijaqiva imaalillugu kaangartikkamijing, imminigii isimalijerpu, saanija aserorsumaseq, nijaquvata. Immaqaliininngii saanija aserorsumanngikkini, ippingija tamarmi katassimavoq, nijaqivata. Taamaalilluguguu nujaatigi qangattartikkamiji, uunga nijaqiva tasilluni, ukulu uunga sisigaming, siggussaagalivi, isissaagalivi, taama iseqanngilaq, tamarmik sigguvi uunga tasilluting, nijaqiva uunga tasilluni. Alinnaataarareeq qaamasiigami. Sunagii qaamava? Aavijalittinni tilliisa aavijalittinni tilliisaq, akinnerani taamaalilluti, toorn'tungaj its qaqertarpu. Tass' amimija, tilliisaqanngits aavijalitserneqanngitseq. Qanoruu ilijersimanerpoq. Tassagii palunngaa tassinga qaaminermun natsersii amijanu ilillugu, qaaminikki akijarlugu majiipaan.

Majiikamikki allakka taakuva noorlii tunnijissaa ilalligi qaavatigi atigakasii qaavinnaanu ilijeqqarligi, tass ilivissaanu ilillugu, ungerlattorlugu; qallunaangii tussijitini pequnngimmass, tussijarfiginngilaan, ujaqqaninngii ilijeqqaafigiinarpaan. Taamaatsimik qanikkallarman, massakki imma taamaaginnaarpun, qanikkallarman tassa inivi nipisijertarti oqaatsigisarpaan tasamani, sila allanngiss'tillugu. Soorlumigii allami ass'qarneq ajerpoq, naajarlippaluttoq. Soorluluuninngii ilaani puuguta savimini pusillugu, pattallugu imaalijertillugu naajarlippalerujuusarpaluttoq, imaruvaluttorsuvasing. Immaqagii silatsersarnerpoq, suneporooq.

MV: Amma Kaluliimik ateqarsimagalivarami?

JM: Tassami Alinnaataallunili Kaluliisimagami. Uvagu, Alinnaataaqami pisarpaan, tamakkuva utoqqaan. Angajukasijata Biiberujuu Kaluliim taasarsimavaa taasarsimavaa. Kaluliillunili Alinnaataasimagami.

MV: Taamani sijullermik tikikkamikku uumasimagalivarpa? Taamani sissa qulaani takigamikki

JM: Naagg!! toqungaserng. Sumilli oqarijarterma tasamunga ilijarterpaan. Sumi tussijitimi pineqarnani.....Aangilaan tasamani Tulugattaani iliveqarporng. tasamani Tulugattaani iliveqarporng. Nalullugu iliveqarnera paasisimanarnavijannngilaq nalusunu tikikkaani. Uvagu nalinnginnatsigi nalinngilarpun, umijatsijalivijata uvani kujataatungaani innaarsiisarujuu killingani, qerruvaluusarujuvi orpikkani naall'ti, naalluni, naalluni paasisimananngilaq. Ujaruvaaluvit. Tassa Alinnaataaqa ilivija.

MV: Uiata, uini pillugu immaqa aallarsimasoq?

JM: Tassa ajanngivasiga oqartarpoq, immaqagii ila uversivasijata nuvannaartinn ajeramijik, taamaalineratigunngui immini taamaasoritikkamijik: "Aa, Kaliggaam uullija kisilligit aallarma nerineq ajeqigamigin, ilangerneq ajeqigamigin". Immaqagii uversivasijata imaatertarsimagamij... soorlu kusananngitsimik pisarsimagamijing.

Mangiaqqap qaamatiliarnera

Manngii ernera Mangivaraq. Qaamammu pulaarnera. Qaamatim, tassami qaamatim pulaatimmani pulaarami qaamammun. Qaamati illiva, nunaanun. Qaamatimu ingerlanermini taasuma qaamati illivata qaqqaata illivatungaani Erlaveersinijooq, tass'niikamigeeq Erl'veersinijooq. Tass

dren to gather berries at Napasorsuaq. When all of them then began to walk down in a body, they heard somebody crying: "Alinnaataaraq has been found!" Everybody wanted to go and see! All the children rushed down towards the settlement for fear Alinnaataaraq should take them. She who had died long ago!

Ajanngivasik and others used to recount: When they were to pick her up, who was to take hold? The dead body was quite naked. When they got there they covered her with a piece of seal skin which they had been given by the Moravians. Who was to take hold of her? Poor Uluutuve, Biibijaat's son-in-law mentioned above, took hold of her after having said (He had been punished because he had stolen something from the missionaries): "No one in the whole world is so wretched a person as I. I am a sinner." Where was he to take a hold? By her hair? They lifted the head up by the little hair she had. My dear mother's sister told us: People first thought that the head was in pieces, perhaps the skull. The whole scalp was loose. Everything on the head was completely loose and crooked. Formerly Alinnaataaraq had a pale skin, but now no light skin was visible, for the head skin was covered with coagulated blood, with only small white spots of bright skin here and there where there was no coagulated blood. No one could figure out what she had done. They lifted her up as she lay there on her belly. And when they had laid her on a poor hooded seal skin they carried her up.

When they had come to the burial place, they laid the paper with a text from the holy scriptures that the missionaries had given them, on her, over her poor clothes. When they had buried her, they covered her completely with stones. The missionaries had forbidden them to sing hymns, so no hymns were sung for her. They just heaped stones on the grave.

Shortly after they heard sounds from the grave whenever there was a change of weather. Maybe it has stopped now. It sounded like birds, like great black-backed gulls. Or the same sound like when you place a tin plate upside down and bang on it. No one knew what it could mean.

MV: Was she also called Karoline?

JM: Yes, she was called both Alinnaata and Karoline. We elder people called her Alinnaata. The poor sister, Biiberujuk, called her Kaluliit. She was called both Kaluliit and Alinnaata.

MV: Was there a little life in her when they found her up there above the beach?

JM: No, no! She was dead. When the news about her had arrived in she was buried out there. No hymns for her!... She was not taken in to the settlement. Her grave is in Tulugattaat. If you don't know the place you cannot see that there is a grave. We know the place. A little south of the boat beach, amid a lot of pebbles that have been grown over with dwarf birch (*Betula nana*). If one doesn't know the place, one cannot know that there is a grave. But that is Allinnaata's grave.

MV: Do you think that her husband was guilty of her disappearance?

JM: My mother's sister said that perhaps her husband had never been good to her. She believes so from the words she said: "Ooh, Kaliggaat counted the pieces of meat this morning, so I cannot take anything." Maybe her husband had not been good to her ...

Mangivaraq's Journey to the Moon

Mangii's son Mangivaraq. His journey to the moon. Yes, his visit to the man in the moon. To his house, to his land. He was visiting because he had been invited to come to the house of the man in the moon. On the way to the moon, behind the moon mountain, lived the robber of intestines, Erlaveersiniooq. On his way to the moon Mangivaraq did not think of the robber of intestines. He did not see anything. But when he was returning to earth again, the man in the moon told him: "Don't stop at the robber of intestines. She has the habit of removing the intestines of her visitors."

ingerlagami takinngilaa. Atilerami, nunaminu kingimu utilerami qaamati pivaa: Erlaveersinijuukasik aqqutigeqqunagi, erlaveersisaanarman. Tassa Mangivaraq taana aallarijarami: "Aa, sooruna aama aqqutigissanngilara ujakkarnijarallarl'ra". Ujakkarnijalerpaa illiva tassa, illikasija tassa, illivinnarng. Illikasija tassa. Taama inittaa peqarnanili. Ornerijaramijik tikingniatarpaa aah paavata qavani imaatikas'e naa tikinialerpaa nuvinijalerpaa tassa aneerseq. Orfaasu nipalivarpaluttoq. Ornillugu, ornillugu, ornillugu tikikkijartorlugu, nipalivarti, orfaasu allaalluni, tikilernijarlugu pinijalerijarpaa: Nalikkaaminu (immaatip) qivaaqikasik ammu saatillugu, kanajivinnarsivasik qummu saatillugu, nalikkaaminu nivinngarlugu. Allamik nipeqanngitserng:

> Nalikkaataak sapangall, sapangallin
> qivaaqinngivani sapangall
> sapangallin.

Allamik ilassanngikkaa:

> Nalikkaataak sapangall, sapangallin
> qivaaqinng'vani sapangall
> sapangallin

A, uuminarpallaakaseqimma ila tikikkamijing qivijanngikkaani paasinngikkaani, tikikkamijik, tikinn'jarlugulu qeqqatigi eqinn'jarlugulu, eqikkalivaramiji tupanngilaq, allamik tassa nipeqanngilaq:

> Nalikkaataak sapangall, sapangallin
> qivaaqinng'vani sapangall
> sapangallin.

Taamaateq nipalivarti unissanngitseq, soorlu saakijartortutu itseq, saanijarijartorlu, taam ilisimallivinnanngilaq!
Ilisimmarijartilerijallarteq, ilivaatsigami, ilivaatigami, ajerami, uvinnijalerp tassaana qaamatim ippataani nalalluni.

Inorujuk

Inorujuguu angakkiinijartsiigalivarami sijornatigin, Tuuma. Tuumaminngii pisarpaan qerrortoormijeq. Ammasivimmi pulaqqalluting qanga alijortugaqartarallarm "Allar"-ming. Immaqagii toqusu piinik atigaqanngittuuguni nerisaaqajarpoq Allarmin taamani. Qavanimiji kujataarmijeq, qanoruna atilik aaparalugu.
MV: "Allaq", arnanngeeq qivitsi Allanng... qanorooq?
JM: Arnannngeeq qivitsi "Alla"-nngertarpun. Taama oqaatsigisarpaan. Tass Inorujuk taana sijuliss'qarneq ajortuusimagami. Sijullissai inuull'tilli toqull'tilli. Inuull'tilli toqull´tilli, illaan angisivatsijanngerl'ti toqull'tilli. Arnaa sunaafa taasuminnga Inorujumming, Tuumaming, naartilerami oqars'magami: Tassaasii naartigami iniinavijarnanili. "Haar, iniini ajikasippun "nalaaning", – tassa toqusu atisaaning, nalaani pisaramikki sijullijan, nalaaning. "Toqusoqarajarpa nalaan tuninijarisinnga. Atisalijarinijarimaarpakka". Nalaani perijarami atisalijarerijaramigi, iniiman taakuninnga atisitillugu. Pujorsertaramigeeq qanga. Tass Ammassivimmi pulaqqalluting kuja-

On his way home Mangivaraq thought: "Why shouldn't I stop by the robber of intestines? I'll drop by!" And he looked and saw her shabby house. No people. He came closer, then he had… mmm…almost got to the entrance tunnel and he saw that she was outside her house. She was not standing still, she was lurching a bit from side to side, and something that sounded like faint singing could be heard. Her legs were spread, she was lurching and singing. He walked all the way up to her and saw that she had hung an armed bullhead from her crutch, head down, and then a sea scorpion head up, and she was singing:

> My crutch is decorated
> it is decorated with sea scorpions
> bullhead is hanging from my crutch
> as decoration.

She kept repeating:

> My crutch is decorated
> My crutch is decorated
> Bullhead as decoration, as decoration
> My crutch is decorated.

He walked up to her, thought she was quite horrible. She did not see him, even though he was very close to her, and he grabbed her around her waist. She just kept singing:

> My crutch is decorated
> is decorated
> it has a bullhead as decoration…[38]

She kept on and on while she was still lurching from side to side; then he felt her turning towards him, and when she turned all the way towards him, he lost consciousness!
When he was regaining consciousness, he felt so very bad, he felt quite miserable. He opened his eyes and saw that he was lying on the platform of the man in the moon.

Inorujuk

Inorujuk, Thomas used to perform as as shaman i his earlier years. He was called Thomas. He hailed from Qerrortuut. The family came for a summer's stay in Ammasivik at the time when *allaq*s[39] still haunted the place. Inorujuk might have been eaten by an *allaq* had he not been wearing the clothing of a dead person. He was together with a boy from southernmost Greenland, whatever his name?
MV: "Allaq", is this a female *qivittoq*, or ..?
JM: A female *qivittoq*, yes they used to call her an *allaq*. Thus they say.
It was told that Inorujuk's siblings died when they were still small. They were born and shortly after they died. Some of them, however, not until they had gotten a little older. When Inorujuk's mother got pregnant with him, she said: "Now I'm pregnant again and as usual the baby will not

---

38. Mâliâraq Vebæk: *Niperujûtit*. – Det grønlandske Forlag, 1982, p. 65.
39. Originally meaning a brown bear, living in Arctic Canada, but not in Greenland (Ed. note).

taarmijimi ikinngiteqarsimagami, nukappijaraqatimining. Ammassivimmi pulaqqalluti tusaamalerpaan: haar Qangattaanguu eqqaani tupillin imaatissappat qan' taasarpaa makkuva ikinngitinilu immertaartarti imm'qa ivissappun. Har, imminik tassa ikinngitinili unnumma tasama. Tasamungaqattaaqimmata inivin, kingilerulluti, meeraagamimmi isertorll'ting. Tass'mi inerl'ti, kisija suli meeraall'ting. Ingerlariijaram atami Qangattaa kangijatigi aterijaraming, atami taama kisimi immertaarpalussuvasii tupermi, aasami. Paarmorl'ti, paarmorl'ti, tass tupi silataani peqq... taqqama tassa aqitsi'vatsijaq anippalikkaan.

Silataani tusarnaarnijalerijarl'ti sulersunuku? Ijanngakkijarterpalilerpun, perpalikkalivar... kipiinaqaan. Kipiinarl'tilli qanoruna oqarpallannijalerp: "Kikkikasiinukuva tussijarpalivikkaatigun, uuminaasakasiinuku?" Imminni tassa qimarrak! Angimerisoortill'ti suvasserujoorpun. Arajitsijaativallaaqigaming meerakasiill'ting. Tass taamanikki pulaqqall'ting Naajaanu kuvannilijarsimagaming, (Uunarti kangerlivani kuvanni mamarnerming, Naajaani kuvanni mamartorujussuugami, savaqanngikaallarman). Tassani Naajaani kuvannersijerijaraming, angerlarl'ti aallaarll'ti Naajaata tasijata kilivani ujarassivasii sinaani unilliti nererijaraming, nerisareerlitilli qummu ingerlarijaraming qaavanu qaqill'tilli, kisijannigii aapani oqarman: "Haar, takiva sanna, iniigalivatsinni!" Ammu qivijarnijalerporng: All'munnguu ass'qanngilaq soorlu tupissaarsivaq. Uumasi narajorujooraati ujaqqa sinaa, tipiti naamallugu.[37]

Peter Isaksen

(PEIS),69-nik ukiulik, 1965
Qaqortoq / Julianehåb, siullermik Alluitsup Paa / Sydprøven

Ikermijermijit/ Qujaavarsi

MV: Piita taanna unikkaartivaq?
PI: Taana unikkaartivaq? Sijullerming aallarneraat tusaasarpara: "Ikermijermijin nunaqqatigiit angiterpaalli utoqqanngivasiilli". Taamatut aallaqqaasertaraat tusaasarpara, imann aallarnertarpaat, tassa all'vitsipaamijiigama.
Taakanigooruna Ikermijermijini angiterpaalli utoqqanngivasiilli nunaqqatigiilerippun. Tass taama aallarniisarpaan, aallarnertaraat tusaasarpara.
Tassani illiting Ikermijini, Ikermijermijini illiting, ukiji'qeqqaliallaaraaming, nunaqqataat taakku angiterpaan ilaminni ilalluting, nulijaminnik, Allivitsimu ukiji'qeqqaliallaaraaming taakkuva utoqqanngivasiin, qiternarsivasittik tass taakununnga tunnijitissavaan. Assut taqissersorluvarta-

---

37. Unfortunately the concluding sentences were cut out from both the transscription and the file on the CD-Rom. According to the version published in West Greenlandic they run like this: Imminigooq allatut oqarneq saperami oqarpoq: "'Nalaanik' atorsimanngikkaluaruma immaqa pisareqqajarpaatigut ..." (M. Vebæk, 2001: Tusarn! Kujataamiut unikkaartuaat unikkaaluilu. – Nuuk, Atuakkiorfik, p. 177. See translation below in English.

live, those lousy babies. Listen", she told the others: "When someone dies, give me the clothes of the dead one. I will make clothes for the baby from it". When she was given clothes from the dead, she made clothes for the baby and gave it to the baby. In the old days people believed that the spirit of the dead stayed in the clothes.

Yes, they were in Ammassivik, and the boy had a playmate, who came from the South. One day there were rumours that incantations would be sung, people had put up their tents near the big rock cave, people who wanted to sing incantations. People walked out to where it would take place. Inorujuk and his friend also went out there, secretly. They were children you see, so they could not participate, even though they were big children.

When they had gotten out there, they went down behind the rock cave. They crawled forward toward the tent and heard people in there sing incantations, which sounded so nice. While they were still listening intently, they felt some change in the song from inside the tent: The songs became weaker and weaker, finally the songs stopped. And they heard someone in the tent say: "Who are those wretched ones listening to us?" Wretched! Inorujuk and the friend ran as fast as they could, while the curses resounded in the air. "Such wretched curious children!" This was yelled at them.

While they were in Ammassivik that summer, Inorujuk and the friend had gone to Naajaat to gather angelica by the Uunnartoq Fiord. There were many and very tasty angelica in that spot. After they had gathered angelica, they started walking homewards towards the big rocks that were close to the great lake in Naajaat. Here they stopped and ate. After they had eaten, they walked up the mountain and came up on top of the mountain. The friend looked down and said to Inorujuk: "Look down there where we just were!" Inorujuk looked down and saw an *allaq* that was so big that it looked like a large tent snooping at the ground where they had just been. All Inorujuk could say was: "If I hadn't been wearing the clothes of a deceased, there is no doubt it would have killed and eaten me..."

Peter Isaksen

(PEIS), 69 years old in 1965
Qaqortoq / Julianehåb, formerly Alluitsup Paa / Sydprøven

Ikermiut people / Qujaavarsi

MV: Peter, how about that story?
PI: That story. Formerly I've heard it started like this. The many brothers and the old married couple in Ikermiut. This is how they started to tell the story, this is how they began, I've heard, because I am myself from Alluitsup Paa (close by Ikermiut).

It was in Ikermiut that the family of brothers and the old sorry couple lived. It began like this, this is how I heard it. When the big families, the family of brothers and others went to Alluitsoq to celebrate the festival of Midsummer eve,[40] they left their children with the old sorry couple so they could be looked after while they were at the festival of Midsummer. The parents gave the old married couple a lot of food so they could give the children good and plenty of food, as if they were their own children.

---

40. Maybe winter solstice in harmony with other variants of this episode. Winter solstice marked by the two stars Aassuutit (Altair) was celebrated all over the Eskimo area. Midsummer was probably recognized and celebrated only South of the Arctic Circle in Greenland and after the introduction of the Christian calendar (Robert Petersen pers. comm.; Ed. note).

ramikkik, qiternamittu nerisinnijassammassing. Tassani illiting unnussijivataaleraaraming, erinittaatilerijarlivi taaku ukiji'qeqqalian, taaku utoqqanngivasiin nangartaakatalerijarliti unnukkun allamik pineq ajerpaan:
"Qaalaa toorn'siisaarallarta! Qaa illerm ingikaanijaritsi toorn'siisaalissuugut". Nangartaakatalerijarlitik tassa taamatu oqarfigisaramikki paarisating. Illermu issaallaaraan. Tassa issijalersullu, qull qamerijarlugu tass angakkuvarliti, angakkuvarliti tass, tusaasatik allagilillaraaramikkik, taaku uku meeqan torsuuminni anijarajaminni natsisit ujarappallataleraaramik, ilimmu ingerlarpaluttun qanillijartileraangarata, tass taakuva meeqat paarisarsivasii qijaanalillaraangata ulapisarnijaramikkimi, ulapisarnijaramikkin naalaqullugin, qijallattaalillaraangata tassa ersilerliting qaamaatiinaaraat. "Tassa!" Tass sumi isimajinnaartaraan.
Ilaanijaasiin ukijerissijartorluni, ukijarissijartorluni tass tassanigeeq Allivitsi Paani, Allivitsi Paata kangijani illiva tungeeraani Qarsersani, saqqaatsijarsivasimmi illukorsuvasik takisarpara. Tass Qujaavarsigeeq tassani nunaqarami, tass Qujaavarsi tassanigii nunaqarami Qarsersani. Taava Qujaavarsi angik puvisinik sapersanngitserng, tass qanoruna kalittorsuvasiivu, kalittorsuvasiiva, ila nulijani ern'sivitseq. Meeqamik eqqasikkijartuvinnarami allatu ajernaqimm nulijani pivaa, – allivitsipaaniikamigeeq nukappijateqarsivaq qamani nalusoq – Nunngaritikasii eqqaanun aalisarnijaanarterng. Tass taarteqartittalerlivi uuvartanngivasiini, kanajertani neqinik taarteqartittalerlivi tass ukilluni aalisaaluttoq, Nunngaritikasii kisija sinaanun. Tassani Qarsersat kanginngivani Oqaatsi nuuva uvijaraani … Oqaatsi innarinnera sinerataaraani, kangeeranngivani nunngaritikasik ujarak qernerterng tassa saanguvanigeeq uukaning aalisartartsiigami. – Soorunami nunaginijarakku isigalugulusooq oqaluttuvarivara. – Tass tassani aalisarajassammanaasii nalinnginnamijik Qujaavarsii nulijani pivaa: "Aaqagi, aqagi qanorooq taana nukappijateqarsivaq qasigissaning atigalersorlutin timangerseernijaralivassagit".
Aqagi qaarijarman uvini aallarman, utaqqiinarlugu saaqunnissaa, ikaarpoq Oqaats nuuvanun; ill' sukkagaluttuvaravi kigaatunnguvaming. Oqaatsi nuuvanu tarrisimalerman pikerajarami, pikerajarami naamassigami, ukijakki paarmaqalerseq, kangimu aallarporng. Tassiina majerajarami kangimu sileraallugu Nunngaritikasiim Oqaatsi itinneratigi ikaarajarami – taana qunneriisaagami itersaalluni imaatsin Amitsiss aqqusinerata qulinngiva pukkittukujuuvinnaagami tassani illigii qaqqajunnan – tassiina ikaarajarami alakkarajartorlugu, alakkarajallaraa: Illi qineraluttuvaravi tassa aalisaluttoq. Amuvarajarlini avaartaalluni kingiminu ilisiinaaraaq, sumullu qinernani. Tass taanaanaq kisija nakkitigigamijing aalisaatini.
Timangeramijing paarmarsijortuusaarlini, pilerigeqigamijimmi, uvimi inatsineraning paarmarsiortuusaarlini. Timaanu pillunili quverasaarfigalugu, qivijartinnijaanarlugumi quversorusunngikkalivarlini. Tusarsimarajarami tunumm qivijart aalangeerijannngivart, alarami kingernali qumm qivijarnani. Amuvaanaaraaq. Naamassigami kimmu aallarporng. Kimmu ingerlagami, tikikkami, taana narrujuumiveqigami Qujaavarsii nulija, narrujuumiveqigami, angerlarami tikikkami.
Taan uvini tikinnissaanun, kiisami nuvigoq Ammassiveerinnermin nuvigoq, – taana qaqqajunnakasik akerpijaa qaqqajunnaasakasik Ammassiveerinnerm ateqarami –. Tikilerajarman: isivi qaninngillan, aterfigalugu, suliliiniin kalitani peernagin pivaa, apereqqaarpaa: "Nukappijateqarsiip ilassivaatin?" "Naagga". Taamallaa uvija nakaallakkami, narrujuumingaarami. Tassa qiternarseerinerming, qiternassamini pijimanerming. Qiternassaminik pijimanerming assu narrujuumigoq. Susu perpijanngitseq. Taana sissaa amutsivissaqqeqigami tuvapaaloqarn'ni, qaarsivatsijarasaaarlini pilinijarfissaqqeqigami.
Pisareerami unnukkun, nerisareerlini qani oqanngivarsinnarmiji aama nulijaminun: "Qanorooq aqagi asiliinaq natsiinarn atorluti timangerseernijaralivarimaarin. Immaqaasii qivijassanngilaa-

Peter Isaksen.

After some time had passed, the children began to get impatient, especially in the evening. The old people would then become tired of correcting them. And when evening came they told the children: "Let's play magic. Get on the platform all of you, we're playing magic". Then the children would get on the platform. When they were on the platform, the old people put out the light and started mumbling incantations. They mumbled and mumbled, and suddenly the children could hear something strange by the entrance of the house. The children heard the stone slabs move out there, heard them come closer and closer. Then they started bawling. It was supposed to be entertainment. When the children cried for too long, the old people lit the lantern again and said: "That's enough!" The children would then calm down.

Once upon a time a big sealer, Qujaavarsi, lived in Alluitsup Paa right behind Alluitsup Paa in Qarsorsat. That's where he lived. (PI to MV: The ruin of his old house can still be seen down there – I have seen it many times..) – Qujaavarsi caught many seals. He came home towing seals day after day. He could get all the seals he wanted. But he could not get his wife pregnant. That was his big grief and worry, that they could not have children.

In Alluitsup Paa lived an old bachelor, who could not catch seals, and who only jigged fiord cod and sea scorpion from his kayak. He jigged behind Qarsorsat, close to Nunngarutikasik, where there was a big black rock, and only there. He had gotten so pleased at being able to exchange his sea scorpions and fiord cod with seal meat, so he continued fishing.

When Qujaavarsi could not stand the thought of not having children, he one day told his wife: "Try the bachelor. Dress solely in gaudy sealskin tomorrow and go behind the point where he is jigging and see if he notices you". Qujaavarsi knew where the bachelor would be fishing, you see. The next day when her husband had gone sealing, his wife kept a look out for the bachelor's

tin, natsiinarn atorlutin. Tassa qasigijaanarn ateralivaravin qivijanngikkaat, atamann maanakki natsiinarn atissagivin, ilassinngikkaatin".

Aqagi qaarijarman uvini aallartareerseq, taana Ammassiveerinn' nuuva marsiinarlugu, tass alaat'naarsiinarlugu, kiisami nuvilinngivarsinnarmijeq. Un sissaq, sissa killingani, imma killingatigi tasilerajanngivarteq qajarsivasik. Usuusaa nuvilermalliiniin allaa isigigamijik, utaqqineq, qinerneq angingaarman. Tass inittaa nuvigoq. Ingerlalaarajarami, ingerlalaarajarami Oqaatsi nuuvanu ikaarman, kitaaninngaaniin pikisiisaarajarami, pikisiisaarajarami: Taamaatserng, asiliinaq! (PI: Sukuluuleqqaarlingaalaa. Tassa sijullijarsivi tupatigaan: eroq! Qanera panerijartivinnarami, taamatu oqalitsigineq ajerama panerijartivinnarami).

Tass aallarajarman asiliinaq natsiinarn atorluni: atamann qivijanngikkaani. Tassiinaasii aqqutigisartakkamigin, Oqaatsi itinneratigit ikaarami alakkalaarajallaraa: Haar, tassaasii aalisartarfimmini itseq. Timangersorlugu timangivikkamijik qulangivillugu, nunijatsiisaarlini isigiinarlugu asili tigisisiisaartarlini, ammukajaa isigalugulu. Aasii quversorusunngikkalivarlini quversorluni, qumm qivijarajanngivart, isigigaa, isigigaa, inngali ilisarsijernersarijaqqaarterng, aalisaatini amuvaliinalerijaa. "Taam sumummi? Imm'qaasii kimmukassooq". Qaqikkamijik ujaqqaning aalisaatimi qaavanu iligamijik, kimmu sangitillanngivarnani: nunamun, aallanngivarsinnarmijeq. Ilivarusu tassa! – Taana nijiffigijiminartaqigami Nunngaritikasiim kitaatungeeraa attungajallugu assu sissarikkami. Ingijilimmu aama ingalassimasiigami, tass sassijariis'taalaartiigami –. Taam tarripporng. Isimallivaanalerporng, soorlu tungiminu ingerlassanngivatsijarman, mannaana qinertiisaarlugu, asili nunijatsiisaarlini, aners... qissigisarlugu, anersami. Nuvilerajallart: ill arajits'simaqaat, kisija qummun! Maanga aallarnissanigii immaqa pisimallugu, qimaanissaaning. Aggiinalerijoq, pisinngitsii tunutiinaramijing. Tunutiinarpaa, qani isimaqaatsinngginnamijik. Tassamassa qiternassaminik pijimagami, pijimagami uvimi artermani. Tikijitiinarijoq. Tikinnijarlinili taava tassa eqippaani. Ilivarusuk, pilivangaangilaq! Tass naamassinijagarti naamassigamikki, aallarijartissamm, pijareernijarlinili (aallass) aternijassaseq akimmin unipporng, tassani. Qaqugu aallassava? Aallassangatiginnaavillugulu aterlini aallarijartunnguvarsi, aallarijartilinngivarsinnarmijeq qaanaminun. Isigisarlugu, tass aama aalisaqqiliinarijoq, avalakkami. Tassani aalisalertorluni, naamassigami kimmu aallarporng.

Kimmu aallarman isigalugu, isigalugu, kisija Oqaats nuuva nallermagi immining nunijatsiis suvami sulaarijak paarmartaani. Suvami tas sulaarijan. Angernijivallaqigami kimmukarlini, taanaqa uvini qinilerp qivijalerpaa, nuvinissaaning tassannga Ammassiveerinnerminngaaniin, kiisami isigalugu tininneq tasilerijanngivart nuviinarijoq. Suli tikijiteqqajaangitserng sissamu atertareerami sijoraani, qilanaangaarami. Nalinanngimm aperinngittuussanngimmanijaasii, aperissammani. Suli sissaq tikeqqajaanagi: "Nukappijateqarsii ilassivaati?" "Aap ilassivaanga!" Tass qiillaallak! (Ila, nalisimaneri.) qiillaallak. Ila angernijiveqigami taan uvija Qujaavarseq, angernijiveqigami nukappijateqarsiim ilassimmani, – tass nulijaqanngitsiigamigii taana All'vitsi Paani takanani, taama suva tungaani illeqarfilik, aama aalangeerlugu oqaatsigineqanngginnami -. Tass inulluvattaangivatsijaveqigami taana uvija, sangijallanngivarnani – kalaaleqqii oqartaramik: sangijatserng – sangijallanngivarnani assu tulluukami, isimallivalerami. Anersami: suvitsinngiterng, sivisoorsuungitseq qanoruna maligilinngivarsinnarmigaa, nulijani naartijartilerseq. Ingattamik tulluupallaaleqaaq. Tassa nassakkijartorluni, nassakkijartorluni, nassakkijartorluni taasuma naartivata aniffissaa nallilersimalluni, taqimasunnggorami. Uvijata peqqissaaqusaramijik: oqaas'ni tamaasa naalaqqullugin, arternartinik suleqqunagulu.

Tassa sulijassaagalivi unnukk uvalikki tikittarigami, tass uvijata sulijarileramigin. Puvisi pilann katatsinnissaan. Suli ilimanarsisutut isimaqaannagi, uvijata, tassaana nulijani ern'sivalerserng.

kayak. And he was right: slowly as always he appeared off Oqaatsut Point. Then she dressed carefully. And when the bachelor's kayak had disappeared behind Oqaatsut Point, she walked out in that direction, walked over the crossing near Oqaatsut, where there was lowland. She looked for him and saw that as usual he was in his kayak fishing. He pulled in the fishing line, grabbed the fish, hit it on the back of the head to kill it and then threw it in the stern of his kayak. He didn't look anywhere, only at his fishing line.

It was autumn, the heather was full of berries. Qujaavarsi's wife had brought a berry bag. She didn't pick berries, but pretended to do so; she only thought of the bachelor, with whom she really wanted to have a child. She cleared her throat and pretended to cough; she didn't need to cough, it was just to make herself noted. She wanted him so, you see, so she could have a child with him; it was also her husband's request, you know. She saw that the bachelor looked determinedly at her. Then he turned his eyes to the fishing line and didn't look at her anymore. When he was done fishing he paddled home. She was very disappointed. Qujaavarsi's wife returned home very disappointed. She waited for her husband, waited with the disappointment. Finally he appeared with a tail of seals towed behind him. She walked down to him by the beach. Before he dealt with his catch he quickly asked her: "Did the bachelor greet you?" "No", she answered. Her husband hung his head in disappointment. He really wanted them to have a child, you see. He was not really himself anymore, due to the disappointment. When he had taken care of his things and eaten, he told his wife: "Try tomorrow, it can't hurt to try again; dress solely in skin of ringed seal and go to his fishing place. Maybe he won't pay any attention today either. When you were dressed in gaudy sealskin yesterday he didn't pay you any attention, so we can't expect anything, when you're only dressed in ringed sealskin".

The next day, when her husband had left, she dressed solely in ringed sealskin and she kept an eye on the headland of Ammassiveerinneq where the bachelor would appear. Then he appeared and sailed on towards Oqaatsut Point. She had already seen the tip of his kayak, right when it appeared at the headland, that's how eagerly she had been looking, yes, that's how expectant she had been.

(PI to MV: Please, let me have a plug of tobacco, Eroq! This is how they called it formerly. My mouth gets so dry. Being unaccustomed to talking so much I get dry.)

Now all of the kayak with the man had appeared. She pretended to be doing something, to be picking berries. She looked down at him, and like yesterday, she pretended to cough. Well, now he looked up at her, for a long time! Then he pulled in the fishing line. "What will he do now? Is he going home?" she thought. He started sailing. Where to? He didn't sail homewards, but towards land. Now she had every hope of success. He disappeared towards the beach, right under where she was standing. She waited and looked after him, because she desperately wanted to have a child – with him – since her husband could not get her pregnant. Then the bachelor appeared from the beach and walked straight towards her. She turned her back on him, pretended to be picking berries, yes, she pretended she had not even seen him. When he came all the way up to her, he grabbed her around the waist. She was very happy. She didn't put up any resistance! When they had done what they had in mind to do, she thought that he was probably going to his kayak right away. But he remained standing in front of her, for a long time. She thought: Isn't he going to go down to his kayak? Finally he walked down to his kayak. Then he paddled out from the beach. When he returned to his fishing spot, he started fishing again. And after he had fished, he sailed home. She watched him sailing home, until he had passed Oqaatsut Point. She still pretended to be picking berries. She hadn't picked a lot of berries. She was so happy about what had happened. Then she went home very happy. At home she waited for her

PETER ISAKSEN

Ern'sivalers taatullugu annilaajallaqigami taamaaneq ajerman, ilami taamaani ajivissiiman, annilaajallaqigami ern'sivalerseq taatullugu, perijarami uvijata ern'sers'jorlugu: Nukappijarasivasik kisijat tassa nakkallarami! Ih, angern'jivall angitaa! Taatullugu ernertaarlini, nukappijateqarsiip uversagaa, imminik arteramijik nulijani, nukappijateqarsiip ernera, ernertaarti takullugu angernijivallakkami susu oqarfigijartertareeraa: Nukappijateqarsivaq ernertaarman!

Tass pijartorluni pererijartorluni, pererijartorluni, pisinnaangerijartorluni, pisinnaangerijartorluni, kiisa tass illi ilivani pisivaluttunngorpoq. Tass qanoruna uppippan nulijata assu pikkoortaramijing uppittaringat paggattaramijik. Aneernijarinnaarlini tassa illi ilivani natermu ingillini puvisi amersivasiin qapijaanalerami tassa erninngiva taana, – suli kuvisinneq naligallaramikkimi – tass illi ilivani angalaalersorlu, taasuma angitaata atserpaa "Qujaavarsivaraq". Nammineq atsijulluni "Qujaavarsivaraq". Tassa allamik taagerinnaaramikki nulijanili, uvimi atsijissinera tass pigileramikki marluulluti(ng): Qujaavarsivaraq. Tass pilikallarissunngorluni, aalassarissunngorluni anijimalinngivarsinnarmijeq. Ila nunaqqateqannginnaming annilaangagigalivarlugu, pigamijing suli aninngitseq, – sulimaana aninngitseq, angitaa tusarsimarajarami attatassaaning, (tass taama oqartarpun) arlaanun nivinngassavaan suna attatassaa. (PI: Soorlu uva takisarpakka ilitserillivalerama pingaartitarting pererijartilernissaanu ujamilertarpaan, imaliinii tamaanga atigaanu kakkillugu: suup isigaa, suullu meqqiviliiniin, tassa kakkittarpaan, ikijortorinijassammassi nalusutut. Nalusutut). Tass taana Qujaavarsivaraq suli silamu aninnginnerani angitaata nukappijateqarsiim attatassarsijorlugu taamang. Sumik isimaqarnating unnusijivataarnijalerijarlugu piserpalaarijanngivart angitaa isiinarijoq, nukappijateqarsivaq. Qani oqanngivarsinnarmijeq: "Uku attattassaaj tunnijikkijarterpakka". Tuunijippai ivikkan. Ilimanavinngits taaku tunnijinnissaanik ivikkan, aterfiss'qanngittutun.

Taava taasuma arnaata, Qujaavarsii nulijata atigaanu kakkippai, (immaqqaasii natsijanun. Natseqanngittoornavijanngginnami). Kakkippaan. Tass kinginerileraa sivisii aternagi, anijimalerman navijagigalivarlugu pigamijing: "Tassami ungavartissanngilati, paa sinaaniiginnarnijassuutit, allamu aallassanngilatin". Taava taamanna oqarfigalugu anisippaa. Nakkarnanngitsi tikerajarmagi torsuukun inimini ingillini natermu ingeqqillini, qapijalerlini. Ila pulamippallaqaaq, qijarataarpallakkami assu annertutun. Tuuviinarsivasing nikivitipallattarijarami anilluni aniffigerijallaraa: Aa tupinnaq! Paami anijarijaata sijoraaranngivanun taana nukappijaranngivaq, Qujaavarsivaraq, pisimalluni, tassa timmijaqqat merarfigalugu, merarfigalugu, merarfigalugu tass, taamallaat tass tamakku tuvinngivasiisa qaavi qatigaatali nijaquvatali qaava aalangisarami. Sunaafaana tamakkuninnga paameqilalluni qijaserng. Ila nalligittaallugu, taasuma arnaata, arnaata tikinnijalerijarmagi tamakku teqqaramik, ilan illi qaanun, paa'qaanun merarliting, ila eqqimiitsigivikkamijik arnaata taama itsit takullugit timmijaqqat, sunaafami ajinngittutut taasuma angitaata, uversaanitsivata, ajinngitsimik attatassarsijorsumagaa. Qaqqanngooq portunerin kaarfani umerliisanngivi pingasin, umerliisanngivinngii pingasin pingajivani, naggaterpijaani ivigannguvi taaku nusutaralivi, tassa tassinga ernerminu pajugutigigamigin, attatassarsijarigamigin. – Tamakkuvaasii sijullerpallallitik oqaluttuvarnerminnu ilanngittarpaan annaasisunngooq qilalijalerlini tumaasa naggataanun. Naggataanu qangattalerlini. Tassa taamatu oqaluttuvaasoq tusarnaartarpara. –

Tass taana pererijartorl'ni, pererijartorluni, angitaata nuvannariveqigamijik nangiikijarisarnijassagamijik aama (sivisinaarpallaaleqinerpoq? Naagga.) tassa erinittaakamiji pererijarternera, pisinnaalinngivatsijarm qaana tungaanun qajalijerajaramijing, Qarsersa ilunnguvani ilimm aallarlitik qajaqatigalugu tassa taanami qinngiva nuvanneqigami manikulooq, maniss'tillugu nuvannert'qigami, pingaartimik ukijakkin. Qatsertarami qatsivillini tass kisija anererinijartarmijik isersarnaasalaangivaq, tassiina Qarsersa' ilunnguvagi itinneratigin saavisarnaalaangivaq tass'gii

husband. She was all impatient. She kept looking out for him towards Ammassiveerin, and at last he appeared at low tide, and she went down because she was in a very happy mood. She was quite certain that he would ask her how things had turned out. Finally he appeared. Before he got all the way to the beach he asked: "Did the bachelor greet you?" "Yes, he greeted me!" The husband was then very happy; and she was radiant with joy because the bachelor had greeted her. The bachelor had no wife, you see. – Exactly where in Alluitsup Paa he lived I haven't been told. – Qujaavarsi received the news with great joy. No jealousy! (sangiattoq, a jealous person, as the Greenlanders used to say). Quite the contrary: Now he was looking forward to the future in eager expectation.

Sure enough: Not too long after he felt that his wife was pregnant. Her stomach was getting bigger and bigger. Now his joy was even greater. When they got close to the time of birth she became bashful. Her husband asked her to be very careful, do what he told her and not lift anything heavy. When he returned from sealing he took care of the household chores, also flensing seals. He didn't want to risk her losing the baby, you see. And before he expected it, she began the labour. To begin with he was shocked. He helped her with the delivery. And would you believe it, a big boy was born! Qujaavarsi was very, very happy when he saw the boy, the boy who was the bachelor's child, because he couldn't get his wife pregnant. The bachelor's son! Why he was so happy that he went and told the bachelor that he'd had a son!

The boy grew and grew, and he would now slowly begin to walk inside the house. If he fell down, his mother would rush to him and pick him up. She now stayed inside the house, brought her work inside, be it scraping skin and many other things. When the boy was able to walk, his father named him Qujaavarsiaraq for himself: Qujaavarsiaraq. Now they had given the boy that name and called him by that name. That was back when they still didn't know of baptism. The boy really wanted to go outside, but the mother was afraid to let him out; you see, they had no settlement neighbours who could look after him if he fell or went too far away. The boy's father, the bachelor, wanted to give him an amulet and left to get something that would be suitable as a charm. (PI to MV: From my childhood I remember that we used charms for a child that meant a lot to you. It could be the foot of a bird, bird feathers and other things, which would protect whoever wore it. You pinned it to your clothes. It was a heathen custom.) Before Qujaavarsiaraq was allowed outside, his father, the bachelor, wanted to give him an amulet.

One evening the family was sitting peacefully inside the house when they suddenly heard someone come down the entrance tunnel. It was the boy's father, the bachelor, who came. "I'm here to give the boy an amulet", he said. It was grass, which was not considered very special to have as an amulet. The mother pinned it to the boy's skin anorak.

A little later the boy wanted to go outside. The mother wasn't too pleased about him being outside, but she still let him out after having warned him thoroughly to stay near the house. When she had made sure that he was in a safe place, she sat on the floor inside the house and began scraping skin. Suddenly she heard the boy begin to cry loudly, as if he had been hurt somehow. He had probably fallen! And she rushed out to him. A strange sight awaited her when she came out to him: A number of small birds were on the boy; they covered him completely, his head, his body, why everywhere. It was probably because of the unpleasant claws of the birds that he cried. When she reached him all the small birds flew away from the boy, some settled on top of the house and others on the entrance of the house. She was very surprised at it. But it later turned out that it was a sign that it was a very lucky amulet that the father, the bachelor, had given the boy. You see, it turned out that the bachelor had been to the top of one of three big mountains; and up there, among mountain avens, he had picked the grass that he wanted to give to his son as

anerarinijartaramijik, – ilumu taamaavissuuvoq. – Tass sungijisarlugu, sungijisarlugu, sungijisarlugu, unali ingerlagami, taana nukappijaranngivaq Qujaavarsivaraq. Assut perilerterami. Kiisa ineqigingaaramijing suli pisinnaangaangikkalivaq sungijisaatissaaning avatartaartippaa unaartaartillugulu, asalilijorlugu, tass qajavittun. Tass tassani ilunnguvani qajaqatigisarlugu sungijisarlugu, sungijisarlugu ila ukulluvilerterami pisassaanani, taana Qujaavarsivaraq, Qujaavarsivaraq. Ukulluvillivarman soorlu qamasinnaangortutu isigileramijik pivaa: "Qamassuunga ilaginijannga. Qamassuunga ilaginijannga ilinnijartinnijasavakkin, ilinnijarfigiassavarma". Marluulluti aallaraming, immaqa ilimanassooq Niaqernaarsii kujataanun, tamaanga anijivaartarami kimmu Arna tungaanun, Arna tununnguvaniliiniin ilimanarnerussooq. Tassa ilinnijartillugu puvisikkami naamagileramigin, marluulluti angerlarpun. Tass tikikkaming aqagi unnukkijarterneranun. Tass angitini ilinnijarfigigamijing tassa oqaralivallaaraaq: pilerusukkijartorluni aama immining. Ullut, ukijartorsuungitserng, ilagaluguvaasiin qimaamillugu, tass naakijarnissaanu allaa ilinnijartiikkamijik, naakijartarnissaaning: naakijassagini peqqissaartimi ornillugu puvisi naalitassaq naamagilerinijik paarijarlinili unaani kivillugu, tass isigisaramijik angitini, ilinnijartinnijarmani. Tass taamaaserijarman, tass Arna tununnguvaniilerliting, ungasungaarnagi, anersami: isigis qivijartaanaramijing angitaata, anersami pijorluni aallanngivarsinnarmijeq. Taatullugu maneqigamimi, tassa sijoraani aataarsivasik. Pijerajaramijik, pijerajaramijing unaarsinnarsinngivarmigaa. Naalippallaarlugu! Angitaa qungujuvallak!

Ingattami tassa nuvannaarpallaaleqaaq ernitivarsivani puviseqqaarteq! Puviseqqaarnera! Ta, imminik arlinngilai, angernijivallallini angerlaapaa. Taana arnaata, taan Ammassiveerinneri nuuva qivijartaanarlugu, avallijulluni nuviseq kalitserng, aama tunuva tungaani: ha! Erneraama aama kalimmijeq! Iih tassa angernijivallak! ineqangaarnani, avalaafissaqangaarnati, hi, hi, hi... Tass pisaqigaming taana angitaa soorunami qaaqunngitsuugassarinnginnamikki nereqatigivaan. Tassali angisaaning isimassorluvarlugu, imminilli angitaata aataartarsivasini qupiinarlugu, taam angerlarporng.

MV: Nukappijateqarsivaq?

PI: Nukappijateqarsivaq tass all'vitsi-paamijeq. Taamang ukijerissijartorluni tassa puvisiinaaraaq. Tassa erininarsissanani puvisillarissijartivinnarteq. Ukijerissijartorluni All'vitsi Kangerlussuvasija takeqigami tappavunga ilimmun, sikuvarnijartaleraluttuaqaaq. Sikuvarnijartalerijartuvinnarterng, kiisami imaaritiveqaaq tassa. Tassamassa Qujaavarsivaqq' pinijarnini nuvannareqqarnagi ajern'qaaq aallarijarsinnaajunnaarpoq.

Taana... taakuva tusaamaleramigin ikermijermiji utoqqanngivasiin, nunaqqaterting angiterpaan ukiji'qeqqalijallaraangata Allivitsimun paarsissuulluting, paarsisiitittaramikki taaku. Paarsisuullutin unnukku toorn'siisaaleraaraming nats'si ilimmu qimarrappalittarneri aamaasii unikkaarisimagamikki taakuva meeqan, tusaamalersimagamikki. Tassa sikiveqaaq tamavimmi imaaritivivillini All'vitsi Paata eqqaa. Avannamorsuvasi kangimorsuvasi kimmorsuvasik tass imaaritiveqaaq. Tassamassa nuvanners...(ila sivisinaarpallaaleqaara, immaqa...)

MV: Naamivik nuvanneqaaq

PI: Utaqqikatannissa kisimi pigoq...

MV: Naagga tamaa pissavara

PI: Utoqqatsigiinarlugu tassa...

MV: Naagga, nukingernak unikkaarinijaruk

PI: Aap. Tass ajern'qaaq imaaritiveqaaq. (Taamaaman ukijeq, sijorna ukijimi, Nukanngivassiim qujaavarseralivarnera isimaqatiginnginnakku, taama naatsiginngimman) Tass sikiv ajern'qaaq imaaritivivipporng. Angitiminu taana Qujaavarsivaraq assut: qaalaa pilerisaartaleramijik:

an amulet. – According to some this was the place where our Saviour put his foot the last time when he ascended to heaven. Just before he ascended. I've heard that said.

Qujaavarsiaraq grew and grew. The father Qujaavarsi was pleased with him and looked forward to them being able to sail the kayak together (It (the story) is not becoming too long? Oh no!), for he would be safer on his trips when Qujaavarsiaraq was sailing with him. Yes, he was so much looking forward to the boy growing up that he was all impatient. When he felt that the boy was big enough he built him a kayak, and inside the small cove in Qarsorsat he paddled with him when the weather was nice and the ocean was totally calm; it usually was. Usually the only wind they would get was some wind from the fiords. That's the way it was and that's the way it still is! Qujaavarsi taught the boy meticulously and for a long time. The boy grew quickly. And Qujaavarsi was very pleased that the boy grew so quickly. And he made him a bladder float, a harpoon, and a line rack even though the boy could not use them yet. But he was to have them so he could learn to use them. The boy quickly learned how to use the tools. When the father judged that the boy now had to be skilled enough, he told him one day: "I am going sealing, you're coming with me, yes, you are. I will teach you how to catch a seal. Yes, you will learn from me!" Then they left, two men going sealing! They paddled out towards Arnat.

Qujaavarsi taught the boy how to throw the harpoon. And when Qujaavarsi had caught enough seals, they paddled home. Now the boy had learned how to use the harpoon from his father, and in the evening he said several times that he would like to catch a seal. One day when they were out together behind Arnat, the father paddled away from the boy very briefly, but kept an eye on him the whole time. He noticed that the boy was considering catching a seal. He, the father, had taught him how to throw the harpoon, how to lift if after having carefully calculated the distance. Qujaavarsiaraq had seen how the father did it, you know, so he knew. As I said the father had paddled a little away from the boy, and he saw how a big harp seal appeared in front of the boy, and indeed, the boy threw his harpoon and hit the seal. The father smiled and was pleased. His son's first seal. They paddled home with their seals.

At home the mother kept an eye on the headland of Ammassiveerinneq, where the men would appear when they came. The kayak furthest out was towing, and indeed, behind it, the small kayak was towing a seal too. She was so happy! Who would they have a party for? There were not that many people in the settlement, you see, hee, hee, hee... Of course they would have to invite the boy's father, the bachelor. They ate with him. And they gave him big pieces of meat from the son's seal and blubber from half a harp seal from Qujaavarsi's catch. Loaded with these gifts the bachelor went home.

Autumn came and Qujaavarsiaraq caught seals regularly. Winter was getting close and there was ice on the sea. The Alluitsoq fiord is long, you know. It's a long way to the end of the fiord. The ice spread. It gradually covered the entire fiord. Qujaavarsiaraq who had been so happy to go sealing now had to adapt himself to staying home.

Then they heard about the poor old couple in Ikermiut. They heard that when the family of brothers went to the midsummer (winter solstice?) festival in Alluitsoq, they left their children with the old couple, so they could look after them. It is said that the old people played at conjuring up spirits in the evening, and that they made the floor tiles in the hallway move and begin to move inwards. It was rumoured because the children had told about it.

Now there was ice on the entire fiord around Alluitsoq. All the water had frozen: far towards north, far into the fiord and far out of the fiord.

(PI to MV: Now ... it (the story) is not becoming too long?

MV: Nooo-! Oh, no, it's lovely.

PETER ISAKSEN

"Qaalaa ikermijermijit utoqqanngivasiingii nats'si ilimmu qimarratsippalittarpaan, takinijaralivakkuulaa! Pinijarnerilaa nuvannareqigakku pisaqartalerlinga uninngakatalerpunga."
Nalligittaatserajaramiji angitaata: "Aqagi. Aqagi takinijassavarpun."
Tassali imaaritiverijarami aneraaritivillinili. Tassa tamanna apinijarinnaarlini tass kanerneri kisimik pileraming. (Allivitsi Paata eqqaa kanertarmi nunami sijatsimik, qaqortunngoruni, apinerinngitsimik, tassa qaqernannermik pisaramikki. Manna Qaqortoq nunagilerakku paasigakku All'vitsi Paaninngaaniin allaasumik kanertarteq, qummukujuuning attuumanngitsinik, immikkeertarasaartinik kanertarpoq, tassa tamanna, All'vitsi Paatu innani).
Tass taakuva: "Qaalaa takinijarnijartigi, pinijarneq nuvannarileralivaqaaraalaa."
Uninng'katalersimalluni. Angitaata pivaa: "Aqagi ornissavarpu asiliinaq. Asiliinaq aqagi ornissavarpun". Taana ernera Qujaavarsivaraq ilivami sininngilaq noqanganerming taakinga Ikermijunun. (MV-mut: Immaqa takisarnerpan? paasinngilat ilinnijartiineqannginnavin, tassami. Ilinnijartiineqanngikkitta nuna qaner'itserng, qanorlu atilik paasisinnaanginnatsigi. Tassa Ujarattarfii avannaani qerertarsivaq taana, killeqitaa tassinga tungaasijorluni pukkitsukujuuvinnaan Ikermijin, Ikermiji tass taakuva. Qaarsi' kujataani Tassa kujataani qaninnagi takkijattaarsivasiin. Tassani nunaqarmata.). Aqagi qaarijarman taasuma ernerata nammaasani uutorlugu aataakuluu uppatersivasii tassiina qeqqagi kipiinarlivi, illigiisivasiin. Angitaata aataakuluu orsorsuvasija qupiinarlugu, tass aama nammaasaq uutuutiinarlugu. Taava avannamu aallarpun.

Utoqqanngivasiin

Tass ingerlagaming Ikermiji tungaanun, Ujarattarfik tunoqquterajaramikki, taana Tupersivarmik pisagaan avannamu nuuva tunorliim Tupersivarm nuuvaninngaaniin taakinga ikaalaaramik tikippaan.
Tikikkamikki oqarfigivaan: (taaku utoqqanngivasinnu majivaanaraming:) "Tass ernerma pinijarnini nuvannariguttuleraa imaariteqimman tass ornippassi. Imarissaasarsinnaasoralisi kutsijerfigijarterpassi. Taaku akissarpu suungikkalivarpu ikikkalivaqaan, orninnissaa ungasiginerming, tass nammaasisilaaginnarlita tass taqqama silatissinnu ilisareerparpun". Qaneq oqanngivarsinnarnijeq taama akissangatinnagi, taama oqarnijarajarman: "Tassaqa kimeqalerpugu, taama utoqqanngertigigatta. Asiliinaq unnugu uutoralivarimaarparpun, asiliinaq unnugu uutoralivarimaarparpun". Tassa taasuma taamatu tusarlini Qujaavarsivaraq, ila unnunnissaa erininaq! Tass, tass unnusserlugu, unnusserlugu naamagilersimagamikki taakuva, kutsijerfigisaasa, oqanngivarsiinarmijin: "Tass uutoralivassavarpun. Tass uutoralivassavarpun aallartissuugun ... unnugu taatukkalivassavarpu tassaqa kimeqalerpugu utoqqanngeqigatta". Tass unnusserlugu, unnusserlugu unnumman piffissaq nallersimamma taana uvija, uvinngivasia qani oqanngivarsinnarmijeq: "Qaalaa uutoralivartigi, uutoralivartigi, tassaqa kimeqalerpugun, asiliin..."
Qammuteqaan. Qammulluvi tassani nipalivarliti, nipalivarliting marlikasiilluting. Taava nulijani aperivaa: "Sumik maligisaqaralivanngilatin?" "Aap sumik maligisaqaralivanngilanga. Tassami utoqanngertariikasikkata, tassaqa kingineqassava". Tassa uteriisiinarliti, uteriisiinarliting, nipalivarliti, nipalivarliting, nipalivarl'ting, aperigamijik pivaa: "Sumi maligisaqaralivanngilatin?" "Asikijaq", tassa malissaqqajaalersimalluni, "asikijaq". Aamaarlugu tass, tass, tass, tass, nipaluvalulluti, nipaluvalulluting, sivisinaalillarlugulu nipangerman, nipangersimalerma pivaa uvijata: "Sumi malissaralivanngilatin?" "Naagga, tasama erserpun!" "Tass tassa taamaasooq!", kaamatserpaa nulijani. Tass, tass, tass nipalivarliti, nipalivarliting, nipalivarl'ting, tamatumuuna sivikinaarlugu, soorlu isiginissaa missilijikkinnarserijaqqaarterng, nipaarimma tassa aperivaa: "Sumi maligisaqanngilatin?" "Naagga tassa!" "Suunuku?" "Nanorlu aaverli tassa aggerpun. Nanorlu aavarli aggerpu tassa!" "Qaa tassa, aamalu!" Tassa assut qiillaallakkami taana uvinngivasija.

PI: Hope you do not find it too drawn out.
MV: Oh, no, the full story, please!
PI: You aren't getting tired ?
MV: No, just go on and don't hurry.)
PI: Now that there is ice everywhere (PI to MV: last winter a man, Nukanngivasin, told 'Qujaavarsi' (on the radio), but I didn't agree with him, because the story is not that short). Now that there is ice everywhere there was no wind anymore. That was bad for Qujaavarsiaraq who had begun to enjoy paddling in his kayak. There was ice everywhere. No water anywhere! Now Qujaavarsiaraq began to pester his father: "Come on, let us..." he continued: "Let's go over to the poor old couple in Ikermiut, I've heard that they can make the stone slabs move and make them come inside, I'm tired of being inside! I've really taken to hunting and I was also beginning to catch..." he pestered. The father felt sorry for him and said: "Tomorrow. Tomorrow we'll try to go to them. Maybe nothing will come of it. We'll try tomorrow".

No part of the sea was left open and no wind (to break up the ice). No snow appeared, only white frost (PI to MV: in the Alluitsup Paa area the white frost forms in patches, not like snow, *qaqernanneq* they call it. When I came to live in Qaqortoq I realized that the white frost here differs from that in Alluitsup Paa. In Qaqortoq the patches form and lie further apart).

As he felt bored staying at home, his father said: "Never mind, let's try going over there tomorrow. We'll have a try." Now Qujaavarsiaraq was so much looking forward to this trip to visit the Ikermiut people that he could hardly sleep. (IP to MV: Although you may have seen it, you have not understood what it looks like, because nobody ever explained it to you. If nobody describes the look of the landscape and mentions its name we cannot imagine what it really looks like. (See) North of Ujarattafi (Stony place) there is a big island, and not very far from that island, where the mountains are not that high, there is Ikermijii (Ikermiut), that's Ikermijii. And at some distance, south of Qaarsi, on an elongated piece of land, that's where the old couple lived.)

The next day he tried to see how much he could carry: back pieces from a harp seal... And the father: Blubber from a harp seal, only cut in half. They were only going to bring what they could carry. After having tried to see how much they could carry they left northward for Ikermiut.

The old couple

They walked behind Ujarattarfik. And they only walked briefly north of and behind Tupersuit, Tunorliits headland, then they were at the destination, they only walked straight across, then they were in Ikermiut.

When they had arrived at the place, they went to the poor old couple and Qujaavarsi told them: "My son had so taken to paddling the kayak and sealing, now he can't sail as long as there is ice on the sea; that's why we have come to ask you if you could remove the ice. We have a little something to pay you with. It's not much, it's a long way here, we could only bring what we could carry. We have put it all outside your house".

The answer that the old man gave was not one the newly arrived had expected: "There is probably not enough force in us anymore. We're so old, you know. We can try in the evening, maybe to no avail", the old man said. Little Qujaavarsiaraq was very much looking forward to evening. He could hardly sleep. They waited and waited for the evening. Finally the old people believed that it was late enough, they said: "Yes, let's try now, yes, we'll try, we'll see. There's probably no force left in us anymore, we've gotten so old, you know". They waited and they waited for the evening. Now the old people apparently believed that it was evening, because the old man said: "Yes, we'll try now, we have to try now. I doubt there's any force left in us anymore". They were going to try

Tass, tass, tass, tass..."Naneq siki qaagi aggerpoq, aaveq ataagit". Tassa qanillijartertillivi, qanillijartertillivin, nipangersimalertorluni oqanngivarsinnarmijeq: "Nanaak?" "Tassa aajugga, sissa avateeranngivanu pippun!" Taamanna oqartullu aallartilissallutilli, uvijata nulijani pivaa: "Qitorlukasiitit kimmalerijallarpagi qulluvallattaalinijarimaarputin, qulluvallakkalivarivi iniinavijanngilatin". Tassa tamakki qitorluni nerissallugu, nerinngittoornereeq ajeramikki tamakkuva, toornisin. "Qulluvallattaalinijarimaarputin". Kiisa atajinnaarpoq taana nati qeqqaniinijaralivarami, natsisi qaavaniinijaralivarami, atajinnaarami. Tass, tass, tass, atujinnaarajaqigami katakki taamak, taamak. Suli aninngitseq pivaa: "Nanaak?", nipangerman. "Nanaak?" "Tassa taqqama naneq kataap silatinngivanu pigoq. Tasama sissami tininneri killingani aaveq tass utaqqivoq". Tassa anisorlu taasuma anisorlu nannim allakki tiginginnamijik akilaarinnaagi. Kiillugu ammun igikkamijik, tumman ornerijaramijik aapassaaning aarri tungaanu igikkamijik. Aaversivasik qummu malakujoorluni, nakkarijartortoq takullugu isigalugu, allakkin tuugaarsivasimmining akunngilaa akilaarinnagi aama. Tassali morsuutillarlugulu.

Tassa morsugummani allaming oqaaminngilaq, taana isimaaminngilaq: "Qanoruna ilillunga aarfi anareqqaarnijarimaarpaanga". Nerissammanimi nalinnginnamijik. Tassa avammu ingerlalluti, ingerlalluti, ingerlalluti ingerlalluting, naamagileramijik tassa ilanngartuvinnalaqaat. Ilanngartorlugu, ilanngartorlugu, ilanngartorlugu kiisa nunguppaan. Nungullugulu avammu aallaqaan. Avammu ingerlalluting taan: "Qanoruna ilillunga aarri anareqqaarnijassavaanga", tass taama isimaqaanarami. Tass, tass, tass, tassami aaversivasi anaqqaaqaaq. Kingilerullunili naneq anarami, kivijartorluni ataatumu eqitorluni, kivijartorluni naqqanu pigami, tukkami kiisa tamarmi inik inivillini avammu aallarpoq.

Avammu ingerlalluni, ingerlalluni, ingerlalluni taana utoqqanngivasii nulija, avammu ingerlalluni, ingerlalluni, tassageeq tasanna, tasamani ikkami Sassuma Arnarsiva.

Sassuma arnaa

Ilijarsunnguvasik ilasijaalluni umijamu ilaalluni ingerlalluting qijaanakasimman, ilijarsiiman erlinnanngimman igillugu. Umija qarlivaa tigigamijik illuttut, nalinnginnamijik toqusussanngorluni. Umija illuttu qarlivaa tigimimijarmijalerijaraa, taaku assannguvasii tamaasa tigimminera ulumaatsimi killoramikk kivigoq. Tassa taana ilijarsunnguvasik kivijartorluni, kivijartorluni toqussooq, toqussooq... Naqqanu pigami tunummu aallarnijassaralivart, avammu. Killormu. Tassa taana ilijarsunnguvasi pileramikki sijullijarsivi oqaluttuvarinninnerminni, oqaluttuvarnerminni Sassuma Arnarsivanik pisaramikki. Tassa taakuva, avammu ingerlallutik,... ingerlalluni taana utoqqanngivasii nulija, illeq tikikkamikki(jik), taasuma ilijarsunnguvasiip inaa, illiva. Tikilerajallaraa: Aa, tupinnaq! Qaa illi qaavani qimmersivasik una ersinarnera torsupilunnera, tassali qiliimisaartor.., – qimminngivasijanu allaa igikkamikki –. Unali qiliimisaartorsuvasiigilluni torsupilukkami qununarinaqalini. Tass aama avammu aallarlivartorlu (nuliata) – eqingasivata pigamijik: "Torsuutigi isilerivit tummarfija unijittaalinijarimaarpan. Tummarfija unijittaalinijarimaarpan" – kuusuvasiigamigii taana isaarijaa – saqqimmertarmigeeq iniip tummarfissaa, tumija. Tassaasaramigeeq. Tassa iserami tasinga torsuutigi pulajartorluni kuusuvasik, ajern'qaaq qani ililluni tummassava kuusuvasiiman. Tassani naatorsornijalerijarlugu, haar, illi nalinaqaat inii tumersivasija, saqqimmeralivarlini taamang. Taama isigalugu, naatorsuvinnarlugu, tass akoqqajaallugu, imaap... eqqerijarnijassallugu... eqqorlugu saqqimmers iliva tungaanu pissikarami iserajallarteq haa, tupinnaq! Tassa illermi arn ajeq! ass... nujarsivasii nakkaalluting, nakkaallutersivasii nujai ersinarinavikkami saffartitilerlinili, qai oqanngivarsinnarmijeq: "Salikkaluttuvaqaama aggernijarit!" Ornerijaramijik, pilerigivinnagi kiverijaramijik, kiverijaramijik, kivikkaali eqingasivata qani oqarfiginngivarsinnarmigaa: "Kivilliti igerijalillarpati assati nujaanu

now and they put out the lamp. Then the old people began to mumble incantations, they mumbled and they both mumbled. Then the old man asked his old wife: "You don't feel anything, do you?" "No, I don't feel anything. We have gotten old, you know, I don't think anything will happen". But they kept mumbling. They mumbled and they kept mumbling. Then the old man asked his wife again: "You don't feel anything, do you?" "I don't know". She said that because she felt something very slightly. "I don't know", she said again. Then they mumbled again and again and again. This time for a very long time. When she was quiet, her husband asked her: "You don't feel anything, do you?" "Yes, I see them out there!" "That's good. That's what we want!" the old man said encouragingly. And they mumbled again. This time not for very long. "You don't feel anything, do you?" "Yes!" "What's going on?" "A polar bear and a walrus are coming, yes, they're coming!" "Yes, that's the way it's supposed to be! More, more!" the old man said happily. "The polar bear is walking on the ice and the walrus is swimming under the ice". "Where are they?" "Yes, they're very close, they are right by the shore". When she had said that, her husband told her: "When they begin to bite you in your crutch, it's important that you pretend not to feel it, otherwise they won't let you live". You see, it is said that the animals would always eat the crutch of the victim. That's why the old man said: "It's important that you don't show how unpleasant it is." Although she sat right in the middle of the floor, she became so restless that she could not be restrained. Now she couldn't keep calm, even if sitting in the middle of the floor, she was that restless and soon she was outside. But her husband had time to ask: "Where are they now?" "The polar bear is now waiting outside our entrance tunnel, and the walrus lies waiting on the beach," she answered and she was gone.

When she came outside the polar bear bit her in her crutch. Then it threw her outwards; it did this twice, the second time down towards the walrus. The walrus kept its head up and looked up at her, the old wife who had been thrown down towards it; the old wife landed between its large tusks and it bit her in her crutch. Then it went underwater with her.

Not until she was underwater did she think: If only the walrus is the first to move its bowels. She knew that the walrus and the bear would eat her.

They got further and further out, and they started eating her, ate more and more of her until nothing was left of her. And she kept thinking: "If only the walrus is the first to move its bowels." Sure enough, the walrus was the first to move its bowels, then the bear. Parts of her fell down through the sea. When the parts had reached the bottom, they gathered together and became a human again. She started walking outwards. She walked outwards, and walked and kept walking outwards, the old wife.

Mother of the Sea

It is said that there once was a poor little orphan girl, who was fostered out. One day she was part of an umiak trip. She cried. Since she was crying constantly and since she was an orphan and was of no use, they threw her overboard. She then grabbed the boat railing with both her small hands and was left hanging there. She knew that she would die now. While she was hanging there, they cut her little hands in half with an axe. The little orphan sank. She didn't die, as was expected. When she reached the bottom of the sea, she started walking outwards, instead of inwards. After the stories the little orphan girl was called The Mother of the Sea.

Along with her, they also threw her little dog overboard.

Yes, the poor old wife, the old man's wife, walked outwards on the bottom of the sea and arrived at the little orphan girl's house. There was no limit to the extent of her surprise: A giant dog with thick and straying hair was lying on top of the house. Barking a little it showed its big teeth. It was

narnguunijarimaarpatin! Tassa taaku annaatigisavati, nujaanu nermukkukkin". Tassa kivimmani, all'tu ajernaqimma oqarfigineqartareerami eqingasiminin igerijannginnerani assani nermallattiiterijaramigin kataa tungaanu kuusuvasimmun igerijaralivaqigamijik utersaaqaaq. Aapassaaning pigalivarlugu, aama sapangeqqajarligi nujaaj, aapassaanik aama nermulluvarajaramigi assani igerajaralivaqaa. Utersaarpoq.

Utersaaqimman assaangii naangilaaj. Igittaralivarlugu atasaanarman, uterlini naterminu ilillugulu pivaa: "Qaa, salinnijannga. Qanga salinneqarama, taava salittareerimma takissavarpun". Tassa nujaaj ilivarsaalluvi, ilivarsaalluvi, ermillugu, ilivarsaalluvi, ilivarsaalluvi naamasillugulu allamilu allamik oqanngilaq: "Aar, qujanaq! Qanga salinneqarama, taamaat akissaqanngilanga. Taava una qullersivasiga", ukkusissarsivasi, "qullersivasiga inaaning marluulluta nikisilaarallartigi. Inaaning illivartikkamikki, anilerpu timmijarsivasik, anilerpu, anilerpu, katakkin kataanu tassa ingerlakaalluti, ingerlakaalluting, ingerlakaalluti, naamagileramigi qani oqanngivarsinnarmiji: "Tassa, tassa taaku. Aama, illi ilivata, inigisammi ilivata iigaa mati tungaaniiteq ornerijaramijing, qani oqanngivarsinnarmijeq: "Aam una ill'vartinnijarallakku", matimi mati sinaaniitseq iigaa. Ill'verterajaramikki inussuvasik anilerman tassannga illivartitaminnin, tass pillaraming, pillaraming, naamagilersimagamiji, qani oqanngivarsinnarmijeq: "Uvinngivasippin kingileqanngitsertassaa nalinaaqitsernijassavat". (Utoqqangeramimi uvinngivasija pinijalugunnaarsimalluni uvattutu). Utoqqanngivasi pivaa: "Tassa uvinngivasippi kingileqanngitsertassaa nalinaaqqitsernijarik!" "Qani ililugu nalinaaqqitsissavara?", aperigamijik taana Sassuma Arnarsiva. Oqanngivarsinnarmijeq, akinngivarsinnarmigaa: "Akilijaagin qittullugu nalinaaqqitsissavan. Tassa taana nalinaaqqitigissavaa uvinngivasippi kingileqanngitertassaa. Taava takissavat, takujumaarpan takujumaarpan ilumut nalinaaqqitsersimanerin. Tass naamatilerpun, naamatilerpu tassa. Qujanarsivaq salikkamma, tassa akissakka immaqa naamatilerpun". Taava qimalissallunili pivaani: "Taakugooq nunaqqaterpin, tamanna nataarsivasik aggulillarpan, aggulillarpan sapaati akinneragii naatinnagi, ullu arfinillin, naatinnagugooq pinijaralivarinik pisaqarsinnaangillan. Taavageeq aataat taaku sapaati akinneri arfinilli ullu naapata, pinijarininngeeq tassa pisaqartalissappun. Taavageeq sijullii pisating, tamarming, tassa nunaliaqqaasati tamaasa taakununnga utoqqanngivasinnu pajugutigissavaan, tuniss'tigissavaangii... tuniss'tigissavaangii, taamatu oqarfigiinarimaarpatin. Tass, tass taamaaterng". Assu quttavigalugu ikijorluvarmani, tunummu aallarpoq. Tass tassa qani erinittatsigippa, uvinngivasija taana. Tassa kingornutivillugulu kiisami, tikippallanngivarsinnarmijeq.

Taava taama oqarpallanngivarsinnarmiji taana nulija: "Tassa qaamaanijarsinga tassa inerporng!" Qaamaapaan. Tassamiina ajinngittunnguvasi nulijani. Tass innarpun. Innarsimalerlitilli – qani unnuvaq takitigisimanerami – unnuvarerijartorluni sijorsuvalaarijar... tassamassa anerrimik ilimanavivinngitseq innarnijaramik, qatsinganikulooq, nanaak qulaani pujoq, pujortaq. Tass qani oqanngivarsinnarmijeq, hii, tusaalinngivarsinnarmigaan sijorsuvalaarajarterpaluttorng, siorsuvalaarajarterpalutt, tassa qaamaakijartorlugu, qaamaakijartorlugu qaamarman taatorijallaraan niggilersimaseq. Tamannali avatiminni nataarsivasik isigisarting tamatigi tamaana qulluuleqigami, qulloorluni uninngasissaajunnaavittutu aallarartaleqigami, aallartalerijanngivart nataarsivasik tamanna sikorsuvasik, iih, timmijarsivasii saqqimmeramik tassa angilutornavinngittutut. Saqqimmeqimmatarsivasii taaku angiterpaat uninngakatalliting aallarnijaanaleqimmata pivaaj, taasuma utoqqanngivasii nulijata: "Aallaralivarissigeeq ullu arfinilli naatinnagi pisaqarnavijanngilasi. Pisaqarnavijanngilasigeeq ullu arfinilli aallaralivarissi. Aataangii taaku ullu arfinill naapata, pisaqartalissuusi aataangii pisaqartalissuusi". Upperinngilaan, taamak angiluttortarijaqanngimma pinijagassa amerlatigisin. Uninngasinnaannginamimmi aallaraming. Nuverijaralivarlitik, nuverijaralivarliti, nuverijaralivarl, ajernaqaaq pisaqarnati tikippun.

the little girl's dog that had been thrown overboard with her once. While the old woman had been walking on the bottom of the ocean, her helping spirit, an *eqingasoq* whispered into her ear that she had to be very careful when she was going to enter the house: she had to step just right on a foot print resembling the sole of a *kamik*, which would appear on the river that ran right past the entrance of the house. How was she ever going to step on the sole of that *kamik* on the gushing river? She calculated and waited patiently. And she was lucky and stepped correctly on the *kamik* sole and entered. To her big surprise the old wife saw a big and creepy looking woman with big and unkempt hair on the platform. The woman then said to the old wife: "Come, you will clean me!" The old woman reluctantly walked to the big woman on the platform. Then the old wife's guiding spirit whispered to her: "When the big woman lifts you and tries to throw you away, you have to wrap her hair around your hand. That will save you". When the big woman lifted the old wife and tried to throw her towards the river, the old wife wrapped hair around her hand and she remained hanging. The big woman tried to throw the old wife again, but she remained hanging the second time too.

When the big woman had not succeeded in throwing the old wife out after several attempts, the big woman said: "Now clean me. It's been a long time since I've been cleaned. Then we'll see!" The old wife cleaned and combed the head of hair and washed her face, and the big woman said: "Oh, thank you! It's been very long since I've been washed, so I don't even have anything to pay you with. You see, that big lamp there..." it was a big blubber lamp... "The two of us have to move it slightly!" Then they moved the big lamp. And in the spot where it had been, a number of sea birds flew out and further out the entrance tunnel. A great number flew up and they continued. "Now, that's enough". Then the big woman said, while walking towards the other wall in the room: "You also have to help me with this door". And from the door on the wall they could see a strange monster. They stood for a long time and looked at the strange human; then the big woman said: "Put a mark on it with your nail. It will be your old husband's last catch". "Where should I put that mark?" the old wife asked. "You have to scratch a mark with your nail. It will be the last thing that your old husband will catch. Wait and see. I hope this is enough to express my gratitude to you for having cleaned me." And just before the old wife left, the Mother of the Sea said: "Tell your settlement neighbours that they can't go sealing the first six days. When the six days have passed, they will catch as much as they want to. And the first things they catch they will have to give to the old couple in the settlement". The big woman thanked the old wife a lot for having cleaned her. Then the old wife left for home. She thought that her old husband had probably waited for a very long time. Then she came home.

They then heard her in the entrance tunnel, saying: "Lit the lamp. Now everything is the way it should be". They lit the lamp and now everything at home looked the way it was when she left. But at night they heard some wind. It did not look like wind when she had left though, but now the wind got stronger and stronger, and in the morning they could see that it was blowing south east, *nigeq*. And at once they could see that the ice on the sea had begun to crack. With joy they could see a number of sea birds flying from the cracks. Apparently they couldn't help catching something. The men, the brothers in the settlement, were tired of staying at home, and they could not wait and left. The old wife said: "The big woman at the bottom of the sea said that you won't be able to catch anything the first six days; only then will you be able to catch something". They did not believe her at all and left. But every time they shot their darts, they could not hit anything at all. Only then did they believe her and waited six days. They waited, a week had passed. Then they left and were able to catch as much as they wanted to. And the first things they caught they gave to the old people in the settlement. You see, the old man hardly sealed anymore.

Angerlaanarpu pisaqavinnating. Tass taamaat taatullugu nangartaanera ... paasigamikki ajinngittuusoq aallarnijarinnaarpun. Utaqqiinarlugu sapaati akinneri naasiijaralivi naasiijaralivi, naamata, taasaa naamassimman aqagi qaama aallarami tass ajernavinngitsinik pisaqaleraming. Tassa sijullersivasii pisaating taakununnga utoqqanngivasinnu tamaasa tunnijulluvi, tunnijulluvi, tunnijulluvi. Puvisersivasinnik pisaqaqqaartaleramik tassa taakununnggaananngivasik. Ilami aallassaangajavimmat.

Taana uvinngivasija aama puvisinnijartiisaarlini, puvisinnijartiisaarlini aallarami: Haar, qaninaavillugu puviseq pisarerijallaraa qasigiaq akilijaa qitsinnikoq, ameqanngits akilijaa. Tassa nulijata paasivaa ilumun taamanikki Sassuma Arnasivaaniillini nalinaaqitsikkani uvinngivasimmi kingileqanngitsertassaa, taamak unijorluvinnanngilaa.

PI: Tassa naaqaara

MV: Taakkumi, qanermaana ateqarnijarpan?

PI: Qujaavarsikki Qujaavarsijararli.

Kistat Jensen
(KIJE), 75-nik uk. 1965
Qassimiut

Qajamik pujoorisarneq

KJ: Qajamik pujoorisarneq. Ujukku ukijimi, imaat soorlu sapersalerijarteq, puvisinneq ajilerlini, oqalilissooq, tassa inittaata akiverineq ajeramijing, uppcrisapalaalcrsivisimman arnani. Oqarfigisaraanga: "Ujukku pulaarlini anerijarpan pujoorijartissavarpu qajaa! ila puvisinngippallaaleqaarngilaa, pikkalittorpallaaleqimman". Hi, hi... Har, tassa akiverisaraara. Angajillii... uvangagii sijulissaqanngitsiigama, tassa apersorlunga ilagijimasarpaanga. Tassaasinngii aamma taanna naleqartittaramiji,

MV: Kiap?

KJ: Biibijaa tassa, Ujukku arnaata. Tassa angajissaqannginnama uva ilagisarpaanga tassa. Sijulissaqanngitsiminngii ilaqartaraming, taama pujoorisartin.

Oqalilissuu: "Qalijani aallissuunga nanerivarnijannga, paarmaqatiminerni aallissuugun". Paarmaqatiminerni tigiserijaraangan, uvanga innerin, taasuma paarnaqitimerngin. Ujukkup qajaa ujaarilissavarpun, nanerivalerlita. Tassami qaammaqqitissaqannginnatta ipeqqami misuttuvikuloorijarlita, ipeqqaming nanerivalerlita ammu aallassuugun. Qajarpappassivasiisaramimmi tassa. Pillugi, pillugi ujaarligin ilisarilerararput: "Tassa aajufffa!" Ataanu paarmaqiti ilerijaritsigi, paavata nalaanun kukussavarpun, taasuma aapparma kukussavaa. Kukorijarlugu ikimmaakasillaaraaq. Paava ila eqqiffaarillugu, pujuva tassa qajaanu isaasooq. Aappara isivanun, uvanga isivanun. Suna tassa aneqqusarnerparpu? Pattallugulu aneqqusissuugun. Aneqqullugu, aneqqullugu, tassa tamata paavanu unittaraagun. Aqagi qaappa qanermi taamang! Hi, hi... Aqagi qaapa taamang aallassooq. Pijaakasillaaraaq: kalitseq. Puvisissimalluni tassaarakasik tikittaraaq. Tassa kingerna pisaannaleraraaq.

Aamma ima ittarami: qajaminningii alijortuvalertaraming, Ujukku unikkaartarami piserpaluttumi tusaarsarlini qajamini, alijortuvalluni assu tupigissaramijing. Suna ilivani piserpaluttussaq, tikikkiniluguu ujakkarteralivarlugu, sumi piserpaluttussami nalisarami. Tassa taanna taassuma nassuvijartarpaa pinijapilunnijarneqarsoralugu. Soorlu immaqa kussivi, kussuvi eqqartertarpai. Hi, hi...

One day the old man said that he wanted to go sealing. When he went out, he was lucky enough to catch a common seal which appeared close by him. He saw that something had been scratched between its eyes. His wife now realized that it was the mark she had made down by the Mother of the Sea. It had come true!

PI: So, now I came to the end.

MV: I did not catch their names?

PI: Qujaavarsik and Qujaavarsiaraq.

Kistat Jensen
(KIJE), 75 years old in 1965.
Qassimiut

Kayak Smoking

KJ: Expelling the evil spirit from the kayak by burning something inside the kayak.

When Ujukku now and then in winter seemed powerless, like he did not get any seals, his mother was the one to mention it. But he would not agree because his mother stuck to old fashioned superstitions. Then she told me: When Ujukku is out visiting we must smoke his kayak. It happens too often that he only wounds (the animals). So then I said yes! She wanted me to do it, since I was the firstborn of us sisters. It meant something to her venture. That was the way it was supposed to be.

MV: Who?

KJ: Bibiane, Ujukku's mother. ... Merely because I was the eldest I were to join her. No other firstborn was there for joining her in the smoking. She then told me: "Bring a lantern and come with me to the attic to get some dried heather".

Then we got some heather. She grabbed the heather while I held the light for her. Because we had no lamp we then walked down with a torch of peat moss soaked in blubber to where the kayaks were put up to find Jukku's kayak. It always took us a while to find it, because there were so many kayaks. Then we found it. "There it is", we whispered to each other and put the heather under the manhole of the kayak, and Bibiane lit the heather. (The kayaks were bottom-up on the rack. MV) It smoked directly into the manhole and into the kayak. Then we stood by the kayak: Bibiane by the front and I by the stern. And then we started banging on the kayak while we muttered: "Out, out..." We repeated it several times. What it was that had to come out I've never really known.

Then the next day we waited anxiously. What would happen to Jukku's catch after our smoking of his kayak?

The next morning Jukku went sealing. It did not take long, then he returned towing a seal! He then continued catching seals.

It was also known, as Ujukku used to tell, that the hunters said that while they were out in their kayaks they experienced the appearance of ghosts in the kayak. They heard some sounds inside

Kistat Jensen.

MV: Inivit sijernatugummi kussu...
KJ: Aam, sijornatigummi kussulerisuugaming. Kussunnijarliginngii inivin, qaana tamakki, inuusuttulluunnii puvisi puvillarmaa immaqa, puvisikkajuttun. Tassagii taama ilillugi pinijagarisaramikki. Qajaminninngii tassa piserpaluttumi tassa alijortuvalertarpun, pinijarsaarineqaleraangaming. Tassa taama ilillugu pujoorijarlugu aqagivinnaq kalittaraan.
MV: Arlalerijarlugit pujoortut ilagaagit?
KJ: Tassami arlalerijarl-parujussuvasi pujoorisarpugu. Aamma akkaakasimma aamma qajaani pujoorinikkuuvugu. Aamma puvisinnavijanngimman, aammaasii oqalileqimman: "Ilaalaa, Ilijarsi pisanngippallaaleqaaq qajaa pujuusavarpun". Sijanigitinneq ajerparpun, ilivarineq taakku ajeramikki, qajallin. Hi, hi, hi...Qajalli naaming peqquneq ajeramikki. Tassa terlingani taasuma imaatertarparpu, aneqqusarparpu, pattallugu: "Aninijari, aninijarin, anititt..." suna anisarnerpoq. Ha, ha, ha...Tassa taamatarpugun.

Kistaraq Motzfeldt
(KIMO), 1965
Qassimiut

Qajaaqqat
MV: Kistaraq, illit oqaluppalaarilaakkit taakkua Qajaaqqat, qajartaaqqat
KM: Qajartaaqqaat uvagi meeraalluta nuannarisaqaarpu tassa tasamannga nuunguamin nuffittaramikki kalitallit, angitaasa kalitalerligit nuffittaramikki, haar usijaavi nikkut haar kalitaa, tassa pissanganaq! Sissamu arpalijittarpu pinngitsiverulluti meeqqanu allaat, kinami kajassava. Qajaaraq taanna kinngitinnersaalissavaan tulappan. Usijaavilu taanalu kalitaa paggakkaat, avalakaalluti immamun. Tassa nuannertarteq!

the kayak. They sensed that someone was out to get them. When they returned to the settlement they examined the kayak thoroughly inside but there was never anything there. Because of sorcerers, he mentioned something about sorcerers. Hee, hee ...

MV: Formerly some people did sorc ...?

KJ: Sure, formerly they used sorcery. People made use of magic, maybe for the kayak, or maybe the young who caught a lot of seals used it on the emerging seal. In case they wanted to frustrate a kayaker's sealing they did something (black magic) to the kayak. But when they had used the method of smoking the kayak, he would already catch something the following day.

MV: Did you often collaborate in the smoking of kayaks?

KJ: Ooh yes. We did that frequently. We also smoked my uncle's kayak, when he hadn't caught anything for some time. Then the others said: "Let us smoke his kayak. It has been too long since he has caught something". Then we smoked his kayak. We always smoked without the owner of the kayak knowing anything about it. We knew that the sealers did not like it. We performed the smoking while we asked IT to leave the kayak. I don't know what had to come out.

That's just the way our customs work.

Kistaraq Motzfeldt
(KIMO), 1965
Qassimiut

Children's Kayaks

MV: Could you talk a little about these *qajaaqqat*, the boy's first kayak.

KM: Qajaaqqat, yes, when we were children we loved watching when a sealer appeared in a kayak from the point near the settlement with a small kayak by his side. The little kayak, boy's kayak, was also towing a small seal. Like the adult's, the boy also had dried meat and other things on the kayak, besides him towing the small seal. It was all incredibly exciting! Everybody now ran down to the beach, children too. Nobody wanted to miss a treat like this! The small kayak almost

Kistaraq Motzfeldt.

Aggorunikki, aggorunikki kalitaa, nungussavaan amijanu atatillugu. Taamaalippata tassa taakkununnga qajaarartaartitsisunu majivakaasappun, iggati qalatiteriikkat neqinik suppallit avalassavaat annissuinnarligi silamun. Ila tamaani avalaasarsijortun. Hi, hi ...

MV: Taannami puisi usiaa, kalitaa, imminik pisarinngikkalivaraa

KM: Imminik pisarinngikkalivaraami tassa angitaata pisaaralugu ilisaa, qajartaarnissaanu kalitassaa, toqqorlugu. Tassa qajaaraq inerpa kalitassaa.

MV: Qajaaqqa aamma taanna qajartaaqqaarteq – atisai, tassa qajavittut peqartarner...

KM: Tassami qajavittut pisatalersorlugu, soorunami paatilerlini. Tassa paarlinikasik aggertarpoq angimmi sinaani; angitaata pakkusimasarlugu soorlu paatimining najimmiinarlugu.

MV: Soorlu qanoq ukijillit?

KM. Soorlu maani arfinilinnik ukijillilliinii, arfineq marlinnik ukijillilliinniit, qajaq pingaartitaagallarmat qanga, uvagi angimerisagun. Ilaatigi akivilisaan avittalligin, tulli uumaan

MV: Akivilisaat avittalligit?

KM: Akivilisaammi avittalligin, massakki tassa tunumiji taamaapaluppun suli.... pajugutigisimagaa tassa...

MV: Taamanikkut nuannertarsimagami...

KM: Ila nuannertaqaaq, tassami nipi kisimiisarpoq avalaaleraangata silami, eqqaajaasarmata taamanikku avalaasaramik naamatsilliti nerisarpun.

MV: Aamma pernartoqaraangat?

KM: Pernarteqaraanga tassa aama taamaatarpu qanga. Aggorlugu, aggorlugu pisarpaat. Nuannertaqaaq.

capsized, because people had waded into the water surrounding the kayak to get a piece of his "catch", which was now being distributed. It was so exciting!

The entire seal that the boy had towed, was divided into many pieces, with the skin still on it. Then everybody walked up to the newly hatched sealer boy, up to his parents' house, where in preparation meat in great quantities had been boiled in large pots with strong soup, which was served and eaten outside. Oh, there was such a party. Hee, hee, hee... all you heard outside were yells and shouts of joy!

MV: And this was even though this seal that the boy was towing, was not caught by himself?

KM: Yes, even though the boy had not shot the seal he was towing himself. His father had shot it, kept it hidden for when the boy was to go out in his new kayak for the first time.

MV: What were the little kayaker's clothes like? Were they exactly the same as the adults clothes?

KM: Everything was done like an adult's kayak clothes, the paddles too of course. Usually the small kayaker will move forward paddling next to his father. The father will look out for the boy in the small kayak; for instance he placed his paddle gently on the small kayak to keep it upright and make sure it didn't turn over.

MV: How old would the boys be?

KM: Usually around six or seven. Yes, back then the kayak was crucial to people. We lived to experience it. Back then you put a lot of emphasis on the importance of the kayak in your life, and people expressed their admiration and joy, and many even embroidered the kayak half jacket with fine skin embroideries.

MV: They embroidered the kayak half jacket with fine skin embroideries?

KM: I've heard that they still do those in Eastern Greenland. Someone was given one like that from Eastern Greenland...

MV: That would have been nice back then...

KM: Yes, it was very nice, all you heard was yelling and screaming! You see, there was also food everywhere. You would eat till you were absolutely full.

MV: Did the same thing happen when the boy caught his first seal?

KM: Yes, the same thing happened with the first catch. You would divide the seal into many pieces. Yes, it was quite lovely.

Abel Klemensen
(ABKL), 66-nik uk. 1965
Qassimiut

Innersuit, umiarissat allallu

MV: Innersuarnik tusartarpit??

AK: Aam, tassami. Innersivi uvanga tusartarpakka. Innersivinngii tassa uvani Uugerliani ippun. Aam uvani Toornaarsittalimmi ippu Innersivin, uvani avannanngivatsinni. Uugerlianiippunnguu uvani, Innersivin. Upernaakin tassami tamaani illita uvagi: aar, qaja kalitserng, Uugerlija avataatigi ingerlalerami. Suvaarpugu: "Qajaq kalippoq", ullaarakasing, "qaja kalippoq, Uugerlija tikippaa". Uugerlijap ikerasaatigi tassuuna ammaqqiilluni, tassinga akinngivanun saqqamu tulappoq. Nuvitsilerparpu, nuvitsilerparpu, nuvinngilaq. Tammarpoq. Kingerna oqaatigisarpaan tassa tassani Uugerlijani, avannerlini ingijillerlinigii tiniimisaalerijart, igalaarsivasii kisimi saqqimmillaaraan! Sukku takanani.

MV: Taakku innersivit qani itsut oqaatigisarpaat?

AK: Oqaatigisarpaan innersivi qingaqanngillanngeeq. Tassa massakki upperijinnaaramikki takissaarpaan innersivin. Upperigallaramikki takisarpaan.

MV: Illit takinngiligit?

AK: Uvanga takinngilakka. Kisija umijarissa takivakka.
Umijarissa, meeralluta. Umijarijalermatugu ukijakkin. Qaamatigissikulooq uvani kujallerni nuvigaming. Palaseertileqaan. Qani, tassami palasi iputtarissaannarmi angalasarallarmata, aa, umijatsijaaleqaa, umijats'aq tassa uunnga tullermu nuukasii sinaanu pill... tamaanga nalaanu pillutilli, qani oqarnijalersi utoqqartagu Ujukkukasik, qaneq oqarnijalerseq: "Umijaangillat, palasiinngilaq, umijarissanuku. Aallaarijarnijaqisijik!" Tassa pikkiterijaraming, uvagimmi tamatta anijalluta, kanani illeqarallaratta, anijalluta takanani seqqerffigigaan: "Aar! seqqerffiginijarijarmassi taamang!" Taamallaa imarpalikkaming, ilami qatsingaqigami, silagillini, silagillini, taamallaa pinijalerp: Ililijakasing! Ar, nukingisaarilerpoq: "Tuggarijarternijaritsi!" Arnaq aallarpu... tuggarijarterami, ililijakkaatsijarsivaq averijaramikki, "Qaqqamut majiinijarsijik! isilersorlugu issugaatsaanik". Isilserijaramikki qaqqamun ilivaan. Kingernagii tassa *innersivassanngimmatugut (umiariassanngimmatugut?)*

MV: Aa, suna isilersorlugu?

AK: Ililijamineq! Taana, tassa umijatsijarisaan. Samani Alleriisanni taama isillugi umijarijarsimavaan. Tassa arnaq aqivikkijartortoq illimi tunuvanu; aqivillinili tassannga nuukasijani nuvisimagaming umijan, umijarissat. Perijarami atiminnu sisserijaraming nijeqqaatilersimaqaan. Taamallaamigii panarsivasii tassa qillaallattarigaming. Ilaageeq qaanguusalikuloorsuvasiin, ilaa tuvappattunnguvani nasallit. Arraagii ilaasa umissivasii. Ussukuluullu aataakuluullu natsersivillu. Ininni toqoraajartortun! Tassa suli nikiverijartaralivarami, taanna aqivikkijartortu, sapilerlini, artilerlini. Illumu iserpallakkaming, tassinga illumu iserpallalliti, inivinngii nillerijarpallattaralivarliti, taama nipaaruppun. Anerijaraminngeeq, ingerlarijaraming umijatsijaminnu tassinga isserassasorinijarligi, taamallaangeeq avammu teqqaakamik tassa. Sunaafffagii natsersivillu aataakuluullu inrooruti akinijaajartortun, inivi tassa taakku toqukk... Taamaaserijarman avammun aallakaamata nikiverijarlini: nanaak ajortuva? Taama, illumu iserijartorluni tassinga illeris... taamallaamigii natsisaa qiterarami aaming. Tassa tamarmi inittati toqorartin.

Taannaqa akinngivaminniitsin suvaartalerpaaj. Pigalivaramigi, kiisa unnuppoq. Isersinnaanginnami silaannarmi unnuvigoq. Aatsaa aqagi qaamarman kalerrilligi iserami, tupigusuutiginijaralivarpaa toqutat amerlassisii.. Ajernaqimmanngii tuusai nakkartiinnartarpaan.

Abel Klemensen
(ABKL), 66 years old in 1965
Qassimiut

Innersuit and Other Strange Creatures

MV: Abel, have you heard anything about *innersuit*?

AK: Yes, alas yes! I have heard a lot about *innersuit*. *Innersuit* are said to live over there near Uugerliat. Also close to Toornaarsittalik. They are also said to live there, just north of our settlement. Yes, near Uugerliat is where *innersuit* supposedly live!

It was a very early morning in the spring here in the settlement when we saw a kayak come towing a seal. We shouted: "A towing kayaker," yes, a very early morning. "A kayak comes towing. He has reached Uugerliat". We could see the kayak by the sound on the sunny side, where it came alongside. Then we expected it to come straight towards us. We waited and we waited, but it never came. It disappeared.

Later they said that near Uugerliat large windows could be seen right under land, when the waves pulled back in north wind. Somewhere down there.

MV: What were *innersuit* supposed to look like?

AK: They say that *innersuit* have no noses. These days nobody believes in them. That is why no one sees them any more. Back when people believed in them you could see them.

MV: Have you seen them?

AK: No. I have not seen them. But I have seen *umiarissat* (ill-fated boats).

Yes, *umiarissat*. It was in my childhood. One saw *umiarissat* an autumn night in very clear moonlight. We saw the boat appear on the southern tip of the settlement and they started to shout: "The priest is coming!" Yes – back then of course the priest only travelled in boats with rowers. They shouted and they shouted about the priest's boat. And the boat came all the way to the nearest headland... What was it old Ujukkukasik said: "That's not the priest, it's *umiarissat*! Quickly, shoot at it!" People quickly got ready to shoot... all of us were outside, you see... .. Then the men shot at the boat. All you heard were loud splashes of water. You see, the water out there was very still, yes, the weather was so fine, as fine as can be... but what was this now? A small iceberg! Old Ujukkukasik hurried on the others: "You will have to go up and cut peat!" A woman went to cut peat. They broke a big piece off the iceberg. It was pretty large... "Hurry up and take it to the hill up there! And first make eyes for it out of peat!" Eyes of peat were made on it, and it was placed on the hill behind the settlement so that the *umiarissat* would not try to hurt people later on.

MV: Where did they put the eyes?

AK: On the piece of ice. The one they (the *umiarissat*) had used for an umiak.

Out in Alleriisat an accident happened to people when *umiarissat* carried out an act of revenge. One night a woman went behind their house to relieve herself. When she had squatted down, she saw an umiak, *umiarissat*, an ill-fated boat – appear from the headland in front of the settlement. The boat came all the way to the beach at the foot of the house and "people" from the boat started going ashore. She saw how their big sables flashed every time they moved. Some of them were wearing large hats, some smaller hats and some of them had big beards. It was large bearded seals, large harp seals and hooded seals. They had come to kill people! The woman tried to get up but could not. It was totally impossible for her to get up.

She heard that these large men went inside the house, and she heard people inside the house let out a scream, only a brief scream, then everything was quiet. Then she saw the men come out of the house and walk down to the boat. And instead of going in the boat they jumped straight in the

ABEL KLEMENSEN

Abel Klemensen.

MV: Umiarissat tamakku qaneq isimaqartinneqartarpat?

AK: Tassagii akinijaasut. Tassa akinijaasunnguu puvisin. Puvisinngii akinijaasarpu, taama ililluting

MV: Inunnut?

AK: Inunnun. Nungusarpallaaleraangati taama ilillutinngeeq akinijaajartertarpun: Aataakuluullu natsersivillu ussuvillu. Tassamigii ussuvi aggaa umii. Natsersivinngii aggaa qaanguusa! ataakuluunguu tuvappattunnguvani qernertini nasalerliti. Tassa kiinaavi. Hi,hi, hi...

MV: Suli aamma umiarissanik tusaamasaqarpit?

AK: Himm, tassa Takisini umijarissa...Tamaani tamaani meeraalluta, suli aamma ukiji arlinngitsin, takanani kipparsimalluta nakiserngi nalaanni aggustusimi, Takisiniillita, aammaasii umijarissani oqalileraming. Taamaalisorlu Biibiaanaasii, taanna utoqqaq ajernaqaaq: "Ors orsumi tamaan sissa sinaa kuverarnijarsijik!" Tassa utoqqaa tassa tamakki orsoq kimmalillugu orijartorlugu, orijartorlugu, tungaaligikkalivarliting, soorlu summigaa: kingeqqijulluti aallaannarijanngivarpu, aallanngilla kingeqqijulluti, orsuvalikka sinerlugu aallaraming, Portulersiganngivaq kujataatungaatsigi tarrikkaming, uvagi meeraalluta arpalijikkatsigit, nuvissammata, pilerp... nuvinngillan, sumu pinerpun? Tassinga kujataatungaanu tarrippun. Orsuvalikkat tamanut tassa ingalallugu tassinga aallaraming, tassinga pigaming, nuvinngilla tammarpun.

Aamma takananiillita tassa uku Saaraq una iniimman, aar, takanani aggustusimimi, naaming tifffaatsissavaa meeraq, takanani. Biibijaanaasii ajernaqaaq: "Paarnijaritsi, Qassimiunu: Suusaanngooq nanerivarffini ikillugu atissuu sissamun. Tuteqqaarfissaanunngooq ilissavaa, iniimersernijassamman, aamma napparsimannginnijassammatn". Uvagi qamasissakasiigalivarlita,

water head first. It turned out they were seals: hooded seals, harp seals, who had come to kill people to take revenge.

Now the woman had no problem getting up. She hurried inside the house … the floor was covered in blood. Everybody in the house had been killed.

Now she started yelling for people on the other side of the fiord. But no one heard her yells. Night came. She had to sleep outside. It was not until the next day, when light came, that her yells were heard and others came, and they were shocked. And they were surprised that so many had been killed. All they could do was knock down the house walls over the dead in the house.[41]

MV: How were *umiarissat* perceived?

AK: It was said that they came to take revenge.

MV: On human beings?

AK: Yes, on human beings. The seals came to take revenge. In this way the seals took vengeance on the people because too many of the seals were killed. Yes, that's right! Big harp seals, hooded seals and bearded seals came to take revenge. And what beards those bearded seals had! Yes, what big hats the hooded seals had. The big harp seals had rather small black caps, they say. That is, the nose, hee, hee, hee…..

MV: Do you know other *umiarissat* stories?

AK: Yes. It was in Takisut, when we were children, a few years later (after the hooded seals' revenge), while we were staying out West at the summer hooded sealing season in the month of August, we were on a summer sealing sojourn during the hooded seal migration. There in Takisut, people again started talking about *umiarissat*. Then old Bibiaane started up: "Pour blubber along the beach!" All the old began chewing blubber and spat it out repeatedly… "The boat" came fairly close, but suddenly it turned the other way and sailed along the seal oil covered belt and disappeared south of Portulersugannguaq.[42] We kids chased it since they would appear on the other side of the point. We waited and we waited, it had gone. Where did it go? You know, it disappeared a little south of the seal oil covered belt, a little way from the beach, then it disappeared. A little way off the coast is where we last saw it. It never appeared. It disappeared.

Then there was the summer Sara was born, it was the month of August; and it was almost time for us to return to the settlement…. it would be the first time the girl would experience being sailed from the summer settlement back home to the settlement.

Once again old Biibiaane had an idea, namely, that the child could not just be rowed home, just like that. She demanded that men had to paddle quickly in to the settlement with a message for Suusanne: to go down to the beach with her blubber lamp lit! and place it on the beach, where the child was to set foot for the very first time. This had to be done so the child would live long and avoid illnesses.

We men, who were supposed to have gone seal hunting, had to sail in to the settlement. We arrived and gave the message to Suusaa. Suusanne carried down the lamp and placed it on the beach. Then immediately an umiak appeared with the people from Niaqornat. But it was not the child who set foot on the spot first. It was an old woman. To this day Sara has never been ill. She enjoys a good health.

MV: These *umiarissat*, did they look like umiaks?

AK: They looked more like a rowboat, a rowboat, yes. We call it a tug, not a rowboat. They looked exactly like a real wooden boat.

---

41. A traditional story once told all along the West coast (Ed. note).
42. Blubber and urine scare away any spirit.

tappava tunummun. Tikikkatta Suusaa oqarfigalugu. Umija tassa nuvereerpun Nijaqernanngivakkun. Suusaa nanerivarsivasi aqqikkaa, sissamu takaninga ilivaa. Meeqqa taasuma tutinngilaa. Utoqqaap tutigamiji, suli nappanngilaq Saaraq ulloq manna tikillugu peqqissorujussuuvoq.

MV: Tamakkua umijarissat umijaq assigisarpaat?

AK: Umijatsiaq assigisarpaan, umijatsiaq. Soorlu massaki oqarsinnaavugu: Umijaasat. Umijaasaanngilla, umijatsijavvii assigisarpaan.

MV: Iputtoqarlitik?

AK: Ila, ila iputtoqarliti! Atami taama ipuserffiisa piserpallattarnersivasii! Tassa soorlumimi tassa iputtu. Taamaasiilluti iporijartarigaming, ipuserffippallattarneri taamaalaa saviminerarpallattarigaming. Tassa taamani tassinga tungaalijikkalivarlitin, taasuma utoqqartatta paasisimallugi palasiinngitserng, aallaarijaqqusimagamigin, eqqerijaqqunagi, maannga tungaanaan. Seqqernijarijarman, iseqqagamingiilaa...

MV: Nuvereertorsuullutik?

AK: Uungami pillutik avatinngivattunnu, seqqerami. Tass taamaasinijarijarma, tassa aamma naalakkiigoq erngiinaq aallarffigeqqullugu, tassani ililijaminermi avissilluni qaqqamu majiiteqqullugu, isilersorlugu, avammu saatillugu kisija ileqqullugu. Tassagii kingerna umijarijassanngimmatugun. Tassa taamaaseeramikki, tassa eqqissivillita sinippugun

MV: Tassaguu puisit?

AK: Tassa puvisin. Puvisi aataakuluullu ussuvillu natsersivillu. Akinijaajartortun. Nungusarneqarpallaaleraangaminngii taama isilluti akinijaajartertarpun. Ilaamigii qaanguusakuluulissivasii tassa tamakki natsersivi angisuukuluu qaanguusalerliting, ilaa tuvappattunnguvani nasalerliting. Ussukuloorsuvasiingii aggaa umii! Taama umikuloorsuvasii...taamaa aamma tamakki savii pisarnerpaan. Taamaallaangii panarsivasii, nijeeqaaleraangaming qillaallattarigaming. Taannagii umijarliitaa ornillugu: Taamallaamigii sikuvalunnguvaq orraalaartarigami. Tassa umijarsivaa: Sikuvalunnguvaq orraalaartarigami.

Iseqqat

MV: Inivarillikkani takisimavin?

AK: Imaatsin...

MV: Iseqqan...

AK: Iseqqa, Iseqqan, Iserakasiit! Tassa qajartorlunga tikillinga nunamu pigama ukijakki, taammaanikkun. Paarma nalaani. Paarmartorlunga, paarmarteralivarlinga, uvernalerlinga sinniserama, qamagalivarlinga putserman.

Sinilerlingali, illalaartikasijulluti aggijaleraming, tassa taama atsigisivaqqan!

MV: Talit...?

AK: Tassami pernera tikillugu! Qernertivinnakasii atisaqannqitsi. Tassami, illalaartarigami ajernaqaan, inivarakasiin.

MV: Kiinaat paasinngiligit?

AK: Kiinaa tassa tamarmi assigiipu, qertivinnaapun! Tassa unikkaarigakku oqarpun, tassagii iseqqan. Iseqqanngii tassa! Tassa tikikkaminnga allakku pinngginnaminnga, tassa quvin...sooruna itertippaannga erngiinaarakasi. Tassa iterlinga malerijaralivarligi, qussinikasimmun, angimerinngilakkaliinniin, qussinikasii tungaannaanu aallakaagaming...Sooruna angerlarpunga erngiinnaq, oqarlingali: "Takanna Kangersivaq siniffffissaanngilaq. Ajorpoq. Inorujunnik inilikasiivu". Ila ineqinassisii taamaatsivaqqa, qanermi atsigaan...Taamaalaammi qilleraming. Soorlu uvagi tassa, inivin. Hi, hi....

MV: Atisataqanngillat?

MV: And there was rowing?

AK: Alas, alas yes! If they had rowers?! You heard the sound of the rowlocks very clearly! Exactly like real rowers. You heard the rowlocks so clearly. You heard the sound of metal so clearly, so clearly. You see, at that time someone came sailing toward us (our settlement) and when it dawned on the old one that it was not the clergyman, he told them to shoot at them, not in order to hit, but just in that direction. They shot, but they did not make it capsize.

MV: When they had appeared?

AK: They were right in front of us, when he shot. He did it to make their leader retreat immediately – he then broke off a piece of ice and told people to carry it up to the hill and put eyes on it so it would not harm us. At least then we could sleep safely!

MV: And it was seals rowing?

AK: Yes, it was seals. Big harp seals, bearded seals and hooded seals. They came in revenge because too many of them were being caught. Just think! Some with big hats, the hooded seals wore big hats, some with smaller. Big bearded seals with big beards! What big beards! I wonder where they got the swords?

When they went ashore the swords flashed. Then people went to where the boat disappeared; and all people saw was a piece of ice rocking gently.

Iseqqat

MV: Have you seen *iseqqat*, dwarves?

AK: Some …

MV: Iseqqat, the small goblins?

AK: Iseqqat, small *iseqqat*, yes! I had been seal hunting in kayak but went ashore when it got foggy.

I wanted to go ashore to eat berries. It was autumn, it was time for berries. I started eating berries. I ate and I ate. Then I got sleepy and fell asleep. While I was sleeping, small *iseqqat* came to me laughing! Yes, they came, little creatures, no bigger than half an arm's length.

MV: Like an arm …

AK: Up to the elbow. These small ones, quite black and naked. And they laughed and they laughed, it was quite incredible, small laughing people!

MV: What were their faces like?

AK: Their faces were alike. They were all black! When I came home and told everyone about them, the others said that they were *iseqqat*. Yes, they had been *iseqqat*, that's what they said. When the small creatures came up to me, they tickled me... just tickled... so they woke me up. I didn't get to sleep for very long. When I woke up, I ran after them, but they ran for a little crack. I didn't even get to see them again.

I said to the others in the settlement when I returned: "Kangersuaq is not a place where you can sleep. A bad place. Strange human-like creatures live there".

Yes, those small ones were so adorable to see! So small! They were all shiny, they shone. They looked like us humans, hee, hee, hee….

MV: Were they not wearing any clothes?

AK: They were not wearing any clothes, those small people, no clothes at all! I keep being astonished at how cute they were to see. They had nothing to do but tickle me under my arms. That was all they had to do. Those teeny people! *Iseqqat*!

They were *iseqqat*, the others said, when I told about them: "That would have been *iseqqat*", they said.

AK: Atisaqanngillan, inivaraarakasiippu, atisaqavivvinngillan. Ila ineqinassisii tupinnaqaaq. Tassa allakku paanngilaannga tassa quvinassaarnijarneq kisija pivaannga. Inivaraarakasiin! Iseqqan.

MV: Iseqqat?

AK: Iseqqanngii tassa. Unikkaarigakki tassa oqarpu: "Tassa iseqqat".

MV: Iseqqa qani taatoqartin...

AK: Ila taatuviliinnii takisassaanngilla, ineqinarataaraming, soorluluunnii iniisan. Imaliinniin soorlumi qernertivaqqan. Tassa makki iniisa takisartakkavu qernertivaqqa assigaan. Tassa taama ippun. Kisija nujaaj aamma paasinngilakka, soorlumi kippakorluttu itsini nujallin. Inivaraarakasii ineqinartorujussuvasii, kisija tassa allattu ippu, illalaarartarnerinna tassa pivaan.

MV: Arlariikasiit?

AK: Arlariikamimmi. Arlariippun. Soorlu tallima missigaaj inivin, inivaqqan. Tallima missigaa. Tassa takkiteqqaalerpun, tamaannga uunga Saqqaatsijaami sinikkama. Saqqaatsijaami tamaannga sinillinga, akinngivanni illalaaqattaarliti aggileraming, nuvannivivvissimi, ilaarunnavivvissimi illalaaqattaarpu tassa, ila Iserakasii taakkuva. Sunaaffa Iseqqa tassa. Iseqqanngeeq.

Qivittut

MV: Qivittinik takinikuuvit?

AK: Ila, ila qivittinik takinikuuvin! Uvanga qivittinik takuvunga, arlalinnik, arlalinnik. Arlalippassivasinnik. Ilarsivasiisa, ilarsivasiisa avani Alanngorsuu nunaani sinittarlinga, sijalivi toqqaaleqimmata tupallinga iterama, kisimiillingaasii ukijakki. Itilerpunga tassa saninni inussuvasik. Pinijarijarlugu, aarh, tassa inik! Aggaa taamaalaami atigarsivasii qilleramik. Ijalerligi pilerpakka, makkuninnga gummeqannginnami, kippakunik. Amaarsivasii uumaang perlaasimagamikki. Orpik nusullugu, ima illunga ingerlatilerlugu, amaa tassa kisimik tamakki noqaralarsivasii nunamu atasi amooqartarparpu. Massakkii uva qisittartivinnanngorama taamaatarpunga, amooqartarpakka. Tassa eqqaasarpakka, tassa qivitti atigaan tamakki. Amaarsivasii, manna killillini seeqini tikilligi, tassa nuvijerakkanik atisaqarpoq. Oqarfigaanga: "Ersissanngilatit illit. Tassa oqalippalaaritissavakki, oqaluttuutissavakki imaatsiming: Uvagi aallaratta, ima kaatartorujussuuvugu: tassa sunanngivaq nerissagitsigi, nanaak? Kuusuvasii ornikkitsigi, nanaak? Imermik perlillerpugu. Nerisassagu ornikkitsigi, nannak? tamarmik. Tinippa pitifffinnu nerijarteralivaritta, nannak? Nanaak nerisassavu? Kiisa perlilerpugu, tassa ajernaqaaq, perlertissangerpugu. Taamaallita ullu tallimassaani aataat ajernarinnaartarpu". Sijullija taama oqartaramik, ullunnguu tallimassaani ajernarinnaartaramik suu tamarmik. Tassa taamaalisi ullu tallimassaaningeeq sunnguvi tamarming, tassageeq pinijagassa imaalerpun. "Tassa tamaasa nerisassatin!" Inummunngooq nereqqaasagami oqassagami, taanna unikkaarteq oqarsimavoq: Imminigii tulukkamik nereqqaarami, inigii naapeqqaasagamijik, tikikkamij oqarffigerijaralivarpa, taamaallaangii tassa "qaar"-tuvartarami. Tass qaartorluni, qaartorluni, eqqaalerporooq: "Ila inuttummiilaa oqassuunga!" Taamageeq eqqaallunili oqarpoq: "Haar, tassa inuttu oqassuunga". Inuttu oqarijaralivarlini: "Qaarrh!", "qaar"poq. Taana tupapporooq inik. Tupappoq. Sunaaffa tassa tulukkamik nereqqaateqarlini, taanna ini naapitani oqaliffigissallugu, inigii taana tupappoq tassa, nereqqaatimininngii tassa oqassamaaq..."qaar"-tuinnarpoq qaartoqqaarlinigeeq aataa tassa oqarpoq tassa imminik qivittuulluni.

Tassa oqaliffigisimavaa tassa imminik qivittiigami. Tassa nereqqaatiminnik inivi taama itsimik oqaaseqartarmata.

MV: Sapigaaruttarsimappat?

AK: Sapigaarullunigii tassa. Tassa sinittarput? Sininneq saperpu. Tassagii innerinnapun.

MV: Their faces?

AK: I've said that you couldn't really make out the faces. They were just so adorable. Almost look like dolls, more like little Negroes. We have seen those small black dolls, you know. That's what they looked like. I didn't figure out what their hair was like either. I think their hair was cut. Teeny people, very, very cute to see. All they had to do was tickle while they were giggling.

MV: Were there more of them?

AK: Yes, there were more of them, those small people. Maybe five, I think, those small people. I was sleeping on Saqqaataa. Yes, that's where I was sleeping. While I was sleeping, they came towards me laughing. Their laughter was very catching, they were laughing you know; they had very infectious laughter, those small *iseqqat*. Yes, they were *iseqqat*, is what the others said. Yes!

Qivittut (Mountain wanderers)

MV: Have you seen any *qivittut*?

AK: Alas, alas, have I, indeed I have! I've seen *qivittut*. I've seen several. Many.
I encountered some of the terrible *qivittut* one night at Alanngorsuaq. I slept there during a hunt. One night I woke up because it started to rain. As usual I was alone. It was autumn. And what on earth did I see? A human being?!

A big terrible looking person stood by my side.

His clothes were very shiny. For footwear he used branch roots from plants, which had been woven together and made into something resembling rubber boots. They didn't have rubber boots, as you know. They were branch roots from plants, the ones which you can pull out of the earth. Yes, that is the kind which *qivittut* used. They reached all the way up to the knees. They were woven. (Now when I regularly go to collect firewood on the mountains, I think of *qivittut* boots when I pull out those root branches. AK). "Don't be afraid. I'll tell you the following" he said.

"When we had set out towards the interior of the country not meaning to return, we were very hungry. What were we to eat? Where did the food go? What happened to the food? We were very thirsty. We went to the big rivers. But where had the water in the rivers gone? We were just about to die of thirst and of starvation. When it turned high tide we went down to the beach to look for food. But there was never anything edible on the beach. Where did it go? We realized that we were now going to starve to death. There was nothing we could do. Time passed by. Then miracles happened on the fifth day: all the hardship was over".

That is what the old people always used to say in their days. Anything was possible on the fifth day. Everything is there in front of you: all you can eat and drink is there for the taking!

One *qivittoq* told us that when he was about to say something to another person for the first time a sound like "krak-krar" came from his throat; sounding like a raven. This was because his first meal after five days of starvation had been a raven. He had thought: "I have to speak like a human being," and he tried, but could only repeat "krak, krar…" and he kept on and on. The man whom the *qivittoq* had been talking to had been very frightened when all the other could say was "krar, krar…" He had told the man that he was a *qivittoq* and how all of it had happened.

This is what he recounted concerning the first meal.

MV: Did they acquire supernatural skills, enabling them to do all sorts of things?

AK: Yes, they acquired supernatural skills. Do you think they slept? No, they couldn't sleep! On top of this they had been turned into fire.

Ane Klemensen
(ANKL), 66-nik uk. 1965
Qassimiut

Qanga katsorsaatit

MV: Ernisu aamma qanoq passuttarpaat taamanikkut?

ANK: Tassa taamanikki ukijakki taanna ajakasippu uvagi, ernisivittuulluni sajaatiimman; tassa issugaatsijaanik tamanik sillimasittaasarami taanna. Itsaligami ernisi, sumi attorneqarnermi ajerami kusanalaartining. Issugaatsaat tassa atortarillivartiigamikki. Tassa aamma uvagi illunnguvasippu Saara iniigami, iniillunili arnaarikkami, tassa aamma uuka immujoraa qalalligi, asimijeqarfimmiikattami, tassa taakuva angisuunguutigaaj miligaraligin. Anneraamininngivamu unnimerngi muliisalijaraligi...aatsaa sijullijaning ininnik pikkorissinik! Tassa arnaq ernippa meeraa erngiinaq tigissavaa, soorlikijarmi aamma ufffarneqassanngilaq. Tassa naamik imiinarmu attussanngilaat kisija tassa allaming, orsoq annerming oquttunu oquvijaatsigalugu, qaqersaamilli perijaqisiingitsin. Ila sijullijanilaa uvanga asimijiigama – oqartarlivarpunga unikkaarissanagi kalaallit nikanarsagaavallaasaqimmata...

MV: Taamak pikkoritsigisu nikanarsaataangilla...

ANK: Uumaak seequkku sukkulluunii aamma tassa angajora seeqimigu pullattuulerman, pullattuulerma aamma sanaapaa paasat aalatorlugi

MV: Paasat?

ANK: Paasammi! Taanna iteri inivi quuva kimitsisitaq, taanna itsaligami atortorillivaqaat. Paasanu akiliullugu, aalatorlugu. Soorlikijarme tassa amiigi uutarpaa, nukitinerming. aasiligisaqaat. Tassali pullattorsuvasii tamarmik pullakkinnaartaraat. Ila itsaligami sanarleqiitaat tupinnartaqaat. Tassali aamma taamakkiva, kaportoqalerpata napparsimaleqaliti nuvammimmi, nuffaserneq ajingajattuullutik, kaportoqalerpata pattaasanik piijaatitaasuugut, uvilluni sakkilerlita. Qaarsi qalipaa tamakkiva, saati saatukujuut anngajaat, qernerti. Takisarpati immaqa. Tassa tamakki katersissavarpun. Katersertsigi angerlaatissavarpun, tassa utoqqartatta qalassavaat. Qalakkinikki ila qani uumaang kimitsitigisarnerpun. Sukkunnguvaqarnati tassa napparsimasi kaportullit imigarissavaat. Imerinikki tassanngivaq nuvassivasi anijatilerinikki kaportuveritissappun. Ila uvangaalaa angimerisakka, asimijeqarfimmiikatta kusananngitsiming iniiniliigatta. Tassami tigisaanarmik ajoqeqarijaratta, taamaatormi ila allaasartarpugun.

Toqusoqartillugu malittarisassat

MV: Taava toqusoqaraangat aamma tassa mijanersuuteqartarpusi, aat?

ANK: Ilami toqusoqarpat uumaak sumu, pisaanik...tassa uva eqqaamasarpara Ijaakuvaraagalivaq, Andala ernerigaliva aallaalluni ukijakki toqugami. Toqorijarma alijaseqigamik tassa taakkuva angajeqqaavi. Alijasuttorujussuvasiigaming. Tassani avatinngivatsinni puvisersivakasik puverijarman, Andala uninngalluni, tassa taasuma pisaaraa.

Tassali pisaarigamijik, timaaninngaanii naalippaa. Naalikkamijik tigerijarnerli ajernarlini, avataa tamaanga sissa... inernarlini pigami. Tassa nalinnginnamijik, qaanaminu aajugga ikeratarsinnaaq, nalinnginnamijik, inatsiseqaramik tassa aamma alijasikkami, toqusoqaqqammertiigami, puvisitani taanna imminik aasanngilaa, attoqqaasanngilaa. Tass imannang sivisiimik pisarnavijanginnami uvitsatigigalivarinijing. Tassami inuusutiginijaramikki. Tassa alla uuma utoqqaa allam avalaffigigamijik tigivaa. Aamma tassa isiginnaarpaa.

Toqusoqaraangatta maanga qaqqa qaavanu sermi nuveqqunavijanngilaat. Tassa qanittumu immaqa allaat taanna atagalivarpoq. Aatsaat qanittukku immaqa soraarippaat. Toqusoqar-

Ane Klemensen

(ANKL), 66 years old in 1965
Qassimiut

Medicine in the old days

MV: How were women in labour treated?
ANK: Our old aunt was childless, she was very orderly. In autumn she gathered, dried and kept moss to use for the ill and the women in labour. Remember, there was no aid for women in labour. You used moss for everything. Our cousin Sara's mother died right after giving birth. You boiled the soft roe of the fiord cod and made a nipple out of white skin, so Sara could suck on it. They were some able forefathers!

When the baby is born, the midwife takes it from the mother right away. The child must not be bathed. It cannot touch water, but something else, preferably blubber. It is cleaned with blubber and they wrap it up in something warm. But they had no soap. I lived at an outpost just like my forefathers – I usually say that I will not talk about it, because that would be demeaning for the Greenlanders.

MV: They are not demeaned, being so able as they were!
ANK: My big sister's knee once swelled terribly; they used powder.
MV: Powder?
ANK: Just that, gun powder. They mixed it with old urine, stirred it together well. In the old days they used a lot of old urine. It was very strong and it smarted very much, since the skin was all burnt. The swelling subsided. You see, in the old days they had some wondrous remedies.

And when someone had the fever and became very ill, when some had pains (twinges) in their lungs, we were made to scrape off with mussel shells, some kind of lichen, large thin pieces, black. You may have seen it. That is what we gathered. When we had gathered it and brought it home, then the old people boiled it, boiled it a long time. It got very strong. Then the fevered person would have to drink it, whereafter a lot of spit came up from the sick person, and the sick person was free of fever. This I was able to experience when we lived at an outpost and led a disorganized way of life. We had only an uneducated catechist, nevertheless, we learned how to write a little.

In Cases of Death

MV: In cases of death one had also to be careful, isn't that right?
ANK: Yes, when someone died ... I remember that Andalat's son, Jaakuaraq, died on an autumn day from an accidental shot. His parents mourned deeply. Right off the beach a seal appeared. Anda was home and shot it. He caught it with a harpoon. His hunting bladder was off from the beach ... but impossible to reach.

Now it was his seal, but he could not bring it to shore himself. His kayak, that he could take and use in no time to go and get the seal, was right next to him. But they had rules that he had to follow: they were in mourning, they had a recent death in the family, so he could not bring the seal to shore himself. He could not be the first to touch the seal. If he did, he would not be able to catch seals for a long time. Another man, an old man, sailed out and brought it to shore. I saw it myself.

When there was a death, the bereaved could not go up on the mountain and see the inland ice with their own eyes. No, the bereaved could not see the inland ice. They could not even go up on

taringan, sermi nuvineqassanngilaq. Qaqqarpasanngillat taakuva toqusoqarnikun. Tassa silaq ajortunngussamman. Aamma qinngarlini, taama oqartarput qinngassammat. Anerersivarlini silaq perluttorujussuvanngussamman, tamaanga nuveqqusaanavijanngilagut. Ila naalallaaraagut.

MV: Uvillarnerit?

ANK: Uvillarnerit tassa puvisinik attuvisitaaneq ajorput. Soorlikijarmi tassa makkiliinii uvillarniingikkalivit peqqaataaning puvisimik attortitaaneq ajorput.

MV: Attuvigalivarpata ajoqutaasasoralugu?

ANK: Tassami attuvigalivarpata, ilagii imungarujussuaq pisassannginamik, soorunami tassa inuusutiginijaramikki.

Ane Klemensen.

the mountain. The weather would turn bad, a storm would come, the weather would be very bad. So they could not see the inland ice. And we followed the rule!
MV: Widows?
ANK: Widows could not touch a seal for some time. Even those who were not widows, but who had lost a close relative, had to stay away from seals for some time.
MV: Did they think it would have unfortunate consequences, if they touched them?
ANK: If they did touch them, seals could not be caught for a long time. And they lived from catching seals, so they had to obey the rule.

Appendix I
Greenlandic terms

allaq: originally a brown bear of the Canadian Arctic. Never encountered in Greenland and rarely in the Greenland stories. Described in one story in this publication as a female *qivittoq*.

eqingaseq / eqingasoq / (W. Grl. *equngasoq*): Wry Mouth: a helping spirit of varying abilities, but usually a seabird-being, fit for fight.

innersuaq / innersuit: fire-person / fire-people, a species of spirits living beneath the foreshore, great seal hunters and much sought after by shamans-to-be as helping spirits.

iseraq / iseqqat: small land-spirit / small land-spirits.

kamik: skinboot.

qajaaraq / qajaaqqati: small kayak / small kayjaks.

qivittoq / qivittut (plural): Heartbroken people who have left society for a solitary life in the mountains, where some might meet and make company with another qivittoq. Supposed to aquire supernatural powers. In the Christian era some people held that the qivittut received their powers from the Devil in exchange for their souls.

tupilak: a monster artificially made from bones of various animals, covered with peat and skin, 'made alive' by sucking the *tupilak*-maker's genitals and 'send off' towards some enemy.

umiaq / umiat (plural): women's boat, umiak, because women did the rowing when travelling accompanied by the men paddling their kayaks. During the traditional whale hunt the men did the rowing. The skeleton was made of driftwood, the cover of transluscent skins.

umiarissat: seal people of mean disposition against inuit who kill seals in excessive numbers.

Appendix II
Skinboat sketches *by Kornelius Petrussen*

	Pre-1972-orthography	Current orthography	English
Kayak I, Figs 1 and 2			
Fig. 1	*seen from above*		
1	usûsâ[43]	usuusaa	stem / stern post
2	túnâ[44]	tunnaa	join at stem and stern
3	ajâva	ajaava	cross beam
4	sêqertarfia[45]	seeqertaqqia	knee support
5	tunersive	tunersivi	deck stringer
6	masia	masia	deck
7	pâva	paava	cockpit coaming
8	ivserfia[46]	isseqqia	loin support
9	pûa (amerêrangat)	puua (amereerangat)	bone knop (when covered)[47]
Fig. 2	*seen from the side*		
10	típê[48]	tippii	ribs
11	kujâva	kujaava	keel
12	savkuvâ iml. siânê	sakkuaa iml. siaanii	chine stringer or the W. Grl. term

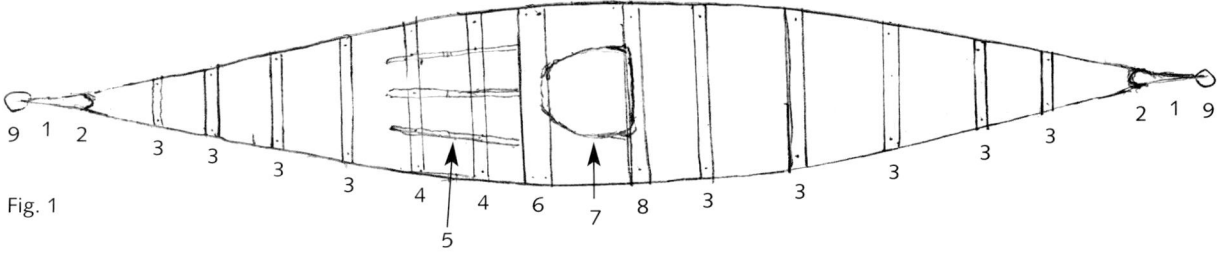

Fig. 1

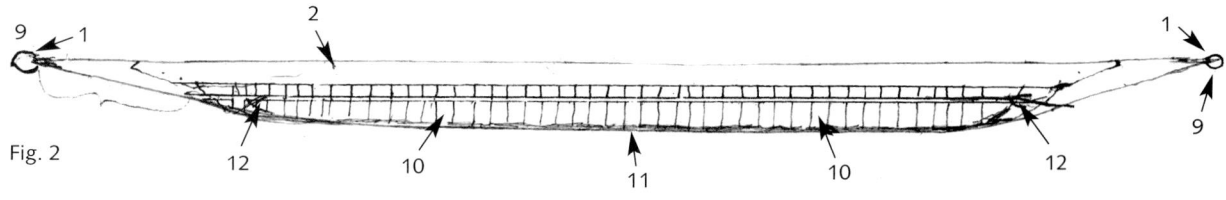

Fig. 2

43. Correctly spelled; usûssâ. Most terms ending with an a, like usuusaa are in the possessive case: its stem (or stern) post. The English terms are in the nominative and the boat terms, kayak or umiak, are left out (in e.g. qáinap apúmâ: sheer board). See for the pure terms in H.C. Petersen: Skinboats of Greenland. Ships and Boats of the North, Vol. 1. – Ed. Lene Therkelsen. Roskilde, 1986. As mentioned either by informant or in notes, some terms are not South but West Greenlandic, a few are not genuine terms but explanations, and to some terms the informant has added the material used. (Notes in this appendix by Robert Petersen).
44. According to H.C. Petersen: Den store kajakbog. – Nuuk, Atuakkiorfik, 1997, p. 59, the kajak in South Greenland has a comparatively extended stem.
45. Correct Qavak: seeqertaqqia.
46. Not Qavak-dialect.
47. Literally puua means 'its bag'.
48. Apparently the drawing shows too great a number of ribs. Ca 17-18 ribs would suffice.

APPENDIX II

Kayak II, Figs 3, 4 and 5

Fig. 3	*qajaq pusingassoq*	*qajaq pusingasoq*	Kayak bottom up
1	típerpagssuisa apúmânut sákuvânut kujânutdlo qajângnaersornere	tipperpassuisa apummaanut sakkuaanut kujaanullu qajaannarsorneri	fastening of a great number of stabilizing frames to keel and side lathes
2	kujâ	kujaa	keel
3	sákuvai imalûnît siânê (kujatâne sákuvânik pissarparput)	sakkuai imaluunniit siaanii (kujataani sakkuaanik pissarparput)	chine stringer (In the south we call them sakkuai)
Fig. 4	*qajaq makitassoq*	*qajaq makitasoq*	*kayak on an even keel*
4	túnânut usûssâta pulasimanere	tunnaanut usuusaata pulasimaneri	where the stern post is inserted
5	ajâve	ajaavi	cross beam
6	sujua	siua	stem
7	tukerimiâ	tukerimiaa	foot support
8	apúmâ	apummaa	sheer board
9	tunerssue pingassut[49]	tunersui pingasut	three deck stringers
10	massia[50]	masia	deck
11	pâva	paava	cockpit coaming
12	ivserqia[51]	isseqqia	loin support
13	tunerssue mardluk	tunersui marluk	two deck stringers
14	kinguva	kingua	stern tip of kayak
15	túnânut usûssâta pulasimanere	tunnaanut usuusaata pulasimanera	where the straight stem post is inserted
Fig. 5	*qajaq makitatitdlugo sánersitdlugo*	*qajaq makitatillugu sannersillugu*	*Kayak on an even keel from the side*
16	pûa	puua	bone knob at tip of kayak
17	usûsâ[42]	usuusaa	stem and stern posts
18	niutâva	niutaava	stem and stern profile
19	típê	tippii	ribs
20	pâva	paava	cockpit coaming
21	qáinap sákuvâ (imalûnît siainia) kujatâne sákuvânik pissarparput	qaannap sakkuaa (imaluunniit siaania) kujataani sakkuaanik pissarparput	chine stringer (or the W.Gr. term, siaania) we call them sakkuaa in the southern dialect
22	qáinap apúmâ	qaannap apummaa	sheer board
23	qáinap kujâ	qaannap kujaa	keel

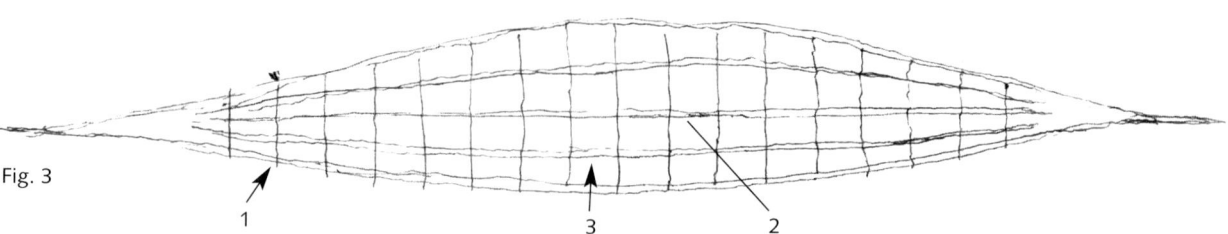

Fig. 3

---

49. Correct spelling: pingasut.
50. Correct spelling: masia.
51. Correct form: igserqiâ. isseqqia is a genuine Qavak form.

APPENDIX II

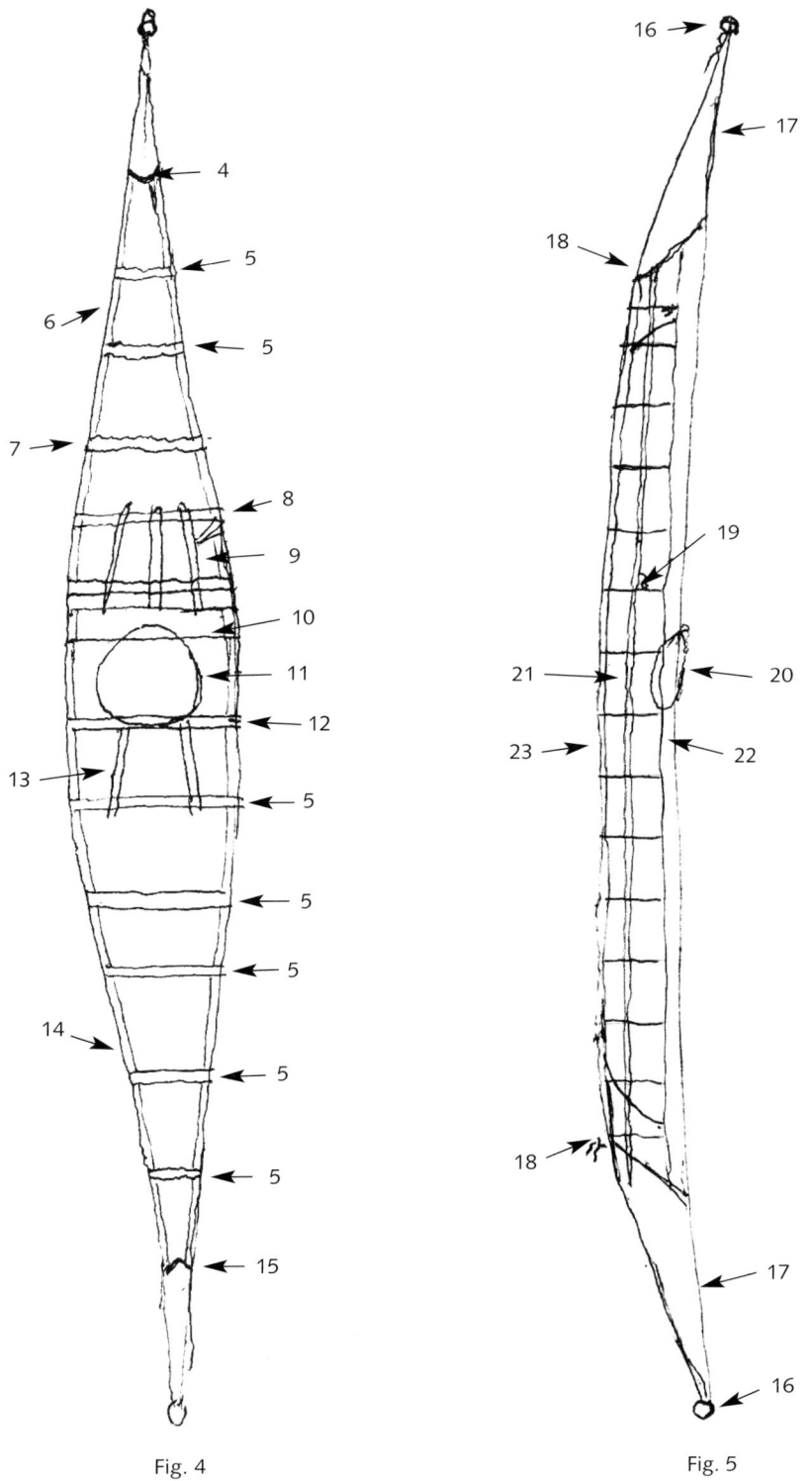

Fig. 4

Fig. 5

APPENDIX II

Kayak gear, Figs 6 and 7

Fig. 6	shooting sail and paddle[52]		
1	sâtoralâq	saattoralaaq	white shirting
2	aqerdloq oqumâlutaq	aqerloq oqumaalutaq	lead sinker[53]
3	qamutaussai	qamutaasai	shooting sledge for hunting on ice
4	tôrutit qissuit	toorutit qissuit[54]	rib
5	sangnerut qissuk	sannerut qisuk	toggle
6	qáinamut ikuvfê	qaannamut ikkuffii	hole for fastening the shooting sail to the kayak ??
7	sinaissai saorngit	sinaasai saarnit	pieces of bone strengthening the sides of the paddle
8	kavdloq saorngit	kalloq saarnit	end fitting of bone

Fig. 7	Line rack for winding up the harpoon line		
	assatdlo[55]	asallu	line rack

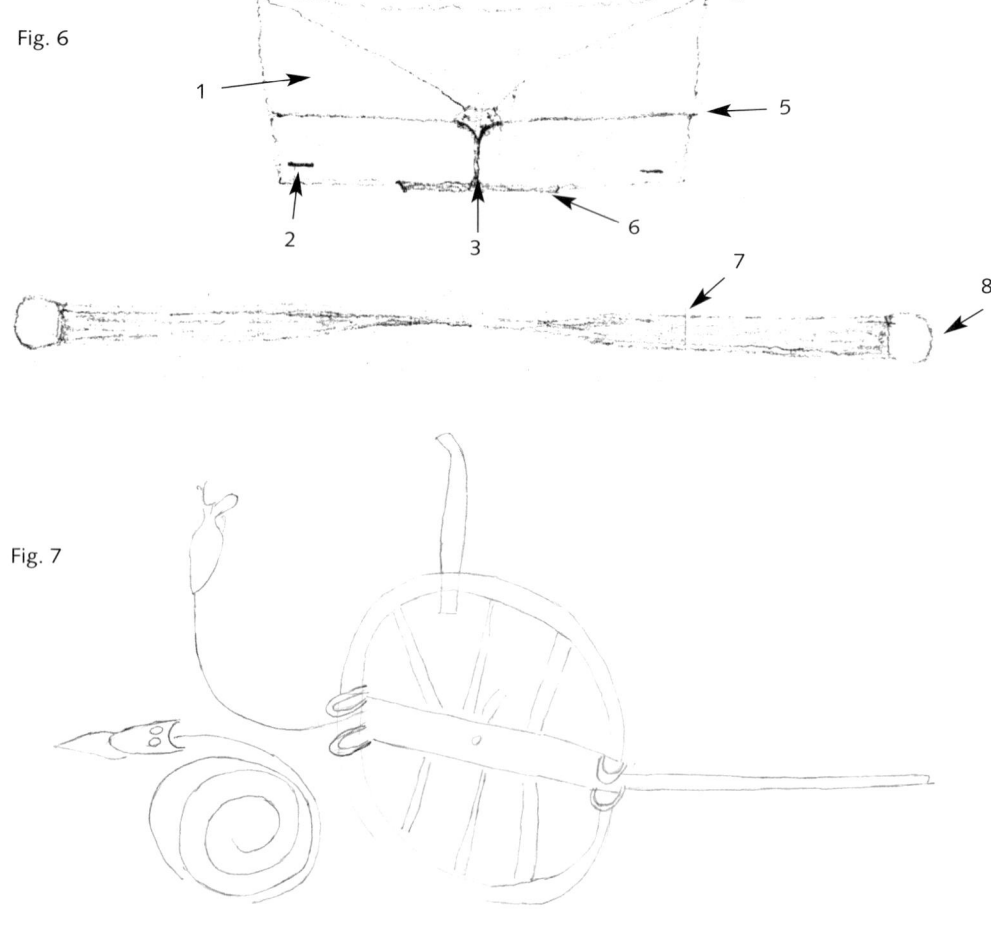

Fig. 6

Fig. 7

52. The main terms are not mentioned: taalitaq/taalutaq: shooting sail on kayak; pautit/paatit, paddle.
53. Only oqumaalutaq is a term: a means for weighing down. aqerloq = lead is the material used.
54. Qisuit and qisuk mean the material used, wood.
55. Correct form, W. Grl.: asallu, Qavak: *asadjit*.

Umiaq, Figs 8, 9 and 10

Fig. 8	umiaq makitassoq	umiaq makitasoq	women's boat on an even keel
1	niaqortâta qúmut pulasimanera	niaqortaata qummut pulasimaneq	where the straight stem/stern post is inserted
2	ivseraq[56]	isseraq	thwart
3	atortunit ímertagaq	atortunik immertagaq	for cargo[57]
4	ivserâ[58] aqordleq	isseraa aqorleq	stern sheet
5	aqútup ísiavia	aquttup issiavia	steersman's thwart

Fig. 9	umiaq pusingassoq	umiaq pusingasoq	women's boat bottom up
6	kujâ	kujaa	keel
7	nangmerpagssuisa kánâvanut kujânutdlo aalajangersimerneri (qajánaersornere)	mannepassuisa kannaavanut kujaanullu aalajangersimerneri (qajannaarsorneri)	fastening of a great number of stabilizing frames to the horns and the keel

Fig. 10	umiaq samingassoq	umiaq samingasoq	women's boat from the side
8	niarqortâ	niaqqortaa	stem/stern post
9	amítuâ	amittuaa	side batten
10	tûvfia[59]	tuuffia / tuukkia	inner stringer
11	kujâ	kujaa	keel
12	quleruvâ[60]	quleruaa	gunwale
13	napassue	napasui	side ribs
14	kánâva[61]	kannaava	horn

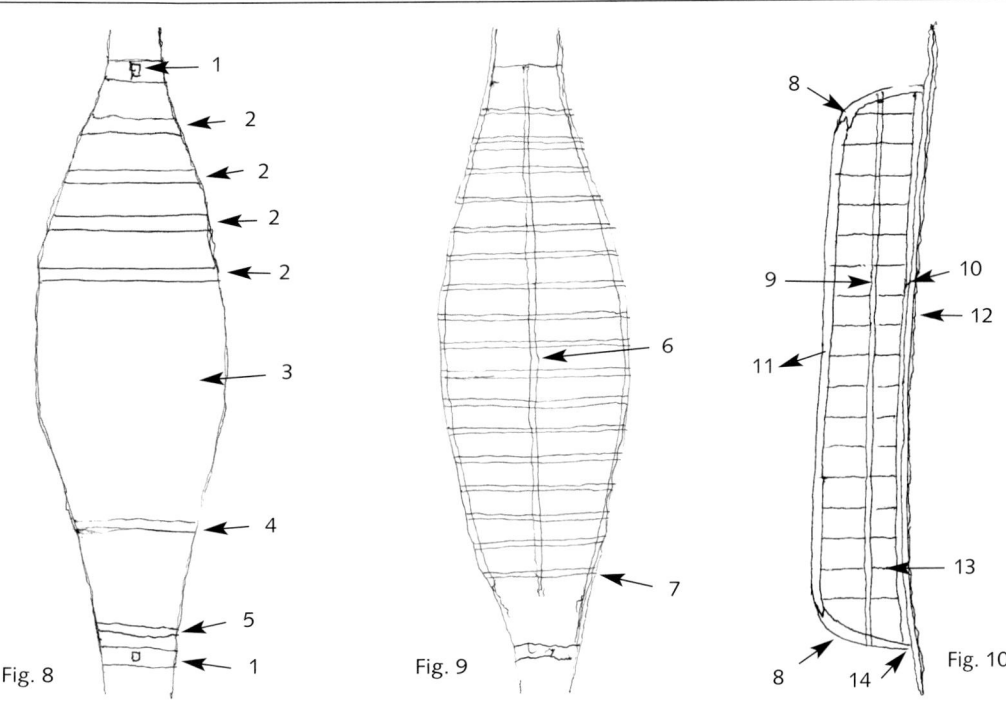

Fig. 8   Fig. 9   Fig. 10

---

56. Correct form: igsoraq.
57. Explanation, not a term. lastia: Loanword from Danish: Last (cargo).
58. Correct form: igsorâ.
59. Qavak-dialect: tuukii.
60. Correct Qavak: queruâ.
61. On the drawing the arrow going from the term points to the wrong point.